Manuela Torelli
Psychoanalyse lesbischer Sexualität

Das Anliegen der Buchreihe BIBLIOTHEK DER PSYCHOANALYSE besteht darin, ein Forum der Auseinandersetzung zu schaffen, das der Psychoanalyse als Grundlagenwissenschaft, als Human- und Kulturwissenschaft und als klinische Theorie und Praxis neue Impulse verleiht. Die verschiedenen Strömungen innerhalb der Psychoanalyse sollen zu Wort kommen, und der kritische Dialog mit den Nachbarwissenschaften soll intensiviert werden. Bislang haben sich folgende Themenschwerpunkte herauskristallisiert:

Die Wiederentdeckung lange vergriffener Klassiker der Psychoanalyse – wie beispielsweise der Werke von Otto Fenichel, Karl Abraham, W. R. D. Fairbairn, Sándor Ferenczi und Otto Rank – soll die gemeinsamen Wurzeln der von Zersplitterung bedrohten psychoanalytischen Bewegung stärken. Einen weiteren Baustein psychoanalytischer Identität bildet die Beschäftigung mit dem Werk und der Person Sigmund Freuds und den Diskussionen und Konflikten in der Frühgeschichte der psychoanalytischen Bewegung.

Im Zuge ihrer Etablierung als medizinisch-psychologisches Heilverfahren hat die Psychoanalyse ihre geisteswissenschaftlichen, kulturanalytischen und politischen Ansätze vernachlässigt. Indem der Dialog mit den Nachbarwissenschaften wiederaufgenommen wird, soll das kultur- und gesellschaftskritische Erbe der Psychoanalyse wiederbelebt und weiterentwickelt werden.

Stärker als früher steht die Psychoanalyse in Konkurrenz zu benachbarten Psychotherapieverfahren und der biologischen Psychiatrie. Als das anspruchsvollste unter den psychotherapeutischen Verfahren sollte sich die Psychoanalyse der Überprüfung ihrer Verfahrensweisen und ihrer Therapie-Erfolge durch die empirischen Wissenschaften stellen, aber auch eigene Kriterien und Konzepte zur Erfolgskontrolle entwickeln. In diesen Zusammenhang gehört auch die Wiederaufnahme der Diskussion über den besonderen wissenschaftstheoretischen Status der Psychoanalyse.

Hundert Jahre nach ihrer Schöpfung durch Sigmund Freud sieht sich die Psychoanalyse vor neue Herausforderungen gestellt, die sie nur bewältigen kann, wenn sie sich auf ihr kritisches Potential besinnt.

BIBLIOTHEK DER PSYCHOANALYSE
HERAUSGEGEBEN VON HANS-JÜRGEN WIRTH

Manuela Torelli

Psychoanalyse lesbischer Sexualität

Mit einem Vorwort von Christa Rohde-Dachser

Psychosozial-Verlag

Bibliografische Information der Deutschen Nationalbibliothek
Die Deutsche Nationalbibliothek verzeichnet diese Publikation in der Deutschen
Nationalbibliografie; detaillierte bibliografische Daten sind im Internet über
<http://dnb.d-nb.de> abrufbar.

© 2008 Psychosozial-Verlag
E-Mail: info@psychosozial-verlag.de
www.psychosozial-verlag.de
Alle Rechte vorbehalten. Kein Teil des Werkes darf in irgendeiner Form (durch
Fotografie, Mikrofilm oder andere Verfahren) ohne schriftliche Genehmigung des
Verlages reproduziert oder unter Verwendung elektronischer Systeme verarbeitet,
vervielfältigt oder verbreitet werden.
Umschlagabbildung: Gustav Klimt: »Die Freundinnen«, 1916/17
Umschlaggestaltung nach Entwürfen des Ateliers Warminski, Büdingen.
Satz: Hanspeter Ludwig, Gießen
Printed in Germany
ISBN 978-3-89806-762-1

Inhalt

Vorwort — 9
Christa Rohde-Dachser

Einleitung — 15

Heterosexualität und Homosexualität — 19

I. Zur Theorie lesbischer Sexualität

Psychoanalytische und sozialpsychologische Aspekte — 25

1. Bisexualität und Ödipuskomplex im gesellschaftlichen Wandel — 27
   1.1 Manifeste Bisexualität — 30
   1.2 Weibliche Bisexualität — 33

2. Psychoanalytische Konzepte zur lesbischen Sexualität — 37
   2.1 Sexualität — 38
   2.2 Die Entwicklung weiblicher Sexualität — 38
   2.3 Die Entwicklung lesbischer Sexualität — 50

3. Feministische Konzepte zur lesbischen Sexualität — 65

4. Weitere relevante Begriffe — 77
   4.1 Urszene — 77
   4.2 Entwicklung von Geschlechtsidentität — 82
   4.2.1 Die Aneignung des weiblichen Körpers — 85
   4.2.2 Interaktion in den primären Beziehungen — 88
   4.2.3 Die Macht der Mütter — 89
   4.2.4 Die Individuation von der Mutter (und der Welt) — 90

4.3	Die verschiedenen Öffnungen	92
4.4	Die Beziehung zum Vater und die Triangulierung	93
4.5	Lesbische Geschlechtsidentität	97

5. Penisneid 109
5.1	Die Anerkennung des Geschlechtsunterschiedes	111
5.2	Der lesbische Penisneid	116
5.3	Die Entwertung des Weiblichen im Feminismus	117
5.4	Prähomosexuelle Mädchen	118

6. Der Ödipuskomplex 123
6.1	Ödipale Liebe und Überich-Bildung	125
6.1.1	Der positive Ödipuskomplex und die Überich-Bildung	126
6.1.2	Der negative Ödipuskomplex und die Überich-Bildung	127
6.2	Spezifische Entwicklungsaufgaben für lesbische Frauen	129
6.3	Innerfamiliäre Dynamik eines prähomosexuellen Mädchens	130
6.4	Fallbericht	132
6.5	Die Überich-Entwicklung lesbischer Frauen	134

7. Adoleszenz 139
7.1	Weibliche Masturbation	146
7.2	Historischer Exkurs	148
7.3	Coming-out und Homophobie	149
7.4	Reife genitale Sexualität und Generativität	154

8. Perversion und Sadomasochismus 173
8.1	Männliche und weibliche Perversion	173
8.2	Lesbische Ratgeber und Perversion	179

9. Sexueller Missbrauch 181
9.1	Ödipale Wünsche und deren Unter- bzw. Überstimulation	182
9.2	Das gewählte Trauma	184

II. Explorative Empirie

1. Methodik 193
1.1	Komparative Kasuistik	193
1.2	Erste Exploration und Vorüberlegungen	195
1.3	Rekrutierung der Probandinnen	197
1.4	Datenerhebung und Stichprobe	199
1.5	Auswahl der Interviews	202
1.6	Enactment	204

1.7	Psychoanalytische Einzelfallstudien	205
1.8	Tiefenhermeneutische Textinterpretation	205
2.	**Auswertung**	**209**
2.1	Sandra	209
2.2	Reden über Sexualität ist fremd	210
2.3	Gabi	234
2.4	Jenseits der Konvention	235
2.5	Petra	245
2.6	Sexueller Missbrauch	247
2.7	Anne	262
2.8	Der Penis als schönes Instrument	263
3.	**Ergebnisse**	**285**
3.1	Bisexualität und Größenfantasien	285
3.2	Trauer und Penisneid	287
3.3	Die Mutter-Kind-Dyade	289
3.4	Differenzierung und Aggression	290
3.5	Das homosexuelle Tabu	292
3.6	Einfühlung in das Gegengeschlecht	294
3.7	Umgang mit Aggression	295
3.8	Sexueller Missbrauch als »gewähltes Trauma«	297
3.9	Coming-out	300
3.10	Kinderwunsch und Urszene	302
3.11	Masturbation	304
3.12	Sadomasochistische Abwehr	306
3.13	Ödipuskomplex	307
3.14	Die Rolle des Vaters	309
3.15	Homophobie, Sprachlosigkeit und Überich	310
4.	**Ausblick**	**313**
	Anmerkungen	317
	Literatur	321

Vorwort

Die Psychoanalyse hat sich mit dem Verständnis lesbischer Sexualität schwergetan. Freud beschrieb den Ödipuskomplex, für ihn der Kernkomplex der Neurosen, von Anfang an in seiner doppelten Form: Im positiven Ödipuskomplex begehrt das Kind den gegengeschlechtlichen Elternteil und erlebt den gleichgeschlechtlichen als Konkurrenten, der am liebsten verschwinden sollte. Im negativen Ödipuskomplex ist es genau umgekehrt: Dort gelten die kindlich-sexuellen Wünsche dem gleichgeschlechtlichen Elternteil, während der gegengeschlechtliche Elternteil zur störenden Konkurrenz wird, dem das Kind den Tod wünscht. In Freuds Theorie des Ödipuskomplexes sind also sowohl Heterosexualität als auch Homosexualität abgebildet. Freud sah den Menschen grundsätzlich bisexuell. Eine der beiden Orientierungen wird aus seiner Sicht im Laufe der Entwicklung schließlich in den Hintergrund gedrängt. Dort bleibt sie weiter lebendig und verschafft sich in sublimierter Form ihren Ausdruck. Die heterosexuelle oder homosexuelle Orientierung eines Menschen ist von daher eine Frage der Ausprägung. In späteren Arbeiten beschreibt Freud aber doch die Heterosexualität als das leitende Telos der Entwicklung, als die einzig »richtige Entscheidung« (Freud 1910, S. 169).

Diese Festlegung machte es der Psychoanalyse lange Zeit hindurch schwer, gegenüber der Homosexualität, gleich ob männlich oder weiblich, eine unbefangene Haltung zu gewinnen. Die psychoanalytischen Autorinnen und Autoren, die die Homosexualität in den Bereich der Psychopathologie einordneten, waren dementsprechend zahlreich. Erst in den letzten Jahrzehnten kam es nicht zuletzt durch die Frauenbewegung zu einer Umorientierung, die schließlich dazu führte, dass Homosexualität aus dem Verzeichnis psychischer Krankheiten des DSM-IV und des ICD-10 gestrichen wurde und heute als natürliche sexuelle Veranlagung gilt. Psychoanalytiker gehen in der

Regel nicht mehr davon aus, dass es im Laufe einer Psychoanalyse möglich ist, die sexuelle Orientierung eines Menschen umzuformen. Das bedeutet aber noch lange nicht, dass in konkreten Fallschilderungen die homosexuelle Orientierung nicht doch mit psychopathologischen Kategorien beschrieben wird oder zumindest bedrohlich in ihre Nähe rückt. So wird die lesbische Orientierung immer wieder dem Bereich des Präödipalen zugeordnet, in dem es noch keinen trennenden Dritten gibt und lesbische Frauen innerlich ständig darum ringen müssen, nicht in die mütterliche Undifferenziertheit zurückgesogen zu werden. Häufig werden auch massive Enttäuschungen in der Beziehung zum Vater beschrieben, die eine sexuelle Rückwendung zur Mutter veranlassten, die später nicht mehr umkehrbar war.

In der psychoanalytischen Behandlung lesbischer Patientinnen treffen wir natürlich auch auf solche Zusammenhänge. Das verleitet dazu, die Ursache dafür insgeheim der lesbischen Orientierung der Patientin anzulasten und darüber zu vergessen, dass es in der Entwicklung jedes Menschen unbewusste Problemfelder und Konflikte gibt, die im Laufe der psychoanalytischen Behandlung einer Lösung zugeführt werden müssen, und zwar ganz unabhängig von der zugrunde liegenden sexuellen Orientierung. Aus dieser Perspektive verlieren Näheängste, Entwicklungsfixierungen und Aggressionshemmungen ihre »lesbische« Färbung und werden zu einem allgemein menschlichen Problem, so wie sich auch die Beziehungsprobleme und sexuellen Schwierigkeiten zwischen lesbischen Partnerinnen durch nichts von den Problemen und Schwierigkeiten heterosexueller Patienten unterscheiden.

Das Buch von Manuela Torelli hat einen ganz besonderen Vorzug, den es von anderen psychoanalytischen Veröffentlichungen zum Thema lesbischer Sexualität abhebt. Ihrer Arbeit gelingt eine von der Psychoanalyse bisher nur unzureichend geleistete Normalisierung der lesbischen Sexualität und die Einordnung der mit ihr verbundenen Sehnsüchte, Enttäuschungen, Ängste und Beziehungsprobleme unter die grundlegende Mangelerfahrung, die das menschliche Leben kennzeichnet und eine Bedingung der conditio humana ist. In einem Zeitalter, in der man nicht mehr von Sexualität, sondern von Sexualitäten spricht, ist die lesbische Existenz zu einer von vielen möglichen geworden, mit allen Vorzügen und aller Trauer über das, was darin jeweils nicht lebbar ist. Dazu gehört insbesondere die grundsätzliche Kinderlosigkeit der homosexuellen Beziehung. Mit dieser Normalisierung wird ein innerer Raum eröffnet, in dem Denktabus aufgebrochen und starre Abwehrformationen hinterfragt werden können. Die lesbische Existenz braucht nicht mehr verborgen und auch nicht mehr verteidigt zu werden, sondern wird zu einem unverwechselbaren Teil der eigenen Identität, mit aller Lust und allem Leid, die jeder sexuellen Begegnung anhaftet.

Die Autorin führt uns in ihrem Buch nicht nur sehr gründlich in die psychoanalytischen Theorien ein, die sich heute um die lesbische Sexualität ranken. Sie zeigt dem Leser auch anhand von Interviews mit lesbischen Frauen, wie diese Identitätsentwicklung vonstatten geht und welche Schwierigkeiten sich dabei auftun können.

Die Gespräche mit lesbischen Frauen wurden teilweise persönlich, teilweise über Telefon geführt. Vier davon stellt die Autorin in diesem Buch genauer vor, wobei sie den Leser auch an den wörtlichen Schilderungen der Probandinnen und ihren eigenen Reaktionen darauf teilnehmen lässt. Wir erfahren auf diese Weise von den Schwierigkeiten ihrer Gesprächspartnerinnen, die eigenen sexuellen Wünsche und Ängste in eine Mitteilung an die Interviewerin zu übersetzen, und sehen die komplementären Schwierigkeiten der Interviewerin, bei Unklarheiten nachzufragen und die Widerstände anzusprechen, wenn heikle Zusammenhänge umgangen oder vermieden wurden. Bei der Auswertung der Interviews, die ich selbst lange Zeit hindurch beratend begleiten konnte, war für mich besonders eindrücklich, wie schwierig es für beide Seiten war, sich über die Tabus hinwegzusetzen, die der lesbischen Subkultur entstammten und bestimmte sexuelle Erlebens- und Verhaltensformen für zulässig erklärten und andere nicht. Mit dem Fortschreiten der tiefenhermeneutischen Interpretation verloren diese Tabus aber immer mehr an Kraft und neue Einsichten wurden möglich. Aus meiner Sicht war es nicht zuletzt die innere Weiterentwicklung der Autorin, die diese Sichtveränderung möglich machte. Deutlich wird dies vor allem an der Analyse der Gegenübertragung, an der sie uns teilhaben lässt – ein mutiger Schritt, in dem die Autorin auch ihre eigenen Ängste und Widerstände thematisiert. Die Teilnahme an den (unbewussten) Enactments, die sich zwischen der Interviewerin und ihrer Gesprächspartnerin jenseits der Worte entwickelten, führt Leserinnen und Leser mehr in die sexuellen Wünsche und Ängste in der Beziehung eines lesbischen Paares ein, als dies für jede theoretische Darstellung gilt.

Ich will aus den Ergebnissen der Interviews, die die Autorin am Schluss ihres Buches zusammenfassend darstellt, nur drei herausgreifen, die mir besonders eindrücklich erscheinen: die spezifische Ausprägung des lesbischen Penisneids, die Wichtigkeit der Identifizierung mit dem männlichen Partner der Urszene und die kollektive Zuschreibung der Gewalt an den Vater bzw. die Männer mit dem unbewussten Ziel, selbst die Opferrolle beizubehalten und sich keiner Aggression schuldig zu machen.

Penisneid ist für die Autorin in erster Linie ein Versuch, mit der narzisstischen Kränkung fertig zu werden, als Frau nicht im Besitz beider Geschlechter und damit omnipotent zu sein. Er richtet sich auf eine idealisierte Männlichkeit, die unendliche Macht verleihen würde, und zwar sowohl im Guten als auch im Bösen. Die lesbische Vereinigung führt für Torelli vorübergehend zu einem fantasierten Besitz des Penis, der von der Partnerin narzisstisch bestätigt und stärkend beantwortet wird. Damit verbindet sich für einen kurzen Moment die Illusion der Ganzheit und damit der Unabhängigkeit von der Zeugungskraft, die mit dem Penis verbunden ist. Penisneid resultiert dann umgekehrt aus der Unfähigkeit zur Generativität, die für Torelli *das* homosexuelle Trauma darstellt.

Um den lesbischen Liebesakt genussvoll und mit Leidenschaft erleben zu können, bedarf es zudem einer bewussten wie unbewussten Vorstellung nicht nur der eigenen, sondern auch der gegengeschlechtlichen Geschlechtsidentität, so wie dies Donna Bassin (1996) auch für die reife Heterosexualität beschrieben hat. Das Gefühl des Eindringens kann in der lesbischen Sexualität vom Penis auf die Zunge, die Hand oder einen Dildo übergehen. Die dafür notwendige Vorstellung des Eindringens entstammt der Identifizierung mit dem männlichen Partner in der Urszene, ohne dass diese Vorstellung deshalb zur Heterosexualität führen muss, so wenig wie eine heterosexuelle Frau durch homosexuelle Fantasien, die sich in ihre Sexualbetätigung einmengen, sofort zu einer lesbischen Frau wird. Der Penis wird dabei als ein schönes und beglückendes Instrument empfunden und sein Nicht-Besitz dementsprechend betrauert. Manuela Torelli spricht mit Recht von der Ich-Stärke und dem Selbstbewusstsein, die notwendig sind, um dieses in der lesbischen Subkultur immer noch weitgehend tabuierte Thema in Worte zu fassen. In ihrem Buch zeigt sie, dass dies möglich ist, ohne damit die eigene lesbische Identität aufs Spiel zu setzen.

Ihre wohl wichtigste These ist aber die projektive Verschiebung der Gewalt auf das andere Geschlecht, während die weibliche Aggression aus der Frau-Frau-Beziehung ausgeklammert bleibt und sich in eine Vorstellung von Harmonie verkehrt. Die Autorin entlehnt von Volkan (1999) den Begriff des »gewählten Traumas«, um diese kollektive Projektion zu benennen. Volkan meint damit die geistige Repräsentanz eines Ereignisses, das dazu führte, dass eine Großgruppe durch eine andere Gruppe schwere Verluste hinnehmen musste und sich dadurch hilflos und gedemütigt fühlt. Die Großgruppe kann sich nach Volkan dann unbewusst auf ein Ereignis einigen, das diese erlittene Demütigung abbildet und in der Erinnerung wachhält. Gleichzeitig stiftet das

»gewählte Trauma« Identität und lässt die Leere vergessen. Dies, so Torelli, trifft auch für die Gruppe der Frauen, und hier wiederum insbesondere der lesbischen Frauen, zu, die in unserer Gesellschaft über Jahrhunderte hinweg benachteiligt oder ausgeschlossen wurden. Das unbewusst gewählte Trauma lesbischer Frauen für die Erklärung ihrer mannigfaltigen intrapsychischen und interpersonellen Konflikte besteht für die Autorin in der erlittenen (sexualisierten) Gewalt der Väter gegen Mütter und Kinder und der familiären und gesellschaftlichen Diskriminierung, die diese Gruppe zu erleiden hatte. Verbunden damit ist häufig ein Zeitkollaps, so als hätte sich das Ereignis erst gestern ereignet. Daraus ergibt sich eine gruppeninterne Stabilisierung des Opferstatus. Die in der geschlechtsbedingten Zuschreibung agierte weibliche Aggression wird verleugnet. Es scheint, so Torelli, als bedürfe es eines imaginierten äußeren Feindes, der die Gruppe zusammenhält.

Für manche Leserinnen und Leser mag einiges von den hier nur angedeuteten psychoanalytischen Deutungsversuchen der Autorin auf den ersten Blick Überraschung oder auch Befremden hervorrufen. Bei näherer Betrachtung erweist sich aber, dass die Überprüfung und Zurücknahme der in der lesbischen Szene vielfach noch geltenden gruppenspezifischen Erklärungsmuster für lesbische Sexualität nicht etwa an der lesbischen Identität rüttelt, sondern vielmehr näher an die innere Ganzheit führt, nach der Menschen – Frauen ebenso wie Männer – ein Leben lang suchen. Auch die weibliche Aggression braucht dabei nicht mehr verschoben zu werden, sondern wird zum eigenen Besitz. Allein aufgrund dieser Erkenntnisse dürfte sich die Lektüre des Buches lohnen.

Hannover, 29. Oktober 2007
Christa Rohde-Dachser

Einleitung

Die Idee zu diesem Buch entstand aus meiner klinischen Tätigkeit als Psychoanalytikerin. Eine lesbische Patientin kam in meine Praxis und bat mich um die Behandlung einer primären Anorgasmie. Sie habe noch nie einen Orgasmus beim Sex erlebt. In ihrer Jugend und im frühen Erwachsenenalter habe sie mit zwei, drei Männern, in die sie auch verliebt gewesen sei, geschlafen, darunter seien auch gute Liebhaber gewesen, trotzdem habe sie sich nie »fallen lassen« können. Nach ihrem lesbischen Coming-out sei sie jedoch noch enttäuschter von ihrem Sexualleben gewesen als zuvor. Auch mit Frauen, die sie leidenschaftlich begehrt und geliebt habe, erreichte sie keinen Orgasmus. Nicht einmal bei der Selbstbefriedigung sei es ihr möglich, letztendliche körperliche Befriedigung und Entspannung zu finden.

Im Kassenantrag, den ich für eine 50 Sitzungen andauernde tiefenpsychologisch fundierte Psychotherapie stellte, schilderte ich die Problematik meiner Patientin und den Fokus ihrer sexuellen Störung als Hauptthema einer zeitlich befristeten und im Sitzen stattfindenden Psychotherapie. Die Zielsetzung, den Hintergrund dieser sexuellen Funktionsstörung mit der Patientin zu verstehen, stellte ich im Behandlungsplan dar. Die Therapie sollte ihr die Möglichkeit eröffnen, in ihrer mit Frauen gelebten Sexualität und in ihren Liebesbeziehungen mehr Genuss und Lust an körperlicher Liebe zu erleben.

Der Antrag wurde abgelehnt. Der Gutachter begründete seine Entscheidung mit dem Hinweis, dass eine sexuelle Funktionsstörung allein, die keine weitreichende Selbstwertstörung im Hinblick auf das Gefühl eine vollständige Frau zu sein, eine Genehmigung nach den Psychotherapierichtlinien nicht rechtfertige. Darüber hinaus seien Orgasmusstörungen bei Frauen ein derart weitverbreitetes Phänomen, dass er die Symptomatik alleine nicht als eine psychische Erkrankung im Sinne der Psychotherapierichtlinien anerkennen könne. Bei der Lektüre dieser Zeilen dachte ich sofort an den medizinischen und psychotherapeutischen Aufwand, der betrieben wird, wenn die Symptomatik einer männlichen Impotenz vorliegt. Der Zusammenhang von sexueller Potenz und »richtiger« Männlichkeit, was dem männlichen Rollenstereotyp entspricht, scheint eine derart aufwendige Forschung bis hin zu Viagra offensichtlich zu rechtfertigen. Nicht so eine primäre Anorgasmie einer Frau. Spielte hier bereits der vermutlich unbewusste gedankliche Hintergrund mit hinein, dass die Ejakulation (und damit der männliche Orgasmus) zur Zeugung notwendig ist, während der weibliche bei der Generativität keine derart wichtige Rolle spielt?

Ich fühlte mich alarmiert. Mir stellte sich die Frage, ob es gesellschaftlich zwar mittlerweile opportun sei, dass lesbische Frauen miteinander Sexualität teilen dürften. Die Diskriminierung heterosexueller Frauen im Hinblick auf ein Recht, sexuelle Lust und volle Genussfähigkeit mit einem Partner zu erleben, schien sich bei lesbischen Frauen allerdings fortzusetzen.

Fragen, wie sich sexuelle Schwierigkeiten bei lesbischen Frauen ausdrücken, welchen Bedingungen die Entwicklung lesbischer Sexualität sowohl individuell als auch kollektiv ausgesetzt ist und wie sich sexuelle Probleme lesbischer Frauen verstehen lassen, drängten sich mir auf. Anfangs stand die Frage nach sexuellen Funktionsstörungen im Vordergrund, dabei insbesondere das Problem der Lustlosigkeit und der in der einschlägigen Literatur häufig dargestellte »dead in bed« lesbischer Frauen. Diese eingeschränkte Fragestellung wich aber immer mehr dem Bedürfnis nach einem umfassenderen Verständnis lesbischer Sexualität.

Im Ärger über die Ablehnung des Gutachters und in dem sich schließlich einstellenden gemeinsamen Erfolg einer produktiven Behandlung, die die Patientin selbst finanzierte, erwachte mein Mut, mich diesem Thema wissenschaftlich zu stellen. Ich fürchtete, dass diese Patientin, die sich so selbstbewusst in ihrer Not an mich gewandt hatte, eine Ausnahme darstellen könnte. Weder in der lesbischen Szene, noch in der psychotherapeutischen und psychoanalytischen Literatur wurden sexuelle Schwierigkeiten bei Lesben diskutiert. Vielmehr hatte die Psychoanalyse meiner anfänglichen Kenntnis nach, in weiten Zügen pathologisierend und wenig verstehend, sehr pauschal über weibliche Homosexualität geschrieben. Mich interessierte, ob ich bei der Literaturrecherche und einer Beschäftigung mit weiblicher Sexualität auch andere Zugänge finden würde, die für das Verständnis lesbischer Sexualität hilfreich sein könnten. Zu meiner Überraschung und Freude wurde ich bei gründlicher Literaturrecherche fündig. Neben einer pathologisierenden

Hauptströmung von Beginn der Psychoanalyse an, die bis heute wenig an Definitionsmacht verloren hat, fand ich Arbeiten aufgeschlossener psychoanalytischer Autorinnen.

Die männliche ebenso wie die weibliche Homosexualität hat in der Geschichte der Psychoanalyse wechselnde Bewertungen erfahren. Von Abwertung und ihrer Ausgrenzung aus der Vorstellung von »normaler« Sexualität bis hin zu Toleranz und Versuchen sie zu verstehen, lassen sich an ihr alle historischen und kulturellen Wechselfälle, denen auch die Psychoanalyse und ihre Vertreter ausgesetzt waren, nachvollziehen.

Freud selbst korrigierte seine anfangs tolerante Haltung (1905) gegenüber männlicher wie weiblicher Homosexualität. Er verstand sie zunächst genauso wie die Heterosexualität als eine ubiquitäre unbewusste libidinöse Besetzungsmöglichkeit der Objekte. Fünf Jahre später postulierte er die heterosexuelle Objektwahl als »die einzig ›richtige Entscheidung‹« eines Menschen (vgl. Rohde-Dachser 1994, S. 827ff.).

Seit den Forschungen von Kinsey zum sexuellen Verhalten amerikanischer Männer und Frauen in den 50er Jahren, hat vor allem die männliche Homosexualität viele Autoren beschäftigt, die sie meist deutlich pathologisierten (vgl. etwa Socarides 1968, 1978; Friedman 1986). Ähnlichen Bewertungen unterlag die weibliche Homosexualität (vgl. z.B. McDougall 1978; Siegel 1988). McDougall korrigierte ihre Einschätzung später, Morgenthaler ließ 1984 einen Versuch folgen, bei weiblicher und männlicher Homosexualität eine neurotische und eine normale Entwicklungslinie darzustellen. Rohde-Dachser (1994) brach diese Dichotomisierung zugunsten der Feststellung auf, es gäbe nicht die Homosexualität an sich, sondern nur Homosexualität*en*. Poluda (1996, 2000) gelang es, einige psychoanalytische Deutungen zur weiblichen Homosexualität als Container für das Elend manch heterosexueller Frau zu verstehen. Sie entwarf den Begriff »lesbischer Komplex« für den von Freud »negativ« genannten gleichgeschlechtlichen Ödipuskomplex. Besonders hervorzuheben ist, dass sie das »homosexuelle Tabu«, das absolute Verbot, dass Mutter und Tochter sich begehren, in Theorie und Praxis der Psychoanalyse herausarbeitete. Beide Autorinnen ermutigten mich, meine Forschung an diese aufgeklärte und gedanklich offene Tradition anzuschließen.

Nach grundlegenden Ausführungen zur Bisexualität wird im Theorieteil (I) dieses Buches zunächst die psychoanalytische Entwicklungstheorie weiblicher Sexualität nachvollzogen. Anhand relevanter psychoanalytischer Begriffe versuche ich, spezifische Schwierigkeiten lesbischer sexueller Entwicklungen besser zu verstehen. Dabei werden immer wieder auch sozialpsychologische

Aspekte eingeflochten, indem ich darstelle, welche Bedingungen im Zusammenspiel von Individualität, Subkultur und Gesellschaft die Psychodynamik lesbischer Frauen maßgeblich beeinflussen und stören kann. Zum Beispiel werden Fragen der weiblichen und lesbischen Geschlechtsidentität, die Bedeutung der Urszene bei lesbischen Frauen, die Problematik des Penisneids, der Umgang mit Aggression und der Ödipuskomplex mit der besonderen Rolle des Vaters für lesbische Frauen behandelt.

In ihrem explorativ-empirischen Teil (II) fragt meine Studie mittels der tiefenhermeneutischen Analyse von Interviews mit lesbischen Frauen nach verschiedenen Ursprüngen weiblicher homosexueller Entwicklung und versucht, die Psychodynamik lesbischer Frauen in Bezug auf ihre Sexualität besser zu verstehen. Dabei werden vormals pathologisierende und pauschalierende Erklärungsansätze von mir genutzt, die Schwierigkeiten einzelner lesbischer Frauen zu verstehen, nicht aber die ganze Gruppe der Lesben.

Am Ende meiner Forschungsarbeit versuche ich, einige überindividuelle Konfliktfelder lesbischer Frauen aufzuzeichnen und Hypothesen anzubieten, die Psychodynamik lesbischer Sexualität besser zu verstehen. Die Auswertung und die Ergebnisse in Verbindung gebracht mit der Theorie stellen eine Verknüpfung zu vorangestellten relevanten psychoanalytischen Begriffen und Erklärungsansätzen sowie eine Verbindung zu gesellschaftlichen Bezügen her und schließen das Buch ab.

Heterosexualität und Homosexualität

Freud stellte bereits vor über 100 Jahren in den »Drei Abhandlungen zur Sexualtheorie« (1905) fest:

> »Die psychoanalytische Forschung widersetzt sich mit aller Entschiedenheit dem Versuche, die Homosexuellen als eine besonders geartete Gruppe von anderen Menschen abzutrennen. Indem sie auch andere als die manifest kundgegebenen Sexualerregungen studiert, erfährt sie, dass alle Menschen der gleichgeschlechtlichen Objektwahl fähig sind und dieselbe auch im Unbewussten vollzogen haben. Im Sinne der Psychoanalyse ist also auch das ausschließliche Interesse des Mannes für das Weib ein der Aufklärung bedürftiges Phänomen und keine Selbstverständlichkeit, der eine im Grunde chemische Anziehung zu unterlegen ist« (S. 55).

Freud meint weiter,

> »dass bei der Frage nach der Entstehung der Homosexualität gleichzeitig zu klären sei, wie es bei Heterosexuellen zu dem ausschließlichen Interesse an gegengeschlechtlichen Partnerinnen und Partnern komme« (zit. nach Rauchfleisch 2000, S. 280).

Leider – und darauf bezogen sich seine Nachfolger offensichtlich vor allem – revidierte er fünf Jahre später seine Meinung dahingehend, dass er allein die Heterosexualität als das Ziel der sexuellen Entwicklung postulierte und die gegengeschlechtliche Objektwahl als die einzig richtige ansah. Gab Freud damit sein Konzept der menschlichen Bisexualität zugunsten gesellschaftlich opportunerer Theoriebildungen auf? Hatte er sich dem kulturellen Druck der bürgerlichen Gesellschaft Wiens um die vorletzte Jahrhundertwende gebeugt, die sich durch außerordentliche Sexualfeindlichkeit auszeichnete?

Oder konnte der fünf Jahre ältere Freud dem revolutionär denkenden jungen Freud keinen Raum mehr in seiner Theoriebildung geben? Man könnte annehmen, dass der berufliche Misserfolg Freuds und die Anfeindungen, die er durch hochrangige Mediziner und Psychiater seiner Zeit hinnehmen musste, seinen Mut, gewagte Hypothesen aufzustellen, gemindert hat.

Freuds Vorstellung zur Sexualität folgte dem Muster einer normativen Heterosexualität, wie sie für das Wien und die westliche Welt der vorletzten Jahrhundertwende üblich war. Homosexuelle Strebungen müssten abgewehrt werden, somit im Unbewussten verbleiben und nicht agiert und manifest werden, um sexuelle Reife zu erlangen. Sexualität diene vorrangig der Zeugung von Kindern, der Generativität und Erlangung der Elternschaft. Damit diene sie – wie bei allen Säugetieren – der Erhaltung der Art.

Interessanterweise betont der »Pschyrembel – Wörterbuch Sexualität« (2003), ein von Medizinern, Psychologen und Theologen erarbeitetes wissenschaftliches Lexikon, auch heute noch die von Freud anfangs postulierte »völlige Unklarheit« hinsichtlich der »Entstehung von Heterosexualität (wie auch von Homosexualität und Bisexualität)« (S. 208). Zugleich sei Heterosexualität in allen Kulturen und Epochen das mehrheitliche Verhalten. Die Angaben über die Zahl homosexueller Menschen in der deutschen Bevölkerung unterliegen laut diesem Lexikon erheblichen Unsicherheiten und veränderten sich im Zeitverlauf.

Rauchfleisch (2000) meint dagegen ganz präzise: »In den westlichen Ländern [gibt es] über die Zeit hinweg relativ stabile Zahlen: Lesben = 1–3 %, Schwule = 4–16 %« (S. 181). Bezüglich der Anzahl homosexueller Frauen und Männer gibt es heute noch mangels entsprechender empirischer und weitreichender Forschung erhebliche Unklarheiten.

Für meine Studie versuchte ich Frauen zu finden, die sich selbst als lesbisch definierten. Für die Interviews, die ich durchführte, fand ich Frauen, die ihre lesbische sexuelle Orientierung sowohl sich selbst gegenüber akzeptiert als auch ihrer Umwelt gegenüber ausgedrückt hatten. Da wissenschaftliche Definitionen auch als Macht im Sinne einer Etikettierung, im schlimmsten Fall im Sinne einer pathologisierenden Kategorisierung, verstanden werden können und in ihrem geschichtlichen und kulturellem Rahmen gesehen werden müssen, legte ich Wert darauf, die Interviewten weder mit Diagnosen noch mit psychologischer oder psychoanalytischer Nosologie zu konfrontieren. In der Internationalen Klassifikation psychischer Störungen Kapitel V (F), der ICD-10 findet sich im Abschnitt F6 (»Persönlichkeits- und Verhaltensstörungen«) folgender Hinweis für diagnostizierende Fachleute: »Beachte:

Die sexuelle Orientierung an sich wird nicht als Störung angesehen« (2005, S. 248). Die Autoren scheinen zu fürchten, dass mancher Diagnostiker hinter den internationalen Standards der Weltgesundheitsorganisation (WHO) zurückbleiben könnte, die sich erst im Jahr 1992 zur Streichung der Diagnose Homosexualität entschließen konnte. Der amerikanische Diagnoseschlüssel DSM (Diagnostic and Statistical Manual of Mental Disorders), der sich durch den Einbezug eines psychoanalytischen und psychodynamischen Theoriehintergrundes auszeichnet, und von der American Psychiatric Association herausgegeben wird, strich die Diagnose Homosexualität bereits 1973 aus ihrem Manual.

I. Zur Theorie lesbischer Sexualität

Psychoanalytische und sozialpsychologische Aspekte

Angesichts der Aufweichung der Rigidität der Geschlechtsrollen wird heute die Vergewisserung und die Neukonstitution der eigenen Geschlechtszugehörigkeit nach der frühkindlichen Aufgabe der Bisexualität, die sich in Kleidung, Verhalten und dem Erleben spezifisch weiblich oder männlich genannter Gefühle und ebenso geschlechtsspezifisch definierten Bedürfnissen manifestiert, zu einer Aufgabe, die im Leben einigen Wandlungen unterworfen sein kann. Homosexualität als akzeptierte Lebensform und Androgynität (eine sublimierte Form der Bisexualität) als Mode- und Lebensstil, ist in der westlichen Welt, die die traditionelle Arbeitsteilung der Geschlechter in weiten Teilen überflüssig gemacht hat, für beide Geschlechter möglich geworden. Insofern lässt sich also in den letzten Jahrzehnten ein Kontinuum an sexuellen Orientierungen fantasieren und realisieren. Sexualität, wie wir sie in der westlichen Welt verstehen, existiert in ihrer Form als Lustgewinn und Selbstverwirklichung abgekoppelt von ihrer Fortpflanzungsfunktion und als Austausch von Gefühlen in einer wie immer gearteten Beziehung erst sehr kurze Zeit: »Als kulturell-symbolische Form und als Begriff existiert das, was wir ›Sexualität‹ nennen, erst sei etwa 200 Jahren, also seit wenigen Generationen, und zwar nur im europäisch-amerikanischen Gesellschaftskreis«, resümiert Sigusch (2005a, S. 8).

1. Bisexualität und Ödipuskomplex im gesellschaftlichen Wandel

Vor der Erkenntnis, ein Geschlecht zu besitzen, leben Mädchen und Jungen im vorgestellten Paradies der fantasierten Eingeschlechtlichkeit. Der biblische Mythos von Adam und Eva vor dem Sündenfall kann als Bild für diesen Zustand gesehen werden. Der Sündenfall und das Erkennen der Differenz der Geschlechter (die Nacktheit im biblischen Mythos) könnte wiederum als Metapher des Traumas verstanden werden, den Anderen als Fremden und dessen Körper in seiner Unterschiedlichkeit zu erkennen.

»Die menschliche Sexualität ist zutiefst traumatisch« – so beginnt McDougall (1997, S. 9) den Prolog zu einem ihrer Bücher. Sie meint damit die mannigfaltigen und zutiefst schmerzhaften Konflikte, die der Mensch auf der Suche nach Befriedigung und Glück in seinem Leben erleidet.

Freud konzipierte den Zustand vor dem Ödipuskomplex als die Phase der angeborenen Bisexualität aller Menschen, die im Laufe der späteren seelischen und körperlichen Entwicklung überwunden werden muss. Im Unbewussten bestünde die Bisexualität aber fort und bedinge damit die latente Homo- oder Heterosexualität auch bei klarer sexueller Orientierung von Erwachsenen. Nach McDougall ist es »nachgewiesen, dass lange vor den Angstkonflikten der ödipalen Krise bei Kindern beiderlei Geschlechts der Unterschied zwischen den Geschlechtern schon an sich angstauslösend wirkt« (ebd.). Die Anerkennung des Geschlechtsunterschiedes ist eine der ersten Entwicklungsaufgaben, bei der der Mensch mit der narzisstischen Kränkung fertig werden muss, nicht beide Geschlechter in sich zu vereinen.

Freud bezog sich bei seinem Konzept der Bisexualität (vgl. Freud 1905, S. 53ff.) auf die dem damaligen Stand der wissenschaftlichen Erkenntnis entsprechende Grundannahme, dass bei der menschlichen Embryonalentwicklung »Rudimente des einen im anderen Geschlecht nach[zu]weisen«

seien (in: Stoller 1998, S. 37ff.). Irene Fast fasst Freuds Sicht folgendermaßen zusammen:

> »Nach der Matrix der psychoanalytischen Theorie ist die anatomische Struktur von Jungen und Mädchen ursprünglich männlich. Die embryonalen Anlagen des Jungen und seine anatomische Struktur sind eindeutig männlich. Das Mädchen ist in anatomischer Hinsicht bisexuell. Die Klitoris ist der embryonalen Anlage nach männlich, die Vagina weiblich. In der frühen Entwicklung des Mädchens hat allein die Klitoris Bedeutung, anatomisch gesehen ein verkümmertes männliches Organ« (1991, S. 6).

Freud nahm darüber hinaus an, dass die individuell unterschiedlich starke Ausprägung der Männlichkeit und Weiblichkeit angeboren sei. Aus der Anfang des 19. Jahrhunderts angenommenen biologischen Bisexualität leitete Freud schließlich die psychische bisexuelle Disposition ab.

Heute wissen wir, dass die grundlegende Anlage des Menschen zunächst die weibliche ist und erst das Y-Chromosom den Anstoß zur männlichen embryonalen Entwicklung gibt.

> »Embryologische Erkenntnisse verweisen darauf, dass die Geschlechtsorgane des Embryos – ob genetisch männlich oder weiblich – während der ersten sechs Wochen von unverkennbar femininem Phänotyp sind. Die Differenzierung der männlichen von der weiblichen Form beginnt um die siebte Woche und ist mit dem dritten Monat beendet. Die Klitoris ist also von Anfang an ein Teil der weiblichen Genitalien und nicht ein verkümmerter männlicher Penis. Embryologisch gesehen ist der Penis vielmehr eine wuchernde Klitoris; das Skrotum[1] entsteht aus den großen Schamlippen« (Mertens 1992a, S. 31).

Stoller relativiert darüber hinaus die somatische Grundlage der Geschlechter und meint,

> »dass das Physiologische zwar einen wichtigen, aber eher sekundären Einfluss auf die Geschlechtsidentität des Menschen ausüben [könne] und dass sozialen Faktoren i. allg. eine wichtigere Bedeutung zukommen als den physiologischen« (a. a. O., S. 9).

In diesem Zusammenhang führt er die bis heute bedeutsame Unterscheidung zwischen »sex« und »gender« ein. »Sex« meint das biologische Geschlecht[2], wohingegen »gender« die Bedeutung beschreibt, die die jeweilige Kultur und Gesellschaft dem Geschlecht zuschreibt.

Poluda, eine der wenigen Psychoanalytikerinnen, die Freuds Konzept von der Bisexualität in ihren Publikationen aufgreift, zieht daraus den Schluss:

»Wenn wir Freuds Sichtweise einer bisexuellen Konstitution ernst nehmen, müssen wir realisieren, dass es keine verschiedenen sexuellen Kategorien gibt, sondern nur eine Sexualität mit (verschiedenen polarisierten Dimensionen, u. a.) einem homo- und einem heterosexuellen Pol, und dass diese eine Sexualität sich in den verschiedensten historischen Formen manifestiert« (Poluda 2000, S. 350).

Freud konstituierte aufgrund seiner Annahme der psychischen Bisexualität des Menschen konsequenterweise den Ödipuskomplex in zwei Teilen: den positiven, der die Liebe zum gegengeschlechtlichen Elternteil beschreibt, und den negativen[3], der die Liebe zum gleichgeschlechtlichen Elternteil darstellt. Rohde-Dachser beschreibt den positiven und negativen Ödipuskomplex und seine *untrennbare Verschränkung* wie folgt: »Welche der beiden Orientierungen sich letztlich durchsetzt, ist, so Freud, von der relativen Stärke der maskulinen oder femininen Disposition abhängig« (Rohde-Dachser 1994, S. 829)[4].

Im Laufe des Lebens würden beide Positionen, die Liebe zum gegengeschlechtlichen und die zum gleichgeschlechtlichen Elternteil, immer wieder neu besetzt. Keine von beiden ginge jemals vollständig verloren. Die bisexuelle Libido bleibe lebenslang erhalten. Bei den meisten Menschen werde jedoch die homosexuelle Libido sublimiert, was sich »in Freundschaft oder in bestimmten Charakterzügen mehr weiblicher oder mehr männlicher Prägung« (a. a. O., S. 830) zeige.

Den Gedanken der Sublimierung oder Einbindung homosexueller Empfindungen in heterosexuelle Beziehungen hatte bereits Binstock (1973) (zit. nach Bergmann 1994, S. 285):

»[Er] hob hervor, dass innerhalb einer glücklichen heterosexuellen Beziehung jeder Partner im sexuellen Akt mittelbar das andere Geschlecht erlebt. Der Unterschied zwischen den Geschlechtern wird damit jedoch nicht aufgehoben, sondern eher noch vertieft. Gleichzeitig werden Überreste bisexueller Wünsche fortwährend auf den Partner projiziert, wodurch das eigene Gefühl geschlechtlicher Identität bestärkt wird. In homosexuellen Liebesbeziehungen kann es zu keiner derartigen Identifizierung kommen, und daher ist die Gefahr einer Vermischung von Selbst und Objekt bei Homosexuellen größer.«

Meines Erachtens wird hier allein aufgrund der Tatsache, dass zwei Menschen die gleichen Geschlechtsorgane besitzen, von einer weitreichenden, geistigen und psychischen Gleichheit dieser gleichgeschlechtlichen Personen ausgegangen. Die Behauptung, zwei Frauen oder zwei Männer die einander liebten, hätten eine narzisstische Objektwahl getroffen und liebten in der anderen oder dem anderen nur sich selbst, findet man häufig in der psychoanalytischen Literatur. Es wird von einer innerpsychischen Gleichheit von Personen gleichen Geschlechts ausgegangen, die einer äußerlichen Polarität in weiblich oder männlich entspricht, wiederum nur, weil zwei Menschen unterschiedliche Geschlechtsorgane haben. Detailliertere Unterschiede der weiblichen und männlichen Anatomie, des Hormonstatus werden beispielsweise bis heute nicht in die Wirkung von Medikamenten miteinbezogen. Medikamente, die nicht spezifisch weibliche oder männliche Erkrankungen (also gynäkologische oder urologische Symptome betreffen) sind immer noch auf den Durchschnittsmann mit einer Durchschnittsgröße zugeschnitten. Ähnliches Denken erschafft die Vorstellung einer Dichotomie und grundsätzlichen Unterschiedlichkeit von hetero- oder homosexueller Orientierung, so als könnten sich Hetero- und Homosexuelle in ihrem Begehren nie verstehen. Homosexuell ist nicht heterosexuell, sondern ganz etwas anderes, eben »andersrum«, »pervers«, »invertiert« oder »vom anderen Ufer«. Ähnlichkeiten und die große Nähe beider Orientierungen oder ein Kontinuum in der Wahl des Geschlechts des Partners oder der Partnerin können immer noch kaum gedacht werden. Beide Seiten (die Homo- wie die Heterosexuellen) wünschen Abgrenzung und stellen sie her, um die eigene Identität zu sichern. Das wahrscheinliche Bestehen einer Kontinuität des Geschlechtsrollenverhaltens wie der sexuellen Orientierung kommt als Gedanke kaum vor, obwohl er heute mehr denn je gelebt werden kann. Auch eine Frau kann Kraftfahrzeug-Mechanikerin werden und muss nicht unbedingt lesbisch sein. Und auch ein Mann kann Frisör werden, ohne sofort schwul sein zu müssen. Eine Frau, die sich feminin, mit tiefem Ausschnitt kleidet, kann lesbisch sein und hohe Politiker in stereotypem Anzug schwul.

1.1 Manifeste Bisexualität

Menschen sind in ihrem Unbewussten zwar bisexuell, da sie in ihrer frühesten Kindheit beide Elternteile leidenschaftlich liebten und sich mit beiden unbewusst identifizierten. Aber nur eine Minderheit der Menschen hat sowohl mit dem gleichen als auch mit dem anderen Geschlecht sexuelle Erfahrungen. Freud trennte die latente von der manifesten Bisexualität allerdings nicht prinzipiell, sondern meinte vielmehr, »dass es zu allen Zeiten Menschen gegeben hat und noch gibt, die Personen des gleichen wie des anderen Geschlechts zu ihren Sexualobjekten nehmen können, ohne dass die eine Richtung die andere beeinträchtigt« (Freud zit. nach Reiche, S. 64).

Manchen, auch neueren Autoren ist dagegen Bisexualität suspekt. Reimut Reiche berichtet etwa, dass er in den vielen Jahren seiner Tätigkeit als Analytiker in einer sexualmedizinischen Ambulanz ausschließlich »Abwehr-Bisexuelle« gesehen habe, die ihr bisexuelles Verhalten als »bewusste oder unbewusste Tarnung eingesetzt« hätten, um die Auseinandersetzung mit der eigenen sexuellen Orientierung und den damit verbundenen Konflikten abzuwehren. Reiche sah darin eine Weigerung seiner Patientinnen und Patienten, ihr Triebschicksal anzunehmen: »Sie wehrten sich dagegen, die ihnen durch ihren Ödipuskomplex bestimmte Form anzunehmen« (Reiche 1990, S. 64). Er ging davon aus, dass die freie, sich niemals endgültig festlegende Wahl der genitalen Libido zwischen beiden Geschlechtern nicht möglich oder unreif sei.

McDougall meint zur Bisexualität:

> »Kinder sind durch die homosexuellen wie heterosexuellen Dimensionen der ödipalen Krise gezwungen, sich mit dem unmöglichen Wunsch auseinanderzusetzen, beide Geschlechter zu verkörpern und beide Eltern zu besitzen. Indem sie ihre nicht zu vermeidende Eingeschlechtlichkeit akzeptieren, müssen Menschenkinder zugleich in anderer Weise den Verzicht auf ihre bisexuellen Strebungen kompensieren« (McDougall 1997, S. 10).

Sigusch dagegen sieht die »neosexuelle Revolution« gekommen, womit er die heutige Enttabuisierung quasi aller Sexual- und Beziehungsformen meint. Die verschiedenen Ausformungen in der großen Gestaltungsfreiheit von situativen Sexualpraktiken, die in einer Aushandlung zwischen zwei gleichberechtigten Partnern möglich seien, kennzeichnen seiner Meinung nach die aktuelle moderne urbane Sexualität. Die Befreiung aus traditionell bestimmten Sexualmustern schließt sowohl gelebte Bisexualität mit ein, als auch gar keine Sexualität zu haben: »Tatsächlich wird heute geregelt, was immer sich regeln lässt, vom selbstgewählten No-sex, fünfminütigen Quickie oder One-night-stand bis hin zur jahrzehntelangen Beziehung ohne Sexualität, aber mit Zuneigung« (Sigusch 2005a, S. 22).

Autoren wie etwa Rauchfleisch (2002) nehmen Bisexuelle neben Lesben und Schwulen in die Titel ihrer Bücher auf. In der Tat werden in der schwulen Szene nicht nur die Transsexuellen mit einbezogen[5], sondern in den letzten Jahren definieren sich Bisexuelle in der schwul-lesbischen Bewegung als assoziierte, aber eigenständige Gruppe. Diesem Umstand will Rauchfleisch Rechnung tragen. Bisexuelle werden von vielen Lesben und Schwulen kritisch betrachtet. Bisexuellen Menschen wird verinnerlichte Homophobie, die Angst und Ablehnung von Homosexualität, unterstellt, die diese am letztendlichen Coming-out hindere.

Die momentane Lage Bisexueller beschreibt o. g. Sexuallexikon treffend:

> »Die aktuelle Situation bisexueller Menschen entspricht hinsichtlich gesellschaftlicher Einschränkungen einerseits derjenigen von homosexuellen Männer u. Frauen insofern, als sie ihre homosexuellen Bedürfnisse u. U. verheimlichen, um soziale Konfrontationen zu vermeiden. Andererseits ist sie dadurch gekennzeichnet, dass sich bisexuelle Menschen den (soweit vorhandenen) schwulen u. lesbischen Subkulturen nur eingeschränkt zugehörig fühlen können u. sich nicht selten dem Vorwurf ausgesetzt sehen, ihr Coming-out als Homosexuelle zu verschleiern und sich einer soziokulturell erwünschten Eindeutigkeit der Selbstdefinition zu verweigern« (Pschyrembel Sexualität 2003, S. 55).

In dieser Großgruppendynamik könnte meines Erachtens unbewusster Neid im Spiel sein, so als ob Schwule und Lesben es der Gruppe der Bisexuellen übel nimmt, dass sie sich beide Türen offen lässt, während sie selbst die heterosexuelle Lebensmöglichkeit abtrauern mussten und sich damit der vollen gesellschaftlichen Diskriminierung stellen müssen. Diese Trauerarbeit scheint unzureichend erfolgt, denn sonst könnte anders gearteten Lebensformen und anders geartetem Sexualverhalten gegenüber größere Toleranz geübt werden. Die Formierung der Homosexuellen als eigene Gruppe diente außerdem dazu, sich gegen die heterosexuell normierte Geschlechtsidentität abzugrenzen. Sowohl individuell als auch politisch mussten sich Schwule und Lesben dagegen wehren, keine richtigen Männer oder keine richtigen Frauen zu sein. So sahen sich Homosexuelle gezwungen, sich eine eigene Identität, ja eine eigene Lebenswelt mit harten Grenzen nach außen zu schaffen, was sich nach langen Jahren der politischen Überzeugungsarbeit in der Etablierung von politischen Einrichtungen wie z. B. den Büros für gleichgeschlechtliche Lebensweisen in den jeweiligen Kommunen niederschlug. Auf der anderen Seite wurden Orte geschaffen, zu denen weder heterosexuelle und schwule Männer (bei speziellen Einrichtungen für Frauen und Lesben) oder heterosexuelle und lesbische Frauen (in bestimmten Kneipen und Bars schwuler Männer) Zutritt hatten und haben. Erst die Sicherung des gesellschaftlich Erreichten, auch durch die Einführung der sog. Homo-Ehe im Bundesgebiet (die noch viel Ungleichheit zur heterosexuellen Ehe in sich birgt) und staatlicher Legalisierung gleichgeschlechtlicher

Beziehungen in einigen anderen europäischen und außereuropäischen Ländern macht es mehr als zuvor möglich, manifest bisexuell lebende Menschen in die bisher eindeutig schwul oder lesbische Community mit aufzunehmen.

Der bisherige Zwang zum Verzicht auf eine der beiden sexuellen Orientierungen weicht langsam anderen gesellschaftlichen Normen. In Teilen der heutigen Jugend wirkt es meiner Beobachtung nach einerseits so, als könne vieles möglich sein und als könne der Verzicht auf die Akzeptanz des Geschlechtsunterschieds bis nach der Adoleszenz verschoben werden. Immer mehr junge Menschen verlängern ihre Jugend und Ausbildungszeit und schieben die Elternschaft weit ins mittlere Erwachsenenalter hinaus. Andererseits sind auch heute noch in Schulklassen in der Pubertät und Adoleszenz, in der die Geschlechtsidentität unsicher und instabil ist, die starke Wirkung von Geschlechtsstereotypen zu beobachten: Die Mehrheit der Mädchen trägt lange Haare, die Jungen dafür umso kürzere Frisuren und ihre Männlichkeit und Coolness betonende Kleidung.

Die heutigen sozialen Möglichkeiten, psychisch die verschiedenen Geschlechtsrollen einzunehmen, auszuprobieren und im Laufe des Lebens wieder zu verwerfen, bergen einerseits die Chance großer Entscheidungsfreiheit und individueller Lebensentwürfe. Andererseits gehen durch den Verlust von klaren traditionellen Strukturen vorgegebene Orientierungen und traditionelle Verbindungen wie etwa die Ehe als sichere Bindungsform verloren, auch wenn daneben eine bis dato noch eingeschränkte Form der Ehe zwischen homosexuellen Paaren geschaffen wurde, die sog. gleichgeschlechtliche Lebenspartnerschaft. Der Zerfall traditioneller Lebensentwürfe birgt mannigfaltige Konflikte: »In seinem Ausmaß und in seiner Intensität neu sind die Bürde, ohne das Korsett der alten mächtigen Moralinstanzen intime Erlebnisse und Beziehungen selbstbestimmt und selbstverantwortlich managen zu sollen« (Sigusch 2005a, S. 23).

Im Folgenden möchte ich psychoanalytische Theorien heranziehen, um die innere unbewusste Grundmatrix der menschlichen Liebe verstehen zu lernen.

1.2 Weibliche Bisexualität

Die Mutter stellt das erste (legitime) Liebesobjekt der Tochter dar, sodass in Frauen eine stärkere Bisexualität zurückbleibt als beim Mann, der seinen Vater aus bekannten gesellschaftlichen Gründen der männlichen Angst vor Homosexualität nicht in dieser stark körperlichen Form anhänglich und leidenschaftlich lieben darf.[6] Der Mann kann in seinen erwachsenen Liebesbeziehungen und in seiner heterosexuellen Orientierung an das erste weibliche Objekt gebunden bleiben, während die Frau einen Objektwechsel hin zum Vater und späteren Mann vollziehen muss.

Christiane Olivier, eine Analytikerin französischer Schule, die traditionell die Beziehung zum Vater betont, negiert die frühkindliche bisexuelle Anlage völlig und nimmt an, dass bereits das prägenitale Kind eine starke heterosexuelle Ausrichtung (vermutlich von Geburt an) mitbringt. Ein ihrer Meinung nach wirkliches Sexualobjekt könne für das Mädchen nur der Vater sein, außer das Mädchen sei homosexuell geboren. Deshalb erlebe das Mädchen bereits Enttäuschungen in den prägenitalen Phasen (der oralen, urethralen und analen), da die Mutter für das Mädchen nur ein unbefriedigendes, den Vater ersetzendes Sexualobjekt darstellen könne. Der Penis scheint in der Vorstellung von Olivier bereits für ein Mädchen vor dem sechsten Lebensjahr bedeutsamer und lustversprechender zu sein, als die mütterliche Brust, die Nahrung und Trost (im Anlehnen an sie) spendet. Diese Ausgangsbedingung des Mädchens sei an sich die Ursache von Störungen in der weiblichen Entwicklung (Olivier 1987). Olivier widerspricht damit den meisten psychoanalytischen Theoretikern, die annehmen, dass die frühe Liebe zwischen Mutter und Tochter (das Gleiche gilt für den Sohn) von weitreichender Bedeutung für die Bildung guter und kongruenter Selbst- wie Objektrepräsentanzen ist.

Kernberg zitiert Olivier:

> »die Einstellung von Eltern, insbesondere von Müttern, gegenüber einem kleinen Jungen ist anders als die gegenüber einem Mädchen und [...] die Rolleninduktion der frühen Mutter-Kind-Interaktion [übt] einen großen Einfluss auf die Geschlechtsidentität [aus] ... Nach Auffassung der französischen Gruppe besetzt die Mutter, während sie die Genitalität des kleinen Knaben durchaus stimuliert, die Genitalien des kleinen Mädchen nicht sonderlich stark, weil sie, in ihrer eigenen, gesonderten Sphäre der Beziehung als Frau zum Vater, ihr eigenes Sexualleben, ihre ›vaginale Sexualität‹ weiterverfolgt. Selbst wenn die Mutter die kleine Tochter narzisstisch besetzt, hat ihr Narzissmus eher prägenitale als genitale Züge (außer bei Frauen mit starken homosexuellen Neigungen).«

Er räumt aber anschließend ein:

> »Wenn die Mutter die Genitalen ihrer Tochter nicht besetzt, ist das auch eine Reaktion auf die kulturellen Zwänge und kollektiven Hemmungen, die auf die männliche Kastrationsangst zurückgehen« (Kernberg 1998, S. 82).

Er beschreibt weiter:

> »Doch während die unterschwellig ›lockende‹ erotische Beziehung der Mutter zu ihrem kleinen Jungen ein beständiger Aspekt der männlichen Sexualität bleibt und dazu beiträgt, dass seine Fähigkeit zu genitaler Erregung normalerweise keine Unterbrechung erfährt, hemmt beim Mädchen die subtile und unbewusste Zurückweisung seiner sexuellen Erregung durch die Mutter nach und nach das Bewusstsein von seiner ursprünglichen vaginalen Genitalität. Diese unterschiedliche Behandlung von Jungen und Mädchen im Bereich der Erotik festigt auf wirkungsvolle Weise ihre jeweilige Kern-Geschlechtsidentität und trägt dazu bei, dass der Junge die ganze Kindheit hindurch seine genitale Erregung geltend macht, während sie beim Mädchen gehemmt ist« (ebd., S. 80).

Offensichtlich werden libidinöse genitale Besetzungen zwischen Mutter und Tochter mit einem hochgradigen Inzesttabu belegt. Die homosexuelle Position und das weiblich-weibliche sexuelle Erregungspotenzial – und damit wohl auch die Masturbation – werden von Mutter und Tochter gemeinsam zurückgedrängt. So entsteht das von Poluda (2000) sogenannte »homosexuelle Tabu« beim Mädchen, das das gänzliche Verbot sexueller Liebe zwischen Mutter und Tochter beschreibt und benennt. Ich werde später darauf noch genauer eingehen.

Auf der anderen Seite bleibt bei Frauen aus ihrer frühen engen körperlichen Beziehung zu ihrer Mutter geringere Angst vor Erfahrungen mit Gruppensex zurück, wo es zu gleichgeschlechtlichen sexuellen Kontakten kommen kann, sodass Frauen auch weniger aggressive Entwertungsimpulse Homosexuellen gegenüber ausbilden (vgl. Rohde-Dachser 1994). Die prägenitale Position mit der Mutter kann offensichtlich temporär genital sexualisiert werden, wenn die Heterosexualität durch die Anwesenheit des männlichen Partners nicht grundsätzlich in Frage gestellt wird.

In wissenschaftlichen Untersuchungen bezeichnen sich in der Regel nur wenige Menschen selbst als bisexuell, aber immerhin fast doppelt so viele Frauen wie Männer (1–2 % der Männer, 2–3 % der Frauen; vgl. Pschyrembel Sexualität 2003, S. 54). In

> »Befragungen zu sexuellen Kontakten [gibt es] einen hohen Anteil von Menschen, die auch im Erwachsenenalter sexuelle Aktivitäten mit Partnern beiderlei Geschlechts berichten (ca. 20 % der Männer, ca. 25 % der Frauen); werden sexuelle Phantasien berücksichtigt, erweist sich die Vorstellung sexueller Aktivität unter Beteiligung eines Partners des gleichen Geschlechts für die weit überwiegende Mehrheit aller Menschen als sexuell erregend« (ebd., S. 55).

Der letzte Befund könnte als Maß für die latente, im Unbewussten bereitliegende Bisexualität gelten.

2. Psychoanalytische Konzepte zur lesbischen Sexualität

Um die psychoanalytischen Konzepte zur lesbischen Sexualität theoretisch vorzubereiten, möchte ich kurz zentrale psychoanalytische Grundüberlegungen zur sexuellen Entwicklung und ihres Einflusses auf die Bildung von Selbst- und Objektrepräsentanzen voranstellen.

Danach wird ein Abriss der verschiedenen Theoriebildungen zur Entwicklung weiblicher Sexualität seit Freud folgen und ihre Bedeutung für die theoretische Entwicklung einer Psychodynamik lesbischer Sexualität herausgearbeitet werden.

Die Lektüre der von mir im Folgenden dargestellten Autorinnen beeinflussten maßgeblich mein Denken und mein theoretisches wie klinisches Wirken. Ihrer Forschungs- und Publikationsarbeit sei an dieser Stelle meine Hochachtung ausgesprochen. Sie haben die Aufforderung Freuds, über weibliche Entwicklung in seiner Nachfolge weiterzuforschen, ernst genommen und riskiert, heftige Kritik derer hinzunehmen, die in der psychoanalytischen »Gemeinde« darauf bedacht sind, dass sich nichts ändert, dass Machtpositionen und deren Privilegien nicht benannt werden und Denkverbote subtil wirksam bleiben.

Leserinnen und Leser, die die verschiedenen Theoretikerinnen kennen, die ich auf den folgenden Seiten kurz darstellen werde, können Teile des folgenden Kapitels überspringen. Für andere mag der folgende Abschnitt vor längerer Zeit Gelesenes über weibliche Sexualität im Gedächtnis wieder wachrufen. Andere Leser mögen z.T. wenig rezipiertes, historisch »altes«, theoretisch umso aktuelleres Material chronologisch aufbereitet interessant und spannend finden.

2.1 Sexualität

Zur Untersuchung der psychischen Entwicklung stellte Freud die kindliche Sexualität ins Zentrum seiner Aufmerksamkeit. Er postulierte einen angeborenen Trieb, der sich in den bekannten Phasen oral, anal und genital zunächst am Mund und am Saugen des Säuglings festmache, sich dann beim Kleinkind am Enddarm und schließlich in der ödipalen Phase auf den Genitalbereich konzentriere. Die Libido baue eine Spannung auf, die sich lustvoll an den jeweiligen Organen entlade. Diese Partialtriebe zielen laut Freud autoerotisch auf Lustgewinn, und erst ihre Unterordnung unter das Primat der Genitalität macht den Bezug zum Objekt notwendig. Schließlich stelle sich die Sexualität in den Dienst der Fortpflanzung, obwohl sie gleichzeitig eine Form der Befriedigungssuche bleibe und sublimiert, abgewehrt, aber auch gelebt und im Geschlechtsakt gestillt werden könne.

In der psychischen Entwicklung und Reifung werden gleichzeitig innere Bilder und von der direkten Triebbefriedigung entlehnte Befriedigungsmodi entwickelt. Der Säugling

> »lernt durch Lutschen an der Brust die gleichen Lusterfahrungen zu machen, von denen er beim Saugen Erinnerungsspuren gebildet hat. Auf diese Weise wird die Lust, die beim Menschen und seinen Artverwandten eigentlich eine Lustprämie für die lebenserhaltenden Vorgänge Nahrungsaufnahme und Kopulation sind, von diesen Vorgängen abgekoppelt« (Becker 2000, S. 662).

Die vielfältigen sexuellen Lust- und Befriedigungsvorgänge am eigenen und später am anderen Körper schaffen somit komplizierte, über alle Lebensalter und Reifungsgrade verteilte innere unbewusste Bilder von sich selbst und der Partnerin oder dem Partner.

2.2 Die Entwicklung weiblicher Sexualität

Freuds Vorstellung, den Wendepunkt in der weiblichen Sexualitätsentwicklung stelle die Erkenntnis des Geschlechtsunterschiedes als Feststellung eines Mangels dar, wurde von vielen psychoanalytischen Autoren relativiert (siehe weiter unten). Das Mädchen registriert laut Freud im Ödipuskomplex (also etwa zwischen dem vierten und fünften Lebensjahr) seine bereits erfolgte Kastration endgültig. Die Mutter, die sie nicht vollständig und mit einem Penis geboren hat, wird von dem kleinen Mädchen für den Penismangel verantwortlich gemacht. Diese schwere Enttäuschung an der Mutter wird mit einer Hinwendung zum Vater beantwortet, sodass das Mädchen nun den Objektwechsel vollziehen kann, den Vater statt wie bisher die Mutter leidenschaftlich begehrt und liebt und in den »heterosexuellen Hafen« einlaufen kann. Wir wissen heute, dass bereits vor der ödipalen Phase Mädchen (und auch Jungen) als Kleinkinder derart viele Enttäuschungen an der zunächst omnipotent erlebten Mutter zu verarbeiten haben[7], die aber die Reifung des Kindes fördern, dass die Tatsache, nicht bisexuell geschlechtlich ausgestattet (worden) zu sein und die damit zusammenhängende Enttäuschung an der Mutter, heute als *ein* Aspekt, jedoch nicht mehr als zentrales Agens der weiblichen sexuellen Entwicklung gesehen werden.

Die Fortpflanzung, also das gemeinsame Zeugen eines Kindes, stellte für Freud einen Reparationsversuch des Kastrationskomplexes bei der Frau dar. Freud postulierte, dass für das kleine Mädchen die unbewusste Fantasie, im Objekt der Zeugung, dem Kind, vom Vater doch noch einen Penis zu erhalten, bestimmend ist und dies die Motivation zur Loslösung von der Mutter darstellt. Freud hatte erkannt, welch enorme Entwicklungsherausforderung für Mädchen und Frauen die Loslösung von der Mutter darstellt, zu der beide Geschlechter in einer extremen Abhängigkeit stehen und deren Körper und ganzes Wesen in der Kindheit hoch libidinös besetzt wird. Gerade deshalb bedarf der Objektwechsel, also die Hinwendung der Frau zum Mann und die Entwicklung der Heterosexualität bei Frauen genauer Erklärung und theoretischer Konzeption, die bis heute nicht in all ihren Facetten geführt ist. Freud selbst nannte vermutlich in Kenntnis dieses Umstandes die weibliche Sexualität den »dark continent« der Psychoanalyse. Im Folgenden zeige ich die Pfade auf, die Nachfolgerinnen Freuds gegangen sind, um ein wenig Licht ins Dunkle zu bringen. Dieses Bild differenzierter Individuationsprozesse und Trennungsvorgänge von der Mutter wurde ins Zentrum der Aufmerksamkeit gerückt und lässt einen hoffentlich realistischeren Weg der weiblichen Entwicklung erkennen.

Margarete Mitscherlich-Nielsen und Christa Rohde-Dachser gaben 1996 einen Band heraus, der sich den psychoanalytischen Diskursen über die Weiblichkeit von Freud bis in die heutige Zeit widmet. Im Folgenden möchte ich die zentralen Argumente der meines Erachtens wichtigsten Autorinnen in einem kurzen Überblick darstellen:

Bereits 1937 versucht Edith Jacobson, die Dominanz des Kinderwunsches der Frau zu relativieren, indem sie Ängste vor einer Schwangerschaft für die Frigidität mancher Frauen verantwortlich machte. Angesichts der zu dieser Zeit geringen Möglichkeiten der Geburtenkontrolle war der Gedanke, dass

Frauen deshalb keinerlei Lust an der Sexualität mit Männern erleben, weil sie im Vermeiden des Geschlechtsaktes und Koitus die einzige Verhütungsmöglichkeit sahen (alles unbewusste Vorgänge, die sexuelle Funktionsstörungen bei Frauen generieren sollten!), eine historisch verständliche Hypothese. Die damals bestehende wirtschaftliche Abhängigkeit vom Mann, wenn Kinder eine Ehe bereicherten (was in dieser Zeit die idealisierte Standardvorstellung einer bürgerlichen Ehe war und heute noch in vielen Teilen der Bevölkerung ist) machte es Frauen erst recht unmöglich, ein stärker selbstbestimmtes Leben zu entwerfen oder zu führen. Jacobson entwarf in ihren Schriften das Bild eines neuen Frauencharakters, eine wahrhaft emanzipatorische Vision. Der »weibliche Zukunftstyp«, eine Frau mit einem starken selbständigen Überich, einem gefühlsstarken Ich und

> »gesunder, expansiver weiblicher Sexualität. Diese ›Zukunftsfrauen‹ wissen sich im Besitz eines vollwertigen Genitales, dessen genitale Beschädigungsangst der männlichen Kastrationsangst […] analog ist. Ihr Ich-Ideal ist dem mütterlichen Vorbild nachgebildet, in das Züge des Vaters einbezogen werden können, ohne dass man deshalb von einem ›männlichen Überich‹ sprechen muss. Der Unterschied zur traditionellen Frau besteht vor allem in einer anderen Form der Libido-Organisation, in der fehlenden Rivalität zum Manne, in einem gesunden Liebesverhalten und in der Herausbildung eines vom Mann qualitativ verschiedenen Ich und Überich« (Mitscherlich/Rohde-Dachser 1996, S. 16).

Diese Vision kann heute, 70 Jahre später, vielleicht erstmals erreicht und verwirklicht werden. Frauen, zumindest aus wohlhabenderen Schichten, ist heute der Weg zu höherer Bildung geöffnet. Um die Ermöglichung dieser Rechte auch für weniger vermögende Schichten wird politisch gerungen. Rechtlich möglich ist es heutzutage auch für Kinder aus Arbeiterfamilien, zu studieren, jedoch scheitert es oft am Finanziellen. Damit können Frauen wirtschaftliche Unabhängigkeit, eine eigene berufliche, damit intellektuelle wie psychische Identität überhaupt erst entwickeln. Die Gleichstellung mit dem Mann, d. h. das Heraustreten der Frau aus dem häuslichen in den öffentlichen Bereich und die Aufhebung der traditionellen Geschlechtertrennung in der westlichen Welt, trägt die Kraft eines radikalen gesellschaftlichen Umbruchs in sich. Wie sich diese gesellschaftlichen und kulturellen Entwicklungen psychisch niederschlagen, zeigt Rosemary Balsam in einer brillanten Falldarstellung, die Theorie und Klinik verbindet. Balsam ist eine zeitgenössische amerikanische Psychoanalytikerin, der ich weiter unten mehr Raum widmen möchte. Nun aber zurück in die Geschichte der Vordenkerinnen.

Janine Chasseguet-Smirgel diskutierte 1964 die psychoanalytische Theoriebildung und die Fixierung auf den Penis als Ausdruck einer kollektiven Angst vor der allmächtigen Mutter, von der alle Menschen in ihrer frühen Lebensgeschichte unendlich abhängig gewesen seien. Diese Macht der frühen Mutter würde auf den Penis verschoben: »Das, was wir gemeinhin ›Phallokratismus‹ nennen, kann als Ausweg aus dem Konflikt mit der Mutter unserer Kindheit angesehen werden« (a. a. O., S. 19f.).

Die Vagina als weibliches sexuelles Lustorgan und als Eingang zur Gebärmutter, die der Frau die Möglichkeit gibt, Lust zu erleben und Kinder sowohl zu empfangen als auch zu gebären, wird von Chasseguet-Smirgel in ihren beiden Qualitäten betont und positiv bewertet. Sie leitet damit den Blick auf die Nähe der Frau zur Mutter und deren primäre Fähigkeit zur Reproduktion. Die Unersetzlichkeit der Mutter sowohl biologisch mit ihrer Ausstattung einer Gebärmutter und den anderen inneren Geschlechtsorganen, die der Reproduktion und gleichzeitig eng verschlungen der Lustempfindung dienen, als auch psychisch im Sinne der primären Weiblichkeit wird von der französischen Psychoanalytikerin betont. Die Ausstattung des weiblichen Körpers, der nach der Befruchtung durch einen Mann einen neuen Menschen hervorbringen und nähren kann, stellt eine zentrale Funktion und gesellschaftliche Macht der Frauen dar. Diese Potenz der Frau soll wiederum durch die gesellschaftliche Hervorhebung des Penis in seiner symbolischen Bedeutung von gesellschaftlicher Wertschätzung und Macht unsichtbar gemacht und in seiner Bedeutung gemindert werden.

Angeregt durch und im Rahmen der feministischen Kritik der patriarchalen Geschlechterverhältnisse im Zuge der 68er-Bewegung unterzog Margarete Mitscherlich 1975 die psychoanalytische Theorie einer weiteren Revision: Die Libido sei nicht allein männlich (wie es bei Freud erscheinen mag). Vielmehr hätten Frauen wie Männer gleich starke und Frauen ebenso aktive sexuelle Wünsche wie Männer. Es gebe keinen reinen vaginalen Orgasmus, die Klitoris sei – beim Kind wie bei der erwachsenen Frau – bei der sexuellen Erregung immer zentral mitbeteiligt. Beide Geschlechter seien primär mit der Mutter identifiziert und idealisierten die Mutter, deren Körper und deren Geschlechtsrolle. Margarete Mitscherlich, die zu ihrem 90. Geburtstag im Jahr 2007 als die berühmteste deutsche Psychoanalytikerin gefeiert wurde und viele Ehrungen erhalten hat, bezieht in ihren Schriften explizit gesellschaftliche, vor allem ökonomische Einflüsse auf die Erziehung von Kindern mit ein und kritisiert die alleinige psychische Innenschau, die die Psychoanalyse aus der Wissenschaft der Psychologie herausgehoben hat, als zu kurzsichtig (a. a. O.,

S. 17f.). Dabei bricht sie ein bei einigen Psychoanalytikern noch bestehendes Tabu radikal: Nicht nur die Triebentwicklung in der frühen Kindheit, wie Freud postulierte, prägt die Psyche und den Verlauf der infantilen sexuellen Phasen, sondern die Kultur, die Umwelt und ökonomische Faktoren, wie beispielsweise die Schichtzugehörigkeit, bilden sich in der individuellen Psychodynamik eines Menschen ab. Mitscherlich versuchte, innerhalb der Psychoanalyse auch biologische Tatsachen deutlich zu machen, dass – wie oben bereits gesagt – beim Embryo die Klitoris das primär erste Organ beider Geschlechter sei, aus der sich später in der embryonalen Entwicklung der Penis entwickle.[8]

Bereits in ihren ersten Publikationen, besonders in der berühmten Studie »Die Unfähigkeit zu trauern. Grundlagen kollektiven Verhaltens« (1967), die sie mit ihrem Mann Alexander Mitscherlich nach dem Zusammenbruch der Nazidiktatur verfasste, zeigte sich ihre hohe gesellschaftspolitische Verantwortung. Ihr gesamtes Werk beschäftigt sich mit den kulturellen und ökonomischen Einflüssen auf die individuelle psychische Entwicklung. Ihre Bücher[9] machten es für mich als Analytikerin selbstverständlich, die Beschränkung auf die individuelle Innenschau sowohl in der Theoriebildung als auch in der klinischen Praxis aufzugeben, sondern kulturelle und gesellschaftliche Bezüge auch in den Behandlungen mitzudenken und aufzuzeigen. Dadurch wurde es möglich, sogar die Bildung einer Subkultur, wie z. B. die lesbische Szene, deren Interaktion mit der Gesamtgesellschaft, der gegenseitige Einfluss auf die Mitglieder der Majorität wie der Minorität, aber auch neue Normbildungen in der lesbischen Szene in meine Überlegungen mit einzubeziehen und zu untersuchen.

Der Beitrag von Harriet Lerner (1976) in o. g. Sammelband zeichnet sich durch die Beschreibung einer spezifischen Dynamik zwischen Müttern und Töchtern in Bezug auf das weibliche Lustzentrum, der Klitoris, aus. Der Widerstand auf mütterlicher Seite, der Tochter ohne Widerstand und Scham über die Klitoris und ihre Funktionen zu berichten, ja sie überhaupt zu beschreiben und zu benennen, interpretiert sie als eine Vermeidung homosexuellen Verführungspotenzials zwischen Mutter und Tochter. Angesichts der Abwesenheit des Penis und in Erinnerung an die frühen Pflegeerfahrungen des Genitales der Tochter durch die Mutter läge eine homosexuelle Erotisierung nahe. In ihrer Arbeit mit dem Titel »Fehlbenennungen der weiblichen Genitalien« beklagt sie die Sprachlosigkeit angesichts des weiblichen Genitales, insbesondere der Klitoris. Um sich eines Körperteils bewusst zu werden und es als eigenes anzunehmen und psychisch zu besetzen, bedürfe es eines Namens. Die Klitoris werde aber im Dialog zwischen Eltern und Kind oft »ausgeblendet, so als ob [sie] nicht vorhanden sei« (Lerner zit. nach Mitscherlich/Rohde-Dachser 1996, S. 20). Im Gespräch mit den Eltern habe die Anregung, die Tochter über die Existenz ihrer Klitoris zu informieren, »eine seltsame Reaktion von Verlegenheit und Unruhe« hervorgerufen (ebd.).

Ähnliche Erfahrungen kann ich aus einer Intervision von Fällen aus meiner kindertherapeutischen Praxis berichten: Kolleginnen, denen ich erzählte, dass ich bei einigen meiner kleinen Patientinnen, die im sechsten Lebensjahr noch keinerlei Unterscheidung von After, Urethra und Vagina treffen konnten (und in dem Zusammenhang z. B. eine Enkopresis entwickelten), die Klitoris erklärte, reagierten befremdet. In einer therapeutischen Intervention bezog ich beim Malen des Genitales eines solchen Mädchens die Klitoris explizit mit ein und erntete von erfahrenen kinderanalytischen Kolleginnen die Reaktion: »Da lehnst du dich ja weit aus dem Fenster.« Auch Kinderanalytikerinnen sind offensichtlich nicht gefeit davor, das Erbe der Mütter und Großmütter weiterzugeben. Unbewusst wirkt das homosexuelle Tabu, und es ist opportuner, dem Jahrhunderte alten Schweigen zuzustimmen, als unbefangen alle Teile des weiblichen Geschlechts gleichberechtigt, freudvoll und in ihrer Funktion und Potenz benennen zu dürfen. Sich des eigenen Körpers zu bemächtigen, bedeutet einen wichtigen Schritt zur Autonomieentwicklung und zur Loslösung von der omnipotenten Mutter. Es könnte einerseits sein, dass manche Mütter ihren Töchtern unbewusst die volle sexuelle Befriedigung vorenthalten wollen, um sie länger in ihrer Abhängigkeit zu halten.

> »Eine andere Interpretation könnte aber auch lauten, dass die Mutter die Klitoris der Tochter die Zärtlichkeit unbewusst vorenthält, um eine homosexuell getönte Beziehung zur Tochter zu vermeiden, die für beide auch als Versuchung verstanden werden kann« (zit. nach Mitscherlich/Rohde-Dachser, S. 21).

Die Unterdrückung der weiblichen Lust und der Potenz in der weiblichen Sexualität scheint sich bis in die kleinsten Interaktionen zwischen Mutter und Kind niederzuschlagen und ihre Wirkung zu zeigen.

Doris Bernstein widmet sich 1990 in ihrem Aufsatz »Weibliche genitale Ängste und Konflikte und die typischen Formen ihrer Bewältigung« einer Zeitspanne in der Entwicklung des kleinen Mädchens, in der es sich einerseits von der Mutter lösen will, andererseits zugleich Furcht vor der Trennung hat und bei der Mutter Halt sucht. Genau in diese ambivalente Phase des Hin- und Hergerissenseins falle die Furcht, den Zugang zum eigenen Genitale nicht kontrollieren zu können. Ängste vor ungewollter vaginaler Penetration und der »Unbeherrschbarkeit des Zugangs«, die mit einer »Diffusion des Denkens«

einhergehe, welche mit »der mangelnden Anschaulichkeit des weiblichen Genitale« zusammenhänge, beschäftigten das Mädchen (Mitscherlich/Rohde-Dachser 1996, S. 26). Der Vater sei an dieser Stelle wichtig, um das Mädchen sowohl in seiner Weiblichkeit, aber auch in seinen Wünschen, sich mit dem Vater zu identifizieren, zu bestätigen.

Jessica Benjamin (1992) stellt in ihrer Arbeit »Vater und Tochter: Identifizierung mit der Differenz« wie Bernstein den Vater in seiner die Mutter begehrenden Funktion in den Mittelpunkt. Mit ihm solle sich das Mädchen ebenso identifizieren können und ihn nicht nur begehrenswert finden. Der Vater helfe dem Mädchen dabei, sich von der Mutter abzugrenzen, von der sich das Mädchen noch zu abhängig fühlt, um den eigenen Willen durchzusetzen, ohne dabei ihre Sicherheit zu verlieren. Der Vater verkörpere deshalb in dieser Phase die Unabhängigkeit von der Mutter, während diese die Bindung repräsentiere. Verweigern die Väter dem Mädchen die Anerkennung sowohl ihrer Identifikation mit der Mutter als auch ihrer Identifikation mit ihm, bilde sich eine ewige Suche nach dem eigenen Begehren beim Mädchen aus, dass dann auf den Mann gerichtet werde, der als allmächtig vermutet werde und dem es sich masochistisch zu unterwerfen gelte.

Beide Autorinnen beschäftigen sich mit der wichtigen Funktion des Vaters als dem Dritten, der die zum Lebensanfang eines jeden Menschen bestehende, fast ausschließliche Abhängigkeit von der Mutter relativieren hilft. Er oder ein anderes Triangulierungsobjekt, das der Mutter nahesteht und von ihr hoch libidinös besetzt wird, zeigt auf, dass die Macht der Mutter nicht ungebrochen ist, dass es ein Leben mit, aber auch ohne sie gibt und hilft dem zwei- bis vierjährigen Mädchen sich mit seiner Unabhängigkeit, Andersartigkeit und distanzierteren Beziehung zur Mutter zu identifizieren. Bis heute scheinen sich Väter oder Partner von Müttern ihrer so außerordentlich wichtigen Funktion für die gesunde Autonomieentwicklung ihrer Töchter oder Stieftöchter nicht in ihrer Bedeutsamkeit bewusst zu sein. So wichtig eine sog. »genügend gute« Mutter für die weibliche Entwicklung darstellt, mit der man eine enge, Sicherheit, Zärtlichkeit und Geborgenheit bietende Beziehung erleben und teilen kann, ist auf der anderen Seite der Dritte, die »Nicht-Mutter«, die ein autonomes, sich selbst genügendes, anderen Interessen folgendes, »freies« Leben repräsentiert. Auf die Wichtigkeit des Triangulierungsobjekts werde ich später noch ausführlicher eingehen.

Louise Schmidt-Honsberg postuliert in ihrer Arbeit, die sich mit weiblicher Homosexualität beschäftigt, dass die Aktivierung »der Gleichheit – das homo – in mir« auch in heterosexuellen Frauen

»[d]ie Sehnsucht nach dem Ursprung, der uranfänglichen Einheit [aktiviere]. Das Vertrauen, das allumfassende Gehaltenwerden, aber auch die Möglichkeit der uranfänglichen Vernichtung, die Nähe des Todes zur Geburt, des Hungers zur Sättigung tauchten als das weibliche Prinzip in seinem Aspekt als Herrin über Leben und Tod auf« (1989, S. 239).

Hier klingen die (esoterisch angehauchten, feministischen) Diskurse der 80er Jahre über die sog. »Große Göttin« an. Die Erkenntnis »des Wesens der eigenen Geschlechtlichkeit« werde durch die Konfrontation mit dem Gleichen »der Mutter, der Schwester, dem Vorbild, dem Spiegel – und durch die Begegnung mit dem Fremden, dem grundsätzlich anderen, dem Männlichen« gesucht« (ebd.).

Die Wortwahl der Autorin wirkt ein wenig romantisierend, so als ob Schmidt-Honsberg selbst von der Idealisierung einer desexualisierten Frau-zu-Frau-Beziehung fasziniert sei, das Sexuelle (beim Mann lokalisiert) aber als »schmutzig oder profan« ausklammern möchte.

Maya Nadig (1990) beschäftigt sich ethnopsychoanalytisch mit der Mutterschaft einer indianischen Kultur Mexikos auf der einen und der Schweizer Kultur auf der anderen Seite. Sie kommt zu dem Ergebnis, dass moderne westliche Gesellschaften sowohl Chancen als auch Risiken für Mütter mit sich bringen: Im Gegensatz zu den indianischen Frauen, denen das soziale Umfeld volle Wertschätzung, insbesondere auch die des Vaters, zur Verfügung stelle, seien Schweizer Frauen, die sich zunächst beruflich engagiert hätten, eher der Isolation der Kleinfamilie ausgesetzt. Die mexikanische Frau werde erst mit der Mutterschaft zum vollen Mitglied der Kultur, während in der Schweiz die Mängel im sozialen Gefüge (wie enge Bindungen in der Nachbarschaft und/oder zur eigenen Mutter, eine Kultur der engen Frauenfreundschaften und Frauensolidarität, wie sie in Mexiko selbstverständlich sind) der Mutter untergeschoben würden, die diese nur nach innen kehren könne. Sie habe zwar die Möglichkeit, in einer modernen westlichen Kultur als Frau ohne Kind voll anerkannt zu werden, was in Mexiko wiederum kaum denkbar erscheint. Den Spagat als Mutter zwischen familiärer Außenwelt im Beruf und der familiären Innenwelt Kind und Mann bleibe ihr jedoch weitgehend allein überlassen. Die Väter beteiligen sich nach wie vor kaum an der Familienarbeit. Damit rücke die Theoriebildung den Penismangel als Kennzeichen der Frau in ein neues Licht: Der Mutter bleibe die reale Teilhabe an der Kultur von dieser selbst versagt (Mitscherlich/Rohde-Dachser 1996, S. 24f.).

Die Entscheidung zur Mutterschaft, die durch die Verhütungsmöglichkeiten in der westlichen Welt überhaupt erst entstanden ist, bedeutet meines Erachtens aktuell immer noch das Risiko eines Entweder-oder in sich. Entweder man engagiert sich intensiv mit der Ausbildung und der beruflichen Karriere, oder man hat Kinder. Beides miteinander zu verbinden, birgt das Risiko des berühmten »Karriereknicks« in sich oder den Ruf, eine »Rabenmutter« zu sein, die das kleine, schützenswerte und der Mutter bedürftige Kind viel zu frühzeitig der Fremdbetreuung zuführe. Die bundesrepublikanische Gesellschaft ringt aktuell gerade heftig um dieses Thema. Interessant dabei bleibt, dass gerade konservative Politikerinnen maßgeblich an der Umsetzung von mehr öffentlichen Betreuungsmöglichkeiten für Kinder beteiligt sind und den wertkonservativen Männern aus den eigenen Reihen schwer zu schaffen machen, während die bis dato eher linken politischen Kräfte in ihren Regierungszeiten zwar immer wieder wirksame gesellschaftliche Debatten angestoßen haben, aber heftigen Widerspruch von der konservativen Gegenseite einzustecken hatten.

Wie bei vielen gesellschaftlichen Bewegungen vollzieht die Psychoanalyse und ihre Protagonisten diese Paradigmenwechsel nur schwerfällig mit, sodass Nadig in ihrem bereits 1990 erschienenen, mittlerweile Berühmtheit erlangten ethnopsychoanalytischen Werk über mexikanische und Schweizer Mütter konstatiert, dass der Paradigmenwechsel in der psychoanalytischen Theoriebildung in Bezug auf die Mutterschaft bis heute noch ausstehe. Allerdings widmet sich die Ausgabe der »Psyche« im Februar 2008 allein dem Thema »Außerfamiliäre Betreuung und frühkindliche Entwicklung – Psychoanalytische Perspektiven«, sodass sich moderne Psychoanalytikerinnen und -analytiker offensichtlich mittlerweile bemühen, an gesellschaftlich aktuellen Diskursen aktiv und auf hohem Niveau teilzunehmen.

Nadig relativiert die positiven Vorurteile sogenannten ursprünglichen Gesellschaften gegenüber, die sich feministisch fühlen und/oder der westlichen Kultur überdrüssige Frauen bis heute kultivieren. Ihre ethnopsychoanalytischen Studien verdeutlichen, dass in Mexiko eine Frau ohne ein Kind keinen gesellschaftlichen Status erlangen kann. Sie beleuchtet allerdings auch die zwiespältige Situation einer Frau in westlichen Gesellschaften wie der Schweiz, in denen Frauen zumindest die Wahl zwischen Beruf und Kindern haben, auch wenn dies nicht immer leicht zu entscheiden ist und meist ohne die Solidarität der Männer und Väter geschieht. Nadigs Publikationen und ihre Grenzen überschreitende Art zu denken und zu schreiben, sensibilisierten mich für einen ethnopsychoanalytischen Blick in die lesbische Szene.

Christa Rohde-Dachser zeigt 1991 in ihrer Untersuchung von drei psychoanalytischen Theorien der Geschlechterdifferenz mit dem Titel »Expedition in den dunklen Kontinent. Weiblichkeit im Diskurs der Psychoanalyse« mit Hilfe der tiefenhermeneutischen Textinterpretation den latenten Gehalt von Freuds Sexualtheorie auf. Im Vorwort schreibt sie:

> »Ich fand innerhalb der allgemeinen Theorie der Psychoanalyse kaum eine Kategorie, die nicht in der einen oder anderen Weise die Geschlechterideologie der patriarchalischen Gesellschaft reproduziert hätte, und dementsprechend auch keinen Begriff des ›Weiblichen‹ ohne tiefgehende Verflechtung mit den Denkschablonen des Patriarchats« (S. VII).

Bis heute habe sich die Psychoanalyse mit ihrer eigenen Eingebundenheit in die Patriarchatsgeschichte kaum beschäftigt. Rohde-Dachser sucht die kollektiven unbewussten Fantasien, die den wissenschaftlichen Diskurs der Psychoanalyse ausmachen. Die Autorin bleibt nicht bei der bereits von anderen Psychoanalytikerinnen geführten Kritik an Freuds Weiblichkeitstheorien stehen, sondern führt diese weiter und untersucht zentrale Paradigmen der Psychoanalyse. Sie verbindet Psychoanalyse mit Soziologie, um das Eingebundensein des psychoanalytischen Denkens in die patriarchale Gesellschaftsstruktur aufzudecken. Dazu legt sie das Instrument der Psychoanalyse an die psychoanalytische Theoriebildung selbst an. Sie untersucht neuere Theorien zur weiblichen Entwicklung und deckt so die unbewusste und subjektiv motivierte Gedankenwelt der jeweiligen Theoretikerinnen und Theoretiker auf (vgl. Rohde-Dachser 1991). Die Untersuchungsmethode der tiefenhermeneutischen Textinterpretation überzeugte mich, sodass ich sie auch für meine Studie wählte.

Eine weitere psychoanalytische Arbeit war für meine Untersuchung besonders anregend: »Male and Female in a Woman's Gender Identity« von Rosemary Balsam (2002). Wie oben erwähnt, widmet sich Balsam der klinischen Praxis in Fragen zur Geschlechtsidentität von Frauen. Balsam hat die Gedanken der gleichzeitigen Identifikation mit mütterlichen wie väterlichen Anteilen konsequent weiterentwickelt und ausgebaut. Die Autorin kritisiert die bis heute bestehende psychoanalytische Praxis, bei klinischen Behandlungen in alten Paradigmen zu denken und zu deuten. Neue Ideen in der Psychoanalyse, die sich von denen Freuds unterschieden, würden kaum in aktuellen Falldiskussionen zitiert. Die Theorie der weiblichen Entwicklung sei hierfür ein Paradebeispiel. In der täglichen Arbeit mit Analysandinnen und Analysanden, ob in Supervisionen, Fallbeschreibungen und klinischen Veröffentlichungen (außer sie handelten explizit von »gender theory« [S. 1336]) falle ein Mangel am Umgang mit psychoanalytischen Begriffen auf, die Freuds Weiblichkeitstheorie korrigierten und weiterentwickelten. Auch Analytikerinnen benützten noch heute Freuds »phallocentric perspective« (S. 1336), die mit den Selbsteinschätzungen der Patientinnen einhergingen.

An einem Einzelfall macht sie mit Hilfe der Gegenüberstellung von Deutungen alter männlich dominierter psychoanalytischer Paradigmen mit neuen Theorien klar, wie eine Behandlungstechnik aussehen könnte, die mit aktuellen, nah an der Realität des weiblichen Körper orientierten Deutungen arbeitet.

> »This shift of emphasis to the centrality of the female habitus can make a significant difference in how a woman's intrapsychic conflict around issues of body and gender is heard by the analyst« (Balsam 2002, S. 1338).

Das Erleben physischer Potenz bei Frauen sei bisher als unbewusster Ausdruck männlicher phallischer Impulse gesehen und interpretiert worden. Eine Frau kann also bis heute nicht aus sich und ihrer weiblichen Potenz heraus Begierde und Leidenschaft erleben. Anstatt jedoch, so die Autorin weiter sich – wie bei Freud noch nötig –, als Frau kastriert zu fühlen und dieses Defizit der Penislosigkeit überwinden zu müssen, legt Balsam das Erleben der primären Weiblichkeit[10] als Identitätsbasis und Potenz einer Frau zugrunde. Dieses positive Grundgefühl wird ihrer Meinung nach in der Entwicklung zur reifen Frau mit männlichen Anteilen in den verschiedenen Entwicklungsphasen derart miteinander verwoben, dass die Verschmelzung weiblicher mit männlichen Identifikationen die weiblichen Körperrepräsentanzen sogar steigern und erhöhen kann.

> »I suggest that since approximately 1970 it can no longer be held that femininity or femaleness is ›achieved‹ by renouncing masculinity or maleness, we are free to imagine a gender solution other than one based on an either/or conflict. We can postulate that a female can have a stable core gender identity and yet also follow dual gender developmental lines that need not necessarily be in opposition. The male line can become complementary and even enhancing to aspects of the female line« (S. 1337).

Die neueren Sichtweisen auf die weibliche Entwicklung nach 1970 betonen insbesondere die Vorstellung, dass Frauen weibliche Körperrepräsentanzen aus dem Erleben des eigenen Körpers heraus bilden können, genauso wie das bisher für Männer selbstverständlich war. Männliche Identitätsanteile bekommen hier eine hinzugefügte und bereichernde Bedeutung; sie sind nötig und komplex. In der Genderdebatte hält Balsam neue Fachgebiete wie »psychoanatomy und psychophysiology« besonders interessant und wichtig. Zentral dabei sei die Bedeutung und der Eindruck des erwachsenen weiblichen Körpers als Identifikationsfigur für das sich auf allen Entwicklungsebenen und -phasen bewegende Mädchen. Sowohl die Konflikte mit dem weiblichen Körper als auch die Bildung der Körperrepräsentanzen seien dabei von Wichtigkeit. In der Zeit nach Freud hätten sich weibliche Genitalängste, die Vergangenheit wie auch die Zukunft des Körpers der Patientin betreffend, differenziert: Neben dem Verlust der Jungfräulichkeit und der Angst vor der Penetration seien Ängste, die sich auf die Gebärmutter und deren Verletzlichkeit beziehen, sowie Ängste vor der Geburt bzgl. des Dammrisses oder anderen Verletzungen des Schambereichs wie der Vagina bei der Geburt ernst genommen worden. Diese Fantasien gehen weit hinaus über die Angst, einen Penis zu verlieren oder verloren zu haben und orientieren sich am realen weiblichen Körper und dessen Funktionen.

Allein die Wortwahl Balsams und die Auswahl des Materials hinterlässt im Leser Kraft, Mut und Freude über die Entwicklung der dargestellten Arbeit mit der Patientin. Es würde den Rahmen sprengen, all die anregenden Details in Balsams Arbeit darzustellen. Ihre konsequent in die Praxis umgesetzte Ausgangsbasis, weibliche wie männliche Identifikationsanteile gleichwertig, in Assoziation miteinander und vor allem produktiv und positiv zu deuten, ist Anregung sowohl zum Weiterdenken als auch, diese innovative Behandlungstechnik in der eigenen Praxis zu erproben. Balsam motivierte mich zu einem weniger defizitorientierten und positiveren Blick auf heterosexuelle wie lesbische Frauen und ihr Ringen um eine eigene befriedigende Sexualität. Rosemary Balsam bestärkte mich, der psychischen Aneignung des weiblichen Körpers meiner Patientinnen besondere Aufmerksamkeit zu widmen.

Betrachtet man die Nachfolgerinnen Freuds, begonnen mit Jacobson, fallen enorme Distanzierungsversuche vom Defizitmodell Frau auf, deren Inhalte bis heute nicht an Kraft und Kreativität verloren haben, aber erstaunlich wenig rezipiert und nicht als stärkende Utopien und Vorbilder benutzt worden sind. Das Bild einer vitalen, nach außen gerichteten weiblichen Sexualität, Bilder von Frauen, die stolz auf ihr Genitale und dessen Potenz sexuelle Lust zu genießen wie Kinder zu gebären sind, scheinen heute noch eher selten. Auch die »Beschädigungsangst«, die dem männlichen Genitale, wie Jacobson schreibt, »analog ist« (s. o.), konnte ich bei lesbischen Frauen finden. Die Vermischung weiblicher wie männlicher Selbstanteile, gespeist aus mütterlichen und väterlichen Identifizierungen, ohne männliche Über-ich- und Ich-Ideal Anteile (z. B. der Härte und der Vermeidung von Tränen oder der Unverwundbarkeit) verinnerlichen zu müssen, ist mittlerweile in die psychoanalytische Lehrmeinung als wichtige Entwicklungslinie für alle Frauen eingegangen. Bei lesbischen Frauen scheint sie mir besonders bedeutsam und im Einzelfall für die jeweilige Psychodynamik von entscheidender Wichtigkeit. Heterosexuellen Frauen ist es heute möglich, ihre Sexualität als die der männlichen gleichwertig zu betrachten. Nicht mehr v. a. der Mann bestimmt, wer, wann und wo, wie oft Sex miteinander hat, sondern die Frauen von heute wagen es, mitzureden. Lesbische Frauen scheinen mir im Leben ihrer Sexualität mehr als heterosexuelle Frauen in der ödipalen Rivalität mit dem Vater um die Mutter verwickelt. Sie rivalisieren unbewusst mit einem fantasierten oder realen Mann um die Liebe und das Begehren ihrer lesbischen Partnerin. Sie wollen genauso gute oder bessere Liebhaberinnen sein als Männer. In der Auswertung meiner Interviews wird darauf detailliert eingegangen werden.

Umso interessanter war für mich beim Literaturstudium, dass viele feministische Gedanken bereits in der Vorkriegszeit, direkt nach Freud von Psychoanalytikerinnen gedacht wurden und die Zerstörung der deutschen Psychoanalyse durch die Nationalsozialisten hier wohl eine bittere Zäsur darstellte, die reichhaltiges emanzipatorisches Gedankengut vernichtete.

Die Hypothese, dass eigentlich die Frauen und Mütter die wahren Machtträgerinnen seien (zumindest in der frühen Kindheit als Macht über die Säuglinge), und dass die Idealisierung des Penis eine Gegenbewegung zu dieser frühen Ohnmachtserfahrung darstellen soll, hat in der Untersuchung der frühen Mutter-Kind-Beziehung, in den Traumatheorien wie im Konzept der Sexualisierung als Abwehr breiten Raum gefunden.

2.3 Die Entwicklung lesbischer Sexualität

Freud hat dem Thema weibliche Homosexualität einen einzigen – recht kurzen – Aufsatz gewidmet. In »Über die Psychogenese eines Falles weiblicher Homosexualität« (1920) sieht er die Fixierung an den Penisneid und die damit einhergehende Identifikation mit dem Vater als Ursache der lesbischen Entwicklung. Der negative Ödipuskomplex werde dadurch verstärkt, sodass die angeborene Bisexualität in die Liebe zu einer Frau münde. Freud beschreibt in seinem Fallbeispiel eine Dynamik, in der das Mädchen von seinem Vater sowohl in der ödipalen Phase als auch in der Pubertät – gerade, als er ihre lesbischen Gefühle wahrnahm – zurückgewiesen und heftig enttäuscht wurde. Ebenso heftig wird sie zur etwa gleichen Zeit von ihrer Geliebten enttäuscht. Als die Geliebte von Freuds Patientin auf einem Spaziergang bei einem zufälligen Treffen die Missbilligung des Vaters der Patientin wahrnimmt, lässt sie sie fallen und trennt sich von ihr.

> »Verzweifelt über die Macht des väterlichen Gesetzes, sich von der Geliebten zu trennen, bzw. über deren Zurückweisung, Treulosigkeit und möglichen Verlust, stürzt die Patientin sich (wie Sappho) einen Abhang hinunter. Eine Interpretation dieser Impulshandlung als dem lesbischen Komplex bedeutet, dass der ödipale Sieg des Vaters und die ödipale Treulosigkeit der Geliebten (in der Mutterübertragung) zu einem Gewaltakt der Tochter gegen sich selbst führt. Dadurch möchte sie nicht nur die Unerträglichkeit ihrer Niederlage auslöschen und die ödipalen Eltern bestrafen, sondern sich im Tod in der Tiefe, die das Geschlecht der Freundin symbolisiert, auch mit der Geliebten vereinen« (Poluda 2000, S. 324).

Freud, so Poluda weiter, scheine sehr stark mit dem Vater der Patientin identifiziert gewesen zu sein und habe die Behandlung, nachdem er die Beziehung der jungen Frau zu ihrem Vater verstanden glaubte, seinerseits abgebrochen:

> »Freud erlebte eine so starke Kränkung in der Gegenübertragung, *dass er von sich aus die Behandlung abbrach!* […] Obgleich Freud also im Gegensatz zu seiner generell eher liberalen Einstellung zur (männlichen?) Homosexualität in dieser Behandlung womöglich daran scheiterte, einer jungen Frau ödipale Rivalität mit ihm als Vater zuzugestehen (eine Konstellation, die vielleicht das Leben seiner Tochter Anna bestimmte), *erkannte er die große Bedeutung der sexuellen Wünsche der Tochter gegenüber ihrer Mutter an*, wie kaum ein Analytiker nach ihm« (a. a. O., S. 326; Hervorhebung von Poluda).

Poluda kritisiert Freud damit konstruktiv, indem sie seine (z. T. unbewusste) Wahrnehmung des intensiven Begehrens der Tochter gegenüber der Mutter betont. Sie sieht Freud eingebunden in die Gekränktheit der Männer, die von dieser jungen Frau nicht begehrt werden. Vielmehr hat die Patientin Freuds eine attraktive, wohlhabende und ältere Geliebte, die für Männer Konkurrentin als Frau und mütterliche Figur zugleich darstellt. Männer müssen lesbischen Frauen gegenüber nicht nur, wie bei heterosexuellen Frauen, mit anderen Männern um die Begehrte konkurrieren, sondern nun auch mit allen anderen Frauen. »Was hat eine Frau, was ich nicht habe?«, müssen sich heterosexuelle Männer gegenüber einer lesbischen Frau fragen. Dieses Gefühl eines potentiellen Defizits mag dem »Penisneid« gleichkommen, den das Mädchen in der Konkurrenz mit dem Vater um die Mutter erlebt. Vielleicht liegt in der Verharmlosung lesbischer Sexualität besonders bei heterosexuellen Männern, die das Begehren zwischen zwei Frauen nicht wahrhaben wollen und ernst nehmen möchten, der Abwehrvorgang zugrunde, dass ein Mensch, der keinen Penis hat, gar nicht wirklich leidenschaftlich begehren kann. Im voyeuristischen Gebrauch von Pornografie mit lesbischem Inhalt versuchen Männer, sich diese Sexualität zu eigen zu machen. Denn am Ende jedes dieser Pornos muss ein Mann dazukommen und die beiden Frauen von ihrer Penislosigkeit mit seinem Penis erlösen. Welch erleichternde Fantasie, dass es ohne »ihn« einfach nicht geht. Die geringe Aufmerksamkeit und Undifferenziertheit mit der die Nachfolger Freuds weibliche Homosexualität pauschal zu pathologisieren suchten, steht vermutlich in dieser Tradition. Der männlichen Homosexualität haben sich Wissenschaftler und Psychoanalytiker intensiv gewidmet, denn da ging und geht es ja wieder um »ihn«. Es gibt den Penis nun gleich zweimal, wenn man sich den homosexuellen Liebesakt zweier Männer vorstellt. Abgewehrt und entwertet muss der männliche homosexuelle Geschlechtsakt an der Stelle werden, wo ein Mann zur Frau gemacht wird und durch den Analverkehr (bei dem der Anus mit der Vagina gleichgesetzt wird) zum Weib gemacht und gedemütigt wird. Frauen sind weniger wert und schwächer als Männer. Der Geschlechtsakt eines heterosexuellen Mannes mit einer heterosexuellen Frau wird unbewusst als Demütigung der Frau verstanden, die dadurch erst zur Frau gemacht wird, und deshalb darf sich ein Mann niemals wie eine Frau »ficken lassen« und in die passive Position geraten. Die weiter unten erläuterte weit verbreitete unbewusste Fantasie, dass der Vater die Mutter in der Urszene vergewaltigt und damit das Kind von der Mutter nicht aktiv verlassen, sondern dazu gezwungen wird, spielt in dieser sadomasochistischen Fantasie eine große Rolle.

Weibliche Homosexualität kann mangels des die aggressive und aktive Sexualität repräsentierenden Penis keine wirkliche Sexualität sein und wurde meines Erachtens deshalb von Psychoanalytikern in die präödipale Phase zurückverlegt. Lesbische Frauen schmusen miteinander, so wie die kleine Tochter mit der Mutter.

Auch Poluda meint, dass es bis heute schwierig sei, über Probleme der weiblichen homosexuellen Entwicklung zu schreiben, da

»gerade auch von psychoanalytischer Seite, eine Art ›psychologischer Flurschaden‹ angerichtet worden ist. Entgegen ihrem aufklärerischen Anspruch haben unbemerkt konformistische Tendenzen in der Psychoanalyse zum Teil dazu geführt, der Homosexualität projektiv jene pathologischen Qualitäten zuzuschreiben, derer das heterosexuelle Gesundheitsmonopol affirmativ bedarf« (Poluda 1996, S. 57).

Meist wurde lesbischen Frauen eine Fixierung an die frühe orale Mutter und retardierte psychische Reifung unterstellt, die nicht über das vierte Lebensjahr hinausgehe, sondern vor der ödipalen Phase stecken bleibe. Eine ödipale Triangulierung, so wird angenommen, habe gar nicht erst stattgefunden. Der Vater, sein begehrenswerter Penis oder ein anderer Dritter existierten noch nicht. Der lesbischen Tochter sei es nicht gelungen, den Objektwechsel von der Mutter zum Vater zu vollziehen. Vielmehr bleibe sie an die frühe Mutter gebunden und entwickle sich nicht aus der symbiotischen, letztlich asexuellen prägenitalen Dualität heraus. Vor allem die Angst vor dem enttäuschenden Vater, dem Fremden, dem Männlichen, dem zerstörerischen Penis wird hier als Grund angeführt.

Der lesbischen Entwicklung liege eine in verschiedenen Variationen dargestellte pathogene Familiensituation zugrunde, meint McDougall (1978). Ein Vater, von der Mutter entwertet, weise die Liebe der Tochter zurück und verursache damit deren Rückwendung zur Mutter. Eine Tochter, die ihr Leben lang versuche, um eine von ihr idealisierte Mutterrepräsentanz zu werben (die spätere lesbische Partnerin), gebe ihre Liebe zum Vater auf. Die in der idealisierenden Werbung um die Mutter beinhaltete Selbstaufgabe, die dazu führe, dass die um die andere werbende Frau sogar berufliche wie andere eigene Interessen aufgebe, sieht Poluda (1996) eher als »eine Projektion von heterosexuellem Alltagselend«. Wie zu Beginn zitiert, nimmt Poluda an, dass das heterosexuelle Bedürfnis, die eigene sexuelle Orientierung als gesund, die homosexuelle als krank zu werten, mit der Idealisierung der eigenen psychischen Intaktheit und der Projektion der Krankheit einhergehe. Sie schreibt weiter:

> »Ich meine damit, ob nicht mit dem gleichen Recht gefragt werden könnte: Wie ist es möglich, dass die Heerscharen heterosexueller Ehefrauen, die die entmutigten Bemühungen ihres Gatten an ihrem wenig interessierten und wenig interessanten Körper mehr oder weniger ertragen, dass diese Frauen die Illusion aufrechterhalten, wirklich die Sexualpartnerin ihres Mannes zu sein? Liegt nicht deren fanatischen Idealisierungen von Männern die Misere eines verborgenen Neides (in größerem Umfang wie in homosexuellen Beziehungen) auf seine pri-

vilegierte Lust zugrunde? Und trifft es nicht den Nagel alltäglicher Ehesymbiosen auf den Kopf, dass die Frauen zum Schaden ihrer eigenen Interessen oder ihrer Arbeit zahllose Dinge für eben diesen Mann tun?« (S. 66).

Poluda sieht bei McDougall eine Verwandtschaft mit Freuds Weiblichkeits-Konstruktion, der männliche Ohnmacht und Kastrationsangst in die Frau als Container projiziert. Ähnlich sei

> »McDougalls Tendenz, das neurotische Alltagselend eines erschreckend hohen Anteils heterosexueller Frauen projektiv bei Lesben zu identifizieren, dem gesellschaftlichen Mechanismus auf der Basis eines heterozentrischen Vorurteils zu entsprechen, das alltägliche Unglück, das die sozialen Strukturen erzeugen, in der Homosexualität als (mystifiziertem) Container unterzubringen« (ebd.).

Wie bei anderen psychoanalytischen Autoren auch, bemerkt Poluda eine Übersensibilität McDougalls bzgl. der Schwierigkeiten lesbischer Frauen, ihren eigenen Körper und ihr Genitale vom Analen und damit Schmutzigen und Entwerteten abzugrenzen und positiv zu besetzen. Sie vermutet, dass dieser Kritikneigung eine Nachsichtigkeit heterosexuellen Frauen gegenüberstehe, obwohl es für alle Frauen gleichermaßen kompliziert sei, bei den bestehenden gesellschaftlichen Verhältnissen, ihren Körper als schön, potent, der Kontrolle wie der Hingabe fähig, wahrzunehmen.

> »Eine kohärente Vorstellung des Körper-Selbst als ›Normalfall‹ gelingt bis heute eher einer Minderheit. Zu Freuds Zeiten scheint dies so selten gewesen zu sein, dass er annahm, kein weibliches Kind habe die Vorstellung eines kompletten Körpers mit vaginaler Repräsentanz« (ebd., S. 67).

McDougalls Neigung, von der Pathologie einzelner lesbischer Frauen ausgehend Allgemeingültigkeit zu beanspruchen, wurde jedoch später von ihr selbst revidiert, schreibt Poluda und konstatiert, dass sich Theoretikerinnen, die sich lange und ernsthaft mit einem Thema beschäftigten, »schließlich zu einer Überwindung der Vorurteile gelangen, die ihre Sichtweise zu Beginn noch beeinflussten« (ebd.).

Bei der Pathologisierung lesbischer Sexualität bleibt Elaine Siegel (1988), die anhand der Falldarstellungen einiger schwer psychisch erkrankter Patientinnen eine Gesamttheorie der weiblichen Homosexualität zu entwerfen trachtet. Die homosexuelle Objektwahl ihrer Patientinnen interpretiert sie als Versuch, in der anderen Frau eine Ergänzung der eigenen defizitären Weiblichkeit zu suchen. Im Fokus ihrer Theorie steht das Postulat einer nicht gelungenen Integration der Vagina in das eigene Körperbild, die sie bei all ihren Patientinnen zu finden meinte. Da das Gleiche gesucht werde und nicht die Differenz, ist für Siegel weibliche Homosexualität eine frühe Problematik und somit eine narzisstische Liebe, die auf einen frühkindlichen Mangel schließen lässt. Damit ist die lesbische Liebe eine Kompensation; sie kann nur ein Ersatz bleiben und wird nie befriedigend sein können. Nach Poluda (2000) waren Siegels Patientinnen allerdings eher bisexuell denn lesbisch. Die »Schwierigkeiten, die Frauen ganz allgemein und speziell unter geschlechtlich ungleichen Sozialisationsbedingungen entwickeln«, schreibe Siegel allein deren Homosexualität zu (a. a. O., S. 338). Siegels Pauschalisierungen können m. E. auch im Einzelfall nicht hilfreich sein.

Die hochambivalente Dynamik zwischen Liebe und Hass in der Mutter-Tochter-Beziehung und die unbewusste Existenz einer entsprechend hochambivalenten Mutter-Imago sieht Schmidt-Honsberg (1989) als Zentrum lesbischer Psychodynamik. Sie beschreibt entsprechende interpersonale Vorgänge in der Übertragungs-Gegenübertragungsbeziehung der psychoanalytischen klinischen Tätigkeit:

> »Frauen, die lesbische Patientinnen behandeln, empfinden wohl oft dieses Faszinosum, das entstehen kann, wenn sich die homosexuelle Liebe auch in der Übertragung entwickelt. Die Sehnsucht nach der Begegnung mit der gleichen, das (Wieder-)Erkennen auch der dunklen Seiten des eigenen Selbst im Spiegel, das Versprechen einer allumfassenden, unbedingten Liebe, die Erforschung weiblicher Sexualität im Vertrautsein mit dem weiblichen Körper, die ›Verführung‹, die in der Idealisierung dieser Übertragungsbeziehung liegt, dies alles belebt die eigenen homosexuellen Wünsche und reaktiviert die erste gleichgeschlechtliche Liebe in beiden Positionen, die der Tochter und die der Mutter. Doch während von der Patientin die Verschmelzungssehnsucht unter Umständen mit großer Kunst agiert wird, wird gleichzeitig ja nichts so sehr gefürchtet als ihr Gelingen. Die Übertragung einer idealisierten weiblichen Imago dient ja nur einerseits der Restituierung oder Konstituierung verlorener bzw. fehlender Anteile des weiblichen Selbst. Andererseits jedoch entsteht sie zum Schutze gegen die enorm gefährliche, andrängenden Hassimpulse, die mit der Wiederbelebung der Mutterbeziehung in jeder Verbindung zu einer anderen Frau mobilisiert werden und deren Bearbeitung es erst ermöglicht, zum eigenen Kern und damit zur Lösung von der Mutter-Imago zu gelangen« (a. a. O., S. 248f.).

Ihre zentrale Annahme, die sich auch bei vielen anderen Autorinnen und Autoren findet, ist die Gleichheit zwischen zwei Frauen, so als könnten zwei Frauen nicht auch sehr unterschiedlich sein und sich unterschiedlich erleben, wie dies meiner Erfahrung nach in vielen lesbischen Partnerschaften der Fall ist. Es ist überraschend, dass Psychoanalytiker, die sich ansonsten hochdifferenziert und auf jedes kleine Detail in der Biografie achtend, bei lesbischen Frauen allein wegen der körperlichen und damit biologischen Gleichheit oder einer Ähnlichkeit im Phänotyp mancher lesbischer Frauen sofort von »Narzissmus« und »Gleichheit« ausgehen. Hier scheint der Gedanke, dass jeder Mensch ein eigenes zu verstehendes Universum in der Tiefe seines Unbewussten sei, plötzlich wie weggeblasen.

Die Annahme eines Verschmelzungswunsches zweier lesbischer Frauen, den Schmidt-Honsberg betont, der ersehnt und gleichzeitig gefürchtet wird, ist ebenfalls in den Kanon psychoanalytischer Überzeugungen über lesbische Frauen eingegangen. Im Wiedererleben der totalen frühkindlichen Abhängigkeit entstünde ein enormer Trennungswunsch und ebenso großer Trennungshass, um dem Aufgefressenwerden durch die Mutter zu entgehen. Die unbewusste Spaltung zwischen der idealisierten und der entwerteten Frau – projektiv im Gegenüber erlebt – oder die Spaltung guter und böser Anteile im eigenen Selbst wird für zahlreiche Konflikte in lesbischen Beziehungen verantwortlich gemacht. Für Schmidt-Honsberg gilt, dass die Stabilisierung des weiblichen Ichs und der weiblichen Ich-Identität in der lesbischen Liebe einmal eher regressiv, ein andermal eher progressiv gesucht würde.

In all diesen theoretischen Ansätzen wird deutlich, was Magee und Miller (1995) konstatieren: »Psychoanalysis has no concept of psychologically mature, healthy primary love between two women« (S. 98).

Interessant ist, wie Schmidt-Honsberg die Identifikation des Mädchens mit dem Vater in der ödipalen Phase aus den sonst eher als Abwehr- oder Restitutionsversuchen[11] interpretierten Theorieansätzen positiv heraushebt. Das kleine Mädchen versuche in der Identifikation mit dem Vater die Mutter im gleichgeschlechtlichen Ödipuskomplex zu erobern, was ebenfalls eine zentrale psychogenetische Erklärung der weiblichen Homosexualität darstellt. Sie geht davon aus, das Psychoanalytikerinnen und Psychoanalytiker in den Praxen kaum mit lesbischen Frauen konfrontiert würden, die sich mit ihrem Vater identifizierten, da deren »Beziehungen [...] tiefgreifend, beständig und kreativ sein« könnten, wie auch »das sonstige soziale Leben erfolgreich gestaltet werden« könne und diese lesbischen Frauen deshalb »keine Psychoanalytiker mit dem Wunsch nach Behandlung aufsuchen«.

Erst vor 20 Jahren, noch vor Schmidt-Honsberg (1989), entstand ein psychoanalytisches Konzept, das Homosexualität nicht pathologisiert: Fritz Morgenthaler (1987) legte einen Artikel unter dem Titel »Die unneurotische Entwicklung zur Homosexualität« vor. Auf der Grundlage seiner Überzeugung, dass Sexualität, in welcher Ausformung sie sich auch immer zeigt, seiner Meinung nach niemals eine Neurose, eine Psychose oder eine Morbidität sein könne, spricht er von drei Weichenstellungen in der Entwicklung zur Homosexualität, die er wie folgt definiert:

»Diese Stationen sind keine Engpässe in der Entwicklung, wo unüberbrückbare Konflikte Fixierungen hinterlassen, die im späteren Leben regressive Prozesse einleiten und zur Neurose führen. Die Weichenstellungen, von denen hier die Rede ist, sind anderer Art. Sie bewirken, dass Störfaktoren und ungünstige Einflüsse, die auf einer Stufe der psychischen Entwicklung zu einer Schädigung führen könnten, auf einer der nächsten Stationen der Entwicklung ausgeschaltet oder doch so weit reduziert werden, dass keine Schädigung erfolgt. Im Gegensatz zu den erstgenannten krisenhaften Entwicklungen, die zu Regressionen führen, handelt es sich bei den Weichenstellungen um progressive Dispositionen, die Umorientierungen im Entwicklungsgeschehen bewirken« (Morgenthaler 1987, S. 86).

Sein Buch bedeutete einen Umbruch für die psychoanalytische Theoriebildung und stellte einen Meilenstein in der Ausbildung der psychoanalytischen Kliniker dar. Es durfte das erste Mal gedacht werden, dass Lesben und Schwule nicht psychisch krank sind. Morgenthaler kann sich in seiner Theorie eine Entwicklung zur Homosexualität als Fortschritt in der psychischen Reifung vorstellen, wenn er auch Begriffe wie »Störfaktoren« oder »ungünstige Einflüsse« verwendet, die er allerdings in jeder Entwicklung als gegeben betrachtet.

Zu den drei Weichenstellungen führt Morgenthaler im Einzelnen Folgendes aus: Im Kind bilde sich – nachdem es sich getrennt von der Mutter erlebe – die Selbstrepräsentanz heraus. Dabei entwickle sich ein Bedürfnis nach Identität und ein Bedürfnis nach Autonomie. Je nach den Belastungen, denen das Kleinkind in der Ablösungsphase ausgesetzt sei, könne bei der Ausbildung der Selbstrepräsentanz eines dieser beiden Bedürfnisse »überbesetzt« werden (vgl. a. a. O., S. 87). Wichtig sei in diesem Zusammenhang die sich gleichzeitig entwickelnde Körperrepräsentanz:

»Bei der Identitätsbildung sind die wachsende Erfahrung der Körperbeherrschung, bei der Entwicklung der autonomen Funktionen die Entdeckung lustbetonter Körpergefühle an einem abgerundeten Bild des Selbst beteiligt. Ausnahmslos spielt dabei die Autoerotik eine wichtige Rolle. […] Die erste Weichenstellung, die bei einer später entstehenden Homosexualität zu einer Umorientierung in der psychischen Entwicklung führt, erfolgt bei der Ausbildung der Selbstrepräsentanzen durch die Betonung des Bedürfnisses nach Autonomie. In der frühen Kindheit wird dieses Bedürfnis nach Autonomie durch eine Überbesetzung autoerotischer Aktivitäten befriedigt« (a. a. O., S. 88).

Diese Überbesetzung der Autonomie und Autoerotik erweitere sich später auf die gesamte Persönlichkeitsentwicklung:

»[D]ie Regulierung des Selbstwertgefühls, der Aufrechterhaltung differenzierter menschlicher Beziehungen, der Liebesfähigkeit, der zärtlichen und sinnlichen Gefühle, also aller Aktivitäten innerhalb des sozialen Lebens [ist] in erster Linie von den autonomen Funktionen der Persönlichkeit abhängig. Nur in der sexuellen Organisation der Homosexuellen bleibt, gleichsam als Erbe der ersten Weichenstellung, die enge Beziehung zwischen Autoerotik und Autonomiestreben dauerhaft erhalten. Die sexuellen Interessen richten sich auf die eigene Person und insofern auf andere, wie sie gleichen Geschlechts sind. Das Fremde[12] wird wahrgenommen, aber wenig besetzt« (ebd.).[13]

Die zweite Weichenstellung erfolgt nach Morgenthaler in der ödipalen Phase; sie beginne mit der Erkenntnis des Geschlechtsunterschiedes:

»Die Art und Weise, in der die Verknüpfung der desexualisierten, sozial wirksamen Geschlechtsrollen der Elternfiguren mit ihren biologischen Geschlechtsmerkmalen erfolgt, bestimmt die spätere Sexualorganisation der erwachsenen Frau und des erwachsenen Mannes« (a. a. O., S. 90).

Wenn der Knabe, der die erste Weichenstellung durchlaufen habe, erkenne, dass die Mutter ein anderes Geschlecht habe, verliere er das Interesse an ihr als autoerotischer Partnerin und wende sich dem Vater zu. Entsprechendes gelte für das Mädchen und seine Beziehung zum Vater. Morgenthaler geht davon aus, dass vor dem ödipalen Konflikt der Vater die Wünsche des Mädchens bzw. die Mutter die Wünsche des Knaben am ehesten beantworte. Das Gegengeschlecht werde als autoerotischer Partner besetzt. Bei Homosexuellen müsse es wegen der Heterosexualität der Eltern, mit denen sich die Kinder üblicherweise identifizieren, in der ödipalen Phase zu einer Umorientierung kommen. Sie erlebten vor der Erkenntnis des Geschlechtsunterschiedes das gegengeschlechtliche Elternteil ebenso als autoerotischen Partner, wie das gleichgeschlechtliche. Der aggressive Teil des ödipalen Konfliktes, also der Impuls, einen Elternteil zu beseitigen, um den anderen als ausschließlichen Liebespartner zu gewinnen, verlaufe bei ihnen anders als bei Heterosexuellen: Ihre Identifikation geschehe mit dem Fremden, dem Gegengeschlecht, sodass Mädchen den Vater als störend empfänden und ihn beseitigen wollten, während gleichzeitig in der Befürchtung, ihm zu unterliegen und nicht stärker als er zu sein, die Kastrationsangst erwache:

> »Weil die Eltern auf die ödipalen Liebeswünsche ihres Kindes so reagieren, wie es ihrer sozial wirksamen Rolle entspricht, und ihre Sexualität stumm bleibt, wird das autoerotische Vorbild an den gegengeschlechtlichen Elternteil delegiert, während der gleichgeschlechtliche zum störenden Dritten wird« (ebd., S. 91).

Die Objektliebe gelte also dem gleichgeschlechtlichen Elternteil, die identifikatorische Liebe dem gegengeschlechtlichen Elternteil. Nun erkenne das Mädchen aber, dass die Mutter das gleichgeschlechtliche Elternteil sei, das sie als autoerotische Partnerin wählen kann, sodass sich ihre Kastrationsangst entschärfe und damit der homosexuelle Ödipus untergehe:

> »An seine Stelle tritt ein spielerischer Umgang mit potentiellen Liebesobjekten, deren Januskopf etwas Befreiendes und Relativierendes hat. Homosexuelle identifizieren sich in erster Linie mit dieser Doppelgesichtigkeit der ödipalen elterlichen Figuren und entwickeln in ihrem zukünftigen Liebesleben selbst das typische Doppelgesicht, das sie in der ›Gesellschaft der polaren Gegensätze‹ diskriminiert« (ebd.).

Die Schwäche des Ansatzes von Morgenthaler liegt m. E. in seinem Versuch, eine allgemeingültige Erklärung für alle homosexuellen Entwicklungen zu finden. Letztlich verharrt er so wieder in Stereotypen des »typischen Schwulen« (mit der Doppelgesichtigkeit einer Tunte) und der »typischen Lesbe« (dem Mann-Weib) und vertieft diese weiter. Der Vielzahl schwuler und lesbischer Persönlichkeiten wird er damit nicht gerecht und bleibt am Phänotyp einer Minderheit homosexueller Menschen stehen.

Eva S. Poluda provozierte wie oben beschrieben mit ihren Veröffentlichungen eine Belebung der psychoanalytischen Diskurse um die weibliche Homosexualität (1993, 1996, 2000). Die meines Erachtens wichtige Feststellung, dass das Mädchen den frühen Ödipuskomplex am Ende des ersten Lebensjahres in der gleichgeschlechtlichen Position betrete und hier nicht nur dem Inzest-Tabu begegne, dass ihr die Mutter als Sexualpartnerin versage (ebenso wie dem Jungen), treffe das Mädchen auf das Homosexualitäts-Tabu, das ihr weibliche Liebesobjekte »ein für allemal verbietet« (2000, S. 324). Nachdem die weibliche Individuation generell mit der Loslösung von der Mutter zu kämpfen habe, die allzu selten ganz gelänge, seien weibliche Sexualstörungen weit verbreitet. Obwohl sich seit Freud für die Frauen einiges zum Positiven verändert habe, sei die weibliche psychosexuelle Entwicklung heute noch so erschwert, dass nur wenige Frauen voll sexuell erlebnisfähig seien. Gesellschaftliche Bedingungen verhinderten, dass Frauen alle Teile der im Körperinneren liegenden Sexualorgane mental und psychisch zu besetzen wissen.[14] Die gesellschaftliche Entwertung des Weiblichen in Einklang mit dem homosexuellen Tabu (zwischen Frauen) schmälere die Mutter-Tochter-Liebe, sodass deren Chancen den frühen Ödipuskomplex, nämlich den negativen weiblichen Ödipuskomplex positiv zu durchlaufen, verringert werden. Poluda benennt den negativen weiblichen Ödipuskomplex konsequenterweise um. Um die mögliche negative Konnotation dieses Begriffes zu vermeiden nennt sie ihn fortan den »lesbischen Komplex«:

> »Mit dem Begriff ›negativer Ödipus-Komplex‹ für homosexuelle Rivalität und Inzestwünsche war die Bezeichnung einer Inversion bzw. Umdrehung der positiv ödipalen Verhältnisse gemeint, dabei wurde jedoch eine nicht bewusst intendierte Bewertung dieser Bestrebungen und Wünsche nahegelegt« (Poluda 2000, S. 323).

Die präödipale und ödipale Entwicklung des Mädchens beschreibt sie wie folgt: Zunächst erlebt sich das Mädchen in der Mutter-Tochter-Dyade als Liebespartnerin der Mutter (ebenso wie der Junge). In der Phase der Separation, in der die Tochter lernt, auf das Stillen, Getragen- und Gewickeltwerden zu verzichten, müsse sie erkennen, dass nicht sie, sondern der Vater der eigentliche Liebespartner der Mutter ist. In dieser Phase[15] spiele die Tochter »in ›polymorph-perversen‹ Phantasien mit beiden Eltern beide Geschlechtspositionen« durch (a. a. O., S. 60). Sie erlebe sich somit in einer Urszenenfantasie sowohl als weiblich als auch als männlich und als Partnerin des Vaters wie als Partner der Mutter.

Das Mädchen betritt nun, laut Poluda, anders als der Junge, den Ödipuskomplex »in der gleichgeschlechtlichen Position« und erlebt nun das Verbot, die Mutter homosexuell zu begehren, durch die Mutter selbst:

> »Die durch das homosexuelle Tabu gebotene heterosexuelle ›Verkehrsordnung‹ erlebt die Tochter als zutiefst kränkende Liebesenttäuschung an der Mutter, als entwertende Zurückweisung und Verrat, durch den ihre Liebe in Hass sowie ihre sexuellen Wünsche in Mordimpulse und die resultierenden Schuldgefühle in suizidale Tendenzen verkehrt zu werden drohen« (ebd.).

Die Betonung der homosexuellen Wünsche der Tochter an die Mutter und deren Zurückweisung durch die Mutter selbst (und nicht allein durch den

Rivalen Vater) ist die wichtigste Neuerung von Poludas Gedanken und spielt meines Erachtens in lesbischen Entwicklungen eine herausragende Rolle. Bei der »unneurotischen Entwicklung« (S. 61 ff.) sieht sie die elterliche Akzeptanz und Förderung des Mädchens in all seinen Impulsen im Vordergrund, sodass sie als Erwachsene in Frieden mit ihren inneren Objektrepräsentanzen leben könne. Das homosexuelle Tabu werde nicht im Überich gebunden, was Homophobie oder Ablehnung der eigenen Homosexualität verursache, sondern die Aggression bleibe ins Ich integriert und speise das lesbische Begehren mit Energie. Im Unbewussten bestehe eine Balance zwischen der Objektliebe zur Mutter und der Identifizierung mit ihr, die zwischen einer weiblichen und einer männlichen Identifikation liege:

> »So entwickelt die Lesbe womöglich eine geringere Umwandlung der Objektliebe zur Mutter in Identifizierung als die Hetera (aber stärker als der Junge) und eine stärkere Identifizierung mit der väterlichen Potenz als sie (aber schwächer als der Junge)« (1996, S. 61f.).

Damit erklärt sich Poluda die Möglichkeit eines »spielerischen Rollenwechsels [...] zwischen Eroberung und Hingabe« bei lesbischen Frauen. Bei der Polarisierung weiblich-männlich, ebenso wie bei der Aufteilung in hetero-homosexuell handle es sich auf

> »psychischer Ebene wohl weniger [um] ein Entweder-Oder als um ein individuelles Mehr-oder-Weniger innerhalb eines polarisierten Kontinuums humaner Potentialitäten. Daher erscheint es mir am wahrscheinlichsten, dass Homosexualität keiner zu vereinheitlichenden Gruppe von psychischen Strukturen entspricht« (ebd., S. 71).

Bei neurotischen und frühgestörten lesbischen Frauen bestehe hingegen eine Fixierung an den negativen gleichgeschlechtlichen Ödipuskomplex. Neurotische Lesben hätten die Ablehnung der Mutter als Entwertung des eigenen weiblichen Genitales verarbeitet, was zu hoher sexueller Aktivität führe, um sich der Funktion der eigenen Sexualorgane zu versichern. Gleichzeitig bleibe jedoch eine hohe Konkurrenz mit dem Mann bestehen, dessen Penis für die Mutter interessanter gewesen sei. Diese lesbische Frau fürchte daher, wegen eines Mannes verlassen zu werden. Gleichzeitig könne diese Zurückweisung einen inszenierten Wiederholungszwang der mütterlichen Liebe darstellen. In den Beziehungen lesbischer Frauen, die schweren Kränkungen in ihrer frühen Lebenszeit ausgesetzt gewesen seien, herrschten Verschmelzungswünsche vor: An die Partnerin werde der Wunsch herangetragen, die fehlende Spiegelung zu ersetzen, die erlebte und erlittene mangelnde Akzeptanz vonseiten der Mutter »wiedergutzumachen«. Die sexuelle Beziehung auf genitaler Ebene bleibe im Hintergrund oder existiere kaum.

In dieser unbewussten Dynamik könnte meines Erachtens eine Ursache der häufig beklagten und auch in Paar- und Sexualtherapien schwer aufzuweichenden Lustlosigkeit und sexuellen Abstinenz in lesbischen Beziehungen liegen. In der Idealisierung des Penis und seiner symbolischen Bedeutung könnte bei lesbischen Frauen unbewusst eine Entwertung des Weiblichen und eine Idealisierung des Männlichen enthalten sein. Außerdem zeugt der Penis bzw. sein Produkt ein Kind. Die Abwehr des spezifisch lesbischen ödipalen Konflikts und damit der traurigen Tatsache, dass Mutter und Tochter keine Kinder miteinander haben können, sondern nur der Vater mit seinem Penis und Sperma ein Kind zeugen kann, könnte mit der Idealisierung und Simulierung von männlichen Attributen bei einigen lesbischen Frauen kompensiert und leichter ertragbar gemacht werden.

Insgesamt lässt sich allerdings sagen, dass die Gruppe der lesbischen Frauen meiner Erfahrung nach heterogener ist, als dies zumeist von Psychoanalytikern und Sexualwissenschaftlern angenommen wird. Es bleibt schwierig, Aussagen über eine ganze Gruppe von Personen zu machen, da nur eine geringe Zahl überhaupt Kontakt zu Wissenschaftlern und zu entsprechenden Untersuchungen hat. Damit sollen diese Gedanken nur Hypothesen und Verständnishilfen sein. Aussagen über »die« Lesben, genauso wie über »die« Homosexuellen können nicht getroffen werden.

Deshalb gefällt mir McDougalls Hypothese, dass es so viele verschiedenen Formen der Liebe gibt, wie unterschiedliche, in ihre jeweilige Kultur eingebundene Menschen:

> »In all diesen Fällen erweisen sich die psychosexuellen Strukturen als so vielfältig in ihren Variationen, dass wir uns gezwungen sehen, von ihnen im Plural zu sprechen – eben von Heterosexualitäten und Homosexualitäten« (McDougall 1997, S. 251; Hervorhebung im Original).

Bei der großen Heterogenität lesbischer Frauen kann es sinnvoll sein, in Einzelfällen mit pathologischen Begriffen zu operieren. Das wird sinnlos, wenn weibliche Homosexualität als Ganzes erklärt werden soll. »Der/die typische Homosexuelle der traditionellen Psychoanalyse ist eine Fiktion«, konstatiert Christa Rohde-Dachser (1994, S. 834) in ihrer Übersichtsarbeit über männliche und weibliche Homosexualität.

Die genannten Autorinnen ermutigten mich, eine Einzelfallstudie durchzuführen, um verschiedene psychische Strukturen lesbischer Frauen zu verstehen und die These der Existenz von Homosexualitäten zu bekräftigen.

Rohde-Dachser zitiert Befunde aus anderen Disziplinen außerhalb der Psychoanalyse, in denen keine Unterschiede in der Psychopathologie zwischen Heterosexuellen und Homosexuellen gefunden werden konnten (a. a. O.). Leider dominieren immer noch psychogenetische Vorstellungen, dass lesbische Frauen die eigene defizitäre, »verloren gegangene« (Schmidt-Honsberg 1989, S. 833) oder gebrochene Weiblichkeit in der Begegnung mit einer anderen Frau zu reparieren suchen, indem beide Frauen sich neu miteinander identifizieren und damit stabilisieren. Erst Eva S. Poluda kann innovativ und kreativ differenzierende Gedanken in die Debatte um die weibliche Homosexualität einbringen. Die doppelte Verletzung durch die Mutter im »lesbischen Komplex«, nämlich die Erkenntnis, dass der Vater der Partner der Mutter ist, und die gleichzeitige Zurückweisung des homosexuellen Begehrens durch die Mutter im Agieren des homosexuellen Tabus halte ich für besonders wichtig in nahezu jeder lesbischen Entwicklung. In meiner psychoanalytischen Praxis, insbesondere in lesbischen Paartherapien, kann ich häufig eine extreme Intoleranz gegenüber sexuellen Zurückweisungen beobachten, die in einigen Fällen dazu führt, dass genitale Sexualität als Ganzes aufgegeben wird. Die Regression auf die prägenitale, vermeintlich nur gute Mutter scheint eine Flucht vor dem doppelten Trauma der lesbischen Tochter zu sein, deren Narzissmus heftig gekränkt wurde. Bei Poluda fand ich auch meinen Gedanken, dass der Penisneid bei lesbischen Frauen überstimuliert sein kann, sodass die Angst, die Partnerin an einen Mann oder eine männlichere, aggressivere und potentere Frau zu verlieren und die Kränkung, als nicht begehrenswert, klein und impotent zurückgewiesen zu werden, überhand nehmen.

Liest man die Theorieansätze zur Entwicklung lesbischer Sexualität nochmals unter dem Blick der Amerikanerin Rosemary Balsam, wird deutlich, wie wenig die Kraft einer positiven Integration weiblicher und männlicher Anteile bei der Geschlechtsidentität gesehen wird, insbesondere bei europäischen Analytikerinnen. Vielmehr werden von Psychoanalytikern die alten Dichotomisierungen von männlich/weiblich, gleichgeschlechtlich/gegengeschlechtlich in dem bekannten Entweder-oder weitergeführt und ausgebaut. Meine Auswertung und ihre Verknüpfung mit der Theorie soll dem entgegenwirken. Folgendes Zitat führt dieses Kapitel zu einem guten Abschluss:

> »Die Wahl des Liebesobjekts nach dem gleichen oder dem anderen Geschlecht ist kein trennscharfes Kriterium, um hinreichend homogene bzw. konsistente

oder charakteristische Gruppen voneinander zu unterscheiden. Eher scheint Homosexualität eine Möglichkeit darzustellen innerhalb der Breite eines sexuellen Kontinuums, die von den verschiedensten Menschen in unterschiedlichen Lebensphasen und historischen Situationen zur Gestaltung ihrer Entwicklung und zur Bewältigung der notwendig damit verbundenen Krisen genutzt werden kann – wie Heterosexualität auch und häufig im Wechsel mit ihr« (Poluda 1996, S. 71).

3. Feministische Konzepte zur lesbischen Sexualität

Die ersten feministischen Konzepte zu lesbischer Sexualität wurden schon zu Beginn der Frauenbewegung am Anfang des letzten Jahrhunderts entwickelt, wie Rauchfleisch beschreibt:

>»Die lesbische Emanzipationsbewegung hat ältere Wurzeln und war von jeher eng mit der feministischen Bewegung verbunden. Sie kann sich auf Autorinnen wie Anna Rüling berufen, die bereits 1904 darauf hinwies, dass ›die Stellung und Anteilnahme homosexueller Frauen in der Frauenbewegung von größter und einschneidender Bedeutung ist und die allgemeinste und weitgehendste Beachtung verdient‹ [...], auf die Frauenrechtlerin Johanna Elberskirchen, die ebenfalls 1904 die bisexuelle Grundausstattung des Menschen postulierte und nicht nur die Gleichwertigkeit der Homosexualität betonte, sondern ihr sogar eine Überlegenheit zusprach, und nicht zuletzt auch auf Simone de Beauvoir, die ihre Theorie zur lesbischen Liebe mit der Situation der Frau in der Gesellschaft verband (1949/1968), die defizitgeleitete psychoanalytische Sichtweise der weiblichen Homosexualität verwarf und die lesbische Liebe als eine gesunde und natürliche Vermeidung der Andersartigkeit und Aggressivität des Männlichen sah« (Rauchfleisch 2002, S. 28).

Die durch den Nationalsozialismus zerstörten frühen feministischen Bewegungen am Beginn des 19. Jahrhunderts, die lesbische Liebe gleichwertig auf dem Hintergrund der Bisexualität aller Menschen annahmen, sind wenig bekannt. Erst Simone de Beauvoir, die nach dem Krieg und zu Beginn der 1968er dem Frauenthema neben der Kapitalismuskritik eigene Aufmerksamkeit schenkte, wird heute noch wahrgenommen. Beauvoir war eine der wichtigsten Vorläuferinnen und viel gelesene Autorin der modernen Frauenbewegung, die sich weitgehend aus der sozialistisch geprägten 68er-Bewegung heraus entwickelte. Das Frauenthema wurde ins Zentrum der Aufmerksamkeit und der politischen Auseinandersetzung gerückt und nicht mehr nur im Rahmen einer umfassenden Kritik am Kapitalismus als sog. Nebenwiderspruch gesehen. Zunächst waren den heterosexuellen Vorkämpferinnen für die gesellschaftliche Gleichberechtigung der Frauen Themen wie lesbische Sexualität oder Homosexualität sowohl in der amerikanischen als auch in der bundesrepublikanischen feministischen Bewegung fremd. Die Vorurteile und dahinterstehenden Ängste mussten in den sich gründenden Frauengruppen erst bewusst werden, angesprochen und aufgearbeitet werden (vgl. Hark 1999, S. 124f.). Erst im Jahr 1974, nach einem in der bundesrepublikanischen Presse ausführlich und reißerisch dargestellten Mord-Prozess um ein lesbisches Paar, fanden lesbische Frauen den Mut, sich bundesweit in Frauengruppen lautstark in den verschiedensten Feldern der Politik, des kulturellen und sozialen Lebens zu Wort zu melden. Die den Mord-Prozess begleitende öffentliche Debatte, ausgelöst durch breite Darstellung in den Medien, schlug hohe Wellen: Beide Frauen, die als Liebespaar zusammengelebt hatten, wurden zu lebenslanger Haft verurteilt, weil das Gericht überzeugt war, dass sie eine bezahlte Killerin angeheuert hatten, die den Ehemann einer der beiden Frauen getötet haben soll. In Teilen der feministischen Bewegung, v.a. der sich nun neu formierenden lesbischen Gruppierungen, wurden diese beiden Frauen zu Märtyrerinnen stilisiert, die »Notwehr gegen Zwangsheterosexismus und männliche Tyrannei« geleistet hätten. Die lesbische Frau sollte als herausragendes Opfer unter allen Frauen hervorgehoben, als »Lichtgestalt der feministischen Revolte« (ebd., S. 131) mythologisiert werden. Der Feminismus solle nicht ruhen – das war der Gipfel feministischer Forderung – bis jede Frau lesbisch geworden sei.

Diese Radikalität trug heftiges Konfliktpotenzial in sich. Der Feminismus war eine kulturelle Bewegung, die sich selbst definieren wollte. Die Abgrenzung zur Definitionsmacht der Männer war nötig, um eine eigene Identität zu suchen und mit anderem und neuem, nicht traditionellem Geschlechtsrollenverhalten zu experimentieren. Gesellschaftliche Probleme, wie beispielsweise familiäre väterliche Gewalt, wurden aufgegriffen und skandalisiert. Finanzielle Benachteiligung in der Entlohnung von Frauen gegenüber Männerarbeit wurde breit und auf allen gesellschaftlichen Ebenen diskutiert. Feministinnen wollten sich nicht mehr zufriedengeben mit den weiblichen Rollenzuschreibungen, die sie als Ketten empfanden, die es zu sprengen galt, so wie die Arbeiterbewegung ein Jahrhundert davor die Ketten des Kapitalismus sprengen wollte. Die bundesrepublikanische Gesellschaft geriet nach der »bleiernen Zeit« der Adenauer-Ära in Bewegung, und sie bewegt sich bis heute.

Heterosexuelle Frauen hatten in ihrem privaten Leben vielerlei Kontakt mit Männern: Sie lebten mit ihnen in den verschiedensten Zusammenhängen, erprobten neue Beziehungsformen, heirateten Männer oder heirateten oft aus Kritik an der traditionellen Ehe nicht. Sie bekamen mit Männern Kinder, gründeten mit neuen Erziehungsidealen selbstorganisierte Kindergärten- und Erziehungsprojekte, sodass das bunte Bild der Bundesrepublik heute stark von den Aktivitäten der Frauen- sowie der Friedens- und Ökologiebewegung geprägt ist. Dass all diese innovativen und kreativen Ideen in der gesellschaftlichen Realität heute selbstverständlich sind, ist hart erkämpft. Auch innerhalb der verschiedenen politischen wie feministischen Bewegungen wurden harte Debatten und heftige Konflikte geführt. Denn das Zusammenleben und -arbeiten von zunächst so unterschiedlichen Frauen wie »Heteras« und »Lesben« waren nicht selbstverständlich. Lesbische Frauen stellten den heterosexuellen Frauen damals die Frage, wie Frauen am besten für ihre politischen Rechte kämpfen sollten: Mit oder ohne Männer? An dieser Stelle begannen radikale Auseinandersetzungen zwischen einigen lesbischen und heterosexuellen Frauen. Die lesbischen Frauen, die sich unabhängiger von Männern und damit autonomer fühlten, warfen den heterosexuellen Frauen vor, in Liebesbeziehungen mit Männern Energie an »den Feind« zu verlieren. Die Argumente der Lesben gegenüber den heterosexuellen Feministinnen waren aus dieser Perspektive gewichtig: Wie kann eine heterosexuelle Frau einen Mann lieben, der sie in ihren Rechten einschränkt und zur Verteidigung seiner patriarchalen Privilegien die weibliche Entfaltung unterdrückt? Zu bekämpfen seien also die »Männer an sich«, das Männliche, das Patriarchat als frauenfeindliche Gesellschaftsform. Der neu entstandene Slogan: »Feminismus ist die Theorie, lesbisch sein die Praxis!«, brachte die politische Einstellung feministischer Lesben auf den Punkt: Eine Frau, die für die Rechte von Frauen kämpft, kann auch nur Frauen lieben und mit Frauen Sexualität leben. Die Sexualität zwischen Frauen wurde als grundsätzlich besser als die heterosexuelle definiert, da sie männliche Aggression und Gewalt ausschließe, die der Penis/Phallus als eindringendes, aktives Geschlechtsorgan und als Symbol für männliche Privilegien repräsentiere. So sei die homosexuell liebende Frau aus der ihr zugeschriebenen Passivität befreit, was einer heterosexuellen liebenden Frau nie gelingen könne. Dieser Logik folgte das Phänomen der »Überzeugungs-Lesbe«: Einige Frauen behaupteten, Frauen primär aufgrund ihrer politischen Weltanschauung und erst sekundär aus ihrem Begehren heraus zu lieben. Sie bezogen sich dabei auf die z. T. widersprüchliche Debatte um die US-amerikanische Feministin Atkinson (vgl. Hark 1999, S. 112ff.) und deren Forderung an Frauen, ihr aktives sexuelles Leben mit Männern gänzlich einzustellen. Die Begründung Atkinsons für diesen Verzicht war, dass gelebte Sexualität mit Männern immer auf der Hierarchie von zwei Geschlechtern aufgebaut sei. Der umstrittene Begriff »Lesbianismus« wurde geschaffen.

Gleichzeitig entstand die Debatte um den sog. »vaginalen Orgasmus«, der an die Diskussion um weibliche und lesbische Sexualität geknüpft war. Die sog. »Missionarsstellung« als einzig praktikable und opportune, moralisch einwandfreie sexuelle Stellung wurde in Frage gestellt. Die moralischen Regeln, v. a. geprägt durch christliche Normen, sollten gesprengt werden: Sexualität dient der Lust, wann immer und wo immer und mit wem immer man (und frau) will. Sigmund Freuds frühe Schriften zur Sexualität, sein Schüler Wilhelm Reich und dessen Nachfolger Alexander Lowen mit seiner Konzeption der Körpertherapie gewannen an Popularität und viele Anhänger bei Männern wie Frauen, die sich mit den verschiedenen sozialpolitischen Strömungen der 68er-Bewegung identifizierten.

Weibliche Homosexualität wurde in der Folge als »Lesbianismus [...] aus den diskursiven Formationen der Sexualwissenschaft oder Kriminologie herausgelöst: Die Orte, an denen weibliche Homosexualität diskutiert wurde, waren nicht mehr allein medizinische Labors, kriminologische Seminare oder psychiatrische Praxen« (Hark 1999, S. 116). Der Aufbruch dieser Zeit stellte jegliche Tradition in Frage, auch die der Ehe und natürlich die monogamer, auf den Penis gerichteter Sexualität. Ziel dieser Kritik war, neue Quellen weiblicher Lust zu entdecken und weiblicher Sexualität einen eigenen Stellenwert zu geben. Der weibliche Körper sollte von den Frauen für sich selbst erobert werden, sodass das Ideal des 19. Jahrhunderts, dass nur die frigide Frau eine respektable Frau sei, endlich aufgegeben werden konnte. Die modernere Vorstellung, dass eine Frau erst dann eine voll entwickelte weibliche Sexualität habe, wenn sie allein durch das Eindringen und Bewegen des Penis in ihrer Vagina zum Orgasmus komme, galt bis dahin als Norm für gesunde heterosexuelle weibliche Sexualität. Die radikale Kritik am Koitus als einzig normalem sexuellem Akt zwischen zwei gegengeschlechtlichen Menschen machte es erstmals möglich, dass Heterosexualität an sich relativiert wurde. Heterosexuelle wie homosexuelle Frauen stellten die Klitoris ins Zentrum der weiblichen Lust. Klitorale Sexualität konnte als der männlichen Sexualität gleichwertig oder von ihr unabhängig gedacht und damit aufgewertet, ja in einer Gegenbewegung zur vormaligen Entwertung sogar idealisiert werden. Es wurde mit anderen sexuellen Stellungen experimentiert, klitorale Stimulation wurde der Wertung entzogen, sie sei unreif und diene nur dem Ersatz der

Masturbation. Der Verzicht auf Penetration und damit die Zurückweisung sog. urmännlicher Bedürfnisse wurde möglich. Der Aufschwung weiblicher Themen und die Kraft, die die Frauenbewegung hervorbrachte, ließen Frauen betonen, dass sie ganz im Gegensatz zu Männern kurz hintereinander multiple Orgasmen haben können.

Mit der »Entdeckung« und der Idealisierung klitoraler weiblicher Sexualität ging der Gedanke einher, dass sexuelle Orientierung flexibel sei und eine Frau leicht von heterosexuellem Verhalten in homosexuelles übergehen könne. Heterosexualität bliebe nun »kein Muss, sondern wird zur freien Wahl. Auf diese Weise würde die ganze Frage der menschlichen sexuellen Beziehungen über die Begrenzung des augenblicklichen männlich-weiblichen Rollensystems sich öffnen können« (Hark 1999, S. 117). Die Interpretation von homosexueller Orientierung als bewusster »Verweigerung« der Heterosexualität oder die Annahme, der Mensch hätte die freie Wahl, homosexuell oder heterosexuell zu sein, stellte sich dem von Freud postulierten »Triebschicksal« menschlicher Sexualität entgegen.

Meines Erachtens wurde die mittlerweile in großen Teilen der lesbischen Szene anerkannte Tatsache, dass niemand sich seine sexuelle Orientierung aussuchen kann, in dieser Aufbruchsstimmung verleugnet. Es scheint zum heutigen Zeitpunkt sicher, dass sich in der komplizierten Interaktion von Anlage und Umwelt die sexuelle Orientierung des Menschen in ihrer jeweiligen Form ausgestaltet. Die Vorstellung, über die eigene sexuelle Orientierung (ob hetero-, homo- oder bisexuell) willentlich entscheiden zu können, überschätzt die menschliche Unabhängigkeit, Autonomie und Willenskraft.

Die sehr individuellen Verarbeitungsformen der einzelnen Psyche von ähnlichen Umweltbedingungen zu einer ganz individuellen Psychodynamik haben dazu geführt, dass der Einzelfall weiterhin im Vordergrund psychoanalytischer Forschung steht. Mittlerweile ist erwiesen, dass spezifische Traumata mit einer gewissen Wahrscheinlichkeit zu einer pathologischen Entwicklung führen können, aber nicht müssen. Die Ausprägung von einzelnen genetischen Anlagen wird stark durch die kulturellen Wertungen mitbestimmt. Nachdem die sexuelle Orientierung aber nicht völlig fixiert ist, sondern bei manchen Personen eine gewisse Flexibilität im Laufe der Biografie bestehen bleibt, hat das Individuum keinen Einfluss darauf, in wen und wann es sich verliebt, weder bzgl. des Geschlechts noch bzgl. der Wahl des einzelnen Partners. Allenfalls kann die Person »unpassende« Affekte negieren.

Einer persönlichen Mitteilung von Eva S. Poluda verdanke ich die Information, dass es bei Sexualwissenschaftlern aktuell den Trend gebe, die

These zu favorisieren, dass Homosexualität angeboren sei. Sie verband diese Bemerkung mit der Frage, ob es nicht tief unbewusst gerade Schuldgefühle gebe, homosexuell und damit schlecht zu sein, da das Reflektieren der eigenen Biografie und sexuellen Entwicklung so schwer geworden sei. Ist man homosexuell geboren, kann man jedenfalls nichts dafür.

Zurück zu den historischen Ereignissen: In der politischen Öffentlichkeit wurde die feministische Kritik an der Beschränkung der weiblichen Lebensrealität auf die häuslichen Tätigkeitsbereiche und den Ausschluss von Frauen aus dem öffentlichen Leben breit und kontrovers diskutiert. Diese kontroverse Debatte hält bis heute an. Implizit fand und findet mit dieser Kritik auch eine Entwertung der Weiblichkeit statt: Die Mutterschaft wurde mit der Trias Kinder, Küche, Kirche als negatives Rollenmodell herausgestellt, was als Gegenreaktion zur Idealisierung der Mutter und ihrer Stilisierung als Kinderproduzentin durch die Nationalsozialisten zu werten ist. Als Rollenmodell für die emanzipierte Frau diente nun auch das (phallische) Stereotyp des unabhängigen Mannes: Das Ideal der Karrierefrau, die keine Angst vor Macht, Aggression und Unabhängigkeit hat und sich wirtschaftlich unabhängig von Männern macht, wurde geschaffen und gilt bis heute. Auf damaligen Frauendemonstrationen waren Parolen, wie: »Wir holen uns die Nacht zurück!« oder »Wir wollen alles und zwar sofort!« auf Spruchbändern zu lesen. Frauen wagten es, die Gebote der eigenen Mütter, vor dem Dunkelwerden zuhause zu sein, in Frage zu stellen, damit indirekt männliche sexualisierte Gewalt und deren Beherrschung des öffentlichen Raumes anzuprangern und alle gesellschaftlichen Möglichkeiten für sich zu fordern. Die Pflicht zur Fortpflanzung und Mutterschaft als das Kennzeichen wahrer Weiblichkeit und als die sinnstiftende Aufgabe jeder Frau geriet ins Wanken. Damit konnte auch die Heterosexualität zur »Zwangsheterosexualität« (vgl. Rich 1983) werden und die (weibliche) Homosexualität zur Befreiung aus dem biologisch vorgezeichneten Zwang zur Fruchtbarkeit als positive Option propagiert werden. Die Idealisierung lesbischer Beziehungen voller Nähe und Harmonie, frei von (sexueller und gesellschaftlicher) Macht und Abhängigkeit, mit sensibler und intuitiver Sexualität kontrastierte mit den vormaligen Entwertungen.

Reimut Reiche, ein politisch und soziologisch denkender Psychoanalytiker, bietet eine interessante Interpretation (1990, S. 38) der Phasen an, die die Frauenbewegung durchlief: In drei Etappen werde in einer verblüffenden psychologischen Parallele der psychophysische Entwicklungsprozess vom Neugeborenen über das kleine Mädchen zur Frau nachgezeichnet:

»In der ersten Etappe geht es um die Frage der Individuation, der Bildung erster Identitätskerne und der psychischen Loslösung aus der Symbiose (Mutter = sozialistische Bewegung). In der zweiten Etappe muss die sexuelle Identität [...] gewonnen, müssen phallische Selbstbehauptung und Autonomie erlangt werden. In der dritten Etappe wird die Entwicklungsstufe der Adoleszenz zum zentralen Thema, im Sinne des Aufbaus einer imaginierten Omnipotenz, bei der in der homosexuellen Autarkie verharrt wird (›homosexuell‹ hier nicht als sexuelle Objektwahl verstanden, sondern als Weltsicht, als Position einer phantastischen und phantasierten Unabhängigkeit vom anderen Geschlecht).«

Die von Reiche angesprochenen Themen sind sowohl heute wie damals und individuell wie kollektiv weiterhin Problembereiche, mit denen sich lesbische Paare in ihrer Paardynamik auseinandersetzen müssen und mit denen die lesbische Subkultur heute noch kämpft.

Vor Reiche gaben die feministischen Autorinnen Loulan, Nichols und Streit die Aufsatzsammlung »Lesben/Liebe/Leidenschaft« (1992) heraus, in der sehr kontrovers und kritisch über lesbische Liebe und Sexualität diskutiert wird. Ob Nichols in ihrem Aufsatz über »Lesbische Sexualität« ihre politische Unkorrektheit in ihren eigenen sexuellen Neigungen darstellt und sich humorvoll dagegen wehrt, als Sexualtherapeutin von lesbischen Frauen mit Orgasmusstörungen als »männlich-bestimmt« (S. 73) diskreditiert zu werden oder ob Loulan sehr lebensnah und erfrischend Ratschläge dazu gibt, »Wie das Sexleben lesbischer Paare lustvoll bleibt« (S. 135) – diese Aufsatzsammlung zeigt, dass amerikanische und deutsche Feministinnen produktive (Selbst-)Kritik leisten konnten, die meines Wissens nach sowohl bei feministischen Psychotherapeutinnen als auch »betroffenen« Lesben gut angekommen ist. Psychoanalytiker haben diesen Band kaum wahrgenommen.

Dem nicht nur in psychoanalytischen, sondern in lesbischen Kreisen selbst weit verbreiteten Gedanken, dass Lesben symbiotische Beziehungen pflegen und gerade an dieser Nähe viele Paare scheitern, geht Streit in oben genanntem Band nach. Sie reflektiert differenziert die auf Einfühlung und Liebesfähigkeit ausgerichtete weibliche Sozialisation, die einerseits positiv sein kann, um die Bindung zu festigen, andererseits Differenz verwischt werde (vgl. S. 11). Intuition sei ein wichtiges Gut und stamme aus der frühen Mutter-Kind-Beziehung. Diese Bindung werde aber von den Müttern bei Mädchen meist in die Länge gezogen, sodass die Autonomieentwicklung zurückstehe. Autonomie, Differenz und Trennung machen deshalb Angst, Sicherheit und Geborgenheit zu verlieren. Streit zitiert Freuds Konzept des Wiederholungszwangs:

»Das Unbewusste kennt keine Zeit. Das ›Kind in dir‹ will alte, ›ungeglückte‹ Situationen wieder aufführen, um sie endlich zu einem ›glücklichen‹ Ende zu bringen. [...] Daraus resultiert im allgemeinen Opfer-Sein und Liebeserhalt um den Preis der Anpassung. Autonomie und Separation werden gemieden, Tendenzen in diese Richtung zwar gefühlt, meist aber bei sich und der anderen bekämpft« (S. 28).

Konflikte, die feministische Frauen in heterosexuellen patriarchalen Machtverhältnissen verorteten, werden hier selbstkritisch in Frauenbeziehungen diagnostiziert und damit lesbischen Paaren die Möglichkeit gegeben, auch mit Hilfe psychoanalytischer Theorie ihre Beziehungen weiterzuentwickeln.

Burch widmet sich im gleichen Band in ihrer Arbeit »Hindernisse auf dem Weg zur Intimität« der problematischen Trias: »Machtgleichgewicht, dem Abhängigkeitsfaktor und der Fürsorgerolle« (S. 51) in lesbischen Beziehungen. Die Ursachen der problematischen Verquickung dieser tabuisierten Konflikte sieht sie in der Dynamik der Mutter-Tochter-Beziehung und in der Abwertung von Frauen und Lesben in der Gesellschaft. Die Teilhabe an patriarchaler Macht, die sich heterosexuelle Frauen in ihren Verbindungen mit Männern erhielten, gingen Lesben verloren, da diese Beziehungen entwertet würden. Zurückbleibt die hohe Sensibilität gegenüber Machtverhältnissen bei lesbischen Frauen, was sich in einer Intoleranz Ohnmachts- und Abhängigkeitsgefühlen gegenüber ausdrückt, die zumindest hinsichtlich des äußeren gesellschaftlichen Status meist weniger differieren als bei einem heterosexuellem Paar. Innere Abhängigkeitsgefühle, die bei einem lesbischen Paar unterschiedlich sein mögen, führten zu Neid und destruktiver Konkurrenz. Aggressive Auseinandersetzungen sind die Folge, wenn die Unterschiedlichkeiten in den Gefühlslagen von Macht und Ohnmacht nicht toleriert werden können. Die Mutter-Tochter-Beziehung erfordert bei Frauen, die sich in Liebesbeziehungen miteinander verbinden, eine erneute Auseinandersetzung mit der Loslösung von der Mutter. Die Tochter müsse, um erwachsen zu werden, eine Frau hinter sich lassen (vgl. S. 58), was Schwierigkeiten mit der Separation und Individuation in sich berge, die intensiver seien als die eines Sohnes.

Die an das Geschlecht gebundene kulturelle Entwertung von Frauen sei für diese »ein fortgesetzter Angriff auf ihre Selbstachtung, eine fortwährende narzisstische Verletzung. Ambivalenz in bezug auf das Weiblich-Sein [...] gar [...] Selbsthass« (S. 59) seien die Folge. Die Abwertung des Weiblichen werde von der Mutter ambivalent in der Beziehung zur Tochter verarbeitet. Sie erlaubten den Töchtern »sowohl weniger echte Abhängigkeit als auch weniger echte Autonomie. Ihr Kommen und Gehen ist sozusagen eingeschränkt« (ebd.)

Anders und psychoanalysekritisch geht Barbara Gissrau (1993) in »Die Sehnsucht der Frau nach der Frau« davon aus, dass die Einbeziehung des Männlichen/Väterlichen in die Konzeption lesbischen Begehrens durch die Psychoanalyse Ausdruck patriarchalen männlichen Narzissmus sei. Die Pathologisierung der Homosexualität sei ein relativ junges Phänomen des beginnenden 20. Jahrhunderts. Da sich die männlichen psychoanalytischen Theoretiker durch die Vorstellung gekränkt fühlten, von Lesben als Männer nicht begehrt zu werden, entwürfen sie pathologisierende Modelle und könnten außerdem keine Vorstellung von weiblicher Sexualität ohne die Repräsentanz des Männlichen entwickeln (vgl. a. a. O., S. 76f.). Die Autorin vergisst, dass gerade viele weibliche Psychoanalytikerinnen lesbische Patientinnen behandelt und über lesbische Frauen geforscht und geschrieben haben. Gissrau versucht, lesbische Liebe als pures Begehren (eine Frau begehrt eine Frau) zu konzipieren, womit sie sich in den Widerspruch zur Freuds Triebtheorie setzt. Sie weist darauf hin, dass lesbische Frauen ein eigenes Begehren nach der Frau hätten:

> »Es ist kein verkapptes heterosexuelles Begehren, in der Art, dass eine ›männlich‹ fühlende Frau eine Frau begehrt und umgekehrt. Im lesbischen Begehren wird meistens keine verschleierte Mann-Frau-Beziehung gelebt. Natürlich kommt es vor, dass Lesben in ihrer Sexualität spielerisch verschiedene Rollenmuster wie Mann-Frau, Mutter-Kind, aber auch Kind-Kind, Mann-Mann, Frau-Frau, Hure-Heilige, Dominante-Abhängige und vieles mehr inszenieren. Aber es gibt keinen Zwang zur Mann-Frau-Rolle. Anzunehmen, dass es ein Begehren jenseits von Mann-Frau-Beziehungen gibt, ist wohl für eine heterosexistische Gesellschaft am schwersten« (ebd.).

In diesem Zitat reagiert Gissrau auf den empfundenen Zwang zur Heterosexualität, der in vielen feministischen Ansätzen meines Erachtens eine Rolle spielt. Die Integration der infantilen Partialtriebe (oral, urethral, anal und phallisch) in die erwachsene Sexualität als normale Anteile reifer erwachsener Liebe wurde von Freud zwar unter dem Primat und damit der Dominanz des Genitalen konzipiert. Anderseits war es ihm im historischen Zusammenhang nicht möglich, die menschliche Sexualität völlig von der Fortpflanzungsfunktion zu trennen. Die vollständige Trennung von Sexualität und Fortpflanzung, wie der Konstruktivismus sie postuliert, hebt meines Erachtens den Menschen aus seinem Körper und macht ihn zu einem Geist- und Denkwesen. Wie kann man sich aber den Geist ohne ein Gehirn und den jeweiligen Körper dazu vorstellen? Die grundlegende biologische Tatsache der menschlichen Zweigeschlechtlichkeit und die komplizierten Formen individueller Psychodynamik wirken schon bei Gissrau manchmal rationalisiert, ideologisiert und polarisiert. Die sehr komplizierte und individuelle Integration der Partialtriebe in die erwachsene Sexualität ist eben kein »verkapptes« und damit entwertetes Abbild heterosexueller Sexualität, sondern eine höchst individuelle Ausformung von individuellen Vorlieben und Abneigungen, Wünschen und Ängsten als auch deren Abwehrformationen und Kompromissbildungen.

Gissrau versucht mit einer eigenen Theoriebildung und einer eigenen Untersuchung, mit der sie ihre Thesen begründet, »Anstrengungen einer Gegenbewegung« (S. 14) zu skizzieren, die lesbisches Begehren positiv und nicht diskriminierend erklären. Hier seien zwei Beispiele genannt:

> »Viele später lesbische lebende Frauen scheinen den erotischen Glanz im Auge der Mutter, die das Baby anblickt, ›gesehen‹ zu haben. [...] Meine These ist, dass heterosexuelle Frauen länger in einer eher asexuellen, starken emotionalen Verschränkung mit der Mutter lebten, während lesbische Frauen in den ersten Lebensjahren eher in einer erotisch stimulierenden Beziehung mit einer Frau lebten« (S. 173).

Unversehens gerät diese These ein wenig pathologisierend für heterosexuelle Frauen, denen abgesprochen wird, der Glanz im Auge der Mutter gewesen zu sein, den Winnicott meines Wissens nach nicht allein erotisch definiert hat, sondern die Freude und das Glück der Mutter über ihren Säugling als Ganzen meinte.

Gissraus Sexualtheorie mangelt es an vielen Stellen an Differenziertheit. Die von Freud als Sublimierung konzipierte Möglichkeit, die Libido auf viele verschiedene Dinge, nicht nur auf Menschen, zu richten, wird bei Gissrau zur zentralen These ihres Modells sexueller Energie. Jede Form von Faszination oder Sympathie gerät in ihrer Theorie zu Sexualität. Insgesamt bleibt die Argumentation weit hinter den Vorgängerinnen in der Psychoanalyse, aber auch amerikanischen wie deutschen Autorinnen zurück.

Die Radikalität der Forderungen lesbischer an die heterosexuellen Frauen, selbst homosexuell zu werden, bedeutete eine radikale Forderung nach Einfühlung und Identifikation, die meiner Meinung nach unbewusst dazu diente, eine Auseinandersetzung mit der eigenen (heterosexuellen) Mutter zu führen und die Kränkungen in der Zurückweisung des lesbischen Begehrens in aktuellen Zusammenhängen und mit Freundinnen, Genossinnen und Bekannten durchzuarbeiten. Die daran anschließende Diskussion der sexuellen Lustformen, das Brechen des Schweigetabus über weibliche Sexualität, das weibliche Genitale und den Orgasmus stellen für mich wichtige Bausteine der noch andauernden Debatte um weibliche Lust und Genuss dar. Erfolge wie Misserfolge der Frauenbewegung waren wichtig und bahnten heutigen jungen Frauen den Weg, sich in einer sexualisierten Welt, in der alles möglich scheint, neu finden und behaupten zu können. Die Sprachlosigkeit und Schwierigkeit, auch in vertrautem Kreis oder in einer Psychotherapie über konkret gelebte Sexualität zu sprechen, hält bis heute an, sodass ich annehme, dass unbewusste Scham- und Schuldgefühle weiterhin eine große Rolle im Individuum wie im Kollektiv der lesbischen Subkultur spielen. Ursachendebatten, homosexuell geworden oder geboren zu sein, sind meiner Kenntnis nach heute eher unpopulär. Die realen Schwierigkeiten, befriedigende und länger dauernde Beziehungen zu leben, dominieren die Diskussionen.

Auch die Psychoanalyse hat sich recht unmerklich aus den Überlegungen, wie Homosexualität entsteht, zurückgezogen. Die Rede ist – wie oben dargestellt – von Homosexualität*en*. Es wird keine einheitliche Theorie der Entstehung der sexuellen Orientierung mehr angestrebt.

Zu Beginn dieser Zeit des Aufbruchs konnte die Aufsatzsammlung von Loulan, Nichols und Streit entstehen und bereits früh eine selbstkritische, in alle Richtungen offene, Polarisierung vermeidende Haltung anbieten, lesbische Beziehungen zu hinterfragen und weiterzuentwickeln. Tabuthemen wie Machtkämpfe, Neid und Konkurrenz, die Dynamik der Mutter-Tochter-Beziehung mit ihren Folgen für ein lesbisches Liebespaar, auch die Schwierigkeiten mit Differenz und dem Verlust des Gefühls von einer harmonischen Einheit werden problematisiert. Hier werden sowohl psychoanalytische als auch andere psychologische Konzepte genutzt, um lesbische Beziehungen besser zu verstehen. Sowohl die für die damalige Zeit innovativen Anregungen und die interessante Reflexion individueller Beziehungsprobleme in Interaktion mit kulturellen Faktoren als auch intrapsychische Konflikte sind auch heute noch aktuell.

Ebenso kritisch wie auch differenziert gegenüber lesbischen Autorinnen verhält sich Sabine Hark, die den militanten Duktus der Sprache mancher feministischen Autorin in Frage stellt. Sie versteht lesbische Identitätspolitik und die Radikalisierung spezifischer feministischer Ideen als konstitutiv für das Entstehen neuer und innovativer gesellschaftlicher Bewegungen. Ist jedoch eine neue gesellschaftliche Identität gereift und in gewissem Maße gesellschaftlich etabliert, plädiert sie für eine Verflüssigung und Flexibilisierung anfangs eher rigider Gedanken, um eine Weiterentwicklung gerade dieser Ideen nicht durch Starrheit und neue Normierungen zu behindern.

Bei der Beschäftigung mit dem Thema bemerkte ich erst, wie viel Vorarbeit bereits von feministischen Autorinnen geleistet wurde, die leider zum Teil von psychoanalytischen Autoren nicht wahrgenommen wurden. Die Auseinandersetzung mit den feministischen Autorinnen ist in meine Befragung lesbischer Frauen wie in die Auswertung eingegangen.

4. Weitere relevante Begriffe

Im Folgenden werde ich mir wichtig erscheinende Begriffe und Paradigmen der Psychoanalyse überprüfen und nutzen, um Neues zum Verständnis lesbischer Sexualität beitragen zu können. Einige meiner eigenen Positionen werden im Folgenden erklärt. Dabei werden sowohl die psychoanalytische Entwicklungspsychologie als auch Teile der Triebtheorie Freuds und Gedanken zur Sozialpsychologie herangezogen.

Beginnen werde ich mit der Urszene und Fragen der Geschlechtsidentität. Die Spezifität des weiblichen Genitales, die Beziehung des Mädchens zum Vater und Überlegungen, wie eine lesbische Geschlechtsidentität aussehen könnte, folgen. Anschließend wird der Penisneid bei Frauen und Lesben, die ödipale Liebe und die Überich-Bildung ausführlich besprochen. Ein entwicklungspsychologisches Thema, die weibliche Adoleszenz, die Eroberung des weiblichen Körpers u. a. mit Hilfe der Masturbation werden dargestellt.

4.1 Urszene

Die verschiedenen, sich oft widersprechenden, kindlichen Fantasien über den elterlichen Geschlechtsverkehr, der zur Zeugung des Kindes geführt hat, werden als Urszene bezeichnet. Die Urszenenfantasien bilden laut psychoanalytischer Theorie im Unbewussten bei jedem Geschlechtsverkehr den kreativen Hintergrund für die sich dabei entwickelnden bewussten wie unbewussten Fantasien. Die Urszene wird meist als gewaltsamer Übergriff des Vaters auf die Mutter fantasiert, was eine Verletzung der erwünschten Harmonie zwischen den Eltern, gleichzeitig aber auch eine Befriedigung unbewusster Aggression auf die Mutter sein kann, die das Kind verlässt und zum Vater geht. (»Wenn die Mutter schon zum Vater geht und mich als ihre einzig wahre Geliebte verlässt, soll er sie gleich richtig hernehmen und damit meine Bestrafungswünsche erfüllen. Außerdem muss ich mir dann nicht vorstellen, wie genüsslich es die beiden miteinander haben, während ich mich ausgeschlossen, einsam, kindlich und defizitär fühle!«, so etwa könnte der unbewusste Text lauten.) Die Ausgeschlossenheit des Kindes aus dem elterlichen Liebesakt macht das Zentrum der ödipalen Enttäuschung aus. Die Reaktion auf diese narzisstische Verletzung sei laut Rohde-Dachser (2001) Aggression, die eine besondere Kraft gewinne. Der Vater werde als Aggressor und als derjenige erlebt, der die Mutter bezwingt. Bevor er als Räuber und Täter erlebt wird, der die Mutter dem Kind weggenommen hat, meint das Kind allerdings, die Mutter habe es verlassen, und entwickelt angesichts der eigenen kindlichen Abhängigkeit Aggression gegen diese machtvolle Mutter. Dadurch wiederum gewinnt der Vater an Faszinationskraft, da er sich als stärker als die Mutter erweist. Frühe Aggression (vor allem von Melanie Klein beschrieben), Resultat der Frustration des Kindes, das die mütterliche Brust nicht nur als spendend, sondern ebenso stark als versagend erlebt, geht in die Aggression gegen die Mutter im Rahmen der Urszenenfantasie ein. Rohde-Dachser beschreibt Melanie Kleins Konzeption der archaischen Gefühle, den Mutterleib auszurauben, folgendermaßen:

> »Der Säugling erlebt diese Aggression, deren Objekt in dieser Entwicklungsphase nur der Körper der Mutter sein kann, zunächst rein körperlich als Auffressen, Aussaugen, oder – im Rahmen des Stoffwechsels – als Festhalten, Abschnüren, Ausweiden, Herausreißen, Rauben« (a.a.O., S. 1052).

Hier werden ähnliche Begriffe verwendet, wie man sich den Geburtsvorgang und die ersten Erlebnisse des Säuglings in der Welt außerhalb des Mutterleibes vorstellen kann.

Kinder können sexuelle Erregung und Leidenschaft in vielen Fällen nicht anders, denn als eine gewalttätige Auseinandersetzung verstehen. Hinzukommt, so Rohde-Dachser, dass das Kind »seine eigene Aggression über die Erfahrung des Ausgeschlossenseins auf das elterliche Paar projiziert, das dann zu einer aggressiv-bedrohlichen Figur« wird (a.a.O., S. 1053). Möglich ist darüber hinaus, dass die bewusste Erinnerung bei Erwachsenen bereits von gesellschaftlichen, ins Überich aufgenommenen Wertungen durchsetzt ist, insofern als allein dem Mann/Vater aktive und aggressive Sexualität unterstellt wird, während die Frau/Mutter als passives Opfer erscheint.

Die Urszene ist für jeden Menschen von zentraler Bedeutung, ob das Kind nun reale Sexualität zwischen den Eltern erlebt hat oder nicht. Denn dass die eigenen Eltern Sexualität miteinander leben, scheint für viele Kinder auch noch als Erwachsene eine unangenehme, mit Peinlichkeit besetzte Vorstellung zu sein. Eifersucht und Neid als zentrale Gefühle, die mit der ödipalen Phase verbunden sind, müssen dabei bewusst bewältigt werden. Mit etwa eineinhalb Jahren setzt die Triangulierung ein, d. h. das Kind spürt, dass es nicht mehr der alleinige Mittelpunkt im Leben der Mutter und des Vaters ist, sondern diese eine eigenständige Beziehung zueinander pflegen: »Der Prototyp dieser Beziehung ist die der Eltern als sexuelles Paar« (ebd.). Die Triangulierung eröffne dem Kind aber gleichzeitig erstmals einen inneren Raum, der es ermögliche, den ambivalenten Gefühlen von Liebe und Hass, die es bis dahin nur körperlich oder verbal ausleben konnte, auf eine mental-symbolische Ebene zu heben (vgl. ebd.). Im Unbewussten kann die Urszene »Resultat sowohl von frühen Wahrnehmungen als auch von Phantasiebildungen sein« (Maier 2000, S. 775). Die Urszenenfantasien zeichnen sich dadurch aus, dass sie »bereits Erkanntes wieder zu verleugnen oder es auf eine Weise *umzuschreiben*« [Hervorhebung M. T.] suchen, so

> »dass es mit den unbewussten Wünschen des Kindes übereinstimmt. Verleugnet wird dabei vor allem die Realität des elterlichen Paares. Dies führt zu Phantasien, in denen die Zeugungsmacht des Vaters ausgeklammert wird, Kinder in eigener Omnipotenz Kinder hervorbringen können und gleichgeschlechtliche Paare als Mutter und Vater auftreten. Vermieden wird dabei nicht nur die Erfahrung des Ausgeschlossenseins, sondern auch die Aggression, mit der das Kind ursprünglich auf diese Erfahrung reagierte« (Rohde-Dachser 2001, S. 1054).

Der Begriff Urszene kennzeichnet also alle bewussten und unbewussten Fantasien einer Person über die eigene Entstehung und den elterlichen Liebesakt, also auch die individuelle Abwehrformation, die in dieser Fantasie enthalten ist. McDougall (2001) fasst den Begriff der Urszene noch weiter: »Dieser Terminus soll den gesamten Umfang des unbewussten Wissens und der persönlichen Mythologie eines Kindes in Bezug auf die menschliche Sexualität und insbesondere die seiner Eltern bezeichnen« (a. a. O., S. 55).

Der homosexuelle Geschlechtsverkehr widerspricht der Urszene, die in der Realität als der Schauplatz der eigenen Zeugung grundsätzlich heterosexuell ist. Es kann also keine dauerhafte Repräsentanz der homosexuellen Urszene geben, sobald die unbewusst fantasierte Bisexualität in der kindlichen Entwicklung überwunden wurde. In der unbewussten Fantasie, in die zahlreiche Abwehrvorgänge eingehen, kann eine der heterosexuellen Liebesbeziehung gleichende Liebesbeziehung mit dem gleichgeschlechtlichen Elternteil per »Umschreibung« hergestellt werden. McDougall sieht die Ursache »der erneuten Erfindung der Urszene« in einer Reaktion des Kindes auf Probleme der Eltern:

> »Sie wird aus Bruchstücken der kindlichen Magie aufgebaut (den Elementen der frühkindlichen Sexualität) und entsprechend dem Begehren des Kindes gestaltet (dem Wunsch, die Urszene zunichte zu machen, sowie dem entsprechenden Wunsch, das einzige Objekt zu sein, welches der Mutter Erfüllung bietet)« (2001, S. 62).

Dies kann entweder in der bewussten, vorbewussten und/oder unbewussten Identifizierung mit dem gegengeschlechtlichen Elternteil geschehen oder als lesbische Urszene fantasiert werden, die die genitale heterosexuelle Sexualität leugnet. Mit erwachsener, bewusster Realitätseinsicht ist diese Szene schwer vorzustellen, sie stellt aber unbewusst einen Triumph über den Vater ohne Konfrontation mit dem Penisneid dar. In der Fantasie könnte der Vater als Ganzer oder sein Penis als Pars pro Toto in einer durch Verleugnung hergestellten Kastration als männlicher Konkurrent ausgeschaltet werden. Der Vater könnte auf diese Weise genauso gut durch die Tochter oder eine andere Frau ersetzt werden. Dass Frauen aus der feministischen Szene, darunter auch feministische Psychoanalytikerinnen (vgl. Gissrau 1993), eine eigene weibliche Sexualität jenseits der männlichen suchen oder fantasieren, könnte ein Ausdruck des Wunsches sein, eine Urszene ohne Mann/Vater phantasmatisch herzustellen. In all diesen Fantasien ist sowohl ein Triumph über den Vater als auch über die Mutter enthalten.

Mit ihrer empirischen Studie, durchgeführt an der Frankfurter Universität mit 46 Probanden beiderlei Geschlechts und aus allen Altersstufen zur Tafel 8 des TAT (Thematischer Apperzeptionstest), konnte Rohde-Dachser einen interessanten Befund in der Konstellation weibliche Probandin/weibliche Interviewerin feststellen:

> »Wenn Frauen ihre Geschichten zur Bildvorlage einer anderen Frau erzählen, wehrt der Wunsch nach Wiederherstellung einer Mutter-Tochter-Beziehung, die noch nicht von der Urszene getrübt ist, in der Regel das Gefühl der Kränkung ab, in ihrem sexuellem Liebeswerben von der Mutter zurückgewiesen worden zu sein. Das Ressentiment darüber schlägt sich auch in den Urszenephantasien nieder, die häufig den Charakter einer Rachephantasie erhalten. Der sadistische Vater der Urszene ist dann gleichzeitig der Vollstrecker dieser Rachephantasie. Rachephantasien führen aber auch zu Schuldgefühlen gegenüber der Mutter und

erwecken das Bedürfnis der Wiedergutmachung. Penisneid-Phantasien dienen dann als Unschuldsbeteuerung gegenüber der Mutter. ›Ich habe im Gegensatz zum Vater kein Instrument, das dich kastrieren könnte. Es ist der Vater, der dies tut‹« (a. a. O., S. 1082).

Diese Interpretation wird uns mit Blick auf die Übertragungs-Gegenübertragungsbeziehung zwischen Probandin und Interviewerin bei der Auswertung der Interviews noch weiter beschäftigen.

Bei lesbischen Frauen kann sich das Ausgeschlossensein aus dem elterlichen Schlafzimmer potenzieren: Die Fähigkeit, allein zu sein, wird erstens durch die räumliche und inhaltliche Trennung von der elterlichen Sexualität strapaziert. Die Herausforderung, das Inzesttabu einzuhalten, sollte allerdings jeder Mensch bewältigen. Die zweite belastende Ausgeschlossenheitserfahrung, die eine lesbische Frau verkraften muss, liegt darin, nicht wie alle anderen, nicht wie die Mehrheit der Menschen und wie die Eltern in der Urszene gegengeschlechtlich zu begehren. Letztendlich weder wie die Mutter noch wie der Vater zu sein, bedeutet aus der eigenen Familie und der Tradition der Generationen ausgeschlossen zu sein und damit aus der ganzen natürlich-kreativen Welt, die die Primärfamilie für ein Kind darstellt. Die dritte Erfahrung des Anders- und Fremdseins liegt darin, mit der Mutter/Partnerin kein Kind zeugen zu können. Von der Generativität ausgeschlossen zu sein, mag der verletzlichste Punkt Homosexueller sein. Jeder Mensch ist ein Teil der Natur und der Evolution, sodass ich davon ausgehe, dass wir alle an diesem Kreislauf teilnehmen möchten, der faszinierend ist und Fragen von Geburt und Tod, Bestand und Vergänglichkeit berührt. Crespi (1995) betont in ihrer Arbeit: »Some Thoughts on the Role of Mourning in the Development of a Positive Lesbian Identity« die Bedeutsamkeit der Trauerarbeit für lesbische Frauen. Oft wird dieser Umstand allerdings von allen Betroffenen völlig verdrängt und/oder verleugnet. Stattdessen gibt es in Familien mit homosexuellen Kindern oft heftige Konflikte um die Frage der Enkel, in denen häufig nur die Eltern der homosexuellen Kinder die Trauer mit Hilfe von Wut auf die Homosexualität und der nicht möglichen Generativität ihrer lesbischen Tochter oder ihres schwulen Sohns abwehren. So geschieht familiäre Diskriminierung im Ausagieren der elterlichen narzisstischen Kränkung, dass ihre Kinder nicht wie alle anderen sind und ihnen Enkel schenken. Die homosexuellen Kinder indes erleben diese Auseinandersetzung häufig als Angriff auf ihre homosexuelle Identität, als entwertende Homophobie, denn im eigenen Inneren und im gemeinsamen inneren Raum, den sich das homosexuelle Paar geschaffen hat, wird dieser traumatisierende Umstand der eigenen und gemeinsamen Zeugungsunfähigkeit projiziert, verleugnet, abgespalten und/oder verdrängt. Inwieweit und ob Homosexualität in manchen Fällen selbst eine Abwehrkonstellation oder ein Widerstand gegen Generativität und Elternschaft darstellt, bedürfte einer eigenen Untersuchung und wäre eine interessante Fragestellung.

All die beschriebenen Abwehrvorgänge können, positiv genutzt, als kreative Möglichkeiten verstanden werden, die eigene sexuelle Orientierung zu akzeptieren und ein befriedigendes Sexualleben zu führen. Ob sich eine lesbische Frau unbewusst im Liebesakt mit ihrem Vater oder ihrer Mutter identifiziert oder kurz hintereinander mit beiden: die unbewusste »Umschreibung« der Urszene kann auch Faszinierendes und Neues in Liebesbeziehungen bringen. Das Changieren zwischen Männlichkeit und Weiblichkeit und das Spielen mit Rollen und mit der ödipalen Situation in großer Flexibilität und ohne sich zu stark in der eigenen Geschlechtsidentität in Frage gestellt zu fühlen, stellt meines Erachtens auch eine große Kraft und Ich-Stärke dar. Der fantasierte ödipale Triumph, dem Vater in der genitalen Befriedigung der Mutter auch ohne einen Penis als Liebhaberin überlegen zu sein, mag eine narzisstische Restitution, aber auch eine gelungene Identifikation mit ihm und seiner Aggression sein, die nicht destruktiv verarbeitet werden muss, sondern der Bindung und der Belebung der Leidenschaft dient. Der Satz: »Du liebst mich ja besser als jeder Mann!«, als ersehnte Anerkennung einer lesbischen Liebhaberin könnte einen Topos für den leidenschaftlichen lesbischen Liebesfilm darstellen. Vielleicht sind deshalb lesbische Filmstars und Sängerinnen nicht nur bei lesbischen jungen Frauen, sondern ebenso bei heterosexuellen Frauen populär. Den eigenen weiblichen Körper auch ohne Penis potent, vollständig und als dem Mann gleichwertig zu empfinden, ist sicher nicht nur für lesbische Frauen ein positives Ideal.

4.2 Entwicklung von Geschlechtsidentität

»Geschlechtsidentität« ist ein Überbegriff, der sich nach Rauchfleisch »aus der Kern-Geschlechtsidentität, der Geschlechtsrolle und der Geschlechtspartner-Orientierung zusammensetzt« (Rauchfleisch 2002, S. 29). Der Kern-Geschlechtsidentität liegen bewusste und unbewusste, auch unter großen psychischen Belastungen stabile Überzeugungen zugrunde, die die Sicherheit geben, sich als Frau oder Mann zu fühlen und den eigenen Körper als weiblichen oder männlichen wahrnehmen.

Die Geschlechtsrolle beinhaltet Einstellungen und Verhaltensweisen in Bezug auf sich selbst und den Anderen, die eine bestimmte Kultur als angemessen »weiblich« oder »männlich« definiert. Sie ist einem dauernden, erst unmerklichen, im Laufe der Generationen spürbaren, nicht linear vorzustellendem Wandel unterworfen. Rückbesinnungen folgen Schritte nach vorne in völlig neues Terrain, um sich dann wieder in älteren Traditionen »klassisch weiblich« oder »männlich« zu fühlen.

Die sexuelle Orientierung eines Menschen bezieht sich ausschließlich auf die erlebte Attraktivität und die damit verbundene Wahl der Sexualpartner. Sie »wird wesentlich geprägt auch durch die Erfahrungen, die das Kind mit den Eltern macht, sowie durch das Modell, das die Eltern ihm von ihrem Umgang miteinander als Mann und Frau bieten« (a. a. O., S. 30).

Die psychoanalytische Kontroverse um die Geschlechtsidentität lässt sich an den im Folgenden wiedergegebenen Ausführungen Kernbergs nachvollziehen, der sich die Frage stellt,

> »ob die These einer ursprünglichen psychischen Bisexualität beider Geschlechter aufrechterhalten werden kann oder ob die früheste Identität beider Geschlechter entweder männlich ist, wie Freud (1905) postuliert. Oder weiblich, wie Stoller (1975a, 1985) meint«.

Seine Antwort lautet:

> »Ich schloss mich der Auffassung von Person und Ovesey (1983, 1984) an, dass ein Kind gleich von Beginn an eine Kern-Geschlechtsidentität aufbaut, die entweder männlich oder weiblich ist; dies deckt sich mit Befunden von Untersuchungen zu Hermaphroditen und mit Ergebnissen von Beobachtungen an Säuglingen und Kleinkindern. Braunschweig und Fain (1971, 1975) legen psychoanalytische Belege dafür vor, dass eine ursprüngliche psychische Bisexualität auf der unbewussten Identifizierung des Säuglings und Kleinkindes mit beiden Eltern beruht, und vertreten auf überzeugende Weise die These, dass dieses unbewusste bisexuelle Potential nach und nach unter die Kontrolle des dominanten Charakters der Mutter-Kind-Interaktion gerät, in der eine der beiden Kern-Geschlechtsidentitäten errichtet wird. Diese Vorstellung stimmt mit der – durch Stollers Beobachtungen zur Transsexualität gestützten – Ansicht von Money und Ehrhardt (1972) überein, dass die elterliche Definition der Geschlechtsidentität des Kindes das organisierende Schlüsselelement dieser Identität ist« (Kernberg 1998, S. 79).

Jeder Mensch hat bedingt durch die Zweigeschlechtlichkeit der menschlichen Spezies eine biologische Mutter und einen biologischen Vater. »Zumindest solange [...] die Reproduktion [nicht] so umfassend technologisiert ist, dass die Entstehung eines Kindes keiner heterosexuellen Verbindung [mehr] bedarf« (King 2000b, S. 248), werden alle Kinder ihre Geschlechtsidentität zentral über die Identifikation mit den elterlichen Zeugungsfunktionen und deren kultureller Bewertung bilden. Weibliche und männliche Sexualität und ihre jeweilige Reproduktionsfunktion sind somit bis heute untrennbar miteinander verbunden. Künstliche und extrakorporale Befruchtung stellen eine Ausnahme im menschlichen Reproduktionsprozess dar und sind bis dato fragile Errungenschaften der westlichen Medizin. Die biologischen Tatsachen machen es schwer, mehrere oder andere »Geschlechter« zu denken. Versuche, das Geschlecht in einem feministischen Diskurs zu dekonstruieren und es als mentales und sozial produziertes Produkt, völlig abgelöst von biologischen Tatsachen, zu verstehen (wie dies etwa Judith Butler in »Das Unbehagen der Geschlechter« schon 1991 auf hohem philosophisch-feministischem Niveau tat), müssen fast zwangsläufig (noch) als (zu) theoretisch und abgehoben erscheinen.

Ich nehme an, dass das Wissen um die biologische Tatsache der Zweigeschlechtlichkeit im Unbewussten des Menschen repräsentiert ist. Menschen (wie alle Säugetiere und die meisten anderen Tierarten) haben sich evolutionär erfolgreich gerade durch die Sexualität und die jeweils neue und individuelle Kombination zweier »fremder« und unterschiedlicher DNS-Stränge entwickelt.

Bei lesbischen Frauen kann die Konfrontation mit dieser inneren wie äußeren Tatsache bei der Vergewisserung der eigenen Geschlechtsidentität ein Gefühl der Ohnmacht und die Empfindung eines fundamentalen Mangels hinterlassen. Fragen, die mit gesellschaftlichen Entwertungen einhergehen, können das Selbstwertgefühl destabilisieren: Bin ich eine richtige Frau, wenn ich keinen Mann liebe und mit ihm ein Kind zeuge? Ist ein (in gewisser Weise erzwungenes) Leben ohne Mutterschaft ein voll erfülltes Leben als Frau? Kann ich meine Gene weitergeben oder wird meine Familie und deren Genmaterial mit mir untergehen? (»Habe ich mich in der unendlich langen Geschichte der Evolution erfolgreich behauptet?«)

Die Ablehnung gegengeschlechtlicher Menschen (»den Heteros«) kann als Reaktionsbildung von Neid und der daraus resultierenden Wut auf diejenigen dienen, die sich diese Fragen nicht in dieser Radikalität stellen müssen. Allerdings deuten die Entwicklungen der modernen Medizin darauf hin, dass die Reproduktion von heterosexueller Sexualität unabhängiger werden und man die körperlichen (und psychischen) Vorgänge bei der Zeugung besser verstehen wird. Für die modernen westlichen Gesellschaften, für die Reproduktion ein fester Bestandteil der Verbindung eines »richtigen« Mannes mit einer »richtigen« Frau, also der heterosexuellen Identität ist, bedeutet das eine Erschütterung ihrer Grundfesten: Die Reproduktionsmedizin entbindet die Zeugung von den Körpern und entsinnlicht sie. Vermutlich bleiben ihre Möglichkeiten Lesben und Schwulen deshalb bis heute gesetzlich verwehrt, weil sonst die letzte Bastion der heterosexuellen Geschlechtsidentität fiele.

4.2.1 Die Aneignung des weiblichen Körpers

Mädchen, besonders solche, die in liebevollen, den weiblichen Körper bejahenden Familien aufgewachsen sind, entdecken bereits im ersten Lebensjahr spielerisch ihren Körper und alle seine Teile. Es besteht eine positive Korrelation zwischen der Qualität der Beziehung zwischen Mutter und Kind, der Häufigkeit von Momenten des spielerischen Entdeckens des Körpers und des Entwicklungspotenzials des Kindes. Hat die Mutter eine sinnliche und zärtliche Beziehung zum Körper ihres weiblichen Babys, streicht der Säugling häufiger zufällig über sein Genitale und andere Teile seines Körpers, kann er sich schneller und besser kognitiv entwickeln. Nicht nur die Klitoris, sondern alle Teile des äußeren Genitales werden von Mädchen – mehr zufällig als gewollt – berührt: Die inneren Schamlippen und die Vaginalöffnung werden entdeckt, ebenso der After und die Urethra. Bevor das kleine Kind sich selbst betastet, haben die Berührungen der Personen, die das Kind wickeln, seinen Körper pflegen und es füttern, zentrale Bedeutung für das Körper- und Selbstempfinden des Kindes. All diese großen und kleinen Körperkontakte und deren emotionale »Geladenheit« werden vom Säugling aufgenommen und auf seine je individuelle Weise verinnerlicht (vgl. Mertens 1992a).

Sarlin (1981, zit. nach Mertens 1992a, S. 60) stellt der genitalen Urszene eine viel frühere, vielleicht noch bedeutendere Interaktionserfahrung des Menschen voran, nämlich die Erfahrung, gestillt zu werden. Das Einführen der Brustwarze in den Mund des Babys, die Aufnahme und das Saugen, bei der beide Interaktionspartner eine hoffentlich befriedigende Erfahrung teilen – das Kind wird gesättigt und die Brust der Mutter entleert – legt auch Reiche (1990) der Genitalität im orgastischen Erleben als Grundmatrix zugrunde. Ein satter und geborgener Säugling an der Brust und in den Armen der Mutter lässt in der Tat Assoziationen an paradiesische Zustände aufkommen. Das Geben und Nehmen, der Wunsch der Mutter, das Kind zu sättigen, und der Wunsch des Kindes gesättigt zu werden, bilden innerseelisch die grundlegende Struktur von Geben und Nehmen bis hin ins Erwachsenenleben. Auch körperliche Liebe zu geben und zu nehmen, baut auf dieser Grunderfahrung auf. Wegen der engen Verbindung oraler mit genitaler Lust und der psychischen Verbundenheit und Undifferenziertheit der Körperregionen, wird bereits im frühesten Alter körperliche und seelische, orale und genitale Lust verbunden. Befunde, dass sich während des Stillens bei weiblichen Babys das untere Drittel der Vagina kontrahiert und dass männliche Babys Erektionen bekommen, zeigen die enge Verbindung zwischen oraler und genitaler Erregung (vgl. Mertens 1992a, S. 60). Kein Wunder also, dass Küssen ein essenzieller Bestandteil des sexuellen Vor- und Liebesspieles ist.

Beim Stillen können auch innergenitale Empfindungen in der Vagina und deren Umgebung durch Nervenverbindungen, die vom Mund zu den inneren weiblichen Sexualorganen verlaufen, stimuliert werden, sodass angenommen wird, dass der weibliche Säugling bereits im ersten Lebensjahr den Grundstock seiner körperlichen und seelischen Beziehung zu seinem inneren wie äußeren Genitale und dem diesen umgebenden Körper gelegt hat (vgl. Mertens 1992a, S. 60f.). Es entstehen die Grundpfeiler der Kern-Geschlechtsidentität. Für die Ausbildung einer stabilen und gesunden Körperwahrnehmung sind diese frühen Erfahrungen unerlässlich, »obwohl dieser Entwicklungs- und Sozialisationslinie in der Vergangenheit und vermutlich bei vielen Mädchen bis zum heutigen Tag erhebliche Hindernisse vor allem in Form emotionaler und sprachlicher Tabuisierung in den Weg gelegt wurden« (ebd., S. 61).

Die Mütter von heute erwachsenen Frauen waren wahrscheinlich, verglichen mit heutigen Müttern, wesentlich befangener, wenn sie das frühe genitale Spiel ihrer Töchter beobachteten. Die Aufnahme und Verarbeitung dieses Unbehagens durch die kleine Tochter kann »den möglichen Beginn einer sich über viele Jahr erstreckenden Unterdrückung der weiblichen sexuellen Triebentwicklung« (ebd.) bedeuten.

Auch Reiche misst dem ersten Lebensjahr besondere Bedeutung zu, insbesondere den frühen Beziehungspersonen. In dieser Prägungs- und Bindungsphase würden die Grundsteine des späteren Lebens gesetzt:

> »Bei dieser zweiten Geburt kommt dem primären Objekt, in der Regel der Mutter, die Rolle des Geburtshelfers zu – zunächst als erweiterter Reizschutz, dann als symbiotischer Partner […] dann als erstes Liebes- und zugleich auch

schon Trennungsobjekt. In diesem ersten Jahr werden die entscheidenden und nie mehr auszulöschenden Kerne des Identitätsgefühls und der sexuellen Identität gebildet« (1990, S. 39).

Ähnlich auch Kernberg (1998):

»Das Baby baut eine verinnerlichte Phantasiewelt aus erregenden und befriedigenden symbiotischen Erfahrungen auf, die schließlich das Kernstück libidinöser Strebungen im dynamischen Unbewussten bilden werden« (S. 58).

Bis heute sind es nahezu ausschließlich Frauen, die Kinder aufziehen. Väter bleiben meist sekundäre Bezugspersonen. Die traditionelle Arbeitsteilung scheint bis auf einige Ausnahmen unangetastet bzw. stellt sich nach der Geburt des ersten Kindes wieder her. Die Gleichheit des Geschlechts bei Mutter und Tochter erhöht den Identifizierungsdruck, sodass Individuation und Loslösung weniger radikal vollzogen werden als bei den Söhnen.

Stern (zit. nach King 2000b, S. 393) betont, dass »Separation und Individuation ebenso wie die neuen Erlebnisweisen des Einsseins (oder Zusammenseins) aus dem Erleben der Intersubjektivität hervor[gehen]«. Er trennt dabei konzeptionell nicht die weibliche von der männlichen Entwicklung, betont aber die Flexibilität der Grenzen zwischen Selbst und Objekt, die in der weiblichen Entwicklung durchlässiger seien. Die Trennung von Selbst und Objekt, also die Erkenntnis, ich und nicht die andere zu sein, ist bei Mädchen deshalb leichter, weil sie in bestimmten wichtigen Selbstanteilen wie die Mutter bleiben können. Die besondere Härte bei Jungen stellt die Tatsache dar, dass das Körperselbst klar vom mütterlichen Körper abgegrenzt werden muss, die Objektliebe zur Frau aber erhalten bleibt.

Hiermit ließe sich die Beobachtung erklären, dass es mehr lesbisch lebende Frauen als schwule Männer gibt, die vor ihrem Coming-out lange und zum großen Teil ich-syntone heterosexuelle Beziehungen pflegen, die z. T. Kinder hervorbringen. Die Identifikation mit der Mutter und deren Reproduktivität – als zentraler primärer Erfahrung im Leben einer Frau (»meine Mutter bemutterte mich (gut), deshalb will ich auch (gut) bemuttern«) – erklärt die stärkere Betonung der »Generationen-Kategorien« bei Frauen und Mädchen, während Männer und Jungen eher auf die »Geschlechts-Kategorien zurückgreifen« (King 2000b, ebd.). So wird der Gedanke nachvollziehbar, dass Männlichkeit stärker durch Trennung und Autonomie, also eine radikalere Loslösung von und Desidentifikation mit der Mutter, Weiblichkeit hingegen eher durch

Verbundenheit und Abhängigkeit konstituiert und erlebt wird. King betont, dass Autonomie nicht als Gegenpol zur Abhängigkeit, sondern als Fähigkeit zu verstehen sei, Bindung und Trennung in einem spannungsreichen Prozess zu integrieren. Diese These scheint umso innovativer, da sie zum androzentristischen Autonomiebegriff unserer Gesellschaft im Widerspruch steht.

4.2.2 Interaktion in den primären Beziehungen

Die Qualität der Gefühle in den elterlichen Interaktionen mit ihrem Kind haben maßgeblichen Einfluss auf die Inhalte und Stabilität der Kern-Geschlechtsidentität. Die Zärtlichkeit, die beispielsweise ein Vater seinem Sohn schenkt, mag – angesichts gesellschaftlicher Normen – ruppiger und rauer sein, als die Umarmung, die seiner Tochter gilt. Das Geschlecht des Kindes, die individuelle Konstitution und seine Reaktionen auf Beziehungsangebote der Eltern lösen ganz bestimmte Fantasien, Konfliktmuster und Handlungsbereitschaften bei Mutter und Vater aus. Die Beziehung zwischen den Eltern und ihren Kindern ist dabei allerdings keine Einbahnstraße, sondern vielmehr ein differenzierter Interaktionsprozess, indem sich Kind und Eltern wechselseitig beeinflussen (vgl. Mertens 1992a).

Dieser Aspekt scheint mir besonders wichtig, um Vorstellungen einer »Prägung« entgegenzutreten, die den Opferstatus von Frauen zementieren. Meines Erachtens basieren diese Vorstellungen von einseitiger Kausalität letztlich auf latenten Konditionierungstheorien, welche die Unterdrückung der weiblichen Sexualität als Resultat eines mehr oder minder subtilen gesellschaftlichen wie individuellen, durch die Familie und die Mutter tradierten Desensibilisierungs- und Verstärkungsprozesses verstehen. Im Gegensatz dazu wird die Beschreibung der Hin- oder Zuwendung von außen, die eine bestimmte und ebenso individuelle Reaktion des Kindes bedingt, der hoch komplexen Eltern-Kind-Interaktion besser gerecht.

Seit Mahler (1987) haben viele weitere psychoanalytische Autoren und auch Säuglingsbeobachter wie Stern (1985) diese Interaktionen untersucht und der Vorstellung von dem hilflos der Umwelt oder seinen ihn determinierenden Trieben ausgelieferten Säugling den »kompetenten Säugling« (Stern 1992; Dornes 1993, 1997, 2000a, 2008) entgegengestellt. Der frühen feministischen Betrachtungsweise, wonach Frauen und Lesben vor allem Opfer der patriarchal geprägten gesellschaftlichen und familiären Determinationen seien, steht somit eine Perspektive gegenüber, die die jeweiligen Protagonisten einer sowohl individuellen als auch kollektiven Interaktion untersucht, ohne dabei die Macht elterlicher und kultureller Beeinflussung schmälern zu wollen.

4.2.3 Die Macht der Mütter

Da in vielen Familien nach wie vor die klassische Rollenverteilung den Alltag bestimmt, wächst ein Kind zunächst vor allem unter Frauen auf (in der westlichen Kleinfamilie allein mit der Mutter). Die Dominanz der mütterlichen Präsenz und der mütterlichen Versorgung, die Ernährung an ihrer Brust, die Körperpflege durch sie, verleiht ihr im Erleben des Säuglings große Macht.

Die frühe Leidenschaft zwischen Mutter und Kind, die sinnlich-körperlichen Freuden, die diese miteinander teilen können, der lustvolle Austausch von Berührungen, kontrolliert und spontan vonseiten der Mutter, wie das freie Spiel der Muskeln, der Ärmchen, Beinchen und des Körpers auf Seiten des Säuglings, ist keinesfalls auf Jungen beschränkt. Alle begleitenden Gefühle auf der Haut und in beiden zärtlichen Protagonisten dieses frühen Liebesspiels haben sicher in allen Frauen, denen dies nur ansatzweise zuteil wurde, eine tiefe Sehnsucht und Bedürftigkeit nach körperlicher Liebe und Zärtlichkeit mit einer Frau hinterlassen. Aber auch die aggressiv getönten Berührungen von beiden Seiten, z. B. in Eile angezogen und überwältigt zu werden und die entsprechenden Abwehrbewegungen dagegen im beginnenden Kleinkindalter, sowie das Einsetzen der Trotzphase zu Beginn des zweiten Lebensjahres bilden sich in den Auseinandersetzungen der Beziehungskonflikte ab. Die Erklärung des Objektwechsels zur heterosexuellen Orientierung bedarf neuer Konzepte, nachdem in der heutigen psychoanalytischen Theoriebildung der Penisneid oder Geschlechterneid (vgl. Bettelheim 1954) nicht länger als alleiniger Wirkfaktor gilt.

Eva S. Poluda macht »das Homosexualitäts-Tabu, das sich im Verlauf des frühen Ödipus-Komplexes manifestiert, als das entscheidende Movens des Objektwechsels und die vorausgegangene negativ-ödipale Position im frühen Ödipus-Komplex (lesbischer Komplex) als zentrale Konflikt-Situation für die weibliche Entwicklung« (2000, S. 324) für die Hinwendung des Mädchens zum Vater verantwortlich.

Das gesellschaftliche, gerade in der Mutter wirksame Tabu, erotische Gefühle zwischen Mutter und Tochter nicht willkommen zu heißen und positiv zu bewerten, sondern sie geradezu unaussprechbar zu machen, setzt eine hohe Grenze. Der schmerzliche Umstand, die Mutter als Liebespartnerin des Vaters wahrzunehmen, führt beim Mädchen zum Abzug der objektalen Liebe von der Mutter und macht identifikatorischer Liebe Platz, sodass der Objektwechsel vollzogen werden kann.

4.2.4 Die Individuation von der Mutter (und der Welt)

Rupprecht-Schampera (1997) legt in ihrem Aufsatz über die frühe Triangulierung ein meines Erachtens konstruktives Modell der bereits im ersten Lebensjahr stattfindenden Trennung von Mutter und Kind vor. Sie diskutiert Magret Mahlers Konzeption der Separation/Individuation u. a. vor dem Hintergrund der von Stern 1985 publizierten Erkenntnisse aus der Säuglingsbeobachtung. Stern stellte fest,

> »dass der Säugling bereits kurz nach der Geburt in der Lage ist, zwischen sich und dem Anderen zu differenzieren, was den Schluss zulässt, dass es bei einem gesunden Neugeborenen eine ›symbiotische Phase‹ im Sinne Mahlers wohl nicht geben kann« (1997, S. 642).

Nichtsdestotrotz betont Rupprecht-Schampera die Wichtigkeit der Separation und Individuation für die Konzeption der frühen Differenz zwischen Mutter und Kind und ihrer Bedeutung für die gesunde psychische Entwicklung. Diese liege

> »in der Ausbildung einer inneren Sicherheit, dass Unterschieden-Sein und Unterschiedlich-Handeln trotz und innerhalb einer engen gefühlsmäßigen Verbundenheit mit dem Objekt möglich ist und dass es (hoffentlich) nicht zum Objektverlust oder zur Vernichtung des Selbst führt. Dies bezieht sich besonders auf das Erleben des eigenen Körpers, auf das Empfinden von Gefühlen, auf den Erwerb eigener stabiler Handlungsmöglichkeiten sowie eigener sexueller Identität« (a. a. O.).

Die Autorin nimmt an, dass Säuglinge bereits mit rudimentären Möglichkeiten der Unterscheidung zwischen sich selbst und anderen geboren werden. Frühe Triangulierung meine also, dass die Mutter oder der Vater oder eine andere wichtige Bezugsperson für den Säugling ein Triangulierungspartner sein könne, der dem Kind die Welt in der seinem Entwicklungsstand entsprechenden »Sprache« erkläre, sie für das Kind erträglich mache und modifiziere. Das unreife Ich des Kindes wird so vor überschwemmenden Gefühlen geschützt, die mit dieser Hilfe kanalisiert und strukturiert werden.

Könnten die primären Bezugspersonen nicht als im oben genannten Sinne triangulierende Hilfsobjekte fungieren, müsse das Kind auf »unvollständige Triaden auf dem Niveau von Teilobjektbeziehungen« (ebd.) aufbauen, um psychisch zu überleben. Dabei stellten Spaltungsvorgänge, die die bösen Anteile des Selbst und des Objekts nach draußen auf das Dritte verlagerten und die Illusion einer guten Dyade aufrechterhielten, bereits eine gelungene Abwehrleistung dar.

Anschließend folgt die wichtige Phase in der zweiten Hälfte des ersten Lebensjahres: die Wiederannäherungsphase mit der Wiederannäherungskrise (vgl. Mahler 1987). Das Kind erlebt sich bereits deutlich von anderen getrennt und gleichzeitig allmächtig und unabhängig. Auf der anderen Seite realisiert es jedoch seine Abhängigkeit von den Erwachsenen. So entsteht Angst vor Liebesverlust, die angesichts der sich steigernden motorischen Fähigkeiten (wie Laufen und Klettern) in allen möglichen Lebensbereichen unweigerlich zu Konflikten mit der Umwelt und den Eltern führt und dadurch Nahrung erhält. Die Unterscheidung von Gut und Böse beginnt, erste Vorläufer des Überichs und des Ich-Ideals entstehen. Manche Mütter binden ihre Töchter in dieser Phase sehr eng an sich. Sie verwehren ihren Töchtern, sich von ihnen selbst zu unterscheiden, und kreieren eine Illusion von Gleichheit, die Gefühle wie Rivalität, Neid und Konkurrenz ausschließen muss, da diese eine seelische Trennung einleiten würden. Gleichzeitig führt das Erleben von intensiver Nähe mit der Mutter bei der Tochter zu ausgeprägten Vernichtungsängsten, da die eigene Identität, deren spezifische Ausformung gerade beginnt, mühsam errungen wird und in der Verschmelzung mit dem Primärobjekt verloren gehen kann. Der brisante Konflikt zwischen Autonomie und Abhängigkeit wird hier geboren und zeigt sich in heftigen (inneren wie äußeren) Kämpfen.

Am Ende des ersten und zu Beginn des zweiten Lebensjahres nehmen die motorischen und kognitiven Fähigkeiten des Kindes zu, und es beginnt, in eine Welt der eigenen Größe und Macht einzutauchen. Da nicht immer sofort eine Person zur Stelle ist, mit der das kleine Kind seine neuen Errungenschaften teilen kann, beginnt das schmerzhafte Erleben von Trennung. Langsam überwinden aber Laute und erste Worte, also symbolisierte Formen von Gefühlen, die größere Distanz zwischen Mutter und Kind. Das Kind erweitert seinen Kommunikationsraum um innere Abbildungen, um sogenannte Gedächtnisspuren und Symbolisierungen, und kann sich erstmals einen abwesenden Gegenstand oder eine abwesende Person mit Hilfe eines Bildes vorstellen. In der ersten Hälfte des zweiten Lebensjahres entsteht die

Fähigkeit zum symbolischen Spiel: die Grundlage des weiteren Sprechenlernens. Um die Mitte des zweiten Lebensjahres geschieht die »einschneidendste Veränderung« (Mertens 1992a, S. 84), der Spracherwerb. Gleichzeitig kann sich das Kind zum ersten Mal als eigenes Wesen (z. B. vor dem Spiegel) von außen betrachten und sich als Objekt selbst erkennen. Damit kann es Namen geben und sich selbst als »ich« und sein Spielzeug als »mein« bezeichnen. Ab dieser Phase wird die Kern-Geschlechtsidentität, nämlich die Erkenntnis, ein Mädchen oder ein Junge zu sein, als unumstößliche Tatsache akzeptiert.[16] Die Sprache ermöglicht es dem Kind, sowohl Trennung als auch Gemeinsamkeit in einer größeren Distanz zu erleben. Für die Geschlechtsidentität wichtige Fantasien können überhaupt erst entwickelt werden, da das Kind erstmals in der Lage ist, eine Geschichte über sich und andere zu erfinden. Diese Geschichten nehmen jeweils individuell gefärbte – auch geschlechtsrollenspezifische – Ausformungen an, je nachdem, wie die Eltern und das Kind in ihrer einzigartigen Weise miteinander interagieren.

4.3 Die verschiedenen Öffnungen

Klitoris, Urethra, Vagina und Anus liegen eng beieinander. Es ist eine besondere Herausforderung für das Mädchen, ihre Funktionen differenziert wahrzunehmen und unterscheiden zu lernen. Dieser Differenzierungsprozess beginnt am Ende des zweiten Lebensjahres, wenn die Kontrolle über die Ausscheidungsfunktionen möglich und erlernt wird. Begegnet eine frühe Pflegeperson den Ausscheidungen des Mädchens mit Ekel, kann ein Gefühl zurückbleiben, dass der gesamte Bereich »da unten« abzulehnen ist. Mertens spricht sogar von einem »lebenslangen Schamgefühl« (a. a. O., S. 87). Mütter verböten es ihren Töchtern, sich beim Urinieren am Genitale zu berühren, sodass solche Berührungen als schmutzig und verboten bewertet werden. In der Wahrnehmung des Mädchens wird hier einer Vermischung urethraler, analer und genitaler Empfindungen Vorschub geleistet, anstatt die Unterscheidung zwischen den Öffnungen als eigene Funktionseinheiten zu fördern. Damit geht gleichzeitig ein Verbot der manuellen Stimulation und damit der Selbstbefriedigung einher. Mit dem Zurückhalten des Urins genitale Selbststimulierung zu erreichen, entgeht allerdings den Augen der Außenwelt. Deshalb bleibt das »Einhalten des Pipis« eine bevorzugte Maßnahme kleiner Mädchen, sich ihres Unterleibes kontrollierend-lustvoll zu versichern. Wenn allerdings die Kontrolle verloren und »ein bisschen was daneben geht«, treten Schamgefühle und Ängste vor einer erneuten Vermischung genitaler mit urethralen oder analen Impulsen auf. Mit der Verwechslung oder Vermischung von Anus und Vagina kann eine fantasierte Gleichsetzung von Penis und Kotstange stattfinden. Sowohl der mit Kot gefüllte Darm oder die volle Blase können im Rahmen des magischen Denkens von Kindern als Babys, die sich im eigenen Bauch befinden, empfunden und fantasiert werden. Die unterschiedlichen Funktionen der Vagina zu verstehen, die sowohl dazu dient, einen Penis aufzunehmen und zu umschließen, als auch Menstruationsblut und schließlich ein Kind nach außen zu bringen (so, wie man selbst daraus hervorgegangen ist), setzt erhebliche psychische Reife voraus. Der entsprechende seelisch-körperliche Reifeprozess kann bis weit in die Adoleszenz hinein dauern.

Die Kontrolle der Analmuskulatur und damit die Möglichkeit, einen eigenen Willen und eigene Entscheidungen zu dokumentieren, bildet neben den besseren motorischen und sprachlichen Fähigkeiten des Kindes im zweiten Lebensjahr einen Kristallisationspunkt der auch aggressiv getönten Auseinandersetzung mit den frühen Bezugspersonen. Die Ausscheidungen können zum einen als Geschenk der Liebe gesehen werden (Freud spricht von »Gefügigkeit«), auf die das Kind stolz ist und die es dort deponiert, wo die Mutter es haben will. Im Rahmen von aggressiven Konflikten angesichts der »Polarität von gewaltsamem Ausstoßen (verbal symbolisiert im ›Anscheißen‹) und extremem Zurückhalten« (Mertens 1992a, S. 86) kann ein Kind zwischen Geben und Verweigern hin und her schwanken (hier spricht Freud von »Trotz«). Freud hat die anale Phase als die zweite Entwicklungsstufe der kindlichen Psychosexualität konzipiert, da er die Reizung der analen Schleimhaut durch Zurückhaltung und Ausstoßung erotisch-sexuell interpretierte.

4.4 Die Beziehung zum Vater und die Triangulierung

Die Triangulierung ist von der Psychoanalyse in der ödipalen Phase detailliert untersucht worden. Die eigene mütterliche Macht zu relativieren, mag zunächst bei der Mutter selbst liegen, angesichts der eingeschränkten Realitätswahrnehmung eines Kindes im ersten Lebensjahr eine verantwortungsvolle Aufgabe. Inwieweit kann sie das Kind dem Vater überlassen oder den Vater, sollte er real eher abwesend sein, seelisch repräsentieren? Kann sie Betreuungspersonen ihr Kind anvertrauen und damit Trennung und Individuation möglich machen? Neben bewussten Entscheidungen der Mutter sind die unbewussten von größerer Tragweite: Besonders die innere Beziehung der Mutter zu ihrem Partner und zu anderen Dritten vermittelt sich an ihr Kind. Sieht sich die Mutter als die Einzige, die ihrem Kind gute Fürsorge zuteil werden lassen kann oder kann sie anderen auch diese Kompetenz zugestehen? Sind Dritte bereit und verfügbar, diese Verantwortung zu teilen?

Benjamin (1990) sieht in der gesellschaftlichen Einengung von Müttern, die in modernen Gesellschaften alleingelassen und damit mit der Kinderbetreuung überfordert werden, und die ihre Fürsorge für ihre Kinder beschränkt erleben, sogar einen Grund der Loslösungsproblematik von den Kindern:

> »Die Beschränkung mütterlicher Zärtlichkeit auf die ersten Lebensjahre erzeugt ein Gefühl des Mangels; Säuglinge oder Kleinkinder in die Obhut anderer zu geben, heißt beinah, ihnen die einzige Dosis an Intimität, Schutz und Wärme zu rauben, die sie jemals haben werden. [...] Die Vorstellung diesen Schutz zu verlieren, löst heftige Ängste vor Hilflosigkeit und Verlassenwerden aus. Es überrascht deshalb nicht, dass die Diskussion um öffentliche Kinderbetreuung so viele Leidenschaften weckt« (S. 201).

Der Vater nimmt hier v. a. in den ersten Jahren eine umso bedeutendere Stellung ein, gerade in einer Gesellschaft, die Kinderbetreuung bis heute nicht ausreichend zur Verfügung stellt und in der es für Väter noch immer eine Relativierung ihrer Männlichkeit bedeutet, bis dato klassisch mütterliche Funktionen zu übernehmen. Die Qualität der elterlichen Beziehung, also der von der Mutter als kompetent in der Kinderbetreuung erlebte und der real kompetente Vater, der Distanz und Nähe auch zwischen Mutter und Kind regulieren kann, hat von Beginn des Lebens an Bedeutung für die Bewegung hin zu einem Dritten:

> »Das Erleben der Qualität von Nähe und der Distanz in dieser Beziehung prägt die frühe Triangulierung und macht es dem Mädchen möglich, Beziehungen außerhalb der Mutter-Kind-Dyade zu erfahren. Damit bekommt die präödipale Phase ödipale Qualität; die Beziehung wird zwar nicht als genital gefärbt, jedoch als Liebesbeziehung erkannt. Darüber hinaus spielt die libidinöse Besetzung (sowohl des eigenen Vaters als auch des Mannes) durch die Mutter eine wichtige Rolle, da sich das Mädchen damit identifizieren kann: Der Vater wird durch die Liebe der Mutter für das Mädchen sowohl als Liebes- als auch als Identifizierungsobjekt attraktiv« (Mertens 1992a, S. 34f.).

Auch Rupprecht-Schampera (1997) weist der frühen Triangulierung eine große Wichtigkeit zu und beschreibt ihre Vorstellung sehr praxisnah:

»Wenn wir davon ausgehen, dass dem Kind ein nur unreifer Ich-Apparat zur Verfügung steht und dass es ständig in Gefahr ist, von Unlusterlebnissen, Frustrationen und Ängsten überflutet zu werden, dann ergibt sich daraus, dass die Eltern ständig Hilfs-Ich-Funktionen für das Kind übernehmen müssen. Sie tun dies durch Trösten, Erklären, Überblick-Verschaffen angesichts überwältigender kindlicher Gefühle, aber auch angesichts von Frustrationen, die sie dem Kind selbst zumuten müssen. In diesem Sinn ist jeder Elternteil, während er mit dem Kind interagiert, auch ein trianguläre Partner für diese Interaktion oder für die Erfahrungen des Kindes mit der Welt und mit seinen eigenen Emotionen. Solange eine Mutter psychisch sicher ›triangulär‹ für das Kind fungiert, wird die Abwesenheit des Vaters keine so gravierenden Auswirkungen auf die Entwicklung triangulärer Strukturen beim Kind haben. [...] Die frühe trianguläre Funktion des Vaters für die Mutter-Kind-Beziehung ist in diesem Sinn nur ein Spezialfall der Triangulation, allerdings ein besonders wichtiger, angesichts der langen und besonderen Abhängigkeitsbeziehung, die das Kleinkind mit der Mutter als der primären Pflegeperson verbindet.«

Fielen diese Triangulierungsmöglichkeiten aus, werde das Kind gezwungen, »psychische Triangulierungsversuche mit den ihm zur Verfügung stehenden Mitteln vorzunehmen, um sein psychisches Überleben um jeden Preis zu bewerkstelligen« (a. a. O., S. 642). Solche Mittel zur psychischen Triangulierung können auch Symptome oder Symptomkomplexe sein, die der betroffenen Person helfen, sich unbewusst seiner eigenen Individualität zu vergewissern und sich auf das Symptom wie auf einen Dritten zu beziehen.

Das genuine Interesse des Vaters an seiner Tochter, die Anerkennung, Bestätigung und Liebe zu ihr in ihrer jeweiligen Eigenheit, zeigen der Tochter, dass es – neben der Mutter – eine weitere wichtige Quelle von Aufmerksamkeit und Spiegelung gibt. Die emotionalen Reaktionen auf die Tochter, ihre Verschiedenheit von und/oder Ähnlichkeit mit der Mutter können für die Tochter die Aufforderung und Erlaubnis oder die Hemmung und das Verbot einer Individuierung und Ablösung von der Mutter darstellen. An dieser Stelle spielt die Toleranz des Vaters gegenüber den nicht rollenkonformen Verhaltensweisen seiner Tochter eine große Rolle: Kann der Vater auch Ähnlichkeit mit sich selbst bei einem Mädchen ertragen, gar eine Konkurrenz des Mädchens mit seinen männlich-väterlichen Privilegien fördern, oder muss er dies tabuisieren oder gar verächtlich machen?

Meines Erachtens können sich für später homosexuelle Mädchen verschiedene Konfliktszenarien ergeben: Der Vater könnte sich von seiner Tochter, die ein intensiveres erotisch-sinnliches Interesse an der Mutter hat und sich ihm wenig zuwendet, nicht genügend geliebt fühlen und sich deshalb enttäuscht zurückziehen. Er könnte die Konkurrenz des Mädchens, das die Rolle der Geliebten der Mutter anstrebt, nicht ertragen und sanktionierend oder entwertend darauf reagieren. Vorstellbar wäre auch ein Szenario, in dem der Vater eine narzisstische Gratifikation erlebt, weil sich die Tochter stärker mit ihm als mit der Mutter identifizieren will. Er könnte verstehen, dass die Tochter die Mutter so liebt, wie er.

Die Mutter wiederum könnte enttäuscht sein, dass sich die Tochter mehr mit dem Vater als mit ihr identifiziert. Dadurch könnte sie mit ihren – historisch-gesellschaftlich bedingten und familiär vermittelten – eingeschränkten Entwicklungsmöglichkeiten (Ausbildung, Beruf) in ihrer eigenen Kindheit konfrontiert werden.

Heute erleben wir eine Generation von Frauen, die die Möglichkeiten, die der Feminismus und die Emanzipationsbewegung geschaffen haben, nutzen können, und die die Möglichkeit haben, traditionelle Lebensformen zu leben oder diese zu verwerfen. Das Unverständnis und der Neid der Mutter, dass die Tochter sich so viel stärker als sie selbst mit den väterlich-männlichen Attributen von Beruf, Karriere und der damit verbundenen Autonomie identifizieren kann, mag zu Skepsis und Befremden führen. Wenn die Mutter sich aber in ihrer historischen Begrenztheit und Ohnmacht gegenüber den Zufällen der Zeitläufe erkennen und betrauern kann, denen sie ebenso wie die Tochter ausgeliefert ist, wird sie in der Lage sein, den Neid zu überwinden und die töchterliche Entwicklung zu fördern. So können Mutter und Tochter entweder in der Distanz verbunden oder, weil sich die beiden Frauen gegenseitig aus Enttäuschungswut und Rache entwerten müssen, getrennt bleiben.

Der Vater könnte in diesen Familien meines Erachtens in einen Loyalitätskonflikt geraten: Fördert er die Autonomiebestrebungen der Tochter, verrät er die Werte seiner Frau, hemmt er die Tochter, hindert er sie an ihrer Individuation und bleibt den mütterlichen Werten, die Sicherheit und Orientierung in der Tradition versprechen, verbunden.

Bei lesbischen Frauen, die die erotisch-sexuelle Beziehung zum Vater/Mann nicht aufnehmen mögen, könnten sich diese Konflikte heftiger zuspitzen. Ein Vater mag sich überflüssig und zurückgewiesen fühlen. In Ermangelung eines Schwiegersohns kann er sich nicht mit diesem verbinden und/oder mit ihm konkurrieren, sondern muss sich der Tatsache stellen, dass an der Seite seiner Tochter eine andere Frau steht, der gegenüber er eine eigene, ganz individuelle Haltung finden muss.

In der menschlichen Entwicklung zum Erwachsenen erleiden alle die Vertreibung aus dem frühen Paradies der Mutter-Kind-Dyade. Die Art und Weise, wie dieser Verlust verläuft, prägt die Art und Weise der lebenslangen Sehnsucht nach einer harmonischen Liebesbeziehung. Die Frauenrolle lässt Weichheit und frühe Bedürftigkeit eher zu als die Männerrolle. Männer müssen ihre frühen Bedürfnisse nach lustvoller und sicherer Geborgenheit in den Armen der Mutter mit Verachtung und Entwertung belegen, um einem harten gesellschaftlichen Rollenklischee zu entsprechen. Das männliche Rollenstereotyp, das Stärke und Kampfkraft bis hin zur Bereitschaft zu töten verlangt, zwingt den Mann, die eigene Verletzlichkeit und Abhängigkeit auf spezifisch männliche Weise zu umkleiden und zu leben. Die biografischen Erfahrungen mit den frühen Objekten, die angeborene Konstitution der Person und die komplexe Interaktion mit Kultur, Umwelt und Gesellschaft lassen die Aggressionsentwicklung mehr oder weniger destruktiv bzw. konstruktiv verlaufen. Wie oben beschrieben, kann eine zu starke Desidentifikation mit der Mutter, insbesondere ihrer Funktion, Leben zu schaffen, zu versorgen und aufzuziehen, beim Mann zu Destruktion in kollektiv legalisierten Situationen wie Kriegshandlungen oder in individueller Dissozialität münden. Auch diese Seiten der Männlichkeit gilt es für Mädchen zu integrieren, je nach Ausprägung des »Machismus« ihres Vaters. Der »female macho« ist jedenfalls in der lesbischen Szene polarisierten Wertungen ausgesetzt. Einerseits ist eine solche Lesbe hochattraktiv, da die stereotyp männlich identifizierte Frau Härte, Unverletzlichkeit und Schutz repräsentiert. Andererseits wird sie wiederum von anderen Lesben attackiert und diskriminiert, weil sie »keine richtige Frau« darstellt und Diskriminierungsängste in stärker stereotyp weiblich identifizierten Lesben hervorruft, die in der Öffentlichkeit nicht als Lesbe erkannt werden.

4.5 Lesbische Geschlechtsidentität

»Für den kleinen Jungen ist sein Vater von einer für einen Erwachsenen gar nicht mehr vorstellbaren Omnipotenz, so wie er sich das selbst in seinen kühnsten Träumen für sich gewünscht hat und wünscht: unendlich groß und stark, unabhängig, von der Mutter begehrt und immer auf Abenteuern unterwegs. In der Identifizierung mit seinem omnipotent erlebten Vater kann der Junge sich gegenüber seiner Mutter so fühlen, als wäre er der Mann der Mutter und nicht ihr hilfloses Kleinkind. Der Vater der Wiederannäherung wird als Ich-Ideal der Trennung verinnerlicht. Zu einem guten Teil dient diese Beziehungsrepräsentanz allerdings nicht einer wirklich vollbrachten Trennung, sondern eher einer Konfliktvermeidung und einer Verleugnung von Hilflosigkeit« (Mertens 1992a, S. 105).

Diese Beschreibung trifft meiner Erfahrung nach auf manche lesbische Frauen zu, die z. T. das Rollenklischee des Mannes erfüllen, indem sie sich als sogenannte »Butch« geben. In einigen Fällen steckt hinter dieser starken, an männlichen Klischees orientierten Fassade jedoch ein orientierungsloses Mädchen, das verletzlich und auf die Liebe der Partnerin/Mutter angewiesen, eine Individuation und Differenz zur eigenen Mutter herzustellen sucht. Ein fantasierter Phallus, der sich in der Kleidung, dem Rollenverhalten und auch dem Sexualverhalten symbolisiert und ausdrückt, simuliert den Mann/Vater und gibt vermeintliche Sicherheit, von der Mutter getrennt zu sein, um sie anschließend erobern zu können. Die Konflikte der Wiederannäherungsphase spielen meines Erachtens in vielen (Trennungs-)Krisen lesbischer Paare eine herausragende Rolle. Der gleichzeitige Wunsch, unabhängig von der Mutter zu sein, die diese Autonomie akzeptieren und fördern soll, und andererseits das zurückkommende anlehnungsbedürftige Kind wieder in ihre Arme schließt, ohne eigene Bedürfnisse anzumelden, stellt das Liebesideal in dieser Phase dar. Das Thema der Wiederannäherungsphase ist eine spezifische Form des Autonomie- und Abhängigkeitskonflikts: die Mutter verlassen und doch wiederbekommen zu können, ohne ihre Liebe zu verlieren.

Der Punkt in der lesbischen Identität, an der sich die Objektliebe zum Vater und die identifikatorische Liebe, also so sein zu wollen wie der Vater, berühren, muss bei lesbischen Frauen genauer untersucht werden. Im lesbischen Leben spielen das Changieren, Wechseln oder Spielen mit den Geschlechtsattributen beider Geschlechter und damit der (fantasierte) Versuch der Aufhebung der Zweigeschlechtlichkeit meiner Einschätzung nach eine große Rolle. Das Wieder-aufleben-Lassen der Bisexualität und der prägenitalen Omnipotenz kann auf Festlichkeiten und Partys, die für Frauen und Lesben veranstaltet werden, beobachtet werden. Im Dunkel der Nacht und der kollektiven Aufhebung von Konventionen, die am Tag gelten, können die Geschlechtsrollen aufgeweicht und Fantasien ausagiert werden. Vielleicht ist für lesbische Frauen sogar ein Identifizierungsdruck mit väterlich/männlichen Geschlechtsidentitätsanteilen anzunehmen, da eine Reidentifikation mit der heterosexuellen Mutter eine Bedrohung oder gar einer Vernichtung der lesbischen Identität gleichkommen könnte. McDougall beschreibt diese Stelle in der weiblichen homosexuellen Entwicklung als besonders fragil:

> »Die seelische Ökonomie der weiblichen Homosexualität lässt sich zusammenfassend als Versuch beschreiben, ein narzisstisches Gleichgewicht aufrechtzuerhalten, das fortwährend genötigt ist, der von der Mutter-Imago beanspruchten

gefährlichen Symbiose zu entgehen und sich zugleich unbewusst mit dem Vater zu identifizieren. Dies stellt ein wesentliches Element in einer zerbrechlichen Struktur dar« (2001, S. 56).

In der Wahl der Kleidung und Frisur (und vieler anderer Prädikate, die Ausdruck des Geschlechtsrollenverhaltens sind), als auch im Vollzug des Liebesaktes werden weibliches oder männliches Rollenverhalten wie Passivität oder Aktivität (um die zwei klassischen Klischees anzuführen) in ihren Polaritäten gelebt und wieder verlassen, um eine dritte, androgyne Position einzunehmen und wieder zu verlassen. Obwohl bei jeder Frau diese inneren bewussten wie unbewussten Fantasien das reale Verhalten unbewusst libidinös aufladen und mitbestimmen, scheint mir bei lesbischen Frauen eine besondere Sicherheit und gleichzeitig eine besondere Flexibilität in den unbewussten Identifizierungen erforderlich. Der unbewusste Wunsch, der laut McDougall allgemein menschlich ist, körperlich bisexuell zu sein und zu bleiben und in der Sexualität zu leben beide Geschlechter verkörpern zu können, stellt für lesbische Frauen eine besondere Herausforderung dar:

> »Wenn, wie ich dies vorschlage, der hermaphroditische Wunsch, dem anderen Geschlecht anzugehören und zugleich das eigene zu behalten, eine unbewusste und universale Sehnsucht darstellt, dann sollten wir bei Erwachsenen einige Anzeichen seines Vorhandenseins entdecken können, die nicht pathologisch sind (in dem Sinn, dass es für zwei Menschen nur ein Geschlecht oder einen Körper gibt)« (a.a.O., S. 149).

Eine lesbische Entwicklung könnte Ausdruck der beschriebenen Bedürfnisse sein. Somit bleibt die sexuelle Orientierung für jeden Menschen eine feste und gleichzeitig flexible Größe, wie Rauchfleisch bestätigt, dem zufolge »die sexuelle Orientierung eines Menschen, inklusive seiner Geschlechtspartner-Orientierung, einerseits eine mehr oder weniger dynamische, variable Größe« darstelle, andererseits aber »aus Gründen der innerseelischen Ökonomie und der Eingebundenheit in soziale Beziehungen auch eine überdauernde Stabilität« aufweise (Rauchfleisch 2002, S. 31).

Was bedeutet die Aneignung des weiblichen Körpers nun bei einer später lesbischen Frau? Zunächst bemerkt das weibliche Kind, dass sie ein Mädchen, kein Mann ist. Sie entdeckt die Tatsache einer genitalen Öffnung und erlebt immer differenzierter klitorale und vaginale Empfindungen, bis schließlich in der Pubertät mit der Menarche die klare Kenntnis der inneren Organe Realität wird. Zuvor schon wird sich das Mädchen der weiblichen Rolle und deren kultureller Bedeutung bewusst. Zuletzt, meist ebenfalls in der Pubertät, spürt es homosexuelles Begehren, was noch nicht bedeuten muss, dass es später lesbisch empfindet. In der beginnenden Pubertät oder Präadoleszenz, also mit elf bis zwölf Jahren (Mertens 1992b, S. 161), findet bei Mädchen eine Intensivierung der Beziehungen zu gleichaltrigen Mädchen statt, wobei der »besten Freundin« eine besondere Rolle zukommt:

> »Sie stellt eine Möglichkeit dar, die immer noch stark vorhandenen Bindungen an die Mutter etwas zu lockern und der regressiven Versuchung zu widerstehen, wie einst als jüngeres Mädchen alles mit der Mutter zu besprechen. [...] Nicht weniger bedeutsam als die beste Freundin ist das Schwärmen für eine ältere Jugendliche oder eine erwachsene Frau, z. B. eine idealisierte Lehrerin [...], bei dem die einstmals der Mutter geltende Idealisierung nunmehr auf eine Frau außerhalb der familiären Beziehungen verlagert wird.«

Wie viele meiner lesbischen Patientinnen berichtet haben, ist diese ältere Frau die erste große, aber heimliche Liebe, bei der sie bereits das lesbische Begehren spüren. Das starke Aufflammen sexueller Leidenschaft könnte aufgrund des verinnerlichten Tabus, nicht lesbisch sein zu dürfen, mit verschiedenen Abwehrmechanismen kontrolliert werden:

Verharmlosung (»Das ist nur ein Schwarm!«), Verleugnung (»Ich finde diese Frau gar nicht attraktiv!«), Verneinung (»Ich begehre diese Frau nicht!«), Verkehrung ins Gegenteil (»Ich finde die Tussi blöd!«), Entwertung und Generalisierung (»Alle Weiber sind blöd!«), Reaktionsbildung (»Ich finde eigentlich den Typen geil!«), Spaltung (»Diese Frau ist schlecht, ich bin zu gut für sie!«), Verdrängung (»Ich spüre gar kein sexuelles Interesse«), Rationalisierung (»Diese Frau bringt mich im Leben weiter, da sie derart gebildet ist«), Ideologisierung (»Ich bin Feministin und will mich nur mit Frauen umgeben!«) sollen nur als Beispiele dienen. Erste Konflikte mit der Geschlechtsidentität und dem beginnenden inneren Coming-out treten auf. Manche junge lesbische Frauen haben auch heute noch das Wort »lesbisch« noch nie in einem Alltagsdialog mehr oder minder wertfrei ausgesprochen gehört. Die eigenen unbewussten und bewussten Vorurteile überschlagen sich, subjektiv gefärbte Erinnerungen aus Darstellungen lesbischer Frauen in den Medien spielen eine große Rolle in einer Phase der großen Unsicherheit und Desorientierung. Eine unbewusste wie bewusste Auseinandersetzung mit Identifikation und Gegenidentifikation hinsichtlich des mütterlichen und des väterlichen Objekts und der Kampf mit der verinnerlichten Homophobie beginnt.

Lesbische Frauen identifizieren sich – genau wie heterosexuelle Frauen – sowohl mit der Mutter als auch mit dem Vater. Die Unsicherheit mancher lesbischer Frauen bezüglich ihrer Geschlechtsidentität und die große Bandbreite, wie lesbische Frauen ihre Geschlechtsidentität nach außen repräsentieren, lassen sich daher aus den jeweiligen Konflikten in diesen Identifikations- und Desidentifikationsprozessen verstehen. Gleichzeitig müssen sie sich den gesellschaftlich tradierten Geschlechtsrollenstereotypen als Frau stellen, passende Teile für sich annehmen und weniger passende verwerfen, was sicherlich aufwendiger ist und eine stärkere Individuation von der Mutter (und damit allen heterosexuellen Frauen) bedarf, als ein heterosexuelles Mädchen dies hinsichtlich ihrer Geschlechtsidentität tun muss. McDougall (1996) berichtete aus Analysen lesbischer Patientinnen, die um die Fragen der Desidentifikation mit der Mutter kreisten und mit heftigen Konflikten verbunden waren. Die Autorin nannte o. g. Fall als Beispiel zur Erklärung der Psychogenese weiblicher Homosexualität an sich, wovon sie sich später jedoch distanzierte:

»Als ich Joyce McDougall 1995 in Nizza auf einer Tagung über Homosexualität traf, erfuhr ich im privaten Gespräch, dass sie ihre Positionen von früher als überholt und Homosexualität nicht mehr vorrangig als pathologisch betrachte – damals habe sie von zu wenigen Fällen generalisiert. Dieser Sinneswandel ermutigte mich zu der Annahme, dass eine Psychoanalytikerin, die sich langfristig und ernsthaft mit der Problematik auseinandersetzt, schließlich zu einer Überwindung der Vorurteile gelangt, die ihre Sichtweise zu Beginn noch beeinflussten. [...] In McDougalls letztem Buch mit dem programmatischen deutschen Titel: Die Couch ist kein Prokrustesbett (1996) schließlich distanziert sie sich auch öffentlich von ihrer früheren Absicht« (Poluda 2000, S. 329).

Ich bin allerdings der Meinung, dass ihre an Einzelfällen erhobenen Befunde nichtsdestotrotz hilfreich und anregend sein können, um die schmerzhaften Konflikte einzelner lesbischer Frauen besser zu verstehen:

»Andere Lesbierinnen waren der Überzeugung, alles Weibliche gehöre ausschließlich ihrer Mutter. Wenn eine Tochter auch nur annahm, dass sie selbst über dererlei innere Schätze verfügte, so lief das auf eine Zerstörung der Mutter hinaus. Es war, als könne es in ihrer Familie oder in dieser Beziehung von Mutter und Tochter keine zwei Frauen geben oder als wäre eine Rivalität in der Beziehung Mutter-Tochter unvorstellbar. In manchen Fällen interpretierte ein kleines Mädchen seinen Eindruck, in seiner Weiblichkeit für die Mutter nicht akzeptabel zu sein, dahingehend, dass es sich psychisch ›männliche‹ Attribute zulegen sollte, um die Aufmerksamkeit und Liebe seiner Mutter zu verdienen« (a. a. O., S. 73).

Dabei spielte es laut McDougall auch eine Rolle, ob die Eltern sich auf das Mädchen gefreut oder sich lieber einen Jungen gewünscht hätten: »Dein Vater sagte: ›Ich habe eine sehr schlechte Nachricht – es ist ein Mädchen!‹ Dann brach er in Tränen aus«, so gibt sie die Äußerung der Mutter einer lesbischen Analysandin wieder. Sie fährt fort:

> »Auch andere traumatisierende Vorkommnisse in der frühen Lebensgeschichte lesbischer Patientinnen führen zu thematisch ähnlich gelagerten Verfolgungsphantasien. Die konnten in recht unterschiedlicher Form auftreten: 1. ›Ich sollte ein Junge sein, nach dem sie sich sehnten.‹ 2. ›Ich soll ein Mädchen sein, aber ich bin nicht das Mädchen, das sie sich wünschten.‹ 3. ›Meine Mutter verkörpert das Ideal der Weiblichkeit; sie ist die einzige wirkliche Frau in der Familie, und sie erlaubt mir nicht, mir zu nehmen, was ich brauche, um auch meinerseits eine Frau mit eigenen Rechten und Privilegien zu werden.‹ 4. ›Meine Mutter ist verwirrt und abwehrend in Bezug auf ihre Einstellung zu ihrer eigenen Weiblichkeit wie zu der von anderen. Ich wünsche mir nur, ganz und gar anders zu sein als sie.‹ 5. ›Mein Vater verachtet mich. Jedenfalls ist er fast nie zu Hause. Ich habe immer geglaubt, das sei meine Schuld.‹ 6. ›Mein Vater liebt mich zwar, aber er liebt mich wie einen Sohn‹« (a. a. O., S. 74).

Ihre Befunde ähneln denen, die ich sowohl in meiner Studie als auch in meiner klinischen Arbeit 15 Jahre nach McDougalls Publikation erhoben habe. Die Anforderung an das pubertierende und später adoleszente Mädchen (siehe mehr dazu unten) durch die Nichtakzeptanz einer Weiblichkeit, die ganz und gar nicht dem traditionellen Rollenklischee entspricht, macht ihren Weg zur Frau steinig und voller innerer wie äußerer Konflikte. Die Ablehnung der eigenen individuellen Weiblichkeit erfolgt von außen durch die gesellschaftliche Marginalisierung und von innen durch die verinnerlichte Entwertung. Die diskriminierende Charakterisierung von Lesben als »Mannweiber«, wie andere Abwertungen auch, treffen auf eine ungesicherte Geschlechtsidentität und kränken darum umso mehr. Auch Psychoanalytikerinnen scheinen nicht frei davon zu sein:

> »Als ich im Laufe meiner Ausbildung und später im Kreise kollegialer Supervision Patientinnen vorstellte, die ich für typische Lesben hielt, begegnete ich immer wieder Einwendungen, bei diesen Patientinnen handele es sich wohl nicht um ›richtige‹ Lesben. Auf Nachfragen stellte sich heraus, dass sich die einen unter einer richtigen Lesbe z. B. einen ›kessen Vater‹ mit transvestitischem

Flair vorstellten, die anderen dagegen z. B. eine ›Desperada‹ mit Bauarbeitergang« (Poluda 2000, S. 331).

Solche Klischees können eine maligne Allianz mit dem Wunsch mancher lesbischer Frauen nach Eindeutigkeit, die Sicherheit, Macht, Kraft und Unverletzlichkeit verspricht, eingehen. Weitere Abspaltung von Affekten der schwachen, kränkbaren Weiblichkeit, des früheren Mädchens und der damit verbundenen Persönlichkeitsanteile können folgen, da sie für die lesbische Frau und deren Identität gefährlich erscheinen.

»Der Prozess der umwandelnden Verinnerlichung ist demnach, als Reaktion auf das Angebot der Selbstobjekte, selektiv. Manche Eigenschaften und Haltungen werden in das Selbst per umwandelnder Verinnerlichung aufgenommen, andere dagegen als ›nicht zum Selbst gehörend‹ ausgeschlossen. Für das heranwachsende Kind wirkt sich dies vor allem dann negativ aus, wenn ursprüngliche Potenziale des sich entwickelnden Selbst aufgrund unempathischer Selbstobjekte unbemerkt bleiben und vom Kind als ›nicht ich‹ unterdrückt werden müssen« (Mertens 1992a, S. 70).

Homosexuelles Begehren der Kinder wird vermutlich in den wenigsten Familien als »Potenzial« verstanden. Ein homosexuelles Kind zu haben, bedeutet heute noch für alle Eltern eine narzisstische Kränkung, mit der sie fertig werden müssen. Umso wichtiger erscheinen öffentliche Outings wie das von Anne Will und ihrer Partnerin. Sowohl Eltern wie auch lesbische Töchter können stolz sein: Lesbischsein schließt öffentlichen und wissenschaftlichen Erfolg und deren Akzeptanz wie Bewunderung nicht aus.

Wolfgang Mertens rezipiert in o. g. Band (S. 96) eine interessante Studie von Ulrike Schmauch, die über folgende Beobachtungen in einer Frankfurter Krabbelstube berichtet:

Neben Mädchen mit Körperbewegungen, die eine »lustvolle muskulöse und sinnliche Betätigung in Übereinstimmung mit seelischer Gelöstheit« anzeigten, fand sie zwei weitere Untergruppen: einmal motorisch gehemmte, schüchterne Mädchen, die nahezu alle Bewegungen vermieden, und eine zweite Gruppe von Mädchen mit übertriebener, hektischer Wildheit, die wohl auf eine Nachahmung der Jungen und ein Ausagieren der phallischen Fantasien und Delegationen ihrer Mütter zurückgehe. Schmauch vermutet als Hintergrund der narzisstischen Begeisterung für die »hochgezüchtete« jungenhafte bzw. männliche Motorik das kulturelle Ideal einer hohen Disziplinierungsnotwendigkeit und soldatischer Gewaltbereitschaft für Männer. Es entstehe der

Eindruck, die Erwachsenen wollten gerade an Söhnen, an »kleinen Männern«, Schwäche nicht sehen, seelischen Schmerz nicht fühlen. So verwiesen sie die Jungen auf die äußere Realität, auf Unternehmungen, Toben, Autos usw., aus Verlegenheit, ihrer inneren Realität zu begegnen. Hier knüpfe die Neigung von Jungen an, in Krisenzeiten dem inneren Gefühl davonzulaufen und die äußere Realität mit Krach, Chaos und Attacken scheinbar zu beherrschen, während Mädchen schon bei der früheren Sauberkeitsentwicklung lernen, frühzeitig die anale Aggression zu kontrollieren, ordentlich und sauber, aber auch leise und angepasster zu sein (vgl. dazu Poluda 1996). Auffallend sind die Interpretationen Schmauchs zur Jungensozialisation. Ihr Forscherinnenblick und Mitgefühl scheint den Jungen und deren männlicher Sozialisation zum soldatischen Helden zu gelten. Frauen steht in einigen westlichen Ländern mittlerweile sogar der Dienst an der Waffe offen. Wir leben in einer Zeit, in der fundamentale Veränderungen der Geschlechtsrollen stattfinden. Die Aneignung dieser in Entwicklung und Veränderung begriffenen kulturellen Maßnahmen zur Disziplinierung der Triebe hat also viele Seiten: die der gelungenen Anpassung und die der Überanpassung bei Jungen wie bei Mädchen nach der jeweiligen kulturellen Be- und Entwertung.

Mir drängt sich beim Betrachten mancher Lesben die Vermutung auf, das diese Frauen mit den bis dato klassischen Insignien der Männlichkeit operieren (wie z.B. Motorradjacken, hohem Alkoholkonsum und rauem männlichen Auftreten), um ihre seelische wie körperliche Verletzlichkeit (verstanden als »das schwache, weiche Mädchen«) in der gleichen Weise wie die oben beschriebenen Jungen hinter dieser Fassade zu verbergen und zu schützen. Bei der analytischen Behandlung heterosexueller und schwuler Männer, die sich hinter mit besonders harten, sog. männlichen Insignien (wie aggressiv und sexualisiert wirkende Tätowierungen, dicke Lederjacken und Lederhosen, auffällige Frisuren und Bärte, spitze, mit Metall beschlagene Cowboy-Stiefel oder Soldatenstiefel, breite Ledergürtel mit entsprechenden Schnallen und schwerer Schmuck und/oder Piercings an möglichst schmerzempfindlichen Körperstellen), besonders sensible, verletzte und verletzliche Jungen stecken, die sich zum »Kerl« machen, den nicht einmal der Tod schrecken kann. Vermutlich haben sie in ihrer Kindheit mehrfach einer seelischen »Tötung« im Sinne einer schweren seelischen Traumatisierung standhalten müssen und konnten solche Todeserfahrungen in Form des aktiven Aufsuchens von todesnahen Symbolen, gefährlichen Sportarten oder gefährlichen sexuellen Praktiken agieren und die damit verbundene Angst abwehren.

Manch homosexuelle Frau schützt sich mit ähnlichen Insignien der Männlichkeit vor heterosexuellen Trieb- und weiblichen Identitätsanteilen, die offenbar als bedrohlich erlebt und bekämpft werden müssen. Vielleicht hängt die (mühsam erkämpfte) lesbische Identität, die sie gegen gesellschaftliche Klischees etablieren musste, von der Abspaltung der als »traditionell« entwerteten Weiblichkeit ab. Der Anteil der Frauen, die Alkohol missbrauchen oder von Alkohol und anderen Drogen abhängig werden, ist bei Lesben erheblich höher als bei heterosexuellen Frauen. Nicoloff und Stiglitz (1992, S. 244) fanden in einer nicht klinischen Studie 35 % lesbische Frauen, die erhebliche Probleme mit Alkohol haben, gegenüber 5% heterosexueller Frauen, in einer weiteren Studie 33 % gegenüber 7 % und in einer dritten Studie 28 % gegenüber 5 %. Meiner klinischen Erfahrung nach kämpfen solche Patientinnen auch mit schweren Hemmungen ihrer sexuellen Genussfähigkeit. Meist ist die Angst vor der innig ersehnten intimen Begegnung mit einer Partnerin so groß, dass Sex nur unter Alkoholeinfluss möglich ist.

Die Identifikation lesbischer Frauen mit der Weiblichkeit der Mutter und der Männlichkeit des Vaters und deren Verarbeitung und Integration in das gesamte psychische System muss also besonders stabil und flexibel gleichzeitig sein. Das Changieren und Wechseln der Geschlechtsrolle (im Liebesakt, über den Lebenslauf hinweg oder den jeweiligen alltäglichen Anforderungen gemäß) bedarf meines Erachtens einer besonderen Kreativität, Reife und Stabilität des Ich und der inneren Unabhängigkeit von Konvention. Die Herausforderungen des Lebens auch noch in der westlichen Welt, die ein Mädchen oder eine Frau, die lesbisch empfindet, zu bewältigen hat, können ein Risiko für ihre psychische (und somatische) Gesundheit darstellen, aber auch eine Chance.

Musste ein Mädchen, das sich lesbisch entwickelt, aus traumatischen Erfahrungen heraus, wegen narzisstischer Entwertungen oder aus Angst vor strafenden Überich-Instanzen, bestimmte weiblich-mütterliche Anteile gegenbesetzen und innerlich entwerten, um diese in einer Gegenbewegung mit idealisierten und hoch besetzten männlich-väterlichen Anteilen zu füllen, kann es entweder zu Fixierungen auf eine bestimmte Geschlechtsrolle und bestimmte sexuelle Praktiken kommen, oder es tauchen bei der Stimulierung dieser unintegrierten Anteile Beziehungskonflikte und/oder neurotische Symptombildungen auf. Muss beispielsweise Männlichkeit, zugleich aber auch Weiblichkeit in Verbindung mit Erotik entwertet werden, bleibt als Konfliktlösung nur sexuelle Neutralität und/oder Asexualität übrig – eine Position, die bei lesbischen Frauen in Form von sexueller Lustlosigkeit, sexueller Abstinenz und/oder völliger Ablehnung von exhibitionistischen wie voyeuristischen Triebanteilen in Kleidung und Habitus auffallen.

Die schwierige Dynamik, weibliche und männliche Identitätsanteile gleichzeitig aktivieren zu können, prägenitale mit genitalen Impulsen zu verschmelzen und die leidenschaftliche Verfasstheit der Sexualpartnerin oder des Sexualpartners im Liebesakt auszuhalten, stellt Kernberg bei jedem leidenschaftlich verlaufenden Geschlechtsverkehr heraus:

> »Zugleich macht die Erregung, die sich an den Orgasmus des Partners knüpft, eine unbewusste Identifizierung mit dem Partner deutlich und bringt, beim heterosexuellen Geschlechtsverkehr, in sublimierter Form homosexuelle Identifizierungen aus prägenitalen wie genitalen Quellen zum Ausdruck. In das sexuelle Vorspiel kann auch eine Identifizierung mit den phantasierten oder realen Wünschen des gegengeschlechtlichen Objekts einfließen, sodass passive und aktive, masochistische und sadistische, voyeuristische und exhibitionistische Bedürfnisse ihren Ausdruck finden, indem die sexuelle Identität bekräftigt wird und zugleich eine vorsichtige Identifizierung mit der komplementären Identität des Sexualpartners erfolgt« (Kernberg 1998, S. 64).

Die lustvolle Teilnahme am Orgasmus der Partnerin in einem lesbischen Liebesakt scheint mir bei lesbischen Frauen ähnlich gelagert. Sie könnten, entgegengesetzt zum heterosexuellen Geschlechtsverkehr, der homosexuelle Identifizierungen wiederbelebt, sowohl bewusste wie unbewusste heterosexuelle Identifizierungen wiederbeleben. Für den lesbischen Liebesakt würde das bedeuten, dass eine Partnerin sich mit den fantasierten und realen Wünschen ihrer Geliebten, die sowohl gegengeschlechtliche, aber auch gleichgeschlechtliche Inhalte haben könnten, identifizieren kann. Alle Partialtriebe können auch in der lesbischen Liebe aktiviert und in das Liebesspiel integriert werden, die ebenfalls beiden Partnerinnen behagen sollten. Die fantasierten, gegengeschlechtlichen Identifizierungen, die in der Partnerin bewusst, vorbewusst und unbewusst vorhanden sein können, dürfen keine zu große Angst oder Abwehr hervorrufen, sondern sie sollten zumindest zum Teil beantwortet werden können, um Befriedigung erreichen zu können. Spontanes, unbewusstes Zurückgreifen auf die polymorph-perversen und bisexuellen frühen unbewussten Fantasien beider Geschlechter sollte während des Geschlechtsverkehrs nicht versperrt sein. Die hervorragenden femininen Attribute (wie schöne Brüste, langes Haar, weiche Haut und ein anschmiegsamer Körper) des eigenen Geschlechts können beispielsweise zum begehrten Objekt werden, was bei Frauen die Mutter-Introjekte (die individuell verarbeiteten körperlichen Erfahrungen von Zärtlichkeit und angenehmer Stimmung beim Gestillt-, Gebadet- und Gewickeltwerden, der

Spaß beim Raufen und Kitzeln, das Kuscheln und Knuddeln mit im Bett der Eltern oder eines Elternteils, aber auch aggressiv getönte Berührungen) und die der Partnerin miteinander unbewusst interagieren lässt.

Diese komplexen Vorgänge haben viele »Sollbruchstellen«, für das Ich überfordernde Konflikte, sodass neurotische Symptome oder Persönlichkeitsstörungen entstehen können, die Integrationsprobleme markieren und in ihrer Komplexität und Vielschichtigkeit eine Herausforderung darstellen: Schwierigkeiten mit der Weiblichkeit können bedingt sein durch die problematische und gebrochene Identifikation mit der Mutter, der Großmutter, der Urgroßmutter, die zumindest manifest heterosexuell waren (bei lesbischen Frauen lassen sich allerdings auch Identifikationen mit homosexuellen Anteilen ihrer manifest heterosexuellen Väter finden, die die Väter nicht positiv integrieren konnten). Das Erleben in der Pubertät, ein fremdes, anderes Begehren zu entwickeln als die eigenen Eltern, und die nähere, wie fernere Umgebung kann einerseits die Ablösung und Individuation fördern, andererseits eine vorschnelle Autonomieentwicklung, die nicht mit einem reifen Ich hinterlegt ist, zur Folge haben. Die am eigenen Körper erfolgende Teilidentifikation mit dem anderen Geschlecht (indem lesbische Frauen männliche Attribute annehmen und kultivieren), könnte als Versuch verstanden werden, eine eigene sexuelle Identität, Kultur und Gruppenidentität zu finden, zu leben und zu markieren, jenseits von Weiblichkeit und Männlichkeit und jenseits von Heterosexualität.

Eine eigene lesbische Kultur, die lesbische »Szene«, entstand in Abgrenzung zur heterosexuellen Majorität und der in ihr enthaltenen Entwertung von Minderheiten wie Homosexuellen. Lesbische Frauen mussten Orte schaffen, wo sie sich treffen, Sexualpartnerinnen finden, sich miteinander identifizieren, solidarisieren und kennenlernen konnten. An diesen Orten und in den verschiedensten Frauen- und schließlich Lesbengruppen entstand überhaupt erst ein homogeneres Bild »der Lesbe«. Durch das Schaffen des Bildes einer »typischen Lesbe«, also eines gruppeninternen Klischees, konnten wiederum andere lesbische Frauen feststellen, dass sie eine solche typische Lesbe nicht sind. Gruppeninterne Idealisierungen und Entwertungen, Normen und »Normalitäten«, sogar sexuelle Verkehrsordnungen wurden geschaffen (z. B. das »Verbot« der als zu aggressiv patriarchal beschriebenen Penetration, die an den heterosexuellen Koitus erinnert, oder das »Gebot« des sog. »Blümchensex«). Eigene Idole und Antibilder entstanden, und bis heute bringt die Subkultur neue Moden und Trends hervor. Sich für den gegengeschlechtlichen Partner, den Mann, auf »klassisch weibliche Weise« begehrenswert zu machen (etwa durch tief ausgeschnittene Oberteile, figurbetonte Kleidung, einer entsprechenden sexy Frisur oder durch Make-up), wurde tabuisiert und in Teilen der lesbischen Szene stigmatisiert – ideologisch unterfüttert durch den Feminismus der 1980er Jahre. Teile der lesbischen Szene übernahmen frauenfeindliche Sprüchen von Männern, etwa über die »Tussi«, die Hetera (ausgesprochen, als sei es ein Verbrechen oder eine ekelhafte Krankheit, heterosexuell zu sein), das Mütterchen am Herd, was vermutlich unbewusst mehr der eigenen Mutter galt und im Rahmen ödipaler Rivalität zu verstehen ist und eine Umkehrung antihomosexueller Äußerungen darstellt. Angesichts der aktuellen gesellschaftlichen Liberalisierung lockern jedoch beide Seiten ihre Abgrenzungs- und Anfeindungstendenzen zusehends auf.

5. Penisneid

Der Penisneid ist bis heute das ungeliebte Thema feministischer Autorinnen. Das von Freud beschriebene Phänomen, Mädchen beneideten Jungen glühend um ihr Genitale und fühlten sich ohne den Penis unvollständig, wird als patriarchale Männerfantasie kritisiert. Karen Horney (1923), eine Schülerin und Kritikerin Freuds, beschrieb die Abwesenheit des Penis am weiblichen Körper für das Mädchen als eine narzisstische Kränkung, weil der Penis sichtbarer sei, leichter voyeuristische, exhibitionistische und masturbatorische Befriedigung verspräche und seine urethrale Funktion prägnanter sei. Sie argumentierte darüber hinaus aber noch sozialpsychologisch, postulierte einen sekundären gesellschaftlichen Penisneid, der den Neid auf die gesellschaftlichen Privilegien und die Macht der Männer meinte. Ebenso wie der sog. angeborene weibliche Masochismus sei der Penisneid mehr sozialisatorischer und nicht biologischer Herkunft (vgl. Mertens 2000).

Der Penisneid spielt in der weiblichen psychosexuellen Entwicklung nach Aussage vieler Psychoanalytikerinnen (so z. B. Jessica Benjamin, 1990) eine bedeutsame Rolle. Er stand von Beginn der Theoriebildung an stärker im Zentrum als der Gebärneid des Mannes und galt auch immer als schmerzhafter. Das ist durchaus verständlich, wenn man bedenkt, dass die Theoriebildung von Männern dominiert wurde und wird. Ebenso wie das weitgehende Ignorieren des unbewusst vielleicht sogar schmerzhafteren Gebärneids des Mannes in der Theoriebildung (und die Tatsache, dass er bei der Beschreibung klinischer Fälle so gut wie nie Erwähnung findet) kann auch die feministische Opposition zum Penisneid einen Versuch darstellen, mit der enormen narzisstischen Kränkung fertig zu werden, nicht im Besitz beider Geschlechter und damit omnipotent zu sein.

Reiche spricht von einem doppelten Abwehrvorgang bei männlichen psychoanalytischen Wissenschaftlern: Der eigene Gebärneid (der Neid auf die Brüste und ihre Funktion, das Kind zu nähren, wie die Möglichkeit, ein Kind auszutragen) werde verneint, die Energie des verdrängten Neides anschließend auf die Frau projiziert:

> »Dass der Neid des Mannes auf die prokreativen Fähigkeiten der Frau (schwanger werden, gebären, stillen) so lange keinen begrifflichen Ausdruck in der psychoanalytischen Theorie gefunden hat, obwohl er in der Analyse eines jeden männlichen Patienten in verstellter oder unverstellter Form zur Darstellung kommt, ist selbst Ausdruck des Vaginalneids, der projektiv am Penisneid der Frau abgehandelt wird« (Reiche 1990, S. 33).

Um Freud noch einmal kurz zusammenzufassen. Der Penisneid sei zentral für die Ausgestaltung der Weiblichkeit: Das Mädchen erlebe sich zu allererst selbst als Junge, stelle schließlich fest, dass es bereits (von der Mutter durch die mangelhafte Ausstattung bei der Geburt) kastriert wurde, und erleide einen empfindlichen Bruch in seinem Selbstwertgefühl. Nun wende es sich enttäuscht von der Mutter ab und dem Vater zu, der einen Penis habe. Diesen begehre es und wünsche sich von ihm einen Sohn, um somit indirekt in den Besitz eines Penis zu gelangen. Damit bleibe die Tochter seelisch an den Vater gebunden (vgl. Freud 1925, S. 257ff.). Die Frau leide mangels Penis an geringerer Kastrationsangst und habe deshalb ein schwächeres Überich als Männer, die gesellschaftliche (und damit väterliche) Regeln stärker verinnerlichen, weil die Kastration bei Übertretung droht.

Irene Fast (1998) kritisiert zwar Freuds Theorie, sieht Teile davon jedoch in der Beobachtung von Mädchen bestätigt:

> »Freuds Theorie der weiblichen Sexualität ist nie völlig zufriedenstellend gewesen. Dennoch konnte man nicht ohne Weiteres auf sie verzichten. Ein wesentlicher Grund war die Tatsache, dass einige der Hauptthesen durch klinische Beobachtungen bestätigt worden sind. Ein entscheidender Schub in der Entwicklung der Weiblichkeit lässt sich ungefähr im 3. Lebensjahr beobachten. Er wird ausgelöst, weil der Geschlechtsunterschied dem Mädchen nun in aller Schärfe bewusst wird. Diese Erkenntnis äußert sich gewöhnlich in dem Gefühl, einen Verlust oder eine Verletzung erlitten zu haben, so als hätte das Mädchen einmal männliche Genitalien besessen und nun verloren. Mit diesem Gefühl gehen in der Regel Neid und die Forderung nach Wiederherstellung einher. Infolgedessen verändern sich die Beziehungen des Mädchens zu seiner Mutter und zu seinem Vater. Der Wunsch nach einem Baby tritt an die Stelle des früheren Wunsches/Anspruches, ein Mann zu sein« (a.a.O., S. 21).

Das Mädchen muss in dieser Zeit realisieren, dass es mit der Mutter keine phallisch-narzisstischen Interaktionen kreieren kann. Es stellt fest, wie der Junge schließlich auch, dass die Mutter keinen Penis besitzt und die Klitoris nicht so stark anschwellen und sich verlängern kann, dass sie so groß wie der Penis des Vaters wird. Das Mädchen entwickelt Kastrationsängste, die eine Beschädigung sowohl ihrer körperlichen als auch seelischen Integrität zum Inhalt haben.

Die notwendige Loslösung von der Mutter kann mit solchen Ängsten belegt sein, sodass selbstbestimmte Sexualität für Frauen als »Verrat« an der Mutter erlebt und deren Strafe gefürchtet wird. Die Kastrationsangst könne »aber auch mit Autonomieverlust und Regression auf die Stufe der unbegrenzten, verschmolzenen Beziehung zur Mutter verbunden sein; wegen der Verschmelzungsängste hemme das Ich die sexuelle Funktion« (Becker 1996, S. 170).

Präödipale Ängste könnten darüber hinaus die weibliche Kastrationsangst »aufladen«. Die Angst vor dem Verlust des Penis sei eine metaphorische »Verdichtung« (ebd., S. 171)[17] der männlichen Kastrationsangst, die sich sowohl auf den gesamten Körper und seine Funktionen als auch auf das Verbot autonomer motorischer und seelischer Errungenschaften in der männlichen Entwicklung beziehe. Bei Mädchen und Frauen lasse sich diese Angst nicht so anschaulich fassen. Wie beim Jungen verdichteten sich beim Mädchen in der ödipalen Phase die frühen, als solche nicht bewusstseinsfähigen Ängste durch die libidinöse Besetzung des Genitales zu der Angst vor genitaler Beschädigung oder Zerstörung. Als Pendant der Kastrationsangst sei bei Frauen die Angst vor überwältigenden Körpererfahrungen von innen oder außen, vor einem Unsicherwerden der eigenen Grenzen, vor Selbstaufgabe und Selbstverlust bei Regression und Abhängigkeit kennzeichnend.

5.1 Die Anerkennung des Geschlechtsunterschiedes

In der modernen psychoanalytischen Literatur wird angemerkt, dass es nicht mehr zeitgemäß sei, beim Mädchen von einer »phallischen Phase« zu sprechen. Vorstellungen eines spezifischen »Differenzierungsprozesses« (vgl. Fast 1984, S. 24ff.) nehmen mittlerweile großen Raum in der psychoanalytischen Geschlechterforschung ein. Weibliche wie männliche Babys begännen ihr Leben mit einer innigen Beziehung zur Mutter. Jungen und Mädchen hätten sowohl aufgrund der jeweils eigenen Physiologie als auch äußerer Sozialisationserfahrungen je spezifische Erlebnisse und eine je spezifische Wahrnehmung des eigenen Geschlechts. Beide Geschlechter gingen aufgrund der frühen Undifferenziertheit der Wahrnehmung, später aufgrund der narzisstischen Allmachtsvorstellungen davon aus, unbegrenzte anatomische Möglichkeiten zu haben[18]. Auch später dächten Kinder noch, dass beide Geschlechter Kinder bekommen können und Mütter eine Vagina und einen Penis (z.B. versteckt im Körperinneren) haben. Erst zum Ende des zweiten, Anfang des dritten Lebensjahres realisierten Kinder, dass sie weder somatisch noch seelisch beide Geschlechter repräsentieren können. Die endgültige Selbst-Identifizierung als Mädchen führt zu heftigen Scham- und Neidgefühlen, die schließlich mit der Trauer über den Verlust der Vorstellung, beide Geschlechter in sich vereint zu haben, bewältigt werden müssen:

> »[D]as Körperbild im Hinblick auf die eigenen Genitalien muss differenziert, und Geschlechtsrollenverhalten, das nicht zum eigenen Geschlecht passt, muss unterlassen und aufgegeben werden. Diese Konsolidierung des eigenen narzisstisch besetzten Körperbildes ist für beide Geschlechter keine einfache Aufgabe« (Mertens 1992a, S. 113).

> »Nach Beobachtungsstudien [...] beneiden Mädchen und Jungen zu diesem Zeitpunkt einander besonders heftig um ihre Privilegien, erproben im Rollenspiel entgegengesetzte Geschlechtsrollen und engagieren sich in geschlechtsbezogenem Spiel. Mit der Zeit müssen Mädchen wie Jungen dann immer eindeutiger mit den Unterschieden der Genitalien, der vorherrschenden erogenen Zonen, den Triebabkömmlingen und den unterschiedlichen Identifikationen zu Rande kommen« (ebd., S. 141).

Damit ist der Exhibitionismus des Mädchens eingeschränkt:

> »Die Mutter wird für sie, was gemeinsame phallisch-sexuelle Befriedigung angeht, zu einem unerreichbaren Partner. Ein wechselseitiges Zeigen, Hantieren, Beschauen, Bewundern auf der Ebene des Phallischen ist von narzisstischer Kränkung bedroht. Die Ausgestaltung der Klitoris als eindringendes Organ gelingt nicht. Die Mutter ist als Gegenstand der Lust, der Befriedigung, des narzisstischen Hochgefühls unerreichbar geworden – ein neues Liebesobjekt steht dem Mädchen nicht zur Verfügung. Dass als narzisstischer Verschiebungsersatz die Zurschaustellung des schönen weiblichen Gesichts und des schönen weiblichen Körpers dient, lehrt die Alltagserfahrung ... Was die Objektbeziehungen angeht, so hat das Mädchen den Wechsel vom mütterlichen Liebesobjekt zum Vater zu vollziehen, um, statt der eigenen eingeschränkten Phallizität nachzutrauern, sich mit einem Objekt zu vereinigen, das über den Phallus tatsächlich verfügt« (Heigl-Evers/Weidenhammer 1988, zit. nach Mertens 1992a, S. 115).

In der weiteren Entwicklung muss nach Freud die aus dem Penisneid resultierende Selbstbefriedigung an der Klitoris (die als Penis fantasiert werde) aufgegeben werden, da sonst im späteren Leben vaginale Frigidität drohe. Mit dieser Äußerung Freuds zu sexuellen Funktionsstörungen bei Frauen legte er zugleich den Grundstein zur Debatte um den vaginalen Orgasmus, die erst in jüngster Zeit verklungen ist. Orgasmusschwierigkeiten im Sinne dessen, allein durch vaginale Stimulation zum sexuellen Höhepunkt zu kommen, waren zu Freuds Zeiten weit verbreitet, wenn Frigidität nicht sogar einem (unausgesprochenen) Ideal von Weiblichkeit entsprach.

In der klinischen Psychoanalyse ist der Penisneid – aufgrund der weiterführenden Erkenntnisse über die sich bereits vor der eigentlichen ödipalen Phase entwickelnden Beziehungen zum eigenen Geschlecht wie auch zum Vater – zunächst zu einem Tabu geworden und in Falldarstellungen wenig rezipiert worden (vermutlich auch als Antwort auf Angriffe von außen). In jüngster Zeit wird er neben die neueren Ergebnisse der psychoanalytischen Forschung gestellt. Hier eine kurze Zusammenfassung, wie sie Mertens (2000, S. 545f.) versucht: Der Penisneid sei nicht, wie von Freud postuliert, der wichtigste Mittler für die Geschlechtsidentität des Mädchens und sei ebenso wenig der Grund für den Objektwechsel weg von der Mutter hin zum Vater. Bereits im ersten Lebensjahr gebe es eine frühe Triangulierung (die beginnende Wahrnehmung eines Dritten) wie auch den Beginn der Herausbildung der Kern-Geschlechtsidentität. Erste Wahrnehmungen der Vagina zeigten Mädchen bereits im zweiten Lebensjahr und nicht erst in der Pubertät. Objektiv gesehen stellt die Klitoris keinen verkümmerten Penis dar, sondern sie ist ein größeres Lustorgan mit mehr Nervenverbindungen als der männliche Penis und dessen empfindsamster Teil, die Eichel. Sie bleibe als Zentrum der Selbstbefriedigung für das Mädchen in der Latenzzeit wichtig und werde deshalb als wichtiger Teil des weiblichen Genitales erlebt. Mädchen hätten eine andere Form von Kastrationsangst als Jungen: Sie fürchteten, von dem zu großen Penis des Vaters oder eines anderen Mannes zerstört oder verletzt zu werden, ihrer eigenen genitalen Öffnung beraubt zu werden oder – weil der Vater sich zu stark vom Mädchen abwende – in ihrer Sehnsucht nach Erfüllung durch den Penis leer zurückzubleiben. Auch das Mädchen überwinde den Ödipuskomplex, allerdings mit anderen Gefühlen als ein Junge. In patriarchal geprägten Familienverhältnissen aber werde das Mädchen vom Vater in der Auflösung der Bindung an ihn behindert. Dazu kommt, wie Poluda anmerkt, die unterbewertete Stellung der Frau in der Gesellschaft:

»Die herkömmliche Entwertung der Frau (die auf einer unbewussten Überbewertung der mütterlichen Potenz fußt) führt dazu, dass weibliche Babys weniger geschätzt werden als männliche. Das kulturelle Verbot von Homosexualität ist eine weitere Ursache, die die Mutter-Tochter-Liebe schmälert, sodass die narzisstische Stabilität des weiblichen Säuglings schon im ersten Lebensjahr beeinträchtigt wird, was die Chance, den frühen Ödipus-Komplex bzw. den lesbischen Komplex zu bewältigen, verringert« (1996, S. 68).

Das Überich von Frauen sei nicht schwächer, sondern anders als das der Männer, meint Mertens weiter, und werde vor allem durch die Wertinhalte und Verbote der Mutter geprägt. Der Kinderwunsch gehe auf eine Identifikation mit der Mutter zurück. Fantasien zum Kinderkriegen träten bereits vor den ersten Penisneid-Reaktionen auf. Das Ergebnis der Aufgabe der Bisexualität sei ein abgegrenztes Gefühl für das eigene weibliche Selbst wie für das gegengeschlechtliche Objekt:

»Das Mädchen erlangt ein erneuertes Gefühl seiner persönlichen Zentralität. Das Gefühl ist nicht mehr das narzisstische Gefühl unbegrenzter Möglichkeiten. Es ist ein abgegrenztes Gefühl für sich selbst als spezifisch weibliches Wesen, das sich mit anderen Frauen identifiziert, sich in der Beziehung zu ihnen als spezifisch weiblich erfährt und eine produktive Beziehung zu Männern entwickelt, die es nun in ihrer Männlichkeit begreift und als unabhängig von sich selbst wahrnimmt« (Fast 1984, S. 25).

Elizabeth Lloyd Mayer bereicherte die Debatte um den Penisneid mit einer Arbeit, die sie im »International Journal of Psychoanalysis« unter dem Titel »›Everybody must be just like me‹: Observations on female castration anxiety« 1985 veröffentlichte: Das Mädchen habe nicht die Vorstellung, bereits kastriert zu sein, sondern vielmehr große Ängste, ihre Vulva mit ihrer Öffnung und der Gebärfähigkeit als kreativen inneren Raum zu verlieren. Mädchen würden annehmen, dass hinter oder neben dem Penis auch beim Mann eine vaginale Öffnung zusätzlich zum After sei. Mayer erarbeitete in Analysen mit erwachsenen Frauen, dass sie die Fantasien hatten, Männer entbehrten dieses inneren Raums. Vielmehr seien sie gefühlsmäßig verschlossen und unfähig, zu ihren inneren Gefühlen vorzudringen und diese auszudrücken. Die Analysandinnen brachten diese Fähigkeiten immer mit Weiblichkeit in Verbindung – ein verbreitetes gesellschaftliches Stereotyp. Verschiedene Autoren haben deshalb vorgeschlagen, den weiblichen Kastrationskomplex als Angst vor dem Verlust der eigenen, genuin weiblichen Fähigkeiten zu definieren.

Mädchen können ihr Genitale an Gegenstände drücken oder beim Zusammenpressen der Beine spüren. Sie können mit den Händen ihre Schamlippen auseinanderziehen und ihre Klitoris und den Eingang zu ihrer Vagina bewundern. Sie erleben bei der Stimulanz der Klitoris die stärkere Durchblutung ihres Genitalbereiches, der äußeren wie inneren Klitoris und eine Schwellung der äußeren und inneren Schamlippen. All die erregenden Gefühle, die sich über den ganzen Beckenboden, den Schamhügel bis hin zum After und nach innen tief in den Bauchraum ausbreiten sind warm, lustvoll und energiegeladen. Diese starken körperlichen (wie seelischen) Sensationen sind diffuser und großflächiger, als die Lokalisation der Erregung an der Eichel und dem Penisschaft beim Jungen. Können Mädchen diese vielfältigen Gefühlsqualitäten, die letztlich den ganzen Körper erfassen und mit aggressiven Triebanteilen vermischt werden, nicht ausreichend bejahen und in ein starkes weibliches Ich integrieren, setzen vielfältige Abwehrmechanismen ein. Beispielsweise kann die Aggression (im Sinne von überwältigender Leidenschaft) in der Fantasie projektiv an den Penis und die Penetration gebunden werden und Ängste vor einer Vergewaltigung bis ins Erwachsenenalter erhalten bleiben. Die Fantasie einer Vergewaltigung kann darüber hinaus als Ausdruck des unbewussten Wunsches gesehen werden, innere Leere auszufüllen. Hierbei kommt es zu einer Vermischung mit Sehnsüchten nach der primären ernährenden Mütterlichkeit, die auf den ejakulierenden Penis, der die Leere füllen soll, projiziert wird. Aggressive Sexualität darf fantasiert werden, ohne dafür Verantwortung übernehmen zu müssen. Der Schuldige an dem verdammungswürdigen Sex bleibt immer der Mann/Vater.

Angesichts der frühkindlichen sexuellen Entwicklung ist es besonders wichtig, dass reale Erwachsenensexualität davon abgegrenzt und die Generationenschranke zwischen Eltern und Kind eingehalten wird. Wenn solche Fantasien Realität werden und Inzest, sexueller Missbrauch oder eine Vergewaltigung drohen, können Schuld- und Schamgefühle die Folge dieser Traumatisierungen sein, die in ein posttraumatisches Stresssyndrom, psychosomatische Störungen, Depressionen und andere psychogene Symptome münden können.

Bereits im Alter von drei Jahren haben Kinder Fantasien vom Geschlechtsverkehr, doch entbehren sie noch ödipaler Themen (es geht nicht um Rivalität und Ausgeschlossenheit). Vielmehr werden in dieser als phallisch-narzisstisch oder protogenital bezeichneten Phase Vorstellungen aus den vorangegangenen Phasen verwendet. Schwängerung durch Küssen und durch den Mund, Gebären aus dem After, der Nase, den Ohren oder dem Bauchnabel: alle Körperöffnungen können als Ein- und Ausgang benutzt werden. Auch die

Genitalien der fantasierten Partner können gleich sein, ein Kind kann einen Erwachsenen schwängern und umgekehrt. Das Kind will herzeigen und sehen: Exhibitionismus und Voyeurismus sind die wichtigsten Triebabkömmlinge dieser Phase. Das Kind wünscht sich, dass die Bewunderung dem ganzen Körper gezollt wird, seinen verschiedenen Funktionen und Fähigkeiten, seiner Schönheit, ja seiner Perfektion. Die Anerkennung und die Liebe zum kindlichen Körper durch die Erwachsenen steigert und stärkt das Selbstwertgefühl und das Gefühl für die eigene Geschlechtszugehörigkeit.

5.2   Der lesbische Penisneid

Die exhibitionistischen Phasen kleiner Mädchen sind kürzer und von mehr Frustration begleitet, als die der Jungen, die sich trösten können, dass ihr Penis noch wächst und bald so groß ist, wie der des Mannes/Vaters. Das Mädchen hat geringere Möglichkeiten als der Junge, eine vorausschauende Vorstellung seines erwachsenen Körpers zu entwickeln. Es vergleicht sich mit der Mutter, möchte einmal wie oder nicht wie diese sein, und fantasiert die Beziehung zum Vater in ähnlicher Weise wie die Mutter oder ganz anders als sie. Sie muss mit einem doppelten Neid fertig werden: mit dem Neid auf die Mutter, auf deren Brüste und deren behaarte Scham, und mit dem Neid auf den Jungen oder Vater, der einen Penis besitzt. Starke Rivalitätsgefühle und Kastrationswünsche kommen auf (Wünsche, den Männern den Penis wegzunehmen). Gleichzeitig ist das Mädchen mit dem eigenen weiblichen Körper unzufrieden, was bis weit in die Adoleszenz andauert, in der die Unzufriedenheit mit dem Körper oft einen Höhepunkt erreicht. Familien, in denen die klassische Rollenverteilung herrscht, und in denen Mädchen sich motorisch und in ihrer expansiven Entwicklung einschränken müssen, fördern heftigen Neid auf die Privilegien der Jungen in deren Geschlechtsrolle. Dies kann die narzisstische Kränkung des Mädchens real fördern und ihre Realitätswahrnehmung einschränken:

> »Die Männlichkeit, auf die der Neid sich richtet, ist nicht die objektiv existierende Männlichkeit. Der Neid richtet sich auf eine ›Männlichkeit‹, die den Neidern unendliche Macht verleihen würde – Macht im Guten wie im Bösen, totale Sicherheit, uneingeschränkte Freiheit, frei sein von Angst oder Schuldgefühlen und die Erfüllung aller Wünsche. Das heißt, dass das Verlangen des Mädchens nach einem Penis – nun auf die Geschlechtsdifferenzierung bezogen – ein Verlangen nach Unbegrenztheit mit all den Eigenschaften des frühen narzisstischen

Erlebens ist und kein Verlangen nach einer realistischen, differenzierten Männlichkeit« (Fast 1984, S. 29).

Diese Regressionsbewegung in frühe Größenfantasien belebt die unbewusste Vorstellung der Doppelgeschlechtlichkeit der eigenen Bisexualität wieder, die als Schutz gegen narzisstische Kränkungen eingesetzt wird. Das Changieren und Spielen mit weiblichen und männlichen Attributen, also das lebenslange Wiederbeleben bisexueller Fantasien, könnte bei lesbischen Frauen eine progressive Lösung darstellen, um ihre sexuelle Orientierung positiv zu integrieren. Der Neid auf den Penis wird in einen fantasierten vorübergehenden Besitz umgewandelt, der von der Partnerin narzisstisch bestätigt und stärkend beantwortet wird. Gleichzeitig kann die Idealisierung der eigenen weiblichen Geschlechtsmerkmale erhalten bleiben, sodass es kein Entweder-oder geben muss.

5.3 Die Entwertung des Weiblichen im Feminismus

Ich finde es überraschend, dass der Stolz auf die volle Rundung der Brüste, die Schönheit des (kindlichen und erwachsenen) weiblichen Genitales und das Potenzial, ein Kind im eigenen Körper heranwachsen zu lassen und einige Zeit allein aus dem eigenen Körper heraus zu ernähren, gerade auch im Feminismus entwertet wurde. Es scheint, als habe sich die gesellschaftliche Entwertung des Weiblichen in die Frauenbewegung eingeschlichen. Die Abwertung des Mütterlichen und Weiblichen wurde von der Frauenbewegung aufgegriffen und zugespitzt, indem diese den Exhibitionismus, also das stolze Herzeigen und Herausstellen weiblicher Geschlechtsmerkmale, als Anbiederung an und Unterwerfung unter den (sexuell) begehrlichen männlichen Blick geißelte. Die Kritik an der Dichotomisierung der Geschlechter sollte Frauen, die dem weiblichen Stereotyp nicht gerecht werden konnten, eine eigene Wertschätzung schaffen. McDougall (1978) deutete dieses Phänomen als Kapitulation vor der Konkurrenz mit der omnipotent erlebten Mutter. Die Verneinung des weiblichen Exhibitionismus könnte für lesbische Frauen als Versuch verstanden werden, sich von der Mutter und deren Weiblichkeit (im Sinne eines Werbens um den Vater) abzugrenzen und stattdessen in der Androgynität beide Geschlechterpositionen in sich zu erhalten und mit beiden Eltern zu konkurrieren. Die Anstrengungen dieser doppelten Konkurrenz tragen auch heterosexuelle Frauen in der als »Doppelbelastung« genannten

Lebensführung, die versucht, Karriere und Kinder miteinander zu verbinden. Frauen versuchen, stark und männlich und stark und weiblich gleichzeitig zu sein.

5.4 Prähomosexuelle Mädchen

Lesbische Frauen, die als Mädchen eher burschikos waren, berichteten mir in Analysen immer wieder, wie sehr sie unter den Kleiderordnungen und Haartrachten für Mädchen gelitten hätten. Heftige Autonomiekonflikte, die v. a. mit der Mutter geführt worden seien, durchziehen diese Kindheiten. Es ist anzunehmen, dass einige prähomosexuelle[19] Mädchen schon in dieser Zeit unter Rollenzuweisungen zu leiden hatten (vgl. Meyenburg 1996). Mertens meint, dass alle Mädchen sowohl »phallische« als auch »innergenitale Impulse« ausdrückten:

> »Während sich innergenitale Prozesse durch Innerlichkeit und Empfänglichkeit kennzeichnen lassen, sind im Gegensatz dazu phallische Impulse nach außen stoßend, penetrierend, beweglich und manifest aggressiv. [...] Bei Mädchen drückt sich diese Identifikation mit dem Phallischen in der Regel durch aggressiv wetteifernde Aktivitäten und durch die Bewegung des Körpers im Raum aus – durch Springen, Rennen, Klettern und Kunststücke-Machen. [...] Außerdem scheinen auch diese phallischen Elemente kein Indiz für Männlichkeit im kleinen Mädchen zu sein; viel eher scheinen die phallischen Identifikationen ein notwendiger Bestandteil weiblicher Erfahrung zu sein, und sie werden optimalerweise mit den übrigen weiblichen Selbstrepräsentanzen verschmolzen, um eine ganzheitliche weibliche Geschlechtsidentität zu bilden« (1992a, S. 139).

Wie Balsam (2002) betont Mertens eine positive Allianz weiblich und männlicher Identifizierungen im Mädchen jenseits von Polarisierungen und Wertungen, vielmehr als sich gegenseitig ergänzende und stärkende Persönlichkeitsanteile, sodass bei beiden Bemühungen spürbar werden, die Polarisierung von weiblich und männlich zu entschärfen.

Bei Mädchen, die später lesbisch werden, könnte es zu einem verschärften Penisneid kommen, wenn sie feststellen, dass sie die Mutter begehren, aber ihr die genitale männliche Ausstattung fehlt. Es muss akzeptieren lernen, dass es zwar wie die Mutter Kinder gebären, aber nicht mit dieser oder einer anderen Frau Kinder zeugen kann. Der Neid könnte hier in Verzweiflung, verbunden mit großer Orientierungslosigkeit, umschlagen. Die Angst und Trauer über Leerbleiben dieses inneren kreativen Raumes scheint mir überwältigend zu sein und erfordert meiner Ansicht nach enorme Anstrengungen bei der Trauerarbeit und Sublimierung.

Meiner Einschätzung nach ist die Unfähigkeit zur Generativität das homosexuellen-spezifische Trauma. Das Mädchen, das sich bis dahin noch vorstellen konnte, gleichzeitig ein Junge zu sein, muss damit fertig werden, dass es weder den Vater wirklich begehrt, noch wie dieser in all seinen genitalen Funktionen in eine Frau eindringen und zeugungsfähig sein kann. Gleichzeitig fühlt es nicht wie die Mutter und kann sich mit deren Begehren nicht vollständig identifizieren. Die weibliche Geschlechtsidentität kann an dieser Stelle schwer erschüttert und verunsichert werden.

Da lesbischen Frauen Prokreativität mit der begehrten Partnerin/Mutter unmöglich ist, fehlt ihnen der Trost eines gemeinsamen Kindes in der Bewältigung des negativen ödipalen Konflikts. Das Selbstvertrauen, mit der Mutter in der Macht Kinder auszutragen, verbunden zu sein, zerbricht. So lassen sich spezifisch lesbische Ängste – die Angst vor Penetration, die Angst vor Kastration (davor, der Gebärfähigkeit beraubt zu werden oder zu sein), die Angst vor Verführung, die Angst, keine richtige Frau zu sein, und die Angst vor eigenen inneren sexuellen Impulsen, wie die Angst, keine sexuellen Impulse zu haben, erklären. Sexuelle Praktiken, die davor in der Fantasie, auch ein Junge zu sein, deponiert werden konnten, müssen unwiederbringlich verabschiedet werden. Es bedarf neuerlicher Arbeit, diese Ängste und Verluste in das psychische System aufzunehmen, sie zu akzeptieren und zu integrieren. Insbesondere das Abtrauern des »gemeinsamen Kindes« zweier Frauen kommt an dieser Stelle zentrale Bedeutung zu.

Bei lesbischen Frauen in meiner Praxis begegnet mir immer wieder ein Phänomen, das im Sinne einer Reaktionsbildung auf oben beschriebene Konflikte verstanden werden könnte: Die Frauen weigern sich, vaginal penetriert zu werden, sondern wünschen, dass sexuelle Stimulation auf das äußere Genitale und die Klitoris beschränkt bleibt. Damit vermeiden sie die Berührung und seelische Konfrontation mit ihrem inneren Genitale, v.a. der Vagina und dem Muttermund, die den Zugang zur Gebärmutter und zur Zeugung darstellen, da dort Ei und Samenzelle verschmelzen. Wie schmerzlich muss es sein, von einer geliebten und begehrten Frau kein Sperma und somit kein Kind empfangen zu können!

Die Enttäuschung über die Mutter, die Realität des Lebens in der Zweigeschlechtlichkeit und der damit verbundene Hass kann bei lesbischen Frauen leichter dem Mann/Vater, der die Mutter im Ödipuskomplex weggenommen hat, angelastet oder auf diesen verschoben werden, da er in der Objektliebe nur sekundär als sexueller Partner in Frage kommt. Die Verteufelung des Vaters/Mannes dient dessen Ausschließung. In der Verachtung und völligen Entwertung des Männlichen kann die Potenz des Mannes, der Frau/Mutter Sperma und damit ein Kind zu schenken, seelisch vernichtet werden. Die Ausformung lesbischer Geschlechtsidentität, z. B. in Form attraktiver und stabiler Androgynität, kann schwer behindert werden, da gerade die Aussöhnung mit weiblichen und väterlichen Identifizierungen für lesbische Frauen wichtig ist. Männliche Identifikationsanteile können dem Hass und der Entwertung wie der übersteigerten Idealisierung ausgesetzt sein, was einen schwer zu integrierenden Ambivalenzkonflikt verursacht.

Lesbische Frauen, die keine manifeste Sexualität mit Männern leben, zeichnen sich dadurch aus, dass sie den Objektwechsel zum Vater nicht eindeutig vollzogen oder ihn wieder rückgängig gemacht haben (aus welchen Gründen, muss der Einzelfall zeigen). Die intrapsychische Hin- und Wegbewegung zum Triangulierungsobjekt und die Rückkehr in die Dualität kann eine besondere Verletzlichkeit in der Stabilität der Geschlechtsrolle und in der Bindungsfähigkeit zurücklassen. Paranoide Ängste, die Geliebte an einen Mann zu verlieren, oder dauerhafte Konkurrenz mit Männern in deren unbewusster Idealisierung und Entwertung können entstehen. Der Topos in lesbischen Liebesfilmen, in denen sich eine junge, energiegeladene, ungebundene, knabenhafte Lesbe in eine heterosexuelle, hoch feminine, reiche, gebundene ältere Schönheit verliebt, die verführt werden kann, letztlich aber unerreichbar bleibt oder verloren geht, könnte hier seinen Ursprung haben. Freuds junge lesbische Patientin hatte das gleiche Schicksal, ebenso wie das prähomosexuelle Mädchen in der leidenschaftlichen ödipalen Liebe zu seiner Mutter. Manch weniger stark homosexuelles Mädchen mögen diese Enttäuschungen noch den Objektwechsel hin zum Mann/Vater vollziehen lassen, und auf diese Weise könnte man auch den »Objektwechsel« zunächst lesbischer erwachsener Frauen verstehen, die nach enttäuschten Liebesbeziehungen zu Frauen, eine Affäre zu einem Mann eingehen oder sogar einen Mann heiraten und eine Familie gründen. Der negative wie positive Ödipuskomplex bleibt offensichtlich ein Leben lang in seiner Dynamik wirksam.

Die lebenslange Dynamik und Flexibilität des ödipalen Konflikts kann allerdings auch kreative Fantasien und Neuschöpfungen in der Sexualität hervorbringen. Das Wiederbeleben protogenitaler oder phallisch-narzisstischer Fantasien aus der vorödipalen Zeit könnte für lesbische Frauen einen kreativen Umgang mit dem Fehlen des Penis ermöglichen: So kann die libidinöse Besetzung der Hand, der Finger, eines Dildos oder der Zunge als eindringender

Organe als kreative Sexualisierung anderer Körperteile gesehen werden, die im Spiel mit den Geschlechtsrollen eingesetzt werden. Das Aktivieren früher präödipal-genitaler (sog. polymorph-perverser) Fantasien, abwechselnd oder gleichzeitig weiblich und männlich zu sein, eine Frau sexuell besitzen zu können und/oder von einer Frau als Frau aktiv begehrt, penetriert und befriedigt zu werden, und vieles andere mehr, kann Ausdruck einer reifen lesbischen Entwicklung und stabilen Geschlechtsidentität sein.

6. Der Ödipuskomplex

Für das Verständnis der sexuellen Identität und der sexuellen Orientierung gibt es meines Erachtens bisher kein besseres Konzept und keinen besseren Erklärungsansatz als den Ödipuskomplex. Ich hebe diese Tatsache heraus, weil der Ödipuskomplex in der feministischen Theorie und bei anderen Kritikern der Psychoanalyse bis heute umstritten ist. Er galt lange als das Paradigma der Psychoanalyse und ist es bei Freudianern und Triebtheoretikern geblieben. Heute wird der Ödipuskomplex nicht mehr als eine abgeschlossene Phase zwischen dem dritten und dem vollendeten fünften Lebensjahr betrachtet, die dann der Latenzphase und der Schulreife Platz macht. Ödipale Themen und Kräfte blieben ein Leben lang wirksam und lebendig, würden jedoch auf immer reiferen Ebenen wiederbelebt und neu integriert, sofern eine Person sich in einem normalen Entwicklungsprozess befindet. Der Wechsel der sexuellen Orientierung auch in höherem Alter weit nach der Adoleszenz kann als Indiz für eine neue Aktualisierung und eine neuerliche Umwälzung der ödipalen Kräfte und Besetzungen stehen. Beispielsweise können sich rigide Gebote des Überichs hinsichtlich der sexuellen Orientierung, die in der Adoleszenz noch zu mächtig waren, in höherem Alter relativieren und einen Wechsel der sexuellen Orientierung zulassen.

Der Ödipuskomplex bezeichnet die allumfassende Liebe des Kindes zum gegen- wie zum gleichgeschlechtlichen Elternteil. Somit

> »ist der Ödipuskomplex die zusammenfassende Bezeichnung für eine Menschheitsbedingung, gleichsam für das Nadelöhr, durch das alle hindurch müssen, weil alle von einem Vater gezeugt und von einer Mutter geboren worden sind. […] Mit welcher Ausstattung, z.B. mit welchen sozialisationstraumatischen Frühschäden oder mit welchen klassenspezifisch vorgeprägten Spuren, der Einzelne in seiner Kultur durch dies Nadelöhr hindurchgelangt, das ist eine Frage,

die sich erst stellt, wenn man bereit ist, diese Sichtweise einzunehmen« (Reiche 1990, S. 57).

Der komplette Ödipuskomplex besteht aus zwei Teilen, was im Anschluss an Freuds Theorie der Bisexualität nur logisch erscheint. Mit dem positiven Ödipuskomplex ist die Liebe zum gegengeschlechtlichen Elternteil, mit dem negativen die zum gleichgeschlechtlichen gemeint. Freud hat in naturwissenschaftlicher Tradition »positiv« und »negativ« als neutrale mathematische Vorzeichen gesehen, nicht als moralische Wertungen. Angesichts der Dominanz und Majorität von Heterosexualität in allen Kulturen, Freuds Eingebundensein in das patriarchal geprägte Wien der Jahrhundertwende und seine eigene Existenz als Mann hat er vermutlich dem positiven Ödipuskomplex (des Mannes) bei seinen Untersuchungen den Vorrang einräumt.

Die Kraft des positiven Ödipuskomplexes wird bis heute als stärker eingeschätzt, als die des negativen Ödipuskomplexes, sind doch die Anteile von Homosexuellen an der Bevölkerung über die 50 Jahre, in denen man sie untersucht hat, relativ stabil geblieben.

> »Der Junge muss eine maskulin-aggressive (sadistische) Bewegung von der Mutter weg (disidentifying from mother) machen; das Mädchen eine feminin-masochistische Bewegung zum Vater hin. [...] Natürlich macht auch der Junge eine Bewegung zum Vater hin und das Mädchen eine Bewegung von der Mutter weg, aber die formulierte Bewegung ist die dominante, Bipolarität schaffende Bewegung« (Reiche, S. 45).

Anders als in solch einer Formulierung scheint die Polarisierung von Weiblichkeit und Männlichkeit als Gegensätze gedacht noch wenig vorstellbar. Weder bei Wissenschaftlern (außer bei Sexualwissenschaftlern) noch in der Öffentlichkeit wird eine Kontinuität der sexuellen Orientierung, wie Kinsey (1948, 1953) sie gefunden hat, angenommen. Außerdem scheint wenig bekannt, dass es erheblich mehr homosexuelle Männer (7–14 %) als lesbische Frauen (1–3 %) gibt (vgl. Rauchfleisch 2000), sodass die unterschiedliche Anzahl von Schwulen und Lesben noch genauerer Erklärungen und weiterer Untersuchungen bedarf. Der Ödipuskomplex und sein Ausgang können also höchst unterschiedliche Formen annehmen.

Das Ende des Ödipuskomplexes, die Rückbewegung zur Mutter – nach der Separation und Desidentifikation in den vorangegangenen Phasen – beschreibt Reiche für den Jungen in folgendem Zitat mit einer blumigen Metapher, die des Mädchens als anstrengend:

»Im Gegenzug darf der Junge in der ödipalen Situation wieder auf sein Primärobjekt zurückgreifen, das ihm jetzt, im verklärten Licht der genitalen Frühblüte, als seine erste Liebe erscheint. Und das Mädchen muss das Objekt wechseln und ein anatomisch noch sehr unvertrautes und darum bedrohliches Objekt, den Vater, lieben« (Reiche 1990, S. 44).

Versuche, den weiblichen Ödipuskomplex in Elektrakomplex oder den negativen weiblichen Ödipuskomplex in »lesbischen Komplex« (Poluda 1996, 2000) umzubenennen, haben sich bis heute in der Literatur nicht durchgesetzt.

6.1 Ödipale Liebe und Überich-Bildung

Moderne psychoanalytische Autoren – in der psychoanalytischen Entwicklungspsychologie allen voran Margret Mahler (1987) – setzen den Beginn der Entstehung von Überich-Vorläufern in die zweite Hälfte des zweiten Lebensjahres, also noch vor die ödipale Phase in die Wiederannäherungsphase. Hier erlebt das Kind durch seine zunehmende motorische Koordinationsfähigkeit und kognitive Reifung sehr widersprüchliche Gefühle: Einerseits will es sich seiner zunehmenden Kompetenzen immer wieder versichern und die neue Autonomie von der Mutter genießen. Gleichzeitig wird es sich mit der Verbesserung seiner Realitätsprüfung der Getrenntheit von den frühen Bezugspersonen bewusst und fürchtet damit erstmals im Leben bewusst deren Verlust. Im Laufen und Rennen, Greifen und Fallenlassen gehen die ersten Dinge zu Bruch und Konflikte mit der Außenwelt werden bewusst wahrgenommen: Es entsteht die erste Unterscheidung zwischen Richtig und Falsch, Gut und Böse. Aufgrund der sich neu entwickelnden Gedächtnisleistungen kann sich das Kind diese Wertungen zunehmend behalten, sodass die Grundlagen für die Überich-Bildung entstehen. Geschlechtsrollenspezifische Werte werden vermittelt, die für die Geschlechtsrollen-Identität sehr bedeutsam sind und mit der Kern-Geschlechtsidentität, der Gewissheit, ein Mädchen oder ein Junge zu sein, eng verbunden sind. Wie oben bereits erwähnt, werden die Grundlagen für Gebote und Verbote hinsichtlich des sexuellen Rollenverhaltens und der sexuellen Orientierung gelegt, die miteinander verbunden sein können, aber nicht müssen.

In der ödipalen Phase gerät nun das Genitale ins Zentrum des Interesses und wird libidinös besetzt. Die in den vorangegangenen Phasen erlebten

Reifungsschritte – allen voran Erfahrungen der Individuation und Separation – werden erneut auf der genitalen Ebene aktualisiert.

> »Im Ödipuskomplex [...] werden alle früheren Erfahrungen von Beschädigung, Trennung, Verlust und Desintegration sexuell interpretiert. [...] Die Neurose unterwirft sich der Kastration und agiert die Unterwerfung aus im sexuell entleerten Symptom; die Perversion leugnet die Kastration und triumphiert über sie in sexuell aufgeladenen Aktionen. Gesund wäre eine Position zu nennen, die durch Unterwerfung und Triumph hindurchgegangen ist und beide hinter sich gelassen hat (Reiche 1990, S. 66).

In der ödipalen Szene sieht sich das Kind dem Elternpaar gegenüber und fühlt sich als Drittes, als Ausgeschlossenes, was Hass auf beide Elternteile sowie Angst und Schuldgefühle wegen dieses Hasses zur Folge hat. In der Gewissheit, von diesen beiden Eltern gezeugt worden zu sein und geliebt zu werden, liegen der Trost des Kindes und die Relativierung seiner Wut. Die Liebe des Kindes zu beiden Eltern und die Erfahrung einer »genügend guten« (Winnicott) Beziehung sowohl zur Mutter als auch zum Vater mildert die Enttäuschung über das Ausgeschlossensein gegenüber dem elterlichen Liebespaar. Gefühle der Eifersucht, des Neides, der Rivalität und Konkurrenz müssen erlebt, durchschritten und integriert werden. Dann kann die Interaktion im Dreieck gelingen, ohne dass Ausgeschlossenheit per se als zu schmerzhaft erlebt wird und abgewehrt werden muss. Die Triangulierung und damit die Fähigkeit, lebenslang inneren wie äußeren Szenen, in denen ein Paar mit einem Dritten interagiert, standzuhalten, ist gelungen.

Diese Stufe der ödipalen Entwicklung ermöglicht es, sich als Einzelperson zu erleben und konstituiert damit die Fähigkeit zum Alleinsein. Außerdem können im Dreieck sowohl Dualität, d. h. die Beziehung zu jedem der anderen beiden, als auch das Zusammensein zu dritt und Individualität in einem lebendigen Wechsel gelebt werden. Trennung und Differenz, Autonomie und Abhängigkeit bleiben Konflikte, die immer wieder neu zu bewältigen sind.

6.1.1 Der positive Ödipuskomplex und die Überich-Bildung

Freud schrieb der Frau ein schwächeres Überich als dem Mann zu, da ihr die Kastrationsdrohung im positiven Ödipuskomplex keine Angst mehr mache, weil sie durch die Mutter bereits vollzogen worden sei. Das Mädchen sei vor der Wahrnehmung des Geschlechtsunterschiedes davon ausgegangen, ebenso wie der Junge einen Penis zu besitzen. Die Mutter habe der Tochter den Penis genommen (oder ihr bei der Geburt keinen Penis geschenkt), deshalb bleibe die Tochter enttäuscht zurück und wende sich dem Vater zu, um dessen Penis zu begehren und durch ein Kind, das den Penis symbolisiere, an diesem teilzuhaben. Somit sei der Objektwechsel und die Heterosexualität hergestellt: Die Tochter identifiziere sich schließlich mit der Mutter, ihrer Rolle und ihren Werten.

6.1.2 Der negative Ödipuskomplex und die Überich-Bildung

Der negative Ödipuskomplex beschreibt die ödipale Liebe zum gleichgeschlechtlichen Elternteil. McDougall (1997) stellt im folgenden Zitat die jahrelange Lehrmeinung der traditionellen Psychoanalyse zur Homosexualität vor und gleichzeitig in Frage:

> »Was die ödipale Struktur der Homosexualitäten und der heterosexuellen Neosexualität[20] betrifft, so lässt sich feststellen, dass sich viele der männlichen oder weiblichen Analysanden einer außerordentlich intensiven Bindung an ihre Mutter erinnern. Diese Bindung trug zuweilen inzestuöse Züge. Der Vater dagegen wurde angeschwärzt und aus der ödipalen Konstellation symbolisch ausgeschlossen. Andere berichten, vom Vater verführt worden zu sein. In diesen Fällen wird die Mutter als seine Komplizin dargestellt. Oder es wird im Gegenteil behauptet, sie habe dem Kind jede Zuneigung entzogen. Noch komplizierter aber werden diese klinischen Beobachtungen dadurch, dass sich bei einer großen Zahl von Analysanden und Analysandinnen, die weder homosexuell noch neosexuell sind, durchaus ähnliche Bilder der Eltern finden! Darüber hinaus sind die Homosexuellen in ihrer Mehrzahl nicht an neosexuellen Inventionen interessiert (die es allerdings auch bei ihnen gibt), und die devianten Heterosexuellen verspüren im Allgemeinen wenig Neigung zu homosexuellen Beziehungen« (1997, S. 250).

Weder die überaus enge Bindung an die Mutter noch die Abwertung des Vaters reichten aus, um Homosexualität an sich zu erklären. Außerdem – so McDougall – gebe es keinen Zusammenhang zwischen Perversionen und Homosexualität.

Die männliche negative ödipale Entwicklung lässt sich wie folgt beschreiben: Der Junge konkurriert mit der Mutter um den Vater und möchte diesen anal penetrieren. Durch die innerpsychische Gleichsetzung von After und Vagina könnte meines Erachtens in der homosexuellen Bindung zwischen

Vater und Sohn länger die Illusion aufrechterhalten bleiben, dass der Sohn und der Vater beide Geschlechtsmerkmale besitzen (dabei spielt die Fantasie, der Kot sei ein Baby, eine ähnliche Rolle). Die Fixierung auf den Penis, dessen hohe sexuelle Aufladung und Fetischisierung sowie die Abwertung von Weiblichsein in Weibischsein, wofür man sich schämen muss, helfen dem Jungen, den Vaginal- und Gebärneid abzuwehren. Die Desidentifikation mit der Mutter wird wie die Sexualisierung des Penis übersetzt. Der kleine Junge tröstet sich, dass er (immerhin) ebenso wie der Vater einen Penis hat und dass dessen geringe Größe relativ bleibt, da er (mindestens genauso groß) wie der des Vaters wachsen kann.[21] Ein Leben lang können Sorgen zurückbleiben, ob der Penis groß genug ist.

Wie sieht nun der negative Ödipuskomplex für das Mädchen aus? Sie rivalisiert mit dem Vater um die Mutter und möchte diese genital erobern. Das Mädchen muss eine größere Fantasieleistung vollbringen, um sich vorzustellen, wie der Vater in die Mutter einzudringen, einen großen starken männlichen Körper zu besitzen und dem immer wieder omnipotent erlebten Vater, dessen Welt außerhalb des Zuhauses sie wenig kennt innerlich Paroli zu bieten. Man könnte annehmen, dass das Mädchen deshalb schneller als der Junge von seinen ödipalen Impulsen der Mutter gegenüber ablässt. Der Objektwechsel hin zum Vater, die Identifikation mit der Mutter, also die Entwicklung zur Heterosexualität und die geringe Anzahl lesbischer Entwicklungen ließen sich so erklären. Es scheint einfacher zu sein, gleich wie die Mutter zu bleiben, als den Spagat, so zu sein wie der Vater, zu vollbringen. Die Einsicht, mit der Mutter niemals »Babys machen zu können«, scheint mir mindestens genauso schwierig und im Sinne der oben beschriebenen Ängste vor Kastration genauso bedrohlich, wie der Verlust des Penis beim Jungen. Das später homosexuelle Mädchen muss also sowohl auf den Penis und seine Macht als auch auf den Kinderwunsch verzichten.

Diese schweren Verluste könnten das Mädchen entweder doch noch zum Objektwechsel veranlassen oder es dazu bewegen, die Genitalität aufzugeben, unterzubesetzen und die Beziehung zur Mutter zu desexualisieren. Lesbische Frauen zögen dann (ähnlich wie heterosexuelle Frauen auch, allerdings mit der Gefahr der Verdoppelung) prägenitale Sexualität, also den ganzen Körper einbeziehende Zärtlichkeit und die begleitenden Gefühle von Sicher- und Geborgenheit dem Koitus vor. In der Regression des sexuellen Akts bestünde allerdings wieder die Gefahr, die errungene Autonomie und Differenziertheit und Ablösung von der Mutter aufzugeben, sodass sexuelle Störungen diesen Konflikten Ausdruck geben könnten.

Beim auf die Mutter gerichteten Begehren der Tochter wird in der Literatur in vielen Fällen nicht von genitalem Begehren gesprochen, sondern von Verschmelzungsimpulsen, so als könnte die Tochter gar nichts anderes fantasieren als mit der Mutter identisch zu werden oder in deren Uterus zurückzukehren unter Aufgabe ihrer Identität und Existenz.

Um die sich später entwickelnde Differenzierung und die Separation von der Mutter aufrechtzuerhalten, könnte meines Erachtens die Identifizierung mit dem Aggressiv-Väterlichen, das die Autonomie und die mit Trennungsaggression vollzogene Lösung vom Weiblich-Mütterlichen verkörpert, also die Entwertung der Mutter und ihres beschränkten, abhängigen Lebens hilfreich sein. Die bei lesbischen Frauen zu beobachtende Abwertung des klassisch Weiblichen wird so erklärlich: Das Klischee der Triade »Kinder – Küche – Kirche« könnte immer wieder hervorgeholt werden, um das Negative des mütterlichen Lebens zu betonen und sich davon unterschieden und besser zu fühlen.

6.2 Spezifische Entwicklungsaufgaben für lesbische Frauen

Folgende Ängste, Fantasien und Konflikte lesbischer Frauen, die sowohl bewusst, vorbewusst als auch unbewusst sein können, und die sich meines Erachtens aus dem oben geschilderten Verlauf des negativen weiblichen Ödipuskomplexes ergeben könnten, stehen bei einer weiblichen homosexuellen Entwicklung zur Bewältigung an:

- »Ich kann meine weibliche Partnerin nicht wirklich befriedigen.«
- »Ebenso wenig kann ich sie schwängern.«
- »Deshalb bin ich unvollständig, und unsere Beziehung muss eine unvollständige und defizitäre Liebe bleiben.«
- »Wir könnten uns allerdings vorstellen, wir wären das ideale Mutter-Tochter-Paar. Das könnte uns trösten.«
- »Männer sind uns fremd, wir lehnen sie ab. Wir beneiden sie, was wir aber verleugnen und werten den Penis und alles, was mit ihm zusammenhängt, ab, da wir ihn nie besitzen werden.«
- »Wir tun trotzdem so, als seien wir Männer, spitzen das männliche Klischee enorm zu und idealisieren es, weil wir die Mutter erobern und über den Vater triumphieren wollen.«
- »Heterosexuelle Frauen erinnern mich an die Mutter, die den Mann

vorzieht. Was bleibt, ist eine Ablehnung der Heterosexualität und der eigenen Bisexualität und gleichzeitig der Wunsch, eine heterosexuelle Frau zu verführen.«
➤ »Zweifel begleiten mein Leben: Es bleibt die Angst, keine richtige Frau zu sein. Lesbische Sexualität ist keine richtige Sexualität (ich werde nicht schwanger).«
➤ »Außerdem bin ich kein richtiger Mann. Ich kann nicht schwängern, habe keinen Penis, kein Sperma und nicht den athletischen männlichen Körperbau, sondern einen (zu) weiblichen Körper (zu große Brüste, Bauch, Oberschenkel, ein zu breites Becken).«

Wie kann eine vollständige und reife Entwicklung zur lesbischen Frau, die in der erotischen Beziehung zu einer anderen Frau keine Entdifferenzierung und übergroße Nähe erlebt, gelingen? Wie kann die Getrenntheit produktiv genutzt werden und sich eine ergänzende, kreative Paardynamik entwickeln? Wie verwindet die Tochter die Kränkung, dass die Mutter sexuell zum Vater gehört?

Eine präzise Realitätswahrnehmung, ein großes Maß an Trauerarbeit und die Auseinandersetzung mit genannten defizitär erlebten Überich-Botschaften könnten Wege sein. Ich nehme an, dass jede lesbische Frau durch einige dieser Konflikte hindurchgehen muss, um eine volle Akzeptanz und Identität als lesbische Frau zu erreichen und mit sich selbst und der eigenen sexuellen Orientierung Frieden zu schließen.

6.3 Innerfamiliäre Dynamik eines prähomosexuellen Mädchens

Um noch einiges komplizierter und schwieriger muss man sich wohl die Überich-Inhalte im Rahmen der Familiendynamik vorstellen, die aus dem negativen Ödipuskomplex hervorgehen. Im Folgenden möchte ich die möglichen Konflikte schildern, die ein Mädchen, das sich später evtl. lesbisch entwickelt, bewältigen muss:

Beginnen möchte ich mit dem Vater, von dem sich die kleine Tochter als Konkurrentin um die Mutter möglicherweise nicht wahrgenommen fühlt und seine leidenschaftlichen ödipalen Impulse der Mutter gegenüber ignoriert sieht. Die Blindheit der Eltern ödipalen Impulsen der Tochter gegenüber der Mutter, steht mit der gesellschaftliche Ignoranz und dem Unsichtbarmachen lesbischer Sexualität in enger Interaktion. Alle Familienmitglieder interagieren komplex unbewusst über Generationen hinweg mit gesellschaftlichen und kulturellen Werten, ebenso wie Individuen das gesellschaftliche und kulturelle Leben beeinflussen und verändern. Weibliche Sexualität wird heute noch in vielen Kulturen nicht ernst genommen oder lächerlich gemacht. In einer Verkehrung ins Gegenteil könnte die eigentliche Macht weiblicher Sexualität auf diese Weise entwertet, verächtlich gemacht, versteckt, tabuisiert, unterdrückt und kanalisiert werden, um sie kulturell und gesellschaftlich strukturierbar und kontrollierbar erscheinen zu lassen.

Innerfamiliär könnte das Szenario folgendermaßen aussehen: Die Tochter fühlt sich vom Vater in der Kraft ihres leidenschaftlichen Begehrens, das im Rahmen der ödipalen Rivalität heftig mit Aggression durchmischt wird, zurückgewiesen, verachtet, lächerlich gemacht und nicht ernst genommen. Die zum Ausdruck kommende Verachtung könnte in der Tochter Scham- und Schuldgefühle hinterlassen und sie empfindlich in ihrem Selbstwertgefühl kränken. Konkurrenz mit Männern könnte sie in Zukunft als verbotene Anmaßung oder gar als Größenwahn erleben und in sich unterdrücken, oder im Gegenteil immer wieder suchen und in der Wiederholung scheitern oder aus Angst vor dem Ziel aufgeben. Das Ichideal, ein starkes oder ebenso starkes Mädchen (wie ein Junge) zu sein, könnte zerfallen oder übermäßig sexualisiert und idealisiert werden.

Ähnliche Folgen könnten drohende Gebärden des Vaters oder eine aggressive Rivalität mit der Tochter haben. Sie könnte phallisch-narzisstische Kastrationsängste (wie oben geschildert) entwickeln und alle homoerotischen Impulse der Mutter gegenüber abspalten oder verdrängen. Die negative Beantwortung der homosexuellen genitalen Triebansprüche an die Mutter und das Verbot könnten Enttäuschung, Depression und Mutlosigkeit hinterlassen (vgl. Poluda 1996, 2000), das Verbot der Homosexualität und die Homophobie wird im individuellen Überich aufgerichtet und findet in kulturellen und gesellschaftlichen Verboten und Idealen ihre Bejahung, Verstärkung und Kongruenz.

Wenn die Mutter auf die ihr geltenden leidenschaftlichen genitalen Impulse erschrocken oder ängstlich, abwehrend oder ignorierend reagiert, wird die Tochter ebenfalls nicht ermutigt, sondern in ihren erotischen Liebesimpulsen der Mutter gegenüber enttäuscht und dazu angeregt, sich dem Vater und den gegengeschlechtlichen genitalen Impulsen zuzuwenden.

Sexuelles Begehren der Mutter, das sich auf ihre Tochter richtet, darf neben den pflegerisch-schützenden Aufgaben bei der Mutter nicht existieren. Das strengste Inzest-Tabu wurde meines Erachtens zwischen Mutter und Tochter errichtet. Es scheint noch stärker, als das zwischen Vater und Sohn. D. Mann, ein amerikanischer Psychoanalytiker, hebt das Mutter-Sohn-Inzest-Tabu hervor und beschreibt die biologischen und anthropologischen Hintergründe:

> »Die erotischen und die nährenden Funktionen der Mutterschaft – der Mutter-Baby-Beziehung – wurden in der analytischen Theorie wie auch in anderen Kontexten voneinander getrennt; dies zeigt der weitverbreitete Gebrauch von Begriffen wie ›prägenital‹ oder ›präödipal‹, die indirekt besagen, dass es in dieser frühen Phase keine Erotik gibt, während meiner Meinung nach das Gegenteil zutrifft. Hinzu kommt das Inzesttabu. Über das für Vater und Kind (gewöhnlich die Tochter) geltende Inzesttabu wird häufig gesprochen. Das Verhältnis zwischen Mutter und Kind (gewöhnlich dem Sohn) erscheint weitaus problematischer. Historisch gesehen, ist dies das älteste Inzesttabu, denn über die Dauer von vielen Generationen ließ sich die Vaterschaft nicht nachweisen, und in zahlreichen Gesellschaften hat man um die Rolle des Mannes und die Funktion des Samens bei der Fortpflanzung nicht gewusst« (1999, S. 84).

Obwohl die Gedichte von Sappho aus Lesbos, der berühmten antiken Dichterin, von größter Leidenschaft sind, wird ihre Liebe zu ihren Schülerinnen verharmlosend und desexualisierend dem pädagogischen Eros und damit eher elterlichen Funktionen zugeschrieben. »[D]och Eros zerwühlte mir das Gemüt, wie ein Wind vom Gebirge in die Eiche fällt« (Sappho 1978, S. 25) ist nur eine ihrer Verszeilen, die in einem kraftvollen und schönen Bild die erotische Kraft zwischen einer älteren Frau und ihrer Schülerin beschreibt.

Homosexueller Missbrauch von Söhnen oder Jungen wird häufiger öffentlich diskutiert und kriminalisiert als der sexuelle Missbrauch von Mädchen durch ihre Mütter oder andere Frauen, die vermutlich seltener vorkommen und im Stillen geschehen, verdeckt von einem mächtigen Tabu. In der psychoanalytischen Diskussion geht es mit Blick auf missbräuchliche Beziehungen zwischen Mutter und Tochter vor allem um narzisstischen Missbrauch, Parentifizierung der Töchter oder übergriffige Interaktionen und Überstimulationen während pflegerischer Maßnahmen an der Tochter. Über Inzest zwischen Mutter und Tochter ist wenig bekannt.

6.4 Fallbericht

Deshalb möchte ich hier eine kurze Fallgeschichte einfügen: Eine meiner lesbischen Patientinnen, die ihren Vater nicht kannte und nie gesehen hatte, wurde im Alter zwischen neun und vierzehn immer wieder von ihrer Mutter, die schwer alkohol- und medikamentenabhängig war, zum brutalen Missbrauch durch Männer gezwungen, um Geld für ihre Suchtmittel zu erwirtschaften. Um mehr Geld einstreichen zu können, wurden die Vergewaltigungen im Laufe der Zeit immer sadistischer und brutaler. Verletzungen im Genitalbereich durch von der Mutter selbst in die Vagina brutal eingeführte Flaschen mussten stationär behandelt werden, aber kein Kinderarzt wagte es, eine Anzeige zu erstatten. Sie war in Panik, die sie aufgrund schwerer körperlicher Misshandlungen nicht kontrollieren konnte und die sie immer wieder überwältigte. Sie lief immer wieder weg, wurde aber von der Polizei aufgegriffen und zurückgebracht. Die Prügel, mit der die Mutter sie anschließend bestrafte und mit denen sie drohte, setzten meine Patientin derart in Todesangst, dass sie lange die grausamen Vorgänge, die sich nachts in ihrem Kinderzimmer abspielten, niemandem berichtete. In der Pubertät wagte sie es endlich, das Jugendamt zu informieren. Es wurde ihr in Teilen Glauben geschenkt, und sie wurde in einer Pflegefamilie untergebracht. Die Mutter entschloss sich im Zuge der Fremdunterbringung ihrer Tochter zu mehrmaligen Entgiftungen und Entwöhnungsbehandlungen. Nach jeder abgeschlossenen Behandlung erwirkte sie beim Jugendamt die Heimkehr meiner Patientin und der Missbrauch und die Misshandlungen begannen von vorne. Erst im 14. Lebensjahr gelang es der Patientin durch eine Ausbildung von Zuhause endgültig auszuziehen. Die Mutter erlag ca. fünf Jahre später den Folgen ihrer Suchterkrankung. Sie wurde niemals angezeigt oder in irgendeiner Weise strafrechtlich sanktioniert. Die Patientin lebt heute allein in der Nähe ihrer erwachsenen Töchter und ist mit ihrer Geschichte soweit in Frieden gekommen. Leider sind sowohl ihre homosexuellen als auch ihre heterosexuellen Beziehungen immer wieder von schweren Komplikationen und Wiederholungen ihrer Gewalterfahrungen durchzogen gewesen, was bis heute nicht abschließend durchgearbeitet werden konnte.

Mit dieser Fallgeschichte möchte ich herausheben, wie ohnmächtig Kinder in der Bundesrepublik nicht nur in den 1950er Jahren waren, sondern auch heute noch den Verhältnissen ausgeliefert sind, in die sie hineingeboren werden. Dieses Wissen um die frühe Abhängigkeit von den Eltern und das Ausgeliefertsein der Mutter und dem Vater gegenüber könnte eine schützende Wirkung für die Söhne und Töchter haben und ein Tabu aufrichten, das nachhaltiger als das Tabu gegenüber körperlicher Gewalt von Müttern gegen ihre Kinder wirkt. D. Mann macht in der Tradition Freuds mit Hilfe des griechischen Mythos diese Konflikte noch einmal deutlich:

> »Ödipus begeht den Inzest und den Vatermord und wird zur Strafe geblendet und verbannt. Iokaste hingegen macht sich nur des Inzests schuldig, ihre Strafe aber ist der Selbstmord. [...] Psychisch ist das Verlangen des Sohnes nach der Mutter weniger tabuisiert als das Verlangen der Mutter nach dem Sohn. Ihre Grenzverletzung wirkt dadurch schwerer« (Mann 1999, S. 32).

Eine gelungene erotisch gefärbte Mutter-Kind-Beziehung zwischen einer Mutter und ihrem Sohn, den sie ob seiner männlichen und weiblichen Qualitäten bewundert, oder der Mutter und ihrer Tochter, die sie nicht identifikatorisch, sondern mit Objektliebe hinsichtlich ihrer weiblichen, aber auch männlichen Attribute attraktiv findet, kann man sich nur bei einer Mutter vorstellen, die ihre eigene Genitalität und Sexualität, ihre eigenen weiblichen wie männlichen Anteile kennt, bejaht und lebendig lebt.

6.5 Die Überich-Entwicklung lesbischer Frauen

Wie kann man sich die Überich-Entwicklung einer lesbischen Frau vorstellen? Welche Inhalte mögen ihr Gewissen und ihr Ichideal in sich tragen? Wie mögen die Konflikte zwischen Ichideal und Real-Ich ausfallen? Das Überich und seine Inhalte sind für den Aufbau reifer Objektbeziehungen notwendig:

> »Der Aufbau des Ichideals als einer Substruktur des Überichs ist eine Grundvoraussetzung für die Fähigkeit, sich zu verlieben. In der Idealisierung des geliebten anderen zeichnet sich die Projektion von Aspekten des eigenen Ichideals ab, das die sublimatorische Verwirklichung ödipaler Wünsche symbolisiert. Die Projektion geht einher mit Zuneigung zu dem projizierten Ideal, mit dem Empfinden, dass in der oder dem Geliebten ein begehrenswertes, zutiefst ersehntes Ideal in der äußeren Realität lebendig wird« (Kernberg 1998, S. 148).

Die vom Kind als grandios erlebten und bewunderten Eltern, die ihm als Vorbild dienten, erwachen im geliebten Objekt und werden begehrt.

Die Überich- und Ichideal-Bildung, eine Unterstruktur des Überichs, ist ein höchst komplexer Prozess der psychischen Reifung des Kindes, der sowohl von familiären als auch von gesellschaftlichen Faktoren beeinflusst wird, die sich – wie oben beschrieben – in der historischen Entwicklung wiederum gegenseitig durchdringen. Die Kern-Geschlechtsidentität ist bei lesbischen Frauen weiblich. Sie müssen sich deshalb auf eine spezifische Weise mit den gesellschaftlichen Überich- und Ichideal-Inhalten der weiblichen Geschlechtsrolle auseinandersetzen. Die Konfrontation mit Inhalten des Ichideals, das genauso gesellschaftlich geprägt ist und heterosexuelle, feminine Klischees enthalten kann, bedarf einiger Anstrengung. Angesichts der großen Unterschiede zwischen einzelnen Individuen und des Umstands, dass jede Person ein einzigartiges Überich und Ichideal hat, versuche ich herauszuschälen, was für einige Frauen lesbischer sexueller Orientierung Gültigkeit haben könnte.

Der erste Konflikt mit den frühen Überich-Inhalten wird ein Konflikt mit dem sein, was Feministinnen als »Heterosexismus« bezeichnen, also der gesellschaftlichen Norm, dass Männer Frauen und Frauen Männer zu begehren haben. Erst in allerjüngster Zeit scheint sich diese Norm ein wenig zu relativieren. Ob dieser Inhalt im Überich lesbischer Frauen rigide oder locker gestaltet ist, ob es ein Gebot oder Verbot, ein Vorschlag oder ein Befehl ist, dürfte sehr stark von den Werten und der Rigidität der traditionellen Rollenverteilung wie von den Geschlechterstereotypisierungen in der jeweiligen Primärfamilie abhängen. Ein homosexuelles Kind zu haben, ist auch heute noch für die meisten Eltern eine narzisstische Kränkung. Der Konflikt zwischen dem realen Ich des Kindes und dessen internalisierten elterlichen Werten wie auch der Konflikt zwischen den Wünschen und Vorstellungen der Eltern und der Realität des Sosein des Kindes entfalten sich immer wieder neu und phasenspezifisch. Ist jedoch eine grundsätzliche gegenseitige Akzeptanz vorhanden und prägt in der Adoleszenz und während der Bewusstwerdung der Homosexualität die Grundatmosphäre in der Primärfamilie, können die auftretenden Konflikte bewältigt werden. Schmerzhafte Enttäuschungen sowie falsche Vorstellungen, Projektionen und übersteigerte Ideale werden als solche wahrgenommen und können als Illusionen und Wünsche enttarnt und betrauert werden. Herrscht ein intolerantes, aggressives und/oder patriarchal dominiertes Familienklima, in dem einer bestimmt, was für alle falsch und richtig ist, entstehen all die katastrophalen Coming-out-Konflikte, die bis zum Suizid führen können. Wenn lesbische Frauen die verinnerlichte familial vermittelte Aggression gegen die eigene Homosexualität in ihr Überich aufgenommen haben, bei gleichzeitiger schwacher Ausbildung eines Ichs, das modifizierend wirken könnte, werden sie die Aggression im depressiven Verarbeitungsmodus gegen sich selbst richten. Das negative Introjekt und der verinnerlichte Aggressor werden dann im Suizid agiert und gleichzeitig mit vernichtet.

Da bei Frauen Wünsche, Zärtlichkeit untereinander auszutauschen, weniger verdrängt und tabuisiert zu sein scheinen, als bei Männern (vgl. Rohde-Dachser 1994, S. 834), mag ein lesbisches Coming-out zunächst milder verlaufen als dass eines schwulen Mannes. Zunächst erscheinen die patriarchalen Regeln für einen jungen Mann härter und zwingender und werden mit mehr Gewalt durchgesetzt. Die subtilen Forderungen nach spezifischer Weiblichkeit und die Ignoranz gegenüber lesbischem Begehren, das nicht ernst genommen, sondern vielmehr lächerlich gemacht wird, stellen jedoch für das Ichideal einer jungen lesbischen Frau eine große Herausforderung dar. Sie wird ihr eigenes Ichideal und vermutlich das ihrer Eltern enttäuschen müssen. Auch das Überich erleidet eine Erschütterung, wenn ein Mädchen oder eine junge Frau homoerotisches Begehren in sich verspürt. Das Gebot (und vielleicht auch der Wunsch), einen Mann zu lieben (und von diesem Kinder zu empfangen), wird geradezu auf den Kopf gestellt. Gerade im Ichideal kann meines Erachtens eine Art Leere zurück bleiben, ein Nichts, wie man sich selbst als lesbische Frau idealisieren kann, wenn man sich wenigstens nicht mehr entwerten muss. Dieses Nichts in der Entwicklung zur lesbischen Frau kann als psychische Leere erlebt werden und wird bei manchen (ähnlich wie bei manchen schwulen Männern) mit dem Ideal der ewigen Jugendlichkeit und der seelischen Verweigerung, das reife Erwachsenenalter jemals zu erreichen, beantwortet. Das Risiko für eine psychische Erkrankung steigt ebenso wie die Chance, diese Leere mit einer produktiven, neuen Liebes- und Lebensform zu füllen, für die es wenige positive Vorbilder und Identifizierungsmöglichkeiten gibt.

Die zahlreichen Liebesaffären lesbischer Prominenter und Stars, die Trennungen, mit oder ohne Kinder, die Skandale und Skandälchen lassen es immer wieder wie ein Wunder erscheinen, dass manche lesbische Paare, ebenfalls mit oder ohne Kinder, bereits »ein Leben lang« (z. B. über 20 Jahre) zusammenleben. Solche Paare erhalten in der Szene einerseits Bewunderung, andererseits skeptische Verachtung, weil manch junge Lesbe, mit dem männlichen Ideal der sexuellen Promiskuität und der »Jägernatur« des stereotypen Mannes identifiziert, sexuelle Treue und langjähriges Zusammenleben nur als spießig und altbacken erleben kann. Meist steckt hinter dieser Attitüde eine große Sehnsucht und gleichzeitig eine ebenso große Angst, niemals im Leben eine Person dauerhaft lieben und ebenso geliebt und akzeptiert werden zu können. Die Angst vor der eigenen psychischen Destruktivität, die größer als die Libido und der Selbsterhaltungstrieb sein könnte, lässt viele Lesben trotz großer Sehnsucht vor sog. »lebenslangen Bindungen« zurückschrecken. Auf der anderen Seite zeigen die bereits geschlossenen Lebenspartnerschaften seit Einführung des entsprechenden Gesetzes in der Bundesrepublik, dass die

Sehnsucht nach Verantwortung füreinander, gesellschaftlicher Legalisierung der eigenen Liebes- und Lebensform trotz immer noch gesetzlich bestehender schmerzhafter Ungleichbehandlung besonders im Steuer- und Erbrecht sehr groß ist. Ob diese Lebenspartnerschaften gelingen oder scheitern wird erst die Zukunft zeigen.

7. Adoleszenz

Im vorangegangenen Kapitel bin ich bereits auf einige spezifische pubertäre und adoleszente Probleme eingegangen. In diesem Kapitel soll die Adoleszenz vertieft behandelt werden, da in dieser bedeutsamen Lebensphase alle vorangegangenen Phasen der psychischen und sexuellen Entwicklung vor dem Hintergrund des pubertären genitalen Reifungsprozesses noch einmal durchlebt und neu integriert werden.

Schon Jones formulierte 1922 diese sogenannte Rekapitulationstheorie (Bohleber 2000, S. 26), der zufolge der Adoleszente die ersten fünf Lebensjahre noch einmal auf höherem Entwicklungsniveau durchläuft und auf alle erwachsenen Lebensbereiche ausdehnt. Anna Freud fügte der Theorie der Adoleszenz 1936 weitere progressive Entwicklungselemente hinzu. Sie beschrieb den Konflikt zwischen den aufsteigenden, durch den adoleszenten Hormon- und Wachstumsschub enorm verstärkten libidinösen wie aggressiven Triebimpulsen und dem noch schwachen, unreifen adoleszenten Ich als Schwanken mit fast krankheitswertiger Heftigkeit. Die auftretenden ›Symptome‹ seien als Ausdruck des Versuches zu sehen, eine aus dem Gleichgewicht geratene Disharmonie auf reiferem Niveau ausgewogen wieder herzustellen.

Alle unwiederbringlich den kindlichen Körper vernichtenden somatischen Veränderungen müssen psychisch verarbeitet und in die gesamtseelische Organisation aufgenommen werden. Anstürmende genitale Triebansprüche, erste heftige Verliebtheit, die auf die ersten Schwärmereien folgen, müssen durchgearbeitet werden und signalisieren die endgültige Ablösung von den ödipalen Objekten, die zugunsten außerfamiliärer Liebesobjekte aufgegeben werden müssen. Die Adoleszenz ist eine wütende und traurige, aber auch euphorische und expansive Zeit. »Die infantile Sexualität muss in die endgültige sexuelle Organisation überführt werden«, fasst Bohleber (2000, S. 24) die Hauptaufgabe der Adoleszenz prägnant und kurz zusammen.

Überich und Ich-Ideal werden in der Adoleszenz ebenfalls einer Revision unterzogen: Letzte kindliche Überreste von infantilem Größenwahn und unbewusster wie bewusster Bisexualität werden mit der gereiften Realitätsprüfung, in der Latenzzeit an schulischen, sozialen und familiären Herausforderungen entwickelt, abgebaut, sodass die eigenen Kompetenzen, die eigenen Grenzen und die eigene Handlungsmacht neu überprüft und korrigiert werden kann.

Um das zehnte oder elfte Lebensjahr herum beginnen die hormonellen Veränderungen das Wachstum des weiblichen Körpers zu beeinflussen. Die äußeren und inneren Genitalien beginnen zu wachsen, Scham- und Achselbehaarung stellen sich ein, und das Gebiet um die Brustwarzen beginnt zu schwellen. Libidinöse wie auch aggressive Strebungen, die noch nicht explizit genital besetzt sind, steigern sich.

Der Beginn erwachsener Weiblichkeit steht in Verbindung mit dem Verlust des kindlichen Körpers, was einer Todeserfahrung nahekommt, da der kindlich-asexuelle Körper im Wachstum und durch die hormonellen Einflüsse zerstört wird und unwiederbringlich verloren geht. Angesichts dieser Bedrohung fänden charakteristische Abwehrprozesse statt, wobei Regressionen auf prägenitalem Niveau im Zentrum stünden (vgl. Bohleber 2000) und die Eltern gebraucht wie abgelehnt werden: beides in schneller Folge hintereinander.

Zwischen dem zehnten und vierzehnten Lebensjahr[22] setzt die Menarche ein (in verschiedenen Kulturen und Zeitaltern auch eher). Damit wird die Entwicklung der Fortpflanzungsfunktion der inneren wie äußeren Genitalien unübersehbar. Aus einem unfruchtbaren Kind ist nun ein fruchtbar werdender Teenager geworden, sodass entsprechende beängstigende, aber auch potente Fantasien auftauchen, die an der Realität überprüft und integriert werden müssen. Die Peergroup spielt hier neben den Eltern eine große Rolle. Sie vermittelt Halt, ein neues Zuhause und Identifizierungs- und Differenzierungsangebote für diese schwierige Phase. Diese Zeit scheint einer zweiten Wiederannäherungsphase zu gleichen, da es heftige Strebungen weg von den Eltern gibt, die abrupt mit heftigen Wünschen nach alter Geborgenheit und Sicherheit im familiären Nest abwechseln. Der Konflikt zwischen Distanz versus Intimität dominiert und der Wunsch, Innerstes bei sich zu behalten, sowie Geheimnisse nur mit Ausgewählten auszutauschen, bestimmen diese Phase. Die außerfamiliären Objekte werden für diese Interaktionen immer bedeutsamer und die beste Freundin lebenswichtig.

Sexuelle Impulse können mit Masturbation (siehe auch weiter unten), die bei Mädchen oft tabuisiert wird, und/oder durch Petting und erste sexuelle Erfahrungen gelebt werden (vgl. Torok 1974; Waldeck 2000). Das Überich wird lockerer, Schwangerschaftsängste werden geringer, und das gereifte Ich kann vermehrt kreativ und innovativ zwischen inneren sexuellen Wünschen und den Gegebenheiten der Außenwelt vermitteln.

Etwa ab dem 15. Lebensjahr nimmt die Verantwortung für den eigenen Körper und seine sexuelle Reife zu. Sie kann langsam psychisch integriert werden. Die harte Arbeit der Entidealisierung der inneren Objektrepräsentanzen beginnt, da die Realität erfreuliche, aber auch enttäuschende Erfahrungen für den Jugendlichen bereithält. Mit dem kritischen Blick des Jugendlichen wird die aktuelle Realität der Eltern, deren Werte, Haltungen und Einstellungen zu allen Lebensfragen hinterfragt. Die eigene Realität wird ebenso kritisch in Augenschein genommen und alte Ideale und Prinzipien neu abgewogen. Die Ablösung aus der inneren wie aus der äußeren Abhängigkeit von den primären Bezugspersonen wird weiter vorangetrieben und die Selbstständigkeit nimmt zu. Autonomerer Umgang mit Sexualität (und bei heterosexuellen Mädchen mit Verhütung) werden erprobt und gesichert. Weiterhin wechseln sich Progression und Regression ab: Zu beobachten sind die typischen pubertären Stimmungsschwankungen:

> »Die Heranwachsenden schwanken nicht nur zwischen regressiven und progressiven Bewegungen hin und her, sondern auch zwischen narzisstischer Selbstüberhöhung oder Idealisierung Anderer im Dienste der narzisstischen Konsolidierung einerseits und der defensiven Selbstverkleinerung und Verleugnung der eigenen aggressiven und sexuellen, sozialen oder intellektuellen Potenz andererseits. Das psychische Spiel und Experimentieren mit den Extremen kann geradezu als konstitutiv und notwendig für die adoleszente Integrationsarbeit angesehen werden. Diese schrittweise, mitunter beinahe unmerkliche psychische Arbeit an der Integration von Narzissmus und eine neue Objektbindung repräsentiert in mehrfacher Hinsicht eine weichenstellende und zukunftsweisende Entwicklungsschleife. Sie kann am Ende der Adoleszenz in die Autonomie des erwachsenen Menschen münden, der einen eigenständigen Lebensentwurf erarbeitet und in neuen Bindungen seine erwachsene Kreativität und Generativität realisiert« (King 2000, S. 56).

Zwischen dem 17. und 20. Lebensjahr stabilisieren sich die Verhältnisse. Die Schule wird oder ist abgeschlossen, Berufswahl und weitere Entscheidungen, prägend für die Zukunft, sind getroffen worden. Innere Werte und Gebote werden neu im Außen überprüft und erneuert, um sie als stabiles

Wertesystem zu verinnerlichen. Die sexuelle Organisation ist abgeschlossen und verschiedene Identifizierungen sind zu einer gefestigten Identität und Persönlichkeit geworden.

Aufgrund der historisch neuen, sog. verlängerten Adoleszenz eröffnen sich für junge Frauen seit etwa 20 Jahren andere Optionen, sich beruflich länger zu orientieren und zu stabilisieren, bevor die Frage von Ehe und Familiengründung in den Vordergrund rückt. Die Zeiten, in denen die Tochter erst mit der Heirat das Elternhaus verlässt und sofort in den Hafen der Ehe und der eigenen Familie segelt, sind vorbei. Mädchen und junge Frauen, vor allem aus gebildeteren Schichten, können sich im verlängerten Übergangsraum Adoleszenz neu erproben und mit den verschiedensten Lebensentwürfen spielen.

Trotzdem muss die junge Erwachsene Objekte außerhalb der Familie finden und sich mit der Partnerwahl endgültig genital-libidinös von den Primärobjekten, ihren Eltern, trennen.

Für lesbische Frauen bedeutet dies eine besondere Herausforderung: Sie müssen sich innerlich radikaler von ihren ersten Bezugspersonen trennen, da sie sich – um eine eindeutige homosexuelle Position erreichen zu können – grundsätzlicher von der manifesten sexuellen Orientierung beider Eltern desidentifizieren müssen. Gleichzeitig, dafür sprechen auch die sich wiederholenden Konflikte in den ersten Liebesbeziehungen, ist jede außerfamiliäre Objektbeziehung ein »Wiederfinden« der Primärobjekte (Freud zit. nach Bohleber 2000, S. 25), sicherlich auch bei jungen lesbischen Frauen. Die verinnerlichten frühen Selbst- und Objektrepräsentanzen machen eine Partnerwahl erst möglich, schränken diese aber gleichzeitig auf die komplexe Mischung dieser inneren Repräsentanzen ein. Die Selbstrepräsentanzen, eingeschmolzen in das reif werdende Erwachsenen-Ich, bleiben also in neuer individueller Form an das Alte gebunden, und die neue Generation entsteht, in der das Alte mehr oder weniger deutlich wiederzuerkennen ist. Ein von der Krise labilisiertes System kann potenziell Quelle von Neuem wie auch Medium der nachhaltenden Reproduktion des Alten sein (vgl. King 2000b und Freuds Konzeption des Wiederholungszwangs).

In lesbischen Beziehungen lassen sich sowohl die heterosexuellen Primärobjekt-Repräsentanzen der jeweiligen Partnerin als auch gleich- und gegengeschlechtliche Dynamiken innerhalb der Beziehung in der Paarkonstellation erkennen.

Für Psychoanalytiker sind diese Erkenntnisse eigentlich eine Banalität, trotzdem wirkt es nicht selten so, als würde bei heterosexuellen Beziehungen gerade die erotisch gefärbte gleichgeschlechtliche Dynamik übersehen. In

Falldarstellungen dominieren zwar weibliche Patientinnen, deren Symptome und aktuelle Konflikte häufig mit ihren prägenitalen Beziehungen zu ihren Müttern erklärt werden (meist nach dem latent wertenden Motto: »Die Mutter ist an allem schuld!«). Der negative Ödipuskomplex und seine Dynamik werden jedoch kaum oder nie erwähnt.

Zurück zur Adoleszenz: Das narzisstische Gleichgewicht, durch die adoleszenten Wachstumsprozesse verunsichert, bedarf stützender Fantasien der eigenen Größe und Allmacht, die an prägenitalen Vorstellungen von Omnipotenz anknüpfen und umgeformt werden. Diese innere Auseinandersetzung bezieht realitätsnähere Inhalte aus der Latenzzeit mit ein, die sich durch Schule und Freizeit, individuelle Interessen und Fähigkeiten herauskristallisieren konnten. Sofern die ödipale Phase so weit abgeschlossen werden konnte, dass sie möglichst frei von ödipalen Rivalitäten und Konkurrenzgefühlen im familiären Dreieck durchlebt wurde, können diese narzisstischen Selbstüberschätzungen ohne größere Unfälle und Verletzungen überstanden werden. Lesbische Adoleszente können so ihre schulische und berufliche Kompetenz, ihre Fähigkeit, die Freizeit sinnvoll und kreativ zu gestalten, als Stütze einsetzen, um die Konflikte bezüglich der sexuellen Orientierung gut zu bewältigen. Heute findet sich in großen Städten ein vielfältiges Freizeitangebot für lesbische Mädchen und junge Frauen. Vor etwas zehn Jahren waren diese Institutionen erst im Aufbau begriffen und eine Seltenheit. So musste manches lesbische Mädchen ihre Jugend in großer Einsamkeit und mit heftigen Ausgeschlossenheitsgefühlen bewältigen. Es mag manchmal wie ein Wunder erscheinen, mit welcher Kraft lesbische Frauen ihre Individuation trotz zahlreicher destruktiver Interaktionen mit ihrer Umwelt erringen und trotzdem psychisch gesund bleiben. Vielleicht helfen ihnen – ebenso wie heterosexuellen Jugendlichen – Tagträume und idealisierte Zukunftsvisionen als Überbrückungen und »als Quelle der Gratifikation«. Sie werden genutzt, bis die Folgen des »umfassenden und belastenden Umgestaltungsprozess[es]« verarbeitet sind und »das Selbstwertgefühl durch Bestätigungen der Umwelt und durch neue Beziehungen zunehmend gefestigt wird« (King 2000, S. 26).

Nun müssen eigene Werte ins Überich und Ichideal integriert werden und neue Überzeugungen, die sich von den elterlichen unterscheiden, gefunden und gelebt werden.

Da die oben genannten Bestätigungen bei lesbischen Jugendlichen häufig ausbleiben, ihre Objektwahl vielmehr sowohl von den Jugendlichen selbst als auch von ihrer Umwelt grundsätzlich in Frage gestellt wird, ist die Adoleszenz lesbischer Mädchen und schließlich junger Frauen besonderen Belastungen ausgesetzt. Das Finden neuer Werte, besonders die Idealisierung einer Frauenbeziehung, kann angesichts dieser Krise in einigen Fällen erst in symbiotischer, z. T. regressiver Form der eigenen idealen Zweisamkeit gegen eine als feindlich erlebte Umwelt gelebt werden. Umso schmerzhafter ist das Erwachen, wenn die ersten Liebesbeziehungen mit heftigen aggressiven Konflikten und Rivalitäten mit anderen jungen Frauen zerbrechen, meist unter Aufgabe des vormals hohen Wertes der Monogamie und der als Ideal stilisierten und verschmelzend erlebten Ehrlichkeit (»Wir sagen uns alles!«).

In der psychoanalytischen Theorie stehe heute nicht mehr wie früher der Penisneid, sondern die Beziehung zur Mutter im Zentrum der Theorien zur weiblichen Adoleszenz, so Bohleber (2000). Allerdings sieht er die Hauptaufgabe des Mädchens darin, sich mit der mütterlichen Fruchtbarkeit zu identifizieren, und zwar derart, dass die Rivalität, der Neid und die Wut auf die Mutter soweit gemildert werden, dass sie nicht als positive Imago zerstört werden muss, sondern als positive Identifikationsfigur erhalten bleibt. In der Betonung der Erhaltung der weiblichen Fruchtbarkeit und eines positiven inneren Bildes der gebärenden und Kinder aufziehenden Frau durch Bohleber könnte meiner Auffassung nach die Idealisierung der männlichen Separation von der Mutter weiter in der Theorie versteckt bleiben. Männlichkeit kann sich dann – im Gegensatz zur Frau gesehen – immer noch und immer wieder mit der Unabhängigkeit von Frau und Kindern konstituieren, sodass Männer, die nach der Geburt ihres ersten Kindes zuhause bleiben und die Frau (und Mutter) weiter ihrem Beruf nachgeht, heute noch eine absolute Ausnahme darstellen.

»Im traditionellen oder konventionellen Geschlechterverhältnis galt ›Weiblichkeit‹ geradezu als Antipode zur Autonomie, während umgekehrt ›Männlichkeit‹ sehr viel stärker mit Selbstbestimmung oder Selbstbehauptung assoziiert wurde« (King 2000a, S. 386), schreibt Vera King im gleichen Jahr wie Bohleber, nur in einem anderen, kritischen Geist.

Vera King, eine bedeutende zeitgenössische Theoretikerin weiblicher Entwicklung, präzisiert in ihrer Arbeit über »Narzissmus und Objektbindung in der weiblichen Adoleszenz« (2000), dass Autonomie nicht das Gegenteil von Abhängigkeit sein muss, sondern dass »narzisstische, selbstbezogene Strebungen einerseits und objektgebundene oder objektbezogene Strebungen andererseits […] zwei konstitutiv notwendige Pole der Autonomie darstellen« (a.a.O., S. 386). Autonomie bedeutet für King, im Verlauf des gesamten Lebens sowohl in der Beziehung zu sich selbst als auch zu anderen, ein gesundes Maß an »innerer Souveränität und Freiheit« zu besitzen, um »konstruktive

Konfliktlösungen und Lebensentwürfe zu entwickeln«. Diese Fähigkeiten zu etablieren ist das Ergebnis einer gelungenen Adoleszenz.

Die Aufgabe, in unserer komplexen Welt für sein Leben und das anderer Verantwortung zu übernehmen, scheint derart schwierig, dass Frauen wie Männer auch heute noch dazu neigen, Autonomie und Abhängigkeit jeweils auf das andere Geschlecht zu projizieren. Sie verharren stattdessen in einer regressiven Position, was erschwert, diese zunächst hart erscheinenden Widersprüche in sich zu integrieren und lebenslang mit den Brüchen und Krisen fertig zu werden, die soziale, berufliche und familiäre Ansprüche an den Einzelnen herantragen.

Frauen benötigen im Kollektiv offensichtlich lange Zeitspannen, um sich von ihren geistigen Müttern zu entfernen. Anscheinend hat eine mentale Kastration von weiblich-mütterlicher Seite nachhaltigere Wirkung als die vonseiten der Väter. Vor diesem Hintergrund kann man auch die unglaubliche Resistenz der brutalen Tradition der Klitoris-Verstümmelung im afrikanisch-arabischen Kulturkreis verstehen, die gegen Aufklärung und staatliche Sanktionen aufrechterhalten wird, da sie von den Großmüttern und anderen die Tradition tragenden, mächtigen Frauen verlangt und vollzogen wird. Die Wirkung weiblicher Kastrationsmacht scheint bis in den aufgeklärten Westen zu wirken, denn merkwürdigerweise interessiert die Klitoris-Verstümmelung die weibliche westliche Welt nur am Rande, so als schreckten sie vor einer realen und konstruktiven Auseinandersetzung über weiblich-weibliche genitale Destruktion zurück. Erst in allerjüngster Zeit wird in den Medien ein wenig mehr über konkrete und z. T. sehr sensible und den jeweiligen Kulturen angepasste Aktionen in den betroffenen Ländern und für die betroffenen Frauen berichtet.

Flaake machte erst 1998 die kulturelle Entwertung des weiblichen Körpers, mit der sich Mädchen und junge Frauen konfrontiert sehen, für den Einbruch von Zweifeln und Unsicherheiten verantwortlich (vgl. King 2000a). Die alte Frage nach Schönheit, deren Relativität und Vergänglichkeit beginnt hier ihren langen Schatten auf ein Frauenleben zu werfen. Gilligan fügt dem hinzu, dass Selbstbehauptung und Abgrenzung gesellschaftlich hoch anerkannt werden, diese Eigenschaften aber stereotyper Weiblichkeit weniger entsprächen (vgl. King 2000a). Mädchen blicken bei Beginn ihrer Entwicklung mehr auf pointierte Vorbilder. Gilligan meint darüber hinaus, dass bereits vorpubertär mädchenhaftes »basales Denken und Fühlen« (a. a. O.) eher entwertet werde. Bis heute scheinen Werte wie Zurückhaltung, Bescheidenheit und Respekt vor Autoritäten bei Mädchen und Frauen gerne gesehen – auch wenn der

»Knicks« als Ausdruck von Demut und Bescheidenheit als Begrüßungs- oder Abschiedsritual nur noch dem hohen Adel vorbehalten bleibt. Intelligenz, Schnelligkeit, Flexibilität, Innovation, hohe Motivation und hohes Engagement, soziale Kompetenz, Bereitschaft zu Konkurrenz und Rivalität, Kritikfähigkeit, Reflexionsfähigkeit, Teamfähigkeit, Führungskompetenz, Kraft und Ausdauer werden zwar von der bundesdeutschen Wirtschaft für qualifizierte Führungskräfte nachgefragt, aber wohl doch immer noch mehr bei Männern.

Die Adoleszenz bedeutet eine Reise hinein in etwas Neues und außerordentlich Fremdes. Selbstverständliches geht verloren, und narzisstische Fantasien, in denen man sich selbst als Prinzessin, Fee, Heldin oder wilder Knabe vorgestellt hat, werden angesichts der unbeeinflussbaren und eigenen Gesetzen gehorchenden Entwicklung des eigenen Körpers schmerzhaft zerstört. Die Fitness- und Schlankheitskultur, das Body-Shaping bis hin zu kosmetischen Operationen sollen hier Abhilfe schaffen. Trotzdem tritt dieser neue eigene Körper dem Mädchen als fremdes Ding entgegen, und die Umgebung antwortet mit entsprechenden Codes: »[D]as ist dein Körper, der dies und jenes bedeutet, und damit bist du Frau oder Mann geworden« (King 2000a, S. 400).

Waren in der prägenitalen Zeit ebenso wie in der Latenz entweder keine ins Bewusstsein tretenden homosexuellen Impulse vorhanden oder wurden sie wieder verdrängt, treten sie nun als zweites aus dem Inneren des lesbischen Mädchens machtvoll in dessen Bewusstsein. Nachdem unsere Kultur wenig wertschätzende und widerspruchsfreie Symbolik für lesbische Frauen zur Verfügung stellt, in die man diese Gefühle eingießen kann, fühlt sich die lesbische Adoleszente oft einsam und ausgeschlossen. Heute ist es ihr aber, besonders in gebildeteren Schichten, leichter möglich, Anschluss, Akzeptanz und Freundinnen zu finden, die sie in ihrem Sosein unterstützen und verstehen. Es könnte auch ein junger Mann, »der beste Kumpel« oder ein guter Freund sein, der die lesbische Freundin und Schulkameradin versteht und mit ihr gemeinsam auf »Frauenjagd« geht.

7.1 Weibliche Masturbation

Das Ehepaar Laufer betont als Hauptaufgabe der Adoleszenz die Bildung der sexuellen Identität. Nur mit dem Fokus auf die sexuelle Identitätsentwicklung könne man die Angst, die Adoleszente erleben, sowie die Entstehung und die Struktur von schweren Pathologien der Adoleszenz wirklich verstehen (1984, S. 27). Die Masturbation, im Sinne von Probehandeln, insbesondere aber die sog. »zentrale Onanie-Phantasie« spiele ihrer Auffassung nach eine herausragende Rolle. Leider bezieht sich ihr ansonsten sehr gewinnbringendes Konzept allein auf männliche Jugendliche. Mädchen drohe durch die Masturbation (im Gegensatz zu Jungen, bei denen Onanie Autonomie verkörpere) eine regressive Fixierung an die Mutter. Waldeck bezieht sich auf Laufer und Laufer:

> »Die eigene Hand sei unbewusst mit der Hand der aktiv-versorgenden, aber auch der versagenden und enttäuschenden Mutter gleichgesetzt. Deshalb löse die masturbatorische Aktivität beim Mädchen Ängste vor passiv-homosexueller Unterwerfung und vor Rachegelüsten und (Selbst-)Destruktion aus. Wegen der Besonderheiten der weiblichen Entwicklung, wie sie die Autoren (in ihrer Allgemeingültigkeit kaum nachvollziehbar) darstellen, sehen sie, anders als beim Jungen, in der Vermeidung manueller Selbstbefriedigung beim Mädchen keine Entwicklungsstörung« (2000, S. 439).

Mir fällt es ähnlich wie Waldeck schwer, diese Gedanken nachzuvollziehen, insbesondere erscheint mir die Herkunft der Rachegefühle und der (Selbst-)Destruktion unklar. Außerdem bedient der Begriff »passiv-homosexuelle Unterwerfung« das Klischee, dass die Tochter der Mutter gegenüber erotisch nur in regressiver Unterwerfung agieren kann und von dieser infantilisiert und in Abhängigkeit gehalten wird, worauf sich die Tochter aus dieser Bindung nicht lösen kann. Dass sich zwei Frauen, eine reife Mutter, die ihre (Bi)Sexualität nicht verleugnen muss, und eine gereifte, ein Individuum gewordene Tochter, gegenüberstehen und sich sexuell attraktiv finden, diese Vorstellung scheint hier ausgeschlossen.

Maria Torok entwirft bereits 1974 ein für die weibliche Masturbation potentes Bild: Das Mädchen und die Frau könne sich im Rahmen der Urszenen-Fantasie in beiden elterlichen Positionen vorstellen. In der zugleich leiblichen und seelischen Erfahrung der Masturbation könne die Frau Aktivität und Passivität, Einverleiben und Empfangen, Kontrolle und Kontrollverlust, Eroberung und Hingabe als Möglichkeiten des eigenen Verhaltens erleben und dadurch auch jene Anteile in ihr Selbstbild aufnehmen, die traditionell dem »Männlichen« zugeordnet gewesen seien. Sowohl die Reaktionen des sexuell erregten Leibes wie die Begleitfantasien ermöglichen Erfahrungen, die die polarisierten Geschlechtsrollenmuster integrieren und überwinden. Durch das masturbatorische Erleben könne die Frau Macht, Selbstgefühl und Vertrauen in die eigenen Fähigkeiten und die eigene Zukunft gewinnen (vgl. Torok 1974, S. 228f.). Als einige der wenigen Psychoanalytikerinnen deutet Maria Torok die in einigen arabischen und afrikanischen Staaten verbreitete Klitoris-Verstümmelung als Versuch, weibliche Sexualität gewaltsam jeglicher Lustfunktion zu berauben und sie auf die Fortpflanzungsfähigkeit festzuschreiben.

Abschließend sei noch einmal Waldeck zitiert, den die Ergebnisse der neueren Sexualforschung (Schmidt 1993) pessimistisch stimmen: Im Vergleich zu 1970 sinkt die Bedeutung der Masturbation bei Frauen seit 1990 wieder ab. Die meisten jungen Frauen erlebten ihren ersten Orgasmus »bei Petting und Geschlechtsverkehr« (Waldeck 2000, S. 439).

7.2 Historischer Exkurs

Bereits seit dem 9. Jahrhundert wurde jede »nicht auf Fortpflanzung ausgerichtete sexuelle Handlung« vom Kirchenrecht als »Ketzerei« verdammt (vgl. Schoppmann 1999, S. 126). Männliche Homosexualität wurde mit Sodomie gleichgesetzt und verfolgt: Die Strafen reichten von einigen Jahren schweren Kerkers bis hin zur Todesstrafe. Seit dem Beginn des 19. Jahrhunderts entwickelten sich mit dem Entstehen des Bürgertums andere, differenziertere Maßstäbe in der Rechtsordnung. Als Indiz für den vollzogenen Geschlechtsakt wurde die Penetration gesehen, sodass Frauen aus dem Fokus der Verfolgung gerieten (vgl. a.a.O., S. 127ff.). Bei Frauen wurde Homosexualität (stärker als bei Männern) als gegenseitige Masturbation interpretiert. Angesichts ihrer angenommenen Passivität unterstellte man ihnen auch keinen aktiven Penetrationswunsch – ein heute noch aktueller Gedanke, mit der lesbische und schwule Sexualität abgewertet wird. Bei der Reichsgründung 1871 wurde die preußische Regelung, welche männliche Homosexualität zum Verbrechen erklärte, nahezu unverändert in die Rechtsordnung übernommen. Sie überdauerte die Weimarer Republik und den Nationalsozialismus und wurde in der Bundesrepublik erst vor einigen Jahren abgeschafft. Lesbische Frauen fanden in Gesetzen keine Erwähnung. Ein Vorteil, der sich in geringerer Verfolgung und Pönalisierung lesbischer Liebe manifestierte, sodass die Entwertung und Verleugnung von Sexualität zwischen Frauen den lesbischen Frauen zum Vorteil geriet. Während im Nationalsozialismus die Verfolgung homosexueller Männer verschärft wurde, weitete man den Paragrafen 175 jedoch nicht auf die lesbische Liebe aus. Die Familie wurde als »Zelle des Staates« (a. a. O., S. 129), ebenso wie die Mutterschaft, ideologisch hochstilisiert. »Die ehelichen Machtverhältnisse und das Stereotyp von der allenfalls ›pseudohomosexuellen‹ und damit ›kurierbaren‹ lesbischen Frau bewirkten, dass man die Steigerung erwünschter Geburten und damit die Bevölkerungspolitik durch die weibliche Homosexualität nicht ernstlich gefährdet sah« (a. a. O., S. 130).

Die Nationalsozialisten befürchteten »unbegründete Anzeigen« von Frauen, da Frauen als solche inniger miteinander umgingen und die »verhältnismäßig sehr bescheidene Rolle der Frau im öffentlichen Leben« sowie die angenommene geringere Anzahl lesbischer Frauen keine »Gefahr der Ausweitung der ›Seuche Homosexualität‹« (ebd.) bedeute. Lesbische Frauen, die nicht jüdisch waren, sollten in KZ-Bordellen, die den Häftlingen als Gratifikation zur Verfügung standen, durch erzwungenen heterosexuellen Geschlechtsverkehr der Normalität zugeführt oder umerzogen werden. Die Idee, dass eine lesbische Frau den richtigen Mann und Liebhaber noch nicht gefunden habe, der ihr das wahre Liebesleben beibringe, begegnet mir in Patientinnen-Biografien und Erzählungen von lesbischen Freundinnen noch heute. Die gedankliche Tradition, die in der Entwertung von Weiblichkeit und der Verniedlichung, Verharmlosung und Entwertung weiblicher und lesbischer Sexualität gründet, ist bis heute in vielen Wissenschaften, nicht nur in der Psychoanalyse, wirkmächtig und erfolgreich.

7.3 Coming-out und Homophobie

Mit dem Begriff Coming-out sind die innerseelischen Prozesse und die soziale Dimension des Hinaustretens mit der eigenen sexuellen Orientierung in die unmittelbare und weitere persönliche Umgebung gemeint. Für Morgenthaler (1987) stellt das Coming-out »die dritte Weichenstellung in der Entwicklung zur Homosexualität« (S. 93) dar. Er meint: »Die größte Belastung geht von der Gesellschaft aus, in der sie leben.« Homosexuelle müssten im Coming-out

> »ihre Geschlechtsrolle ›für sich selbst definieren‹, ausbilden und aufrechterhalten. [...] Gelingt dieser Schritt, setzt eine Umorientierung im Leben Homosexueller ein. Es geht dann nicht mehr in erster Linie darum, ob und wie sie sich zu erkennen geben und ob sie sich gesellschaftlich diskriminiert oder anerkannt fühlen. Für sie wird vielmehr das Bestreben immer wichtiger, ihr Liebesleben frei von den gesellschaftlich vorgezeichneten Verhaltensmustern zu gestalten,

obschon sie in allen anderen Belangen des täglichen Lebens diesen Verhaltensmustern folgen« (a. a. O., S. 94).

Es gilt also, eine lesbische Identität zu entfalten, eine Entwicklungsdimension, die erst seit jüngster Zeit öffentlich diskutiert wird. Erst durch die Existenz einer Lesbenszene, die sich als Teil der Frauenbewegung herauskristallisiert hat, ist es möglich, einen lesbischen Lebensstil zu entwerfen. Erste Kontakte zur lesbischen Szene machen zunächst Angst, da es dem lesbischen verinnerlichten Tabu widerspricht, lauter andere Frauen zu erleben, die, wie das Mädchen oder die junge Frau selbst, Frauen begehren und eine Partnerin für eine (oder auch mehrere) Nächte suchen. Finden die Suchprozesse nach einer Sexual- und Liebespartnerin in der Adoleszenz statt, die diese Entwicklungsaufgabe bereithält, steht das Coming-out unter dem Triebdruck der Adoleszenz. Das Coming-out muss ein noch ambivalentes und instabiles Ich bewältigen. Die verinnerlichte Angst vor der eigenen Triebhaftigkeit, erstens durch die weibliche Sozialisation und zweitens eventuell durch internalisierte Homophobie verstärkt, muss nun bewältigt werden.

Morgenthaler hat für die homosexuelle Objektwahl den narzisstischen Typus (wie oben dargestellt), die Suche nach dem Gleichen, zugrunde gelegt, während er in der Heterosexualität die komplementäre Wahl des anderen, des fremden Objekts als Abgrenzungsmöglichkeit zur eigenen Person sah. Poluda kontrastiert diese Theorie mit ihrer klinischen Erfahrung:

> »So wie es viele heterosexuelle Paare mit narzisstischer Objektwahl gibt, so gibt es viele homosexuelle Paare mit deutlich komplementärer Objektwahl (nach dem Anlehnungstyp). Dieser Befund erscheint mir auch einleuchtend, wenn man dialektisch denkt und in der narzisstischen oder komplementären Objektwahl wiederum keine strikte Alternative vermutet, sondern erkennt, dass jede Bindung im Anderen das Fremde und das Gleiche finden, anerkennen und miteinander versöhnen muss« (2000, S. 350).

Das Coming-out kann also durch die Suche nach Ähnlichem wie nach Fremdem gekennzeichnet sein.

Die Utopie einer Welt, in der alle sexuellen Orientierungen die gleichen Rechte (und Pflichten) hätten, beschreibt Alice Schwarzer 1976 in ihrem berühmten Buch »Der ›kleine Unterschied‹ und seine großen Folgen«:

»In einer Kultur, in der Zeugung nicht primärer Impuls für menschliche Sexualität ist, müsste bei freien Entfaltungsmöglichkeiten die Homosexualität ebenso selbstverständlich sein wie Heterosexualität und Eigensexualität. Dass sie es nicht ist, hat politische Gründe. Denn: Nur eine zum Dogma erhobene Heterosexualität kann das männliche Sexmonopol sichern – ihr Vorwand ist der ›kleine Unterschied‹: Er stellt die Weichen für die tiefe Abhängigkeit und schamlose Ausbeutung von Frauen durch Männer ... Solche Überlegungen müssen sich nicht unbedingt sofort in der Praxis eines Frauenlebens niederschlagen. [...] Nicht alle Frauen sollen bisexuell oder lesbisch werden. Aber alle Frauen sollen die Möglichkeit haben, bisher Selbstverständliches in Frage zu stellen« (Schwarzer, S. 27).

In solch einer Welt, in der Defizite von der Gesellschaft bestmöglich kompensiert und nicht abgewertet würden, könnte Wiesendangers Aussage zur Homophobie zutreffen:

»Schwul-, Lesbisch- bzw. Bisexuellsein [stellt] weder ein biologisches noch ein medizinisches noch ein psychisches noch sonst irgendein im gleichgeschlechtlich empfindenden Individuum liegendes Problem [dar]. Vielmehr handelt es sich um ein rein soziales Problem: Die Gesellschaft stößt im Umgang mit gleichgeschlechtlich Empfindenden an eigene psychische Grenzen, welche sie bewusst oder unbewusst in mehr oder weniger aggressiver Form am vermeintlich Verursachenden [...] abreagiert« (Wiesendanger 2002, S. 53).

Dieser Annahme liegt meines Erachtens eine Spaltung zugrunde, die allen utopischen Gedanken immanent ist: Gut und Böse sind klar getrennt, und das Problem wird projektiv, ›den Anderen‹ zugeschrieben. Wiesendanger beschreibt, dass die Opfer dieses Prozesses die Ablehnung internalisieren und dann selbst das Feindliche in sich tragen, allerdings nur aufgrund des Zwangs der (frühkindlichen) Identifizierung (mit dem Aggressor). Dieser Mechanismus ist ohne Zweifel ein wichtiger Teil der Psychodynamik homosexueller Frauen (und Männer), der zu verschiedenen Symptomen, auch sexuellen Schwierigkeiten führen kann. Allerdings verkennt Wiesendanger die Tatsache, dass Homosexuelle einer Minderheit angehören, die dem unverrückbaren Umstand ins Auge sehen muss, dass nicht die gleichgeschlechtlichen, sondern die gegengeschlechtlichen Genitalien aus biologisch-anatomischer Sicht aufeinander abgestimmt sind und damit Generativität bei Homosexuellen nicht gegeben ist.

Mit Hilfe psychoanalytischen Verständnisses hat sich die Lesben- und Schwulenbewegung den Begriff Homophobie angeeignet, der die z.T. mit

Ekelgefühlen verbundene Ablehnung von Homosexualität bedeutet. Vermutlich haben homophobe Menschen selbst eine verunsicherte Geschlechtsidentität und können ihre eigene Bisexualität, insbesondere ihre homosexuellen Wünsche, nicht integrieren. Die nicht integrierbaren Triebwünsche werden projektiv feindlich bei anderen abgelehnt, um sie in sich selbst nicht spüren zu müssen.

Wiesendanger spricht von »alltäglich erlebten Minitraumata« (a.a.O., S. 55) allein durch die alltägliche Vorannahme, das jeder Mensch heterosexuell ist. Abwertende Äußerungen und Handlungen verstärken die allgemeine latente Entwertung lesbischer Frauen. Der Autor vergleicht die Vorurteile gegen Homosexuelle mit den Problemen des Rassismus, Antisemitismus und des aktuell auftretenden Antiislamismus (vgl. a.a.O., S. 55f.). Die Unterschiede sieht er darin, dass man Homosexuellen ihre Andersartigkeit nicht sofort ansehen könne, während das bei dunkler Hautfarbe oder traditioneller Kleidung in einer anderen Kultur schneller gegeben sei. Dieser Umstand verführe Homosexuelle dazu, sich zu verstecken, und bringe den Zwang mit sich, sich aktiv im täglichen Coming-out erkennen zu geben.

Meiner Meinung nach birgt das Coming-out eine Belastung und gleichzeitig eine Chance: Das bewusste Reflektieren und Entscheiden über Nähe, Distanz und Vertrauen in einer Beziehung kann Entwicklungs- und Differenzierungsmöglichkeiten für den interpersonellen Kontakt bieten. Menschen, die spontan und selbstverständlich handeln und leben wollen, müssen sich dem Zwang zur Entscheidung nicht unterwerfen. Voraussetzung dabei ist die Abgrenzungsfähigkeit von Selbst und Objekt und eine gewisse Ich-Stärke. Dann kann es gelingen, kränkende Äußerungen, z.B. abwertende Witze oder auch nur Ignoranz, zu ertragen und nicht als den innersten Kern der eigenen Person verletzend zu erleben. Treffen Entwertungen jedoch auf ein bereits in sich instabiles, sich selbst entwertendes Ich, das wenig narzisstische Gratifikation erfährt oder erfahren hat, bedeutet das tägliche Coming-out eine Belastung des bereits brüchigen narzisstischen Systems.

In der Heterogenität von Homosexuellen sieht Wiesendanger (a.a.O., S. 56) ein Problem, da sich andere Minderheiten wie Andersgläubige oder Andersfarbige zumindest in der eigenen Familie oder Glaubensgemeinschaft angenommen und ihr zugehörig fühlten (was meiner Erfahrung nach eine undifferenzierte Idealisierung darstellt und unrealistisch ist). Nun bietet auf der einen Seite die lesbisch-schwule Szene eine Art Heimat und kann einen Familienersatz darstellen (mit all den Ambivalenzen, Normen und Störungen einer »normalen« Familie, die Wiesendanger vergisst anzuführen). Auf der anderen Seite verkennt Wiesendanger das Unbewusste und die im Vorbewussten gelagerte Intuition, die Homosexuellen hilft, wie Heterosexuellen auch, sich ineinander zu verlieben, so wie man Freunde, Seelenverwandte und andere sympathische Menschen ebenfalls auf den ersten Blick wahrnimmt.

Richtig bleibt seine Feststellung, dass es an homosexuellen Vorbildern und entsprechender kultureller Symbole mangele. Homosexuelle Menschen würden immer noch in »zwielichtigem Zusammenhang« (S. 59) dargestellt und häufig auch lächerlich gemacht.

Erstaunlicherweise gefallen gerade manchen Schwulen und Lesben die Filme »Traumschiff Surprise – Periode 1« oder sein Vorgänger »Der Schuh des Manitu«, deren Komik nur davon lebt, dass schwule Männer sich lächerlich machen. Diese »Geschmacksverirrung« könnte ein Zeichen verinnerlichter Homophobie sein oder ein Ausdruck des Wunsches, die täglich belastend erlebte Diskriminierung wenigstens kurze Zeit nicht so ernst nehmen zu müssen und die dabei entstehenden Verletzungen, Wunden und immer wieder schmerzenden Narben verleugnen zu können.

Gefühle der Isolierung und Ausgeschlossenheit, die die früher erlebte Einsamkeit im ödipalen Dreieck gegenüber dem meist heterosexuellen Elternpaar aktivieren können, können im Coming-out allerdings auch neu und kreativ bewältigt werden. Die Heimatlosigkeit und Nicht-Zugehörigkeit zu einer noch immer patriarchal organisierten Gesellschaft sind sicherlich für jedes adoleszente lesbische Mädchen eine Herausforderung. Regression im Dienste des Ich, z. B. gemeinsame Kneipenbesuche organisiert von der örtlichen Lesbenberatungsstelle, die mit (durch die Erfahrung älterer Lesben als gute Mütterlichkeit repräsentierende) Begleitung in die manchmal beängstigende lesbische Szene einführen, sowie gesunder Humor über sich selbst können bei dieser schweren Aufgabe helfen.

Die im Vergleich zu homosexuellen Männern geringere Sichtbarkeit lesbischer Frauen in der Gesellschaft, in Forschung und Wissenschaft und in der Öffentlichkeit kann als subtilere Diskriminierung gesehen werden. Die Unsichtbarkeit lesbischer Frauen wird durch ihre geringe Anzahl verstärkt. Lesbische Frauen sind eine Minderheit in der Minderheit und auf die politische Solidarität der homosexuellen Männer angewiesen. Das Misstrauen lesbischer Frauen schwulen Männern gegenüber und die Abwertung von Lesben durch schwule Männer gehören heute glücklicherweise der Vergangenheit an, sodass viele gemeinsame Projekte zugunsten beider homosexueller Gruppierungen entstehen und eine größere Lobby mehr politisch-gesellschaftlichen Einfluss nehmen kann.

7.4 Reife genitale Sexualität und Generativität

Das Coming-out und die Überwindung der verinnerlichten Homophobie sind im lesbischen Leben ein wichtiger Schritt zum Erwachsenwerden. Reife Liebe im psychoanalytischen Sinn bedeutet aber darüber hinaus die Integration von Liebe und Aggression im Alltag einer sexuellen Liebesbeziehung. Otto Kernberg hat meines Erachtens in folgendem Zitat schöne und realistische Worte für diese Aufgabe gefunden:

> »Zu einer reifen sexuellen Beziehung, so glaube ich, gehört dazu, dass bei manchen sexuellen Begegnungen der Partner als ›reines Sexualobjekt‹ benutzt wird; unter Umständen erreicht die sexuelle Erregung dann ihr Maximum, wenn das Bedürfnis zum Ausdruck gebracht wird, den anderen sexuell zu ›benutzen‹ und von ihm ›benutzt zu werden‹. Die wechselseitige Einfühlung in solche sexuellen Äußerungen und die implizite Kollusion mit ihnen haben ihre Entsprechung in der Empathie und Kollusion, die in der Beziehung bei heftiger Wut und gegenseitigen Angriffen und Zurückweisungen entstehen. Bedeutung und Tiefe gewinnen zwischenmenschliche Beziehungen durch die Zuversicht, dass sich alle diese Zustände innerhalb einer umfassenden Liebesbeziehung, in der es auch Zeiten gibt, wo man einander in Ruhe betrachtet und das eigene Innenleben mit dem anderen teilt, auffangen lassen« (Kernberg 1998, S. 65).

Aggression kann dem Wortsinn nach ebenso »an-greifen« wie »an-nähern« bedeuten und verschiedene Verhaltensweisen wie »Interesse, Selbstbehauptung, Abgrenzung, Verteidigung und Schädigung anderer« (Rauchfleisch 2000, S. 37) beschreiben. In der Psychoanalyse gibt es eine bis heute andauernde Debatte hinsichtlich der Qualität und der Entstehung von Aggression. Ist sie in ihrer destruktiven Form grundsätzlich pathologisch zu verstehen und eine Reaktion auf ein Trauma in der Entwicklungsgeschichte des menschlichen Individuums? Oder ist sie ein angeborener Trieb, der destruktiv wirkt und bestenfalls sublimiert und mit Libido gemischt werden kann, um sozial verträglich zu fungieren? Kann sie als eine konstruktive Kraft verstanden werden, die förderungs- und differenzierungswürdig scheint, oder ist sie ein zerstörerisches Potenzial, das gebändigt und durch Regeln strukturiert werden muss? Es bedarf einer besonderen Integrationsleistung, um sowohl mit der dem Individuum inhärenten Aggression (deren Grundlage Freud im Todestrieb sah) als auch mit der Frustrationsaggression umzugehen, die die Konfrontation mit der Realität bei jedem Individuum auslöst. Diese Integrationsleistung erfordert die Fähigkeit, das Liebesobjekt stark libidinös zu besetzen, eine reife Überich-Entwicklung durchlaufen zu haben, aber auch die Fähigkeit, Ambivalenz, d. h. gleichzeitige Zuneigung und Ablehnung, zu ertragen:

> »Eine Idealisierung, in der kein Platz für Ambivalenz ist und die durch jegliche Aggression in der Beziehung leicht zunichte gemacht wird, ist definitionsgemäß eine brüchige und unbefriedigende Idealisierung, und den Partnern fehlt die Fähigkeit zur intensiven gegenseitigen Identifizierung. Doch die Integration von Objektbeziehungen kündigt nicht nur an, dass nun fortgeschrittene ödipale Konflikte bestimmend werden und sich eine dementsprechende Toleranz für Ambivalenz entwickelt, sondern auch, dass in der Beziehung Aggressionen hervortreten, die toleriert werden müssen und der Beziehung gefährlich werden können« (Kernberg 1998, S. 97).

Das Konzept des Todestriebs (Thanatos) nach Freud, der als Antagonist zur Libido konzipiert wurde, scheint besonders mit Blick auf die neuere Säuglingsforschung überholt. Die in »Jenseits des Lustprinzips« (1920) formulierte These, dass allem Lebendigem eine Kraft entgegenstehe, die darauf gerichtet sei, das Leben zu zerstören und in eine totale Spannungslosigkeit, nämlich den Tod, zu überführen, war in der Psychoanalyse von Beginn an umstritten und ist es bis heute. Man geht jetzt davon aus, dass hoch komplexe psychische Vorgänge, die von einer ebenso komplexen Umwelt modifiziert, strukturiert und auch aktuell immer wieder beeinflusst werden, die wiederum von einer angeborenen Disposition zur Aggressivität unterlegt sind, Destruktivität schaffen. Diese aggressive Disposition und die Unterscheidung zwischen einer dem Leben, der Durchsetzung von lebenserhaltenden und lebenserweiternden Interessen dienlichen Aggression und einer das Lebendige zerstörenden, sich etwa in Gewalt und Sadismus ausdrückenden Aggression, blieben jedoch in der Theoriebildung erhalten.

»Die psychoanalytischen Konzepte gehen von einer primären Aggression des Menschen aus, die konstruktive wie destruktive Aspekte umfasst, wobei letztere vor allem unter dem Einfluss traumatisch erlebter frühkindlicher Beziehungserfahrungen entstehen«, schreibt Rauchfleisch (2000, S. 40). Dieser Befund deckt sich mit neuesten kriminologischen Forschungen, die von multikausalen Ursachen einer Entwicklung zu kriminellem Verhalten ausgehen. Deshalb spielen psychiatrisch-forensische Gutachten in der Justiz eine immer größere Rolle. Allerdings haben Forschungen an schwer destruktiv-perversen Männern ergeben, dass Appelle oder therapeutische Reifungsangebote an ein nicht vorhandenes oder ein mit nicht annähernd gesellschaftskonformen Inhalten bestücktes Überich keine ausreichend günstige Prognose haben.

Vielmehr ist eine Persönlichkeit, deren Überich und Ichideal, und damit auch die Selbst- wie Objektrepräsentanzen vorwiegend mit Destruktivität angefüllt ist, nicht mehr korrigierbar, auch nicht durch eine jahrelange, hochfrequente Psychoanalyse.

Zurück zum konstruktiven Einsatz von Aggression, die für die Trennung und Loslösung von den frühen Objekten notwendig ist. In der Sexualität, insbesondere beim Erleben des eigenen weiblichen Körpers, der als dem mütterlichen ähnlich und doch von ihm verschieden empfunden werden muss, sind Abwehrmechanismen nötig, um die Aggression zu kontrollieren.

> »Die primitive Idealisierung der mütterlichen Körperoberfläche führt mittels früher Introjektion und primitiver Identifizierung mit der Mutter dazu, dass das Kind auch den eigenen Körper idealisiert. Die Spaltungsprozesse, die eine solche primitive Idealisierung von ›nur-schlechten‹ oder Verfolgungs-Erfahrungen abtrennen, halten die sexuelle Disposition[23] gegenüber dem idealisierten Objekt aufrecht und verhindern, dass die sexuelle Erregung von aggressiven Impulsen überschwemmt wird« (Kernberg 1998, S. 58).

Die präödipale Enttäuschung über die Mutter, die die Brust entzieht und den archaischen und gierigen Wünschen des sich omnipotent erlebenden Kindes nicht immer nachgibt, es motorisch einschränkt, um es vor Gefahren zu schützen, sowie die aus diesen Frustrationen entstehende Enttäuschungswut müssen integriert und/oder abgespalten werden, um sadistische Racheimpulse kontrollieren zu können. Gerade im lesbischen Liebesakt, in dem eine Frau auf einen anderen weiblichen Körper trifft, der mehr als ein männlicher Körper an den der Mutter erinnert, können solche archaischen frühen Gefühle freigesetzt werden. Die Leidenschaft in der Sexualität und die dabei entstehende mangelnde Kontrolle des Ichs über unbewusste und bewusste Vorgänge stellen immer eine Herausforderung an die psychische Integrität dar.

Auch ohne Kinder kann ein lesbisches Leben gemeinsam gelingen. Allerdings muss die Aufgabe, die eine länger dauernde Beziehung zusammenhält, ihr Sinn gibt und immer wieder produktive Spannung erzeugt, auf anderen – unkonventionellen und kreativen Wegen – entdeckt und durchgehalten werden.

Abschließend drei Zitate, in der drei männliche Psychoanalytiker zur Liebe an sich, der Liebesfähigkeit und einer reifen, gesunden Beziehungsform Stellung beziehen:

Zu Beginn der Amerikaner D. Mann, der eher Nähe, Enge und Intimität betont – eigentlich prägenitale, in der Beziehung zur Mutter überwiegende

Liebesformen – und kaum zwischen verschiedenen Beziehungsformen differenziert:

> »Der Liebende sucht die intimste Erfahrung, die man gemeinsam mit einem anderen Menschen finden kann. Liebende möchten das Gefühlsleben des anderen in allen Einzelheiten kennenlernen; sie tauschen Geheimnisse aus, erzählen sich ihre nächtlichen Träume und ihre Tagträumereien; sie erforschen einander körperlich und seelisch, um ihre eigene Tiefe und die Tiefe des anderen zu ergründen. Auf diese Weise erschließen sie neue Höhen und Tiefen. In der Liebe wollen die Menschen der geliebten Person vollkommen vertraut sein und restlos von ihr verstanden werden. Sie möchten sich wandeln, um noch liebenswerter zu sein, sie wollen an ihren Schwächen arbeiten, schlechte Gewohnheiten ablegen oder alles, was ihnen unliebsam erscheint, verändern. Dies gilt ebenso für die Mutter und das Baby wie für erwachsene Liebende und natürlich für die therapeutische Beziehung« (Mann 1999, S. 21).

Rauchfleisch meint, dass es bei Lesben und Schwulen keine Unterschiede in den Fähigkeiten und Aufgaben gibt, die man benötigt, um eine länger dauernde Beziehung aufrechtzuerhalten. Am Ende des Coming-outs stehe die Integrationsphase, die sich dadurch auszeichne,

> »dass in den Beziehungen nun körperlich-sexuelle und emotionale Aspekte gleichermaßen von Bedeutung sind. Lesben, Schwule und Bisexuelle suchen in den Begegnungen mit Partnerinnen und Partnern nicht mehr nur in erster Linie sexuelle Erfüllung. Umgekehrt sind es auch nicht mehr die Zustände schwärmerischer, die reale Nähe des geliebten Menschen aber geradezu ängstlich meidender Verliebtheit. Es kommt in dieser Phase vielmehr zu einer ganzheitlichen, personalen Beziehung, die körperliche und seelische Aspekte gleichermaßen umfasst. [...] [S]oll es zu einer für beide Partnerinnen bzw. Partner befriedigenden Situation kommen, ist es notwendig, dass sie aufgrund ihrer in der Vergangenheit gesammelten Erfahrungen Nähe und Distanz ausbalancieren können und ein ausgewogenes Verhältnis zwischen Selbstabgrenzung und Hingabe finden« (Rauchfleisch 2002, S. 46ff.)

Der Autor betont, dass in lang andauernden Beziehungen die Bedeutung genitaler Sexualität zugunsten anderer Aspekte zurücktritt und die gegenseitige Unterstützung und Fürsorge, das Erleben von Gemeinschaft und Kameradschaft sowie das Teilen von Freud und Leid in den Vordergrund rücken (a. a. O.). Das gleiche Schicksal trifft langandauernde heterosexuelle Beziehungen.

Abschließend möchte ich die meines Erachtens differenzierteste und umfassendste Darstellung der reifen genitalen Liebe von Otto F. Kernberg,

Prof. für Psychiatrie und langjähriger Präsident der Internationalen Psychoanalytischen Vereinigung (1998), zitieren, die meiner Ansicht nach für alle sexuellen Orientierungen zutrifft und für lesbische Frauen neu interpretiert werden muss:

> »Meine These ist im Wesentlichen, dass reife sexuelle Liebe eine komplexe emotionale Disposition ist, in der folgende Elemente zusammenwirken: (1) sexuelle Erregung, die in ein auf einen anderen Menschen gerichtetes erotisches Begehren umgewandelt ist; (2) Zärtlichkeit, die auf der Integration libidinös und aggressiv besetzter Selbst- und Objektrepräsentanzen beruht, wobei die Liebe die Aggression überwiegt und die normale Ambivalenz, die allen zwischenmenschlichen Beziehungen eigen ist, toleriert wird; (3) eine Identifizierung mit dem anderen, die sowohl eine wechselseitige genitale Identifizierung als auch eine tiefe Einfühlung in die Geschlechtsidentität des anderen umfasst; (4) eine reife Form der Idealisierung, verbunden mit einer tief gehenden Bindung an den anderen und an die Beziehung; und (5) die Leidenschaftlichkeit der Liebesbeziehung in allen ihren drei Aspekten: der sexuellen Beziehung, der Objektbeziehung und der Über-Ich-Besetzungen des Paares« (a. a. O., S. 57).

Gerade Punkt 3 scheint mir mit Blick auf lesbische Beziehungen besonders interessant:

Meines Erachtens ist die Verfügbarkeit der in der Kreuzidentifikation mit Mutter und Vater erworbenen unbewussten wie bewussten Vorstellung der gegengeschlechtlichen Geschlechtsidentität, bei lesbischen Frauen insbesondere die des Mannes, erforderlich, um den lesbischen Liebesakt frei, genussvoll und in Leidenschaft leben zu können. Damit meine ich nicht ein einfaches Imitieren der Stereotype männlichen und weiblichen sexuellen Verhaltens, sondern ein Einfühlen der in jedem Moment des Geschlechtsverkehrs stattfindenden emotionalen wie genitalen Bewegung sowohl beim Objekt als auch im Selbst. Weder dürfen zu große Ängste vor der eigenen Weiblichkeit noch vor der eigenen Identifikation mit dem Männlichen bestehen, sondern letztlich muss weiblich-passives oder aktives Aufnehmen in der Stimulation von Klitoris und Vagina ebenso genossen werden können, wie männlich-aktives oder passives Eindringen oder Umschließenlassen eines Penisäquivalents. Ebenso wenig darf ein Geschlecht zu stark aggressiv entwertet werden. Vielmehr sollte die Aggression in den Dienst der Sexualität gestellt werden:

> »Zur erotischen Reaktion im weitesten Sinne gehört zugleich auch die aggressive, sadomasochistische Komponente sexueller Erregung; dies bedeutet, dass aggressive Affekte nicht nur in die polymorph perverse infantile sexuelle Reak-

tion an sich eingebunden werden, sondern auch eine Komponente bilden, die das Streben nach Verschmelzung, Penetration und Penetriertwerden ergänzt« (Kernberg 1998, S. 58).

Die Trauer in lesbischen Beziehungen über die mit der Partnerin nicht mögliche Zeugung und ihre Sublimierung muss geleistet sein oder im Liebesakt, dem unbewusst oder bewusst eine solche Bedeutung zugemessen wird, neu geleistet werden. Diese Wehmut und das Teilen dieses gemeinsamen Schicksals können die lesbische Bindung vertiefen.

»Ich glaube, sexuelle Leidenschaft ist nicht mit der ekstatischen Stimmung gleichzusetzen, wie sie für die Adoleszenz typisch ist. Sexuelle Leidenschaft tritt auch darin zutage, dass man ein subtiles, aber tiefgründiges, sich selbst genügendes und selbstkritisches Bewusstsein von der eigenen Liebe zu einem anderen Menschen hat, während man sich völlig im Klaren darüber ist, dass Menschen füreinander letztlich ein Geheimnis und somit getrennt voneinander bleiben, und akzeptiert, dass unerfüllbare Sehnsüchte der Preis sind, den man zu zahlen hat, wenn man sich ganz an einen geliebten Anderen bindet« (Kernberg 1998, S. 71).

Ist diese Fähigkeit zur Liebe gereift, die eigene Kindheit und die eigenen Wiedergutmachungswünsche immer wieder zu relativieren, kann man in die Generativität eintreten und/oder die nächste Generation sublimiert am eigenen Wissen und an den eigenen Erfahrungen konstruktiv teilhaben lassen.

Das Ende der weiblichen Adoleszenz war früher durch die Mutterschaft markiert. Im Schaffen einer neuen Generation und der Weitergabe wichtiger innerer Selbst- und Objektrepräsentanzen wird das Erwachsensein endgültig begründet. Dem Abschluss der beruflichen Orientierung mit dem Einstieg ins Berufsleben und die damit verbundene Integration sowohl der narzisstischen als auch objektbezogenen Strebungen wurde dagegen bisher in der Psychoanalyse gerade bei Frauen wenig Beachtung geschenkt, obwohl dies in der heutigen Realität einer jungen Erwachsenen wichtiger zu sein scheint. Frauen können heute Beruf, Partnerschaft und Kinder miteinander verbinden – so belastend und anstrengend das auch in mancher Biografie sein mag. Die Integration des familiären und des beruflichen Lebens ist mittlerweile für einen großen Teil unserer Gesellschaft zu einem wichtigen Ziel weiblichen Erwachsenseins geworden. Karriere muss deshalb bei Frauen nicht den egomanischen Aufstieg ohne Mann und Kinder bedeuten, obwohl dies in Spitzenpositionen in Wirtschaft oder Politik oft praktisch gefordert wird und nur so gelebt werden kann. Manchen Frauen gelingt es in einer Art Spagat, all diese Lebensentwürfe kreativ miteinander zu verbinden.

Eine Frau könnte sich diesen Spagat erleichtern, wenn sie ihr Kind relativ früh an professionell Erziehende abgeben könnte. Meines Erachtens widerspricht der Einbezug professioneller und qualitativ hochwertiger Kinderbetreuung nicht der primären Mütterlichkeit (nach Winnicott), die bedeutet, vitale Interessen des Säuglings zunächst vor die eigenen zu stellen. King zitiert Stern, der 1985 feststellte, »dass die Mütter und nicht die Väter jene psychischen Veränderungen und Neuorganisationen durchmachen, die mit der existentiellen Fürsorge für ein neugeborenes Baby eingeleitet werden« (King 2000, S. 393).

Viele Frauen erlebten deshalb nach der Geburt des ersten Kindes zunächst einen Verlust ihrer professionellen Identität: Je weniger stabil diese vorher gewesen sei, desto massiver müsse dieser Verlust ausfallen und desto schwieriger gerate der Wiedereinstieg. Außerdem scheint die Geburt eines Kindes einen regressiven Traditionalisierungsprozess einzuleiten, sodass die in heterosexuellen Beziehungen zuvor errungene Gleichberechtigung wieder verloren geht. Es scheint, als neige die »Bindungsorientierung im weiblichen Lebenszusammenhang« dazu, »Selbstbehauptung und Expansion zu unterminieren« (ebd.) – so, als würde aus dem Unbewussten die eigene Mutterrepräsentanz in ihrer erlebten, vermutlich traditionellen Position wieder auferstehen.

Hier haben lesbische Frauen nach ihrer harten Arbeit der Desidentifikation von der Mutter einen Vorteil: Haben sie die Hürde zum Kinderkriegen genommen, oder gibt es kleine oder auch größere Kinder aus vorangegangenen heterosexuellen Beziehungen, teilen sich die Partnerinnen meist die inner- wie die außerhäusliche Arbeit. Dementsprechend ist die Zufriedenheit lesbischer Frauen mit dieser Lebensführung entsprechend höher (vgl. Frossard 2002).

Während heterosexuelle Paare sich der Fantasie hingeben können, in einer (idealen) Liebesvereinigung, einer körperlichen Symbiose und der realen Verschmelzung von Ovulum und Sperma ein »Gotteskind« zu zeugen und damit selbst ein wenig wie Götter zu sein, werden Homosexuelle heftiger und abrupter von der Vorstellung, real über sich selbst hinauszuwachsen, getrennt. Sie gewinnen mit dem Abtrauern der Bisexualität als Kinder die Einsicht in die biologische Tatsache, dass gleichgeschlechtliche Menschen keine Kinder miteinander zeugen können. Somit konfrontiert sie das innere Coming-out, das nach der Erinnerung mancher homosexueller Erwachsener bereits in der Vorpubertät stattfand, während andere es in der Pubertät (oder später) vollziehen, früh mit der eigenen Endlichkeit und Sterblichkeit. Die kränkende

Realität, im Tod vernichtet zu werden und nichts, was weiterlebt und den »eigenen Stammbaum« fortsetzt, zurückzulassen, mag mehr oder weniger verdrängt sein. Meines Erachtens spielt die Thematik des Kinderwunsches und allem, was dazu gehört, in jeder homosexuellen Biografie eine bedeutsame Rolle. Die Hoffnung, unendlich leben zu können, in vielen Religionen im Versprechen enthalten, nach dem Tod mit dem ewigen Leben im Paradies belohnt zu werden, findet in der Vorstellung und der Realisierung der Zeugung und des Empfangens eines Kindes zumindest ansatzweise Bestätigung. »Im Akt der Fortpflanzung kommen die Menschen der Unsterblichkeit am nächsten«, meint Mann (1999, S. 60).

Homosexuellen bleiben zumeist die tröstenden Gedanken verwehrt, das eigene Genmaterial erfolgreich in die Welt gestreut zu haben und damit Teile der eigenen Person zu transzendieren. Nichts kann sie davor retten, die relative Nichtigkeit und Bedeutungslosigkeit der eigenen Existenz im Angesicht der eigenen Endlichkeit erkennen zu müssen. Es fehlt ihnen die Möglichkeit, sich mit der Fortführung des Lebens zu trösten: »Das Kind steht für die Kontinuität des Lebens und damit virtuell für die Aussöhnung mit den beiden großen Kränkungen: nicht autark und nicht unsterblich zu sein« (Reiche 1990, S. 39).

Diese – an sich allgemein menschliche – Erkenntnis der relativen eigenen Bedeutungslosigkeit trifft homosexuelle Menschen in einem unter Umständen bereits verwundeten narzisstischen Kern. Deshalb meint Bergmann ganz richtig, dass »Homosexuelle, die sich einer Analyse unterziehen und dabei nicht heterosexuell werden, [...] eine Phase der Trauer durchmachen [müssen] angesichts der Tatsache, dass ihre Homosexualität die Elternschaft ausschließt« (1994, S. 371).

Interessant, dass Bergmann immer noch annimmt, Homosexuelle könnten im Rahmen einer Analyse ihre sexuelle Orientierung ändern. Konsequenterweise, und wie ich allerdings nur mündlich kolportiert von einigen Kollegen erfahren habe, entdecken auch Heterosexuelle in Analysen ihre Homosexualität. Menschen wechseln ohne Psychoanalyse ihre sexuelle Orientierung, so als könnten sich die Gewichtungen der ödipalen Konfliktlagen in verschiedenen Lebensphasen verschieben. Diese Frage müsste im Einzelfall genau analysiert werden und bedürfte einer eigenen Untersuchung, die sicher sehr spannend und interessant wäre.

Nichtsdestotrotz, ob in homosexuellen oder heterosexuellen Beziehungen, deren Partner nicht durch wirtschaftliche Abhängigkeiten und strenge soziale Konventionen aneinander gebunden sind, bleibt es allein die Liebe, ein vielen

Schwankungen ausgesetztes Gefühl, die die Beziehungen zusammenhalten soll. Kinder können für eine Liebesbeziehung außerordentlich stabilisierend sein, dem Zusammenleben neuen Sinn geben, wenngleich wir auch wissen, dass Kinder Beziehungen ebenso stark belasten können und manche Beziehung unter dieser Bürde zerbricht. Sich ohne wirtschaftliche Notwenigkeit aneinander zu binden und in Abhängigkeit zu begeben, ist relativ modern. Die moderne Gesellschaft, die den Frauen volle Erwerbstätigkeit ermöglicht hat und damit ökonomische Unabhängigkeit sicherte, macht auf der anderen Seite homosexuelles Leben als soziale Instanz überhaupt erst möglich.

Dieses Ausmaß äußerer wie innerer Freiheit ist historisch neu. Die romantische Liebe existiert erst seit etwa 200 Jahren (vgl. Sigusch 2005a). Umso schwerer ist es, romantische Liebe dauerhaft in sich herzustellen und sie in gefestigte gesellschaftliche Institutionen wie die Ehe oder eheähnliche Bindungen einzugießen. Romantik, Spannung, Neugier, spontane sexuelle Attraktion und langdauernde Beziehungen widersprechen sich eigentlich in sich. Solche Empfindungen in einer Partnerschaft immer wieder aufleben zu lassen, ist die Kunst der Liebe. Diese Kunst kann man nicht in allen Facetten erlernen, da sie von Generation zu Generation neu erfunden werden muss und dauernder Wandlung unterliegt. Lesbische Frauen können wie alle anderen Menschen nur wagen und hoffen, den Kampf um die Entwicklung und das Wachstum der Liebe im Einzelnen und in der Paarbeziehung gegenüber destruktiven Kräften nie aufzugeben.

Meines Erachtens liegen den politischen Bestrebungen, die völlige Gleichstellung der homosexuellen Lebenspartnerschaft mit der Ehe zu erreichen, nicht nur sozialpolitische Motive zugrunde, sondern auch die Hoffnung und der Wunsch, sich lebenslang binden zu wollen. Der Wunsch nach Tradition und (biologischer) »Natürlichkeit«, zugespitzt im Kinderwunsch, beeinflusst »auch die Bedeutung des genitalen Erlebens selbst, das eine Bewusstseinsverschiebung bewirkt, eine neue Vereinigung, in der sich ein Einklang mit der Natur entfaltet« (Kernberg 1998, S. 63).

Die Geburt eines erwünschten Kindes stellt eine narzisstische Gratifikation dar. Festzustellen, dass das eigene Kind kein »Gotteskind« und keine Fortsetzung der eigenen Person ist, sondern ein eigenes menschliches Wesen mit Ansprüchen auf Autonomie und Individualität, scheint jedoch auch für Heterosexuelle oft ein schwierig zu bewältigender Prozess (z.B. wenn das Kind homosexuell wird). Viele neurotische Kinder und Erwachsene, deren Ablösung misslingt, zeigen uns, wie schwer es für Eltern wie Kinder ist, sich aus der Enge, aber auch aus der Sicherheit bietenden Nähe des primären Nestes zu verabschieden. Innere wie äußere Abhängigkeit, die Langsamkeit und bewusst kaum zu beeinflussende psychische Entwicklung wirklich eigenständig geistig-seelischer Prozesse zeigen uns die Mühsal der Individuation.

Da »Babymachen« und »Sex haben« für Kinder vor der Pubertät ein und dasselbe ist (und bewusst in der eigenen Zeugung heterosexuell erlebt wird), kommt unabhängig von einem äußeren Druck ein innerer Druck hinzu, heterosexuelles Begehren zu forcieren, um ein Kind zu bekommen. Poluda (2000) nimmt an, dass »die Mutter-Beziehung zwischen dem frühen/lesbischen und dem reifen Ödipus-Komplex in hohem Maß entscheidend für die Besetzung des inneren Genitales ist«. Die

> »Akzeptanz des homosexuellen Tabus im Verlauf des lesbischen Komplexes, der das Mutter-Tochter-Paar nötigt, die Frauenliebe zu einer erotischen Spiegelbeziehung zu sublimieren, die die körperliche Identifizierung fördert und als Rückversicherung und ödipaler Schutz bei Objektwechsel und der Erkundung der Vater-Beziehung dient« (a. a. O., S. 340),

sei die Grundlage der Entwicklung zur Heterosexualität und Mutterschaft. Mütterlichkeit versteht sie als »das Resultat sublimierter weiblicher Homosexualität« (ebd.).

Dennoch haben viele lesbische Frauen Kinder. Die meisten Nachkommen stammen aus vorangegangenen heterosexuellen Beziehungen. In jüngster Zeit steigt die Zahl lesbischer Frauen, die in den verschiedensten Konstellationen – z. B. mit einem (schwulen) Mann oder durch eine Samenspende – Kinder bekommen. Sie scheinen ihre Potenz, Kinder zu gebären, mit ihrer weiblichen und lesbischen Identität verbinden und ihre besonderen Konflikte lösen zu können. Die Identifikation mit der Mutter scheint so weit gelungen, dass Mutterschaft möglich ist. Die Loslösung scheint ebenfalls so weit gelungen zu sein, dass die heterosexuelle Identität zugunsten einer homosexuellen aufgegeben werden kann. Interessant wäre die Untersuchung der Frage, wie im Unbewussten von manifest heterosexuellen Müttern die homosexuelle bzw. bisexuelle Position erhalten bleiben kann, ohne manifest lesbisch zu leben, und wie Mütter im Einzelfall diese Potenz an ihre Töchter weitergeben, sodass die Tochter sowohl Mutter als auch lesbisch sein kann. »Grundsätzlich wie die weibliche Lust ist die weibliche Kraft zu gebären, welche nun die Verbindung im weiteren Sinne zur Mutter ist und diese herstellt«, meint auch Schmidt-Honsberg (1989, S. 241).

Manche lesbische Frauen scheinen sich allerdings derart stark von der Mutter desidentifiziert zu haben, dass sie sich das Empfangen und Gebären eines Kindes nicht vorstellen können. Ihr weibliches Genitale scheint wie ein Penis als dominantes Lustorgan und als Zentrum der wiederkehrenden Bestätigungsmöglichkeit der eigenen sexuellen Identität besetzt. Empfängnis wie Geburt werden als dessen Zerstörung erlebt. Sogar die Penetration (durch die Hand, Zunge oder einen Dildo einer anderen Frau) destabilisiert die Fantasie, eigentlich im Besitz eines Penis zu sein und wird deshalb gemieden. Manche solcher Lesben ziehen sich deshalb bei sexuellen Kontakten mit anderen Frauen nicht aus und verbieten es ihrer Partnerin, sie zwischen den Beinen, manche sogar am ganzen Körper, zu berühren oder zu penetrieren. Sie können allein die dominante, aktive Position (eines fantasierten Mannes, der eine Frau sexuell befriedigt) psychisch ertragen.

Die Besetzung des Genitales in der weiblichen Entwicklung kann zunächst der genitalen Lustfunktion gelten, bis die lesbische Identität, die mit einer männlichen Identifikation einhergehen kann, genügend stabil ist. Danach könnten diese lesbischen Frauen sich mit der Doppelfunktion des weiblichen Genitales als Lust- und Reproduktionsorgan aussöhnen, sich also sowohl dem äußeren wie dem inneren Genitale zuwenden und sich ebenso wie heterosexuelle Frauen mit Schwangerschaft, Geburt und Mutterschaft identifizieren, ohne fürchten zu müssen, ihre sexuellen Reize als lesbische Frau zu verlieren. Dabei stehen sie vor dem Mangel der libidinösen Besetzung eines Mannes, mit dem sie ein Kind zeugen könnten.

Meiner Kenntnis nach werden hier verschiedene Lösungen auf einem Kontinuum von Nähe und Distanz zum Mann umgesetzt: Ein Mann kann soweit libidinös besetzt werden, dass die lesbische Frau zur Zeugung sexuell mit ihm verkehrt. (Ich formuliere die anderen Möglichkeiten im Folgenden ein wenig salopp, ähnlich, wie unter Lesben darüber gesprochen wird). Eine lesbische Frau legt eine heterosexuelle Phase ein, lebt mit einem Mann zusammen, sie bekommen ein gemeinsames Kind, die Frau wird (wieder) lesbisch und zieht das Kind mit ihrer nächsten Partnerin auf, wobei der biologische Vater in die Erziehung mit einbezogen wird. Alkoholisiert geschieht ein heterosexueller Ausrutscher genau um den Eisprung herum. Ein schwuler oder heterosexueller Freund wird um eine Samenspende gebeten oder das Sperma wird von einer Samenbank gekauft, was allerdings in wenigen Nationen auf legalem Wege möglich ist. Man sucht über eine Anzeige in einschlägigen Szene-Zeitschriften ein schwules Paar, das ebenfalls einen Kinderwunsch hat und zeugt mit einem oder beiden Kinder, die in sog. Regenbogenfamilien aufwachsen. Ein schwuler Mann kauft eine Eizelle einer Frau und lässt diese im Reagenzglas mit seinem Sperma befruchten. Die befruchteten Eizellen werden einer wiederum bezahlten Leihmutter eingesetzt, die das Kind austrägt und nach der Geburt dem schwulen Mann bzw. Paar übergibt. Letzteres ist bis heute nur in den USA möglich.

»Weil man sich 1989, als das Embryonenschutzgesetz beraten wurde, nicht einigen konnte, wie Samenspenden zu behandeln seien, beließen die Parteien die so genannte heterologe Insemination im gesetzlichen Niemandsland. Deshalb haben Mediziner, die lesbischen Frauen zu Samenspenden verhelfen könnten, Angst, später vom Kind oder von der Mutter auf Unterhalt verklagt zu werden. Deutsche Fortpflanzungsmediziner vermitteln geeignete Spender daher nur an verheiratete Frauen. In Holland, Belgien, Dänemark und auch Spanien dagegen zählen Samenbanken schon seit vielen Jahren auch lesbische Paare zu ihren Kundinnen. Das hat zu regem Fortpflanzungstourismus lesbischer Paare aus Deutschland ins Ausland geführt.

Auch per Post können Paare zu einer Spermaspende kommen. Kundinnen der Cryobank in Fairfax, Virginia, können ihren Wunschspender nach Merkmalen von Universitätsabschluss bis Augenfarbe im Internet suchen und sein Sperma per E-Mail bestellen. Ähnliche Dienste bietet seit einem Jahr eine Versand-Agentur namens Man-not-included in London an. Im Sommer schreckte die Firma Kirche und Politiker in Bayern mit der Ankündigung auf, Spermien auch schon bald von einer Münchner Filiale aus zu verschicken.

In Zukunft jedoch könnte es für lesbische Paare auch in Deutschland einfacher werden, ein Kind zu bekommen. Denn seit kurzem zeigen sich einige Samenbanken hierzulande offener gegenüber ihren Anfragen. Das Kindschaftsrecht wurde reformiert, es verleiht den Samenbanken und Spendern nun eine größere Rechtssicherheit.

Schwulen Paaren, die sich ein leibliches Kind wünschen, fehlt es nicht nur an einer Eizelle, sondern auch an einer Gebärmutter. Beides steht ihnen gegen Geld jedoch nur in den USA zur Verfügung. In fast allen Ländern Europas ist die Leihmutterschaft verboten. Nur England gestattet sie, wenn auch unter strengen Auflagen. Einem deutschen Männerpaar bleibt nur, sich mit einem lesbischen Paar zusammenzutun – oder sich um ein fremdes Kind zu bemühen. Da die gemeinsame Adoption bislang nicht erlaubt ist, kann nur einer der Partner der Adoptionsvater sein. Doch die Chancen, ein Kind in Deutschland vermittelt zu bekommen, sind für Schwule angesichts der starken Nachfrage von Ehepaaren ohnehin äußerst gering. Am aussichtsreichsten ist für schwule Paare die Pflegschaft. Hier zeigen sich die Behörden seit geraumer Zeit aufgeschlossen: In Berlin zum Beispiel gibt es ein gutes Dutzend schwuler Pflegeeltern« (Spiewak 2003, in: Spermabestellung per E-Mail, Die Zeit online).

Für Psychoanalytiker mögen diese Szenarien einer futuristischen Horrorvision gleichen; diese Zeugungsformen von Kindern sind allerdings in allen deutschen Großstädten Deutschlands wie im europäischen und US-amerikanischen Ausland schon lange Realität. Brasilien und Argentinien, um zwei südamerikanische Länder zu nennen, haben liberalere Gesetzgebungen für homosexuelle Lebensgemeinschaften als die Bundesrepublik.

Auf dem Kontinuum sexueller Orientierungen, der individuellen Ausformung der eigenen ödipalen Problematik und der (westlichen) Lebensstile scheint mittlerweile jede Konstellation denkbar. Deshalb muss kategoriales Denken über lesbische Frauen zugunsten höherer Differenzierung aufgegeben werden:

> »Am wahrscheinlichsten erscheint mir, dass Homosexualität keiner zu vereinheitlichenden Gruppe von psychischen Strukturen entspricht. Anders ausgedrückt, ist die Wahl des Liebesobjekts nach dem gleichen oder dem anderen Geschlecht kein trennscharfes Kriterium, um hinreichend homogene bzw. konsistente oder charakteristische Gruppen voneinander zu unterscheiden. Eher scheint Homosexualität eine Möglichkeit darzustellen innerhalb der Breite eines sexuellen Kontinuums, die von verschiedenen Menschen in unterschiedlichen Lebensphasen zur Bewältigung diverser Lebensprobleme genutzt werden kann, wie Heterosexualität auch und häufig im Wechsel mit ihr« (Poluda 2000, S. 348).

Die Tatsache, dass der Kinderwunsch für Lesben eine größere Bedeutung hat als für schwule Männer, könnte eine Erklärung dafür bieten, dass viele lesbische Frauen zunächst Beziehungen zu Männern eingehen, bevor sie sich einer Frau zuwenden.

Ist es demnach für schwule Jungen leichter, den Kinderwunsch abzutrauern, indem sie den Gebärneid schon früh in der Kindheit per Reaktionsbildung abwehren und delegieren? Welcher Mann will schon (bewusst) ein Kind gebären, bei all diesen Schmerzen und Unannehmlichkeiten? Trotz all dieser möglichen Entwertungen erlebe ich in Psychoanalysen schwuler Männer deren tiefe Trauer über die Unmöglichkeit, mit ihrem Partner ein Kind zu zeugen oder zu adoptieren. Diese Männer haben sich mit der Vaterschaft ihres Vaters und der Mütterlichkeit ihrer Mutter tief identifiziert, lieben Kinder und wünschten nichts mehr, als eine »normale« Familie zu gründen. Einige haben ähnliche Biografien wie lesbische Frauen. Sie waren verheiratet, zeugten mit ihren Ehefrauen ein oder mehrere Kinder, um schließlich ein spätes, kompliziertes und schmerzhaftes Coming-out zu erleben. Einige schwule Männer flüchten sich regelrecht in ihre Karriere, geben das viele Geld, das sie verdienen, für Weltreisen und teure Statussymbole aus, haben ein oder zwei Patenkinder, sind dick mit heterosexuellen Müttern befreundet und hüten deren Kinder und leben die innigsten und liebevollsten Beziehungen zu ihren Neffen und Nichten oder anderen Kindern aus der Verwandtschaft. Vielleicht hat sich manch schwuler Mann, mehr als sein heterosexueller Bruder mit der Mutter identifiziert und kann deshalb einen engagierten und liebevollen Vater, in dem Fall einen Onkel, abgeben. Der schwule Onkel muss nicht wie der heterosexuelle Bruder, der mehr mit dem traditionell in der Familie abwesenden Vater identifiziert ist, die Kindererziehung allein der Mutterfigur überlassen, sondern kann leichter selbst mütterliche Funktionen übernehmen. Sein Ruf als wirklicher Mann ist durch die Homosexualität bereits ruiniert. Was kann er verlieren, wenn er einen Kinderwagen schiebt, Windeln wechselt und die Flasche gibt? Ein schwuler Mann kann nichts mehr an stereotyper männlicher Würde verlieren, sondern nur noch an Menschlichkeit, der Teilhabe an tief emotionalen und innigen Beziehungen zu Kindern und an Lebensqualität gewinnen.

Elke Jansen und Melanie Steffens (2006) haben in ihrer Expertise »Lesbische Mütter, schwule Väter und ihre Kinder im Spiegel psychosozialer Forschung« eindeutige Ergebnisse präsentiert. »Es gibt eine große negative Korrelation zwischen Vorbehalten und Expertise: Keiner, der sich mit der Forschung auskennt, hat irgendwelche Vorbehalte«, meinte Melanie Steffens in einer persönlichen Mitteilung.

Eines scheint trotzdem für alle Männer wahrscheinlich: Für die heutige männliche Identität ist das Kinderhaben weniger wichtig und stabilisierend als für die weibliche. Vielmehr werten Männer Reproduktivität eher (individuell wie kollektiv) ab und überlassen ›die Kinderaufzucht‹ bis heute weitgehend dem sogenannten ›schwachen Geschlecht‹. Über Vaterschaft und die Bedeutung des Vaters für die Kinder wurde bisher wenig publiziert. Aktuell zeichnet sich eine gesellschaftliche Wende ab, die sowohl in der Psychologie, aber auch in der Psychoanalyse, hier besonders durch die populär werdenden Theorien der Bindungsforschung in den psychoanalytischen Mainstream eingehen. In »Psychosoziale Folgen des Vaterverlusts« postuliert und diskutiert Horst Petri (2007, S. 412) ein »[v]ergleichbares Trauma wie beim Verlust der Mutter«. Diese Art der Gleichstellung der Männer mit der damit verbundenen Verantwortung den Kindern gegenüber (und Schuld bei Unterlassung), klingt allerdings revolutionär.

Für Frauen bleibt es schwer, neben der mütterlich-desexualisierten Welt eine eigene sexuell-weibliche Identität zu finden, ohne sich unvollständig oder schuldig zu fühlen. Die starke und rigide Identifizierung mit dem Männlichen bei manchen lesbischen Frauen könnte allerdings wiederum helfen, den Kinderwunsch vollständig zu verleugnen und damit o. g. Konflikten aus dem Weg zu gehen.

Kestenberg glaubt in Sapphos Wahlspruch »Ich werde ewig jungfräulich bleiben« das »Prinzip der weiblichen Homosexualität« zu erkennen (zit. nach Poluda 2000, S. 339). Sapphos Verherrlichung des jungfräulichen Genitales versteht sie als Verleugnung des Introitus[24] und der Vagina aus Ängsten vor der Penetration. In der Jungfräulichkeit werde ein geschlossenes System, das weder penetriert noch geschwängert werden könne, gepriesen. Meiner Einschätzung nach könnte für eine geringe Anzahl lesbischer Frauen diese Erklärung hilfreich sein. Ich stimme jedoch eher Poluda zu, die einwendet, dass sie diese Empfindungen auch »aus Analysen mit narzisstisch tief labilisierten heterosexuellen Frauen und Männern« kenne, die dazu neigten, »eine sexuelle Praxis ganz aufzugeben« (ebd.).

Könnte das Vermeiden der Penetration, was bei lesbischen Frauen in Einzelfällen auftritt, und die Überbesetzung der klitoralen Sexualität bedeuten, dass im Liebesakt der Koitus im Sinne der »Paarung« vermieden wird, der dem Akt der Zeugung (wie bei den anderen Säugetieren, zu denen der Mensch als höchst entwickelte Spezies dazugehört) am nächsten kommt? Wie gelingt es einem lesbischen Mädchen und einer werdenden Frau in ihrer Identitätsentwicklung den Koitus, d. h. die Urszene und die ödipale Szene, von der Zeugung zu entleeren und sie nach Christa Rohde-Dachser »umzuschreiben« (siehe weiter unten)? Durch die Menarche und schließlich die regelmäßige Menstruation wird jede lesbische Frau Monat für Monat mit der Frage der Fruchtbarkeit konfrontiert. Entsprechende Konflikte haben manche lesbische Frauen mit ihren alarmierenden sog. »roten Tagen« und den »nervigen Blutungen«, die »völlig überflüssig sind« und zu deren Auftreten sogar überlegt wird, sich »das Zeug alles rausschneiden« (Patientinnenzitate) zu lassen. Regelmäßig schicke ich einige meiner lesbischen Analysandinnen zu einem einfühlsamen und kompetenten gynäkologischen Kollegen, der die zahlreichen prämenstruellen Syndrome, Schmerzen und Knoten in den zu großen Brüsten, diffuse körperliche Unwohlzustände im Bauchraum bis zu körperlichen Zusammenbrüchen während der Menstruation somatisch abklärt und mit den Patientinnen und anschließend mit mir bespricht. Das Erlebte und die neuen Informationen können dann in den folgenden Sitzungen durchgearbeitet werden, sodass eine gelungenere Integration der Funktionen der weiblichen inneren Genitalien, über die manchmal große Unkenntnis und diffuse Vorstellungen wie Ängste herrschen, befördert werden kann. Meist spielt die Auseinandersetzung um die eigene Geburt und die seelische

Verfassung, in der die Mutter meiner Patientinnen um die Zeit der Geburt herum war, eine zentrale Rolle. Tiefgehende Fragen, wie der Grund der Existenz meiner lesbischen Analysandinnen, und warum sie im Leben der Mutter und auch des Vaters gerade zu diesem Zeitpunkt gezeugt und geboren worden sein könnten, werden thematisiert. Im Zuge dessen kann manchmal die eigene potenzielle Elternschaft oder die Unvorstellbarkeit, selbst Mutter zu werden, angesprochen werden.

Im Vergangenheitsunbewussten (vgl. Rohde-Dachser 1991, S. 65ff.), dem Unbewussten, das sich vor dem fünften Lebensjahr bildet und der kindlichen Amnesie anheimfällt, besteht der Kinderwunsch in der Fantasie der Urszene fort. Es könnte also ein Bild als heterosexuelles Mädchen geben, das in der Pubertät, bei der endgültigen Entdeckung der eigenen sexuellen Orientierung, verloren geht oder sterben muss. Dieser Tod kann traumatisch erlebt werden. Die Nichtakzeptanz der eigenen Femininität, der eigenen weiblich-verletzlichen Seite, könnte so besser verstanden werden. In der Szene sogenannte »Cowgirls«, die »LKW-Lesbe«, die »Butch« oder die »Rockerin«, die »Extremsportlerin«, die »Fußballerin« und »Dykes on Bikes« (die Lesbe auf dem Motorrad in Lederkleidung) – all diese Formen, die eigene Identität in ein traditionelles männliches Stereotyp zu gießen, könnten als Resultate des Verlustes ein kleines schützenswertes Mädchen gewesen sein zu dürfen, verstanden werden.

Der Kinderwunsch bedeutet den Wunsch nach Ausschöpfung der vollständigen weiblichen und menschlichen Potenz. Da lesbische Sexualität keine Generativität zur Folge hat, können sich junge Lesben erleichtert – auch im Sinne einer Abwehrbewegung – von dem die vorangegangenen Frauengenerationen schweren Problem der Kontrazeption abwenden und hedonistisch die eigene Lust leben. Nach einer im Jahr 2000 in Nordrhein-Westfalen durchgeführten Befragung von 1.000 Lesben und Schwulen »möchten über 40 % der Lesben und 30 % der Schwulen, gerne mit Kindern zusammenleben« (Berger/Reisbeck/Schwer 2000, S. 5). Interessant wäre eine Untersuchung der restlichen Prozentanteile. Warum möchten so viele Schwule und Lesben und auch immer mehr Heterosexuelle nicht (mehr) mit Kindern zusammenleben, sodass die Bundesrepublik einen Mangel an Bevölkerungswachstum hat?

Der Wechsel der sexuellen Orientierung lesbischer Frauen, die lange heterosexuelle Beziehungen pflegen, in denen auch Kinder entstanden sind, könnte ein Ausdruck ihrer weiblichen Identifizierung mit der Mutter sein, die plötzlich bei einer Umbesetzung ödipaler Strukturen wiederbelebt wird. Die Objektwahl scheint bei Frauen insgesamt weniger fixiert auf explizit männliche oder weibliche Partner und die Anpassungsfähigkeit an den jeweiligen Partner größer, da die eigene Sexualität, insbesondere die genitale, kulturell und individuell untersetzt ist.

Die Unmöglichkeit homosexueller Paare, Kinder miteinander zu zeugen, bildet das Zentrum und den Rest der Diskriminierung Homosexueller. Die bundesdeutsche Debatte um das homosexuelle Adoptionsrecht ist der Überzeugung, die u. a. in psychoanalytischen Diskursen geteilt wird, dass Kinder Mutter und Vater zu ihrer gesunden seelischen Entwicklung brauchen. Mittlerweile können Kinder, die in homosexuellen Beziehungen leben, vom Lebenspartner – sofern der andere leibliche Elternteil zustimmt – adoptiert werden. Die allgemeine Adoption dagegen, also das Recht, ebenso wie heterosexuelle Paare fremde Kinder anstelle ihrer eigenen annehmen zu dürfen, wurde in der Bundesrepublik (noch) nicht umgesetzt. Der Unterschied in der Reproduktionsfähigkeit soll pointiert bleiben und nicht nivelliert werden. Die Vorstellung, dass zwei gleichgeschlechtliche Partner ebenso wie gegengeschlechtliche sowohl die männliche als auch die weibliche Identität bei ihren Kindern fördern und ihnen als entsprechendes Identifikationsobjekt zur Verfügung stehen können, scheint derzeit noch nicht ausreichend möglich. Trotz der Lockerungen der Diktate im Geschlechterrollenverhalten, trotz des Umstands, dass es mittlerweile Karrierefrauen und (seltener) Hausmänner gibt, soll doch die als polar gedachte Differenz, die eine Mutter und ein Vater bieten, erhalten bleiben. Für die Psychoanalyse käme die Zustimmung zum Adoptionsrecht oder gar zur Teilnahme von Homosexuellen an der gesamten modernen Reproduktionsmedizin dem Umwerfen zentraler Paradigmen gleich: Der Vater ist für die männliche Identitätsentwicklung nicht wegzudenken.

In Deutschland geht man – bei konservativer Schätzung – von etwa 700.000 Kindern aus, die in homosexuellen Beziehungen leben und zum Großteil aus vorangegangenen heterosexuellen Beziehungen stammen. Berger hat mit Kollegen (2000) verschiedene Studien zur psychischen Gesundheit von solchen Kindern zusammengefasst und verglichen und kommt zu folgendem Ergebnis:

> »Zusammenfassend bleibt festzuhalten, dass Lesben und Schwule genauso wie heterosexuelle Mütter und Väter in der Lage sind, Kinder zu erziehen. Je offener sie mit ihrer sexuellen Orientierung umgehen können und je befriedigender sich ihre Partnersituation gestaltet, desto besser ist ihr psychisches Wohlbefinden und damit der positive Einfluss auf die Kinder« (a. a. O., S. 16).

Die Autoren dokumentieren im Gegenteil, dass lesbische Mütter die Verantwortung gegenüber ihren Söhnen bewusster wahrnehmen, als allein erziehende heterosexuellen Frauen. Aufgrund des ihnen bewussten Fehlen eines Vaters, werden Männerbeziehungen positiv gepflegt und stärker der Kontakt zu Männern für die Kinder und sich selbst gesucht, als allein erziehende heterosexuelle Frauen, die oft mit ihren Partnern noch in ungelösten Machtkämpfen und Paarkonflikten stecken.

8. Perversion und Sadomasochismus

Bereits Freud hat die Homosexualität[25] von der Perversion getrennt, wenngleich er bei dieser Frage über die Jahre seines Schaffens hinweg widersprüchlich blieb. Gerade deshalb fallen alle psychoanalytischen Theoretiker, die Homosexualität als Teil perverser Entwicklungen beschreiben, hinter Freud zurück, da sie das revolutionäre Potenzial in seinem frühen Schaffen nicht aufgreifen, sondern ignorieren.

Freud sah die Perversion zunächst als Fixierung an (oder Regression auf) einen Partialtrieb. Idealerweise sollten in der normalen erwachsenen genitalen Sexualität alle Partialtriebe miteinander verschmelzen, sodass in jedem erwachsenen Liebesakt unter dem Primat der Genitalität perverse Triebanteile gelebt werden könnten. Freud beschäftigte sich später mit dem Fetischismus, der bei Männern mit Hilfe von Spaltung die Tatsache verleugne, dass die Frau keinen Penis habe (den der Fetisch im Unbewussten ersetze). Die übergroße Angst, selbst den Penis zu verlieren, werde so kontrolliert. Die Fixierung auf einen nicht lebendigen Fetisch verleugne die bereits vollzogene Kastration der Frau. Das Durchlaufen einer polymorph-perversen Phase ganz zu Beginn des menschlichen Lebens sei jedoch normal.

8.1 Männliche und weibliche Perversion

Freuds Nachfolger haben sich intensiv mit der Beziehung zwischen Mutter und Sohn und den konflikthaften Separations- und Individuationsbestrebungen auseinandergesetzt, die bei der Entwertung väterlich-männlicher Qualitäten durch die Mutter und bei Vorliegen weiterer schwerer Traumatisierungen nicht gelingen könnten. Insgesamt beschäftigt sich die Psychoanalyse zentral mit männlicher Perversion. Weibliche Perversionen wurden in den theoretischen Schriften wie den Fallberichten nicht erwähnt. Die scheinbare Abwesenheit von manifesten Perversionen bei Frauen wurde durch die Abwesenheit des Penis und der sich darum rankenden Konflikte (etwa durch die bei Frauen nicht vorhandene Kastrationsangst) erklärt. Kernberg zitiert Stoller, dem zufolge in der frühen Mutter-Tochter-Beziehung ein Schutz gegen die Perversion liege:

> »Aufgrund der ursprünglichen Verschmelzung mit der Mutter ist laut Stoller (1974) bei der Frau das Gefühl der Weiblichkeit stärker ausgeprägt als das Männlichkeitsgefühl beim Mann. Weil Männer einst mit der Mutter – einer Frau – verschmolzen waren, können sie in ihrer Bisexualität verletzlicher und anfälliger für das Entstehen einer Perversion sein« (Kernberg 1998, S. 87).

Louise Kaplan widmet sich in ihrem Buch, das mit »Weibliche Perversionen« (1991) betitelt ist, über weite Strecken erstaunlicherweise vor allem den männlichen Perversionen. Sie versucht den Begriff auf Frauen auszuweiten, indem sie auch Essstörungen und Selbstverletzungen, also das destruktive Agieren am und mit dem eigenen Körper mit dem perversen Verarbeitungsmodus erklärt. Dies führt allerdings m. E. zu einer Verwässerung der Terminologie, sodass ich mit McDougall (1997) dafür plädiere, »die Bedeutung dieses Begriffs ausschließlich auf sexuelles Verhalten zu beschränken« (a. a. O., S. 82).

Laplanche und Pontalis lieferten in ihrem Abschnitt über Perversion im 1967 erstmalig in Frankreich erschienenen »Lexikon psychoanalytischer Fachbegriffe« (1980, S. 377–381), das noch heute in allen Regalen von Psychoanalytikern steht, eine konservative, sogar den heterosexuellen Analverkehr umschließende Definition von Perversion. Sie bezeichneten alle sexuellen Verhaltensweisen, die einen Orgasmus zur Folge haben, der nicht beim Eindringen des Penis in die Vagina oder beim »Vorspiel« erlebt wird, als pervers:

> »Abweichungen in Bezug auf den ›normalen‹ Sexualakt, der definiert wird als Koitus mit einer Person des entgegengesetzten Geschlechts mit dem Ziel, durch genitales Eindringen zum Orgasmus zu kommen. Man sagt, dass eine Perversion vorliegt, wenn der Orgasmus mit anderen Sexualobjekten erreicht wird (Homosexualität, Pädophilie, Sodomie etc.) oder an anderen Körperzonen (z. B. analer Koitus); wenn der Orgasmus zwingend an bestimmte äußere Bedingungen geknüpft ist (Fetischismus, Transvestismus, Voyeurismus und Exhibitionismus, Sadomasochismus); diese können sogar für sich allein die sexuelle Lust herbeiführen. In umfassenderer Weise bezeichnet man als Perversion die Gesamtheit des psychosexuellen Verhaltens, das mit solchen atypischen Formen bei der Erlangung der sexuellen Lust einhergeht« (Laplanche/Pontalis 1980, S. 377f.).

Kernberg zitiert diesen Absatz 1997 (in der englischen Fassung), also 30 Jahre später, schränkt aber ein, dass er »die Definition nicht für die Homosexualität gelten [lasse], sondern für fixierte, repetitive, zwanghafte Verhaltensweisen, die zur Erlangung sexueller Befriedigung notwendig sind« (1997, S. 308). Im Anschluss beschreibt er derart maligne, bizarre und destruktive sexuelle Verhaltensweisen, dass dem Leser jeder Zweifel genommen wird, wie schwer er die Psychopathologie einer Perversion einschätzt.

Als pervers gilt heute nur noch, wer sexuelle Betätigungen sadomasochistischer, pädophiler, exhibitionistischer oder fetischistischer Art zur vollen sexuellen Befriedigung braucht. Dabei steht fest »dass das perverse Individuum sich nur auf Kosten der Menschlichkeit des Partners und durch Verstümmelung seiner selbst sexuelle Lust verschaffen kann. Wenn man andere verdinglichen muss, kann Liebe mit ihrer Fähigkeit, Hass zu binden, nicht gedeihen« (Stoller 1998, S. 263).

Stoller sieht in der Perversion eine erotisierte Form des Hasses, die eine Dehumanisierung des Liebesobjektes zum Ziel habe. Das könne eine Fantasie sein, doch handele es sich meist um ausagierte Handlungen. Perversion müsse eine Gewohnheit, also eine bevorzugte sexuelle Betätigung darstellen, die auf Feindseligkeit gegründet sei. Stoller unterscheidet diesen Begriff von der Aggression, die »oft nur ungestümes Handeln« (a. a. O., S. 26) sei. »Die in der Perversion liegende Feindseligkeit nimmt die Gestalt einer Rachephantasie an, die sich in den Handlungen, die die Perversion ausmachen, verbirgt und dazu dient, ein Kindheitstrauma in den Triumph des Erwachsenen zu verwandeln« (ebd.).

Dieses Trauma bestünde in einer realen, auf das eigene biologische Geschlecht oder gegen die Geschlechtsidentität als Frau oder Mann gerichtete Einwirkung beim Kind. Die Traumatisierung soll in der perversen Handlung, der dabei agierten Rache und dem Erleben von Lust ungeschehen gemacht werden. Der Wunsch, sich vom Trauma zu befreien kann nicht gelingen, da es unbewusst bleibt. Lust entsteht hier in der Angstvermeidung. Die perverse Fantasie wird von der Person selbst geschaffen und damit seelisch kontrolliert, sodass eine reale Wiederholung des Traumas ausgeschlossen bleibt.

Die Bedeutung der Kontrolle für den perversen Akt liegt meines Erachtens auch den sogenannten »Stop-Regeln« bei sadomasochistischen Ritualen zugrunde, die meist in Verbindung mit einem vereinbarten Codewort eingesetzt werden. Diese Maßnahme der Grenzziehung, die vordergründig dem Respekt vor der persönlichen Integrität des Partners oder der Partnerin dienen soll, scheint jedoch unbewusst für die Angstkontrolle bei der heraufbeschworenen seelischen wie körperlichen Grenzüberschreitung notwendig und kontrolliert das eventuelle Entgleisen der sexualisierten Aggression. Die Abspaltung der Identifikation mit dem Aggressor und damit Gefühlen von Schuld und Scham sind in der intersubjektiven Abwehr kennzeichnend. In den sadomasochistischen Inszenierungen lesbischer Frauen wird die »Stop-Regel« eingesetzt, sobald eine Handlung zu schmerzhaft oder in seelischer wie körperlicher Weise unangenehm wird, damit daraufhin sofort die sexuell-aggressive Inszenierung unterbrochen werden kann, um den weiteren Verlauf neu zu verhandeln. Diese Regelung wird von Betroffenen angeführt, um die Kontrolle über die Aggression und Gewalt besonders hervorzuheben und sie gegen Einwendungen, die die Legitimität der Verbindung von Gewalt, Liebe und Sexualität in Frage stellen, wiederherzustellen. Psychodynamisch gesehen wird an dieser Stelle der Triumph über den Aggressor in Szene gesetzt und gleichzeitig Spannung erzeugt, da in der perversen Szene das »Wagnis« (Stoller 1985, S. 31) der ernsten Verletzung in Kauf genommen und gleichzeitig überwunden wird. Die gemeinsam inszenierte sexuelle Szene und die kontrollierte Wiederholung der Traumatisierung sind geglückt, und kontrollierte Aggression bleibt vereint mit genitaler Erregung, sodass die Interaktion stimmig und wiederholbar wird.

Stoller lehnt eine Diagnose: »Homosexualität« explizit ab, und er verweist darauf, dass Klassifikationen in Klinik und Wissenschaft zwar sicherlich nützlich seien, anderseits aber auch missbraucht werden könnten: »Wir müssen diese beiden Gedankengänge – Diagnose als Mittel zu präziser Bestimmung und Diagnose als soziales Machtinstrument – aber unbedingt voneinander trennen …« (a. a. O., S. 244) Ohne Homosexualität als Ganzes als pervers diagnostizieren zu wollen, spiele der Hass in der innerpsychischen Dynamik Homosexueller und in ihrer Beziehung zur Gesellschaft seiner Meinung nach eine wichtige Rolle: Erstens werde der Hass auf die Eltern auf Elternrepräsentanten in der Gesellschaft übertragen, sodass die Gesellschaft wiederum voller Hass zurückschlage. Des Weiteren provoziere der anerzogene homosexuelle Selbsthass, wenn er unbewusst bleibe, im Rahmen eines Wiederholungszwangs Angriffe, die immer wieder zu neuerlichen Demütigungen führten. Und schließlich stelle dieser Hass den Heterosexuellen ihre eigene abgewehrte und immer wieder zu bekämpfende Homosexualität vor Augen (vgl. Stoller 1998, S. 251).

Stoller sieht diese feindseligen Mechanismen vor allem bei männlichen Homosexuellen. Weibliche Homosexualität werde von allen Kulturen seit Jahrtausenden ignoriert, weil Frauen in jeder Gesellschaft weder der Verachtung noch der Beachtung für würdig befunden worden sein (ebd.).

McDougall gibt sexuellen Deviationen, die von anderen Autoren »pervers« genannt wurden, einen neuen Namen, nämlich »Neosexualitäten«. Damit betont sie die Neutralität gegenüber der Innovation und der Erfindung anderer, als auf den Koitus eingeschränkter sexueller Praktiken. Vor dem Hintergrund ihrer besonderen Herangehensweise an Sexualität, die sie wie oben an sich als »zutiefst traumatisch« beschreibt, sieht sie in den Neosexualitäten zu respektierende Versuche, mit den »vielen psychischen Konflikten, in die wir auf der Suche nach Liebe und Befriedigung geraten«, im Rahmen der jeweiligen individuellen, kulturell und familiär geprägten Biografie fertig zu werden. Den Begriff Perversion lässt sie allein für hierarchisch ungleiche, erzwungene sexuelle Akte zu, die von einem Stärkeren an einem Schwächeren vollzogen werden, also Exhibitionismus, Voyeurismus, Pädophilie und Vergewaltigung, egal ob in homosexuellem oder heterosexuellem Kontext.

> »Ich will diesen Begriff ausschließlich auf bestimmte Formen von Beziehungen angewendet sehen – nämlich auf sexuelle Beziehungen, die einem Individuum von einem anderen ohne dessen Zustimmung aufgenötigt werden (wie beim Voyeurismus oder der Vergewaltigung), sowie auf solche Beziehungen, in denen bei einem von zwei Beteiligten keine Eigenverantwortlichkeit gegeben ist (wie in den Fällen von Kindern oder geistig verwirrten Erwachsenen). Als pervers sollten mithin Beziehungen bezeichnet werden, in deren Verlauf einer der beiden Partner gegenüber der Verantwortlichkeit, den Bedürfnissen und Wünschen des anderen vollständig indifferent ist« (McDougall 1997, S. 251).

Sie gibt eine umfassende Beschreibung der Konflikthaftigkeit von Sexualität, vermittelt in der Beziehung der Eltern zu ihren Kindern, die eingebunden in die jeweilige Kultur seien:

> »Die Muster sexuellen Verhaltens sind beim Menschen, wie Freud als erster gezeigt hat, nicht angeboren, sondern werden geschaffen. Der ›ich-syntone‹ oder ›ich-dystone‹ Charakter der Objektwahl und der sexuellen Praktiken verweist auf ein mächtiges und äußerst komplexes System von Identifizierungen und Gegenidentifizierungen mit den introjizierten Objekten. Diese inneren Objektrepräsentanzen und ihre introjizierten Konstellationen führen unter dynamischen wie ökonomischen Gesichtspunkten zu bedeutsamen Unterschieden in den erotischen und sexuellen Beziehungen der neosexuellen Erfinder. Die introjizierten Bilder treten wie viele Akteure auf dem Theater nur nach und nach in Erscheinung. Der Diskurs der Eltern über die Sexualität, der die ganze Kindheit über fortdauert, spielt zwar eine zentrale Rolle für die psychosexuelle Struktur eines jeden. Doch jenseits der Deutungen, die Kinder den mündlichen Äußerungen ihrer Eltern sowie ihrem beredtem Schweigen geben, liegen

> die mächtigen Identifizierungen und Abwehrvorgänge, mit denen sie auf ihre Auffassung der unbewussten sexuellen Konflikte und erotischen Wünsche ihrer Eltern sowie auf die Rollen reagieren, die sie selbst darin spielen sollen. Diese unausgesprochenen Ansprüche stehen häufig im Gegensatz zu den ausdrücklichen Mitteilungen und führen somit zu Verwirrungen und Konflikten in der Seele der Kinder« (McDougall 1997, S. 255).

In lesbischer Kunst und Literatur werden sadomasochistische Szenarien bei lesbischen Frauen als Selbstbefreiung deklariert. Viele lesbische erotische Schriften und lesbische Sexual-Ratgeber (Gehrke/Schmidt 1985; West 1992; Méritt 1998; Califia 1998; Kay/Müller 2000; Newman 2000) scheinen dem gleichen Muster zu folgen. Die masochistische Unterwerfung »als Abwehr von Scham- und Schuldgefühlen und von Entgrenzungsängsten« (Waldeck 2000, S. 439) wertet der Autor bei Männern als Versuch, Bestätigung von einem als überlegen empfundenen Partner zu bekommen. Ähnliches findet man bei weiblichen Sexual-Fantasien: Das einzig Eindringende, Aktive und Sexuell-Aggressive bleibt der Penis: »In der Bildersprache der weiblichen Erotik scheint das weibliche Genitale als aktiv-aggressives Lustorgan nicht zu existieren« (ebd.).

Meiner Beobachtung nach unterscheiden sich die sadomasochistischen Szenarien lesbischer Frauen wenig von denen heterosexueller Frauen, allein der Mann wird durch eine Frau ersetzt. Die Stilisierung der Geschlechtsrollen in Unterwerfung und Dominanz innerhalb einer lesbischen sadomasochistischen sexuellen Szene könnte die Inszenierung der als gewaltvoll fantasierten Urszene der Eltern repräsentieren. Die Nichtakzeptanz des eigenen Andersseins und der Individuation und Separation von den Eltern wird hier gefestigt. Vielmehr wird in der Fantasie oder im realen Agieren einer sadomasochistischen Inszenierung die Identität mit dem fantasierten sadomasochistisch agierenden heterosexuellen Elternpaar äußerlich kurzzeitig hergestellt und vermutlich mit anderen schwer traumatisierenden Erfahrungen vermischt. Die weibliche Position bleibt als Identifikation

> »unbesetzt: Die des aktiven Einverleibens und Kontrollierens auf genitalem Niveau, also mit Hilfe des Sexualorgans. Diese Leerstelle in der Symbolisierung verweist ebenso wie der Rückgang der Masturbation darauf, dass Frauen sich nach wie vor scheuen, die symbiotische Illusion aggressionsfreier Weiblichkeit aufzukündigen und die Verantwortung für ihr aktives Begehren selbst zu übernehmen« (a.a.O., S. 439).

Macht und Kontrolle wird dabei an ein stärkeres Gegenüber delegiert, das die frühe Macht der Mutter repräsentieren kann, mit der keine Konkurrenz

– weder mit der eigenen Hand noch mit eigenen Onaniefantasien – aufgenommen werden kann (vgl. Mertens 1992b, S. 154). Das Spiel mit Gewalt und die Annäherung an ein Spiel um Leben und Tod bringt frühe Ohnmachts- und Hilflosigkeitserfahrungen unter die eigene Kontrolle und kann so die vermutlich kumulativen Traumatisierungen in verstellter, sexualisierter Form in Szene setzen. Das, was zu Beginn des Lebens und in der erfahrenen Abhängigkeit der Kindheit als extreme Einsamkeit, Unverstandensein, Unterdrückung der Lebens- und Entwicklungsimpulse und realer, auch sexualisierter Gewalt erfahren worden ist und überlebt werden konnte, kann in sadomasochistischen Handlungen wiederholt, aber kontrolliert werden und muss so nicht erinnert und gefürchtet werden.

8.2 Lesbische Ratgeber und Perversion

Die Sachbücher, die Lesben dazu dienen sollen, ihre Sexualität zu entdecken, zu verbessern und zu erweitern, zeichnen sich meinem Gefühl nach alle durch eine Übertoleranz gegenüber perversem, insbesondere sadomasochistischem Verhalten aus. Einer der ersten lesbischen Sexualratgeber »Wie Frauen es tun – Das Buch der lesbischen Sexualität« von Pat Califia (erstmals 1980 publiziert und 1998 in der 6. Ausgabe in Deutschland erschienen), aber auch aktuellere Titel wie »Sie liebt sie – Das Lesbensexbuch« von Felice Newman (2000) räumen sadomasochistischen Praktiken zu großen Raum ein. Sie nehmen in die Liste der Spielarten sexuellen Genusses sogar »Sodomie« und »Nekrophilie« (unter der Überschrift »Tabuisierter Sex«) auf.

Diese Grenzenlosigkeit mag eine Gegenreaktion auf die jahrelange Diskriminierung und Ausgrenzung lesbischen Sex' aus der Normalität sein. Es scheint das Bedürfnis zu bestehen, auch die gewalttätigsten sexuellen Praktiken nicht auszugrenzen; bei beiden amerikanischen Autorinnen vielleicht vor dem Hintergrund des amerikanischen Freiheitsideals. Ökonomische Faktoren der besseren Vermarktbarkeit mögen ebenso eine Rolle spielen. Manch junge lesbische Frau, die sich orientierungssuchend lesbische Ratgeberliteratur kauft, ist mit solcher Lektüre allerdings sicher überfordert. Heute bietet das Internet viele Foren aller Couleur, die einen Ausgleich darstellen können. Andererseits fallen durch das Internet und der Möglichkeit, dass jede und jeder (fast) alles veröffentlichen kann, andere Grenzen weg. Exhibitionismus und Voyeurismus können heute grenzenlos gelebt werden.

9. Sexueller Missbrauch

Ein wichtiges Verdienst der Frauenbewegung war die Aufdeckung und Skandalisierung des sexuellen Missbrauchs in Familien ab den 1980er Jahren. Seitdem ist ein Netzwerk von Beratungsstellen und Hilfsangeboten für Betroffene entstanden. Die Polizei setzt regelmäßig weibliche Polizistinnen bei häuslichen Gewaltdelikten ein. Eine breite gesellschaftliche Sensibilisierung in Fragen bezüglich Inzest und Gewalt gegenüber Frauen, die in der Bundesrepublik mittlerweile die Regierungsparteien erreicht hat, konnte erwirkt werden.

In der gesellschaftlichen Debatte, die der feministischen Aufklärungsarbeit folgte, wurde die Schuld der Männer betont. Der offensichtlich katastrophale Verlauf solcher elterlichen Beziehung sowie die defizitäre Mutter-Tochter-Beziehung, die der Tochter keinen Schutzraum sichert, wurde unterschätzt. Mädchen werden beispielsweise in vielfältiger Weise von ihren Müttern vernachlässigt oder (sexuell) überstimuliert, sodass die Tochter als Ausweg eine verfrühte Loslösung von der Mutter angestrebt. Im Rahmen einer progressiven ödipalen und sexualisierten Beziehung mit dem Vater, bei dem ein solches Mädchen angemessene und desexualisierte Antworten auf ihre emotionalen Bedürfnisse zu erhalten hoffte, entgleist dann der Dialog im verfrühten Triangulierungsversuch (vgl. Hirsch 1999). Das verzweifelte Suchen nach dem Vater oder einem ihn ersetzenden Repräsentanten, um Sicherheit und Geborgenheit in einer mutterähnlichen Beziehung zu finden, kann den Hintergrund bilden, auf dem sexueller Missbrauch in der Ausbeutung dieser kindlichen Wünsche stattfindet. Die dazu dienende Flucht vor einer überprotektiven oder parentifizierenden Mutter, um eine distanziertere und die Separation akzeptierende Zweierbeziehung kennenzulernen, in der das Mädchen nicht zu viele Selbstanteile verleugnen muss, können einen weiteren interpersonellen Hintergrund bieten, der inzestuöses Agieren bedingt. Diese beiden

Bewegungen hin zum Vater können durch Überschreitungen der Inzest- wie Generationengrenze von dessen Seite beantwortet werden und eine weitere schwere Traumatisierung bedingen. Genannte Mädchen sind besonders vulnerabel für sexualisierte Grenzüberschreitungen vonseiten der Väter (oder von Vaterrepräsentanten). Darüber hinaus wählen sie später als Erwachsene im Wiederholungszwang meist ebenso insuffiziente Männer als Ehemann und Vater ihrer Kinder oder, so sie lesbisch sind, ebensolche Frauen.

9.1 Ödipale Wünsche und deren Unter- bzw. Überstimulation

Rupprecht-Schampera schildert in ihrer Arbeit über die Hysterie eindrücklich den Ablauf eines solchen missglückten Triangulierungsversuchs mit dem Vater:

> »Reagiert der Vater aber auf eine ebenfalls erotisierte Weise auf das kleine Mädchen oder bringt er gar eigene frustrierte sexuelle Wünsche oder ungelöste sexuelle Konflikte in die Beziehung zur Tochter ein, so wird sich ein verschieden gravierendes, aber doch immer tendenziell traumatisches Geschehen zwischen den beiden ergeben. Was als ein selbstreparativer Versuch ›gedacht war‹, wird unter Umständen zu einer weiteren traumatisierenden Erfahrung: Das passive oder uninteressierte Nicht-zur-Verfügung-Stehen das Vaters kann umschlagen in eine vielleicht höchst intensive Begegnung, in der die Generationengrenzen verwischt werden, eine Konfrontation mit erwachsener Sexualität stattfindet, Übergriffe erlebt und Affektstürme ausgelöst werden. Das Geschehen, das ursprünglich vom Mädchen gewünscht wurde, entgleitet der eigenen Kontrolle, traumatisierende Erfahrungen und schwere Schuldgefühle in diesem hoch angeheizten Triebgeschehen sind die Folge. Das Mädchen hat den Vater zwar als ödipales, inzestuöses Objekt gewonnen mit allen damit verbundenen Befriedigungen und Größenphantasien, aber der Vater versagt erneut als drittes Objekt. Durch die nun verstärkte ödipale Rivalität mit der Mutter und die entstandenen schweren Schuldgefühle wird die bereits ursprünglich belastete Beziehung zu ihr noch weiter kompliziert. Sie ist als frühes libidinöses Objekt in der Vorstellung des Kindes dann kaum oder nicht mehr zugänglich« (1997, S. 646).

Nach Rupprecht-Schampera sucht das Mädchen und später die Frau lebenslang mehr unbewusst, denn bewusst mit betonten Klischees von sexualisierter Weiblichkeit, Männer zu verführen. Sie muss heftig mit Frauen um narzisstische Gratifikation konkurrieren, ohne eine wirklich tiefe und befriedigende menschliche wie sexuelle Beziehung eingehen zu können.

Becker vermutet in seinem Aufsatz »Psychogenese und psychoanalytische Therapie sexueller Störungen« ähnliche Zusammenhänge bei Frauen mit sexuellen Funktionsstörungen:

> »Auch bei den sexuellen Störungen der Frau stehen Fixierungen an unbewusste ödipale Konflikte im Mittelpunkt. Die schwierige Entwicklungsphase, in der das Mädchen die enge Bindung an die Mutter lockert und sich mit ihren Liebeswünschen verstärkt dem Vater zuwendet, wurde wegen der damit verbundenen Angst – und Schuldgefühlen – nicht bewältigt. Dazu kann es kommen, wenn der Vater verführerisch ist und unbefriedigte Wünsche aus der Partnerbeziehung stellvertretend auf die Tochter richtet, sodass die Realisation ihrer ödipalen Phantasien möglich erscheint. In diesem Fall lösen die erotischen und kindlich-sexuellen Wünsche und Phantasien gegenüber dem Vater so viel Angst und Schuldgefühl gegenüber der Mutter aus, dass sie vorzeitig verdrängt werden müssen und die Auflösung der ödipalen Bindung an den Vater nicht eintritt. In der Sexualität bleibt das Mädchen dem Vater verhaftet, und die Angst vor der inzestuösen Beziehung zum Vater wird in jeder Partnerschaft wieder wach und zu einem Störfaktor für das sexuelle Erleben« (1996, S. 176).

Ohne Zweifel war die Aufdeckung vieler Inzestfälle und die dadurch ausgelöste gesellschaftliche Debatte und Sensibilisierung nützlich, und die heutige Bundesrepublik kann nicht ohne sie gedacht werden. Andererseits versuchen manche Frauen in der Folge, sich ihre sexuellen Probleme ausschließlich mit Inzesterfahrungen zu erklären. Sie projizieren die Ursache ihrer Leiden und ihrer Aggression nach außen, auf die Männer und Väter, um keine Verantwortung für die eigene Sexualität in ihrer ganzen Konflikthaftigkeit übernehmen zu müssen (vgl. oben McDougall).

In der Debatte um den sexuellen Missbrauch (mit der Tendenz einer Stigmatisierung der Männer) wurde ebenfalls übersehen, dass das Empfinden des Vaters, eine attraktive Tochter zu haben und seine zärtliche und liebevolle Hinwendung zu ihr – innerlich abgelöst von sexuellen Impulsen – eine wichtige Quelle der von der Tochter erlebten Weiblichkeit darstellt: Sie kann sich als zukünftige Frau anziehend und attraktiv erleben, ohne sexualisierte Übergriffe befürchten zu müssen. Im klinischen Alltag der psychotherapeutisch-psychoanalytischen Praxen mag es eine Häufung von Frauen geben, die entweder einen kalten, schizoiden und abwesenden Vater erinnern oder einen sexuell übergriffigen. Der »bösen« Mutter der Psychoanalyse wurde, v. a. in der feministisch-therapeutischen Literatur, der »verbrecherische« Vater hinzugefügt.

Meines Erachtens ist es für das Verständnis der komplexen Dynamik des sexuellen Missbrauchs notwendig, die Beziehung Mutter-Tochter, Vater-Tochter und Mutter-Vater genau zu untersuchen und dabei gleichzeitig jenseits aller Polaritäten zu denken. In diesem langen und differenzierten Prozess kann immer wieder Raum zum Trauern entstehen, der notwendig ist, um dieses intrapersonelle, interpersonelle wie familiäre Trauma zu verstehen und zu verarbeiten.

9.2 Das gewählte Trauma

Zu Beginn der 1990er Jahre tauchten besonders auf richterlicher Seite Bedenken auf, ob nicht Frauen in Scheidungsprozessen den Vorwurf des sexuellen Missbrauchs der gemeinsamen Töchter und Söhne einsetzten, um dem Mann Schaden zuzufügen bzw. bessere Bedingungen für sich selbst zu erreichen, ohne dass wirklich sexueller Missbrauch stattgefunden hat.

Das »False Memory Syndrom« bezeichnet ein Phänomen, dass Patientinnen in Psychotherapien sexuellen Missbrauch erinnern, trotzdem aber erhebliche Zweifel bestehen bleiben, ob dieser real stattgefunden hat. Meist tauchen diese Erinnerungen »nach einer beträchtlichen Zeit des Vergessens«[26] auf. Die Kontroverse spaltet sich in zwei Extrempositionen. Die eine Position nehmen jene ein, die behaupten, dass »recovered memories« nahezu immer auf faktische Traumatisierung zurückgehen. [...] Auf der anderen Seite findet man diejenigen, die eine wachsende Epidemie iatrogen erzeugter falscher Erinnerungen an Missbrauch, der niemals stattfand, postulieren, welche primär im Kontext von Therapien entstehen« (ebd.). Einerseits ist die Dissoziation der zentrale Abwehrmechanismus bei Traumatisierungen, sodass abgespaltene Gedächtnisinhalte erst im Rahmen einer Psychotherapie wieder erinnert werden können. Andererseits können Psychotherapeutinnen und Psychotherapeuten, die sich in ihrem Denken zu stark ideologisch leiten lassen, eine solche Erinnerung im Versuch der Traumarekonstruktion provozieren. Man spricht in diesen Fall vom implantierten »False Memory Syndrom«.

Frauen, die sich (aus verschiedenen Gründen) diskriminiert und benachteiligt fühlten – darunter auch Lesben –, schufen sich in den 1980er Jahren »Frauenräume«, die Männern den Zutritt verwehrten, und damit die Möglichkeit, in einer Gruppe eine eigene Identität und innere Stärke zu finden. Um diese Identität zu stärken und sich ihrer neu zu vergewissern, identifizierten sich diese Frauen stark miteinander und mit ihren jeweiligen Kränkungen. Dabei trat meines Erachtens ein Entdifferenzierungsprozess ein, der der

Gruppenkohäsion diente. Die kollektive Dynamik ähnelt, so meine These, dem Prozess, den Volkan mit Blick auf globale Konflikte als »gewähltes Trauma« bezeichnet.

> »Gewählte Traumata beziehen sich auf die geistige Repräsentanz von einem Ereignis, das dazu führte, dass eine Großgruppe durch eine andere Gruppe schwere Verluste hinnehmen musste, dahin gebracht wurde, dass sie sich hilflos und als Opfer fühlte und eine demütigende Verletzung miteinander zu teilen hatte« (Volkan 1999, S. 73).

Bei Frauen kann die Jahrtausende alte patriarchale Unterdrückung weiblicher Interessen als ein solches Erlebnis des Verlustes verstanden werden. Bei Lesben kommt die Diskriminierung als sexuelle Minderheit (insbesondere dadurch, dass sie mehrheitlich weder wahr noch ernst genommen werden) zu solchen »Verlusten« hinzu. Verstanden als kollektive narzisstische Kränkung bietet sich eine Identität als Opfer geradezu an, waren und sind Frauen heute immer noch real Opfer männlicher Gewalt und gesellschaftlich zementierter Überlegenheit. Wegen der erlebten Ohnmacht und der geringen Aussicht, in absehbarer Zeit maßgeblich etwas an diesen, in langer Tradition stehenden gesellschaftlichen Übereinkünften zu verändern, kommt es zu komplizierten Abwehrvorgängen, die das Übermaß an Trauer und Aussichtslosigkeit erträglich machen sollen. Gerade das Eingebundensein in eine Generationenfolge von Frauen, die sich in den letzten 100 Jahren mühsam ihre Rechte erkämpfen mussten und dabei unendlich viele Demütigungen in Kauf zu nehmen hatten, verstärkt die Wirkung der Kränkung.

Auch der sexuelle Missbrauch könnte ein solches gewähltes Trauma sein, das mit den Erfahrungen der Kriegs- und Nachkriegsgeneration vermischt und an die nächste Generation weitergegeben worden sein könnte. Im Zweiten Weltkrieg, der von deutschem Boden ausging und Rachefeldzüge provozierte, fanden schließlich von allen Seiten Vergewaltigungen, vernichtende Gewalt gegen von Frauen geliebte deutsche Männer, schließlich gegen die eigenen schuldlosen Kinder und die von Deutschen und ihren Verbündeten systematisch geplante Vernichtung der Juden, Sinti und Roma und der homosexuellen Männer statt. Die Generation der deutschen Mütter, wie die deutsche Bevölkerung als Ganzes, also die vorangegangenen beiden Generationen heute erwachsener Frauen, waren mit der Aufarbeitung der spezifisch weiblichen Kriegstraumatisierungen überfordert. Vielleicht hat die Auseinandersetzung der feministischen Frauen mit Männer- und sexualisierter Gewalt einen ihrer Ursprünge in den Traumatisierungen der Mütter und Großmütter der

Kriegsgeneration. Der Erste Weltkrieg ging diesem Krieg voran, und diesem Krieg viele andere kriegerische Auseinandersetzungen in der europäischen Geschichte.

Entgegen dem Einwand, dass Gruppen es nicht selbst wählten, gedemütigt zu werden, meint Volkan,

> »dass es die unbewusste ›Wahl‹ einer Gruppe widerspiegelt, die geistige Repräsentanz von einem Ereignis einer vergangenen Generation der eigenen Identität hinzuzufügen. Ein gewähltes Trauma ist mit der Unfähigkeit der vergangenen Generation verbunden, nach der Erfahrung eines geteilten traumatischen Ereignisses über die Verluste zu trauern, und ist ein Zeichen, dass es der Gruppe nicht gelungen ist, eine narzisstische Verletzung und Demütigung wiedergutzumachen.«

Die Weitergabe dieser unverarbeiteten Traumata und das »Deponieren« (ebd.) in der Selbstrepräsentanz der nächsten Generation, »als wären diese Kinder imstande, den Verlust zu betrauern oder die Demütigung wiedergutzumachen«, stelle einen Bewältigungsversuch dar, ohne eigene Trauerarbeit zu leisten. Bei manchen kollektiven Traumata sei die Trauerarbeit eine beide Seiten, Opfer wie Täter, überfordernde seelische Arbeit.

Feministische Therapeutinnen bezeichnen Frauen, die als Mädchen sexuell missbraucht wurden, in Anlehnung an die überlebenden Opfer der Konzentrationslager im Nazifaschismus selbst als »Überlebende«. Ich denke, dass mit dieser Selbstdefinition die Identifikation mit den KZ-Opfern und der meiner Meinung nach fraglichen Gleichsetzung des eigenen Schicksals mit dem dieser Opfer überdeutlich wird. Die deutsche Geschichte bietet sich an, individuell und meist in der eigenen Familie erlebte Ausgeliefertheit und Hilflosigkeit als Bild für das eigene innere unbewältigte Trauma zu wählen. Unbewusst werden in dieser Gleichsetzung Wiedergutmachungswünsche für erlebte persönliche Benachteiligungen wie besondere Aufmerksamkeit, Schonung, die Gratifikation des Opferstatus und die eigene Unantastbarkeit gelebt. Das Gebrauchen fremder Traumatisierungen, um der eigenen Verletzung einen Namen zu geben, verrät etwas über die innere Leere neben dem Trauma. Weder als Individuum noch als Gruppe kann eine positive Identität ohne das Trauma gefühlt werden. Das »gewählte Trauma« stiftet Identität und lässt die Leere vergessen.

> »Da sie mit versuchten Lösungen unbewusst gestellter Aufgaben verbunden sind, haben gewählte Traumata einen durchdringenderen Einfluss auf die Grup-

penidentität als gewählte Ruhmesblätter[27]. Gewählte Traumata sind mit nachhaltigen Erfahrungen von Verlusten und Gefühlen der Demütigung, der Rache und des Hasses verbunden, die bei den Gruppenmitgliedern eine Vielzahl von geteilten Abwehrmechanismen auslösen, die darauf abzielen, diese Erlebnisse und Erfahrungen rückgängig zu machen oder ins Gegenteil zu verkehren. [...] Bei Gruppen erfolgt diese generationenübergreifende Weitergabe, indem die geistige Repräsentanz eines traumatischen Ereignisses von Tausenden oder Millionen Menschen an die nächste Generation weitergegeben wird und ihre traumatisierten Bilder in den sich entwickelnden Selbstvorstellungen der Kinder deponiert werden« (Volkan 1999, S. 73).

Besonders erschwerend für die Traumabewältigung und eine wahrhaft gewaltige unbewusste Motivation, die Aggression per Externalisierung allein den anderen zuzuschreiben, scheint mir der Umstand, dass die Unterdrückung angemessener Trennungsaggression, ob in Motorik oder in geistig-seelischer (Weg-)Bewegung von Mädchen und Frauen, gerade durch die Erziehungsinstanz Frau weitergegeben wird (ob als Großmutter, Mutter, Tante oder Lehrerin). Das Interesse der Mutterfiguren, ihre Tochterfiguren an sich zu binden und sie nicht zu ermutigen, die Mutter in ihren Fähigkeiten zu überrunden, scheint oftmals größer als der Wunsch, nach deren Emanzipation nicht nur vom Mann, sondern auch von der eigenen Frauengeneration gelöst zu sein. Vielleicht ist der verbundene Neid auf die Möglichkeiten der nächsten Generation und die schmerzhafte Trauer, in der eigenen Biografie wenig Freiheit erlebt und kreativ für sich nutzbar gemacht zu haben, zu groß, um die Töchter mit einer besseren Ausstattung an Selbstwertgefühl ziehen zu lassen. Hinzu kommt die Aufgabe traditionell weiblicher Machtbereiche: die alleinige Versorgung der Kinder und »Kind gebliebener« Männer, die sich ebenfalls weder selbst ernähren noch kleiden konnten, sodass bis heute Ehefrauen ihren Männern morgens den Anzug aus dem Schrank hängen, den sie ihm zuvor gekauft haben und ihm die Brotzeit einpacken. Die Verfügungsgewalt über die innerhäuslichen Strukturen sind ein wahrhaft subtiler Machtbereich, der das Äußere wie das Innere des Körpers mit einbezieht. Bliebe nur ein Empfinden von Leere und Hilflosigkeit übrig, wenn Frauen nicht die beschriebenen subtilen und passiv-aggressiven Mechanismen einsetzten? An dieser Stelle muss ich an das Zitat von Edith Jacobson am Anfang dieser Arbeit denken (siehe S. 39). War und ist das nicht eine schöne Utopie der zukunftsfähigen Frau?

Die Hälfte der Menschheit bzw. sogar ein bisschen mehr als die Hälfte sind Frauen. Großgruppen zeichnen sich durch eine spezielle Dynamik aus. Ein

Entdifferenzierungsprozess der einzelnen Schicksale der Gruppenmitglieder tritt ein, was auch daran zu erkennen ist, dass sich z. B. Frauen aus Schwarzafrika gegen weißen Befreiungskolonialismus wehren:

> »Gewählte Traumata sind ein entscheidendes Großgruppenmerkmal [...]. Sobald die geistige Repräsentanz eines geteilten traumatischen Ereignisses zu einem gewählten Trauma wird, spielt die tatsächliche Geschichte des Ereignisses keine entscheidende Rolle mehr. Entscheidend ist seine unsichtbare Macht, mit der es die Mitglieder der Gruppe miteinander verbindet und ihnen ein Gefühl des Gleichseins gibt. Da es bei dem gewählten Trauma um den Aspekt der Demütigung und des Verlustes sowie die Unfähigkeit zu trauern geht, ist es gleichzeitig auch verbunden mit dem Wunsch, all das wiedergutzumachen, was den Vorfahren widerfahren ist, und dem Gefühl, ein Recht auf Rache zu haben. Sofern die äußere Realität die Möglichkeit der Rache nicht zulässt, kann das gewählte Trauma zu einer gruppeninternen Idealisierung des Opferstatus führen. Mit der Weitergabe von einer Generation zur nächsten kann sich mitunter die *Funktion* eines gewählten Traumas *ändern*. [...] In einer Generation stützt es vielleicht die Großgruppenidentität, [...] [i]n einer anderen Generation wird es vielleicht dazu herangezogen, der Gruppe eine Rächer-Identität zu verleihen. Darüber hinaus kann ein gewähltes Trauma auch im kollektiven ›Gedächtnis‹ einer Gruppe schlummern und in stressintensiven oder Krisenzeiten, wenn die Identität der Gruppe bedroht ist, reaktiviert und von den Führern genutzt werden, um die geteilten Gefühle der Gruppe sowohl gegenüber sich selbst als auch dem Feind gegenüber zu wecken und zu entfachen. In dem Fall tritt dann ein *Zeitkollaps* ein, da das gewählte Trauma so erfahren wird, als hätte es sich erst gestern ereignet« (a. a. O., S. 83ff., kursiv vom Autor).

Diese Mechanismen lassen sich in der Frauen-, in der Lesbenszene und in Teilen der feministischen Helferinnen-Szene beobachten. Alle Arten von intrapsychischen wie interpsychischen Konflikten lesbischer Frauen werden mit (sexualisierter) Gewalt von Vätern gegen Mütter und Kinder oder als Resultate von familiären und gesellschaftlichen Diskriminierungen gegen lesbische Frauen erklärt. Auch das Auftreten sexueller Störungen wird häufig mit angenommenem sexuellem Missbrauch, der im sexuellen Kontakt mit einer Frau wieder spürbar werde, in Zusammenhang gebracht, auch wenn er real nicht erinnert werden kann.

Das gewählte Trauma gipfelt in der Selbstdefinition, dass Lesben, die eine Neigung zu sadomasochistischen Sexualpraktiken haben, in diesen Praktiken ihre Erfahrungen (mit Männern erlebter) sexualisierter Gewalt positiv bewältigen. Dabei wird vergessen, dass hier Gewalt, Unterwerfung und Demütigung von einer Frau gegen eine andere Frau ritualisiert werden, so als ob die mütterliche Aggression wie blind in Szene gesetzt, aber dem Vater zugeschrieben würde.

In der Öffentlichkeit symbolisiert »sexueller Missbrauch« die Unterdrückung der Frau. Der Diskurs über den »sexuellen Missbrauch« dient auch der pauschalen Abwehr gegen weibliche Aggression. Die Aggression kann dann in Rache- und Hassfantasien, in der Vorstellung von Notwehr gegen den männlichen Aggressor, moralisch legitimiert und schuldfrei gelebt werden.

II. Explorative Empirie

1. Methodik

Der empirische Teil dieses Buches stellt meine Untersuchung sexueller Schwierigkeiten lesbischer Frauen dar. Meines Erachtens liegen die Ursachen von sexuellen Problemen sowohl im psychischen Inneren einer Person als auch im gesellschaftlichen Außen. Ziel meiner Untersuchung war, lesbische Frauen in ihren inneren Konflikten und in ihrer Lebensrealität besser zu verstehen. In diesem Bestreben schließt meine Studie an die Tradition der qualitativen Sozialforschung an, die »Lebenswelten ›von innen heraus‹ aus der Sicht der handelnden Menschen zu beschreiben [sucht]. Damit will sie zu einem besseren Verständnis sozialer Wirklichkeit[en] beitragen« (Flick et al. 2005, S. 14).

Die Beschäftigung mit der sexuellen Minderheit lesbischer Frauen beleuchtet auch die Sexualität der heterosexuellen Mehrheit. Qualitative Forschung nutzt nach Flick »das Fremde oder von der Norm abweichende und das Unerwartete als Erkenntnisquelle und Spiegel, der in seiner Reflexion das Unbekannte im Bekannten und Bekanntes im Unbekannten als Differenz wahrnehmbar macht und damit erweiterte Möglichkeiten von (Selbst-)Erkenntnis eröffnet« (ebd.).

1.1 Komparative Kasuistik

In der Qualitativen Forschung stellt die Komparative Kasuistik ein spezielles Forschungsdesign dar, das Jüttemann 1981 vorgestellt hat. Er beklagt die mangelnde Reflexion über das Entstehen von wissenschaftlichen Theorien: Allein »[i]nstrumentell erfasstes Verhalten [würde in den Theorien] systematisiert« (Jüttemann 1981, S. 21) und oftmals erstmalig in der Sozialwissenschaft beschrieben. Die Komparative Kasuistik sei eine »theorienvorbereitende Empirie« (ebd.), die als solche in der bisherigen psychologischen Forschung abgewertet würde. Der Autor plädiert für ein Mehr an Forschung darüber, wie Theorie entsteht, da die Verifikations- und Falsifikationsforschung, d.h. die Überprüfung von bestehenden Theorien seiner Einschätzung nach überhand genommen hat und in der Wissenschaft wenig neue, und kreative Gedanken produziert werden. Die Komparative Kasuistik stellt dagegen ein Forschungsdesign dar, das im wiederholten Suchen und Prüfen von Verhalten wichtige neue und verstehende Hypothesen ableitet. Mit ihren Ergebnissen werden schließlich Theorien über psychologisch beschreibbare Phänomene begründet und strukturiert. »An die Entdeckung des Neuen in den Daten schließt sich häufig die Entwicklung von Theorien aus der Empirie als Großziel qualitativer Forschung an« (Flick et al. 2005, S. 24). Das Verfahren bleibt also nicht im Beschreiben der Phänomene stecken, die beobachtet und miteinander verglichen werden, sondern erhebt den Anspruch, den Ursachen und Hintergründen der gefundenen und als bedeutsam eingeschätzten Phänomene nachzugehen.

»Hierzu zählen auch Aussagen über ›entwicklungstypische Ursachen‹, das sind innere und äußere Ereignisse, die als ›Schaltstellen‹ oder ›Wendepunkte‹ einer Entwicklung interpretierbar sind. […] So gehören zu den ›inneren Ereignissen‹ auch entwicklungstypische Phasen« (ebd., S. 23). Die Entwicklungspsychologie stellt damit einen Hauptforschungsbereich der Komparativen Kasuistik dar, die besonderes Augenmerk auf Schwellensituationen im Verlauf der menschlichen Reifung legt.

Aufgrund meines Interesses an der (weiblichen und) lesbischen sexuellen Entwicklung erschien mir dieses Verfahren nützlich. Übereinstimmungen bei den einzelnen Probandinnen, die sich auf »entwicklungsspezifische Phänomene« (ebd.), die überindividuell beobachtbar sind, beziehen können, wie beispielsweise der Ödipuskomplex, die Adoleszenz und deren Abschluss, rücken damit in den Fokus meiner Forschung. Die Studie vergleicht Einzelfälle, um möglichst »eng begrenzte Phänomene« (Jüttemann 1981, S. 26) zu untersuchen, deren Beschreibung und Analyse keinen Anspruch auf Allgemeingültigkeit erheben. Vielmehr sollen begründete Hypothesen generiert werden, die weiterer Abklärung bedürfen.

Gerade Sexualität ist ein hoch intimer Persönlichkeitsbereich, um den sich noch heute viele Mythen und Idealisierungen und damit auch Brüche und Enttäuschungen ranken. Die Einschränkung der Fragestellung auf den Bereich des sexuellen Lebens und der darin existierenden Schwierigkeiten zwischen zwei homosexuellen Frauen soll eine Reduzierung der Komplexität des gesamten lesbischen Lebenszusammenhangs ermöglichen.

Die Methode der Tiefenhermeneutik, die unbewusste Strukturen in den Abschriften der Gespräche, die ich mit lesbischen Frauen geführt habe, aufspüren möchte, werde ich für die Auswertung verwenden. Die Tiefenhermeneutik baut auf der »Annahme von latenten sozialen Konfigurationen sowie von unbewussten psychischen Strukturen und Mechanismen« (ebd., S. 18) auf, die sich in den Gesprächen finden lassen, wenn sie mit dieser Untersuchungsmethode analysiert werden. Die Verbindung zwischen psychischer Innen- und Außenwelt kann so hergestellt werden (siehe unten).

1.2 Erste Exploration und Vorüberlegungen

Um einen ersten Überblick zu sexuellen Problemen bei lesbischen Frauen zu bekommen, fragte ich bei einer Sexualberatungsstelle, der örtlichen Lesbenberatungsstelle und der Schwulenberatungsstelle, bei der meiner Kenntnis nach auch lesbische Frauen Rat suchen, telefonisch an, wie viele Lesben sich in den letzten fünf Jahren gemeldet hätten, um Beratung bei sexuellen Schwierigkeiten zu finden. Die einhellige Auskunft der Expertinnen und Experten war: keine einzige. Die Kollegin von der Sexualberatungsstelle gab an, sich an einige lesbische Paare mit Beziehungsproblemen zu erinnern. Explizit zu sexuellen Schwierigkeiten sei jedoch keine Anfrage gestellt worden. Eine ähnliche Auskunft erhielt ich von der Lesbenberatungsstelle: Sexuelle Schwierigkeiten würden kaum und wenn, dann in länger laufenden Einzel- und Paarberatungen angesprochen. Nichtsdestotrotz gingen die dortigen Mitarbeiterinnen davon aus, dass das Phänomen der sexuellen Funktionsstörung bei lesbischen Frauen sehr wohl existiere. Schwierigkeiten mit diesem Thema hätten allerdings nicht nur die Klientinnen, sondern auch die Beraterinnen, die über wenig theoretischen Hintergrund und über geringe praktische Erfahrungen mit Sexualberatung verfügten.

Die Kollegen der schwulen Beratungsstelle winkten mit den Worten ab, dafür suchten die Frauen doch sicher die Lesbenberatungsstelle auf, denn ihnen sei keine derartige Anfrage in ihrem Haus bekannt.

Über ähnliche Erfahrungen kann ich selbst berichten: In meiner psychoanalytischen Praxis sind lesbische Frauen bis heute die Gruppe, die sich am wenigsten über ihre Sexualität äußert.

In allen von mir durchgeführten Behandlungen dominiert die Schilderung von Beziehungskonflikten, insbesondere Nähe- und Distanzproblemen. Sexualität wird kaum erwähnt, auf vorsichtiges Nachfragen meinerseits berichteten zwei Patientinnen (nach der Bearbeitung von großen Schamgefühlen) von einer primären Anorgasmie; eine weitere Patientin thematisierte Beziehungskonflikte aufgrund von sexueller Lustlosigkeit. Deshalb sah ich mich auch als Analytikerin trotz meiner gebotenen Zurückhaltung gezwungen, meinerseits das Liebesleben meiner lesbischen Patientinnen oder eines lesbischen Paares zu thematisieren. Ansonsten verschwindet die Sexualität aus dem therapeutischen Dialog, als wäre sie nicht wichtig, so als dürfe sie nicht sein oder als würden die Angst, Scham- und Schuldgefühle sie immer wieder verschlucken.

Im Gegensatz, gleichzeitig aber auch im Einklang zu diesen Vorbefunden könnte man die Hypothese ableiten, dass Lesben keine oder wenige sexuelle Probleme haben: ein von Lesben selbst gerne kolportiertes positives Vorurteil. In lang andauernden Behandlungen erlebte ich auf der anderen Seite, dass lesbische Patientinnen plötzlich vom Verschwinden eines sexuellen Symptoms sprachen, ohne es vorher jemals erwähnt zu haben. Eine Patientin z.B. berichtete, in einem aktuellen Liebesakt mit einer Frau nach Jahren erstmals eine genitale Penetration erlebt zu haben, obwohl sie vor dieser Beziehung langjährige sexuelle Beziehungen zu Männern gepflegt hatte. Emotional kam dies einer Art »Entjungferung« gleich, obwohl die Pat. bereits jahrelang in lesbischen Beziehungen lebte. Sie berichtete, bis dato Angst vor einer Penetration gehabt und diese über Jahre hinweg vermieden zu haben.

Die Voruntersuchung und meine Kontakte zur lesbischen Szene waren zu Beginn der Studie begleitet von sorgenvollen Gefühlen: Ich fürchtete Ärger und Angriffe von lesbischen Gruppierungen, die in politischen und feministischen Institutionen organisiert sind. Wie oben bereits erwähnt pflegen einige lesbische Frauen das positive Vorurteil, bei lesbischer Sexualität sei »alles in Ordnung«, allein deshalb, weil Männer und den Männern zugeschriebene Aggression und Gewalt keine Rolle spielten. Geht man davon aus, dass Übertragungsprozesse auf eine Gruppe eine unbewusste Interaktion mit der unbewussten Mutterrepräsentanz darstellt (vgl. Yalom 1989), wird an dieser Stelle bereits deutlich, wie die Aggression gegenüber der Mutter auf den Vater bzw. die Gruppe »der Männer« verschoben werden kann. Diese Befürchtungen wurden durch den Anruf einer Frau bestätigt, die meine Anzeige gelesen hatte. Sie beschimpfte mich am Telefon als Kollaborateurin der gesellschaftlichen Gruppen, die Lesben an den Rand drängen, diskriminieren und entwerten wollen. Meine Sorge, mit meinem Forschungsvorhaben in einer

Spaltung der Gruppe der gewalttätigen Väter/Männer und Täter zugeordnet zu werden, fand hier ihre Bestätigung.

Zu meiner Überraschung machte ich aber bei Vorträgen, in denen ich Teile meiner Ergebnisse präsentierte, positive Erfahrungen: Die anwesenden lesbischen Frauen zeigten sich zum Teil überglücklich, dass endlich eine Fachfrau ihre jahrelang unterdrückten Ängste, Scham- und Schuldgefühle ansprach und einen Verständnishintergrund aufzeigte.

Im Nachhinein kann das Wagnis, lesbische Sexualität und damit die individuell wie gesellschaftlich idealisierte Nähe zwischen Frauen anzusprechen, meine innere Ambivalenz darstellen: Einerseits fürchtete ich einen Ausstoßungsvorgang aus der als ideal fantasierten Mutter-Kind-Dyade; andererseits wollte ich mich aus dem Gefängnis der Definitionsmacht der Mutter befreien. Denn sind es nicht mehr die Mütter sondern vielmehr die Väter, die der Tochter klarmachen, wie sie als Frau zu sein hat. Die Fantasie einer idealen frühen Innigkeit zwischen Mutter und Kind, der Harmonie im anfänglichen Paradies, die sich in der Ikonografie der Madonna mit dem Kind einen kollektiven Ausdruck gegeben hat, könnte und sollte zerbrechen. Ich nehme an, dass manche lesbische Frau auf der Suche nach einer Sicherheit gebenden (Gruppen-)Identität die eigene sexuelle Orientierung und Sexualität idealisieren, um sich positiv abgrenzen zu können und dem gesellschaftlich negativem Stigma eine fantasierte nur gute Welt entgegenzustellen. Befreiungsbewegungen, ebenso wie im linkspolitischen Lager über Jahrhunderte zu beobachtende Spaltungsvorgänge zeigen jedoch deutlich, dass Menschen mit kreativen Ideen sich nicht in eine starre Gruppenideologie einbinden lassen.

1.3 Rekrutierung der Probandinnen

Alle Untersuchungen zur Sexualität sind auf die Auskunftsbereitschaft und Ehrlichkeit der Probandinnen und Probanden angewiesen. Bei der oben geschilderten Sprachlosigkeit bezüglich sexueller Probleme stellte dieser Umstand eine besondere Herausforderung dar. Clement führt in seiner Übersichtsarbeit über »Empirische Studien zum heterosexuellen Verhalten« (1999) aus, dass keine Untersuchung – erst recht keine zur Sexualität – objektiv sein kann, da immer nur eine bestimmte Gruppe von Personen bereit ist, sich an solchen Untersuchungen zu beteiligen. Bei Studien zum Sexualverhalten kommt die Scham »als unbewusster Erinnerungsfilter« hinzu (ebd.). Die lesbischen Frauen, die ich in diesem Buch beschreibe, sind deshalb eine Auswahl aus der heterogenen Gruppe aller sich selbst als lesbisch bezeichnenden Frauen.

Aufgrund der Ergebnisse meiner Voruntersuchung versuchte ich meine Anfrage an die Zielgruppe attraktiv und locker zu formulieren und diagnostische Formulierungen zu vermeiden. Ich veröffentlichte meine Suchanzeige deshalb breit und schaltete im März 2000 in drei einschlägigen lesbischen Zeitungen eine Anzeige mit folgendem Text:

»Lesben und Sex – ein Tabuthema? Und erst recht, wenn's Probleme dabei gibt? Keinen Bock mehr im Bett auf gar nichts? Der Sex mit der Liebsten macht keinen Spaß mehr? Schwierigkeiten mit dem Orgasmus? Alle möglichen Gefühle beim Sex, nur keine Lust? Angst, Ekel oder Schamgefühle? Oder irgendetwas anderes, worüber du dir Gedanken machst?

Eine lesbische Psychologin sucht für ein ca. einstündiges Gespräch Lesben, die sich zu Problemen im Bett äußern wollen. Diskretion wird 100 % zugesichert. Die Interviews werden anonym durchgeführt. Die Studie ist angeschlossen an die schwul-lesbische Forschungsgruppe am psychologischen Institut der Uni [...].

Bitte melden unter der Telefonnummer [...], Manuela Torelli, Dipl.-Psych.«

Gemäß meinem Ziel, ein möglichst breites Spektrum von lesbischen Frauen abzudecken, sollten sich sowohl junge als auch ältere Frauen angesprochen fühlen. Die Sprache sollte sowohl Unverkrampftheit als auch Seriosität vermitteln; deshalb die Anbindung an das Psychologische Institut. Die »schwul-lesbische Forschungsgruppe« existierte zu diesem Zeitpunkt nur noch inoffiziell. Ich konnte aber für die ersten Interviews einen noch nicht vollständig von der Forschungsgruppe aufgegebenen Raum stundenweise benutzen.

Jede Form von Diskriminierung oder Pathologisierung sollte in der Anzeige vermieden werden. Gleichzeitig sollten sexuelle Schwierigkeiten nicht zu abstrakt, sondern möglichst lebensnah angesprochen werden, um die Frauen zu motivieren, sich diesen Fragen zu stellen. Die offene Frage am Schluss sollte einer zu engen Begrenzung vorbeugen und mögliche Interviewpartnerinnen anregen, selbst definierte Probleme einzubringen. Ich wollte meine eigene »Betriebsblindheit« überwinden. Es war mir wichtig, mich als lesbische Frau zu erkennen zu geben, um nicht den Anschein zu erwecken, als heterosexuelle Forscherin »voyeuristisch« eine Sondergruppe der menschlichen Spezies unter die Lupe zu nehmen.

Neben dem Schalten der genannten Anzeige bat ich o.g. Medien, über meine Studie zu berichten. Eine Zeitschrift veröffentlichte daraufhin im März 2000 in der Spalte »News« folgende Ankündigung:

> »Lesben für Studie gesucht. Die [...] Diplompsychologin Manuela Torelli sucht für eine Studie zu sexuellen Schwierigkeiten lesbischer Frauen Lesben, die sich zu diesem Thema interviewen lassen wollen. Die etwa einstündigen Interviews würden anonym durchgeführt, versichert sie. Die Studie findet im Rahmen einer Doktorarbeit statt. Ziel der Untersuchung ist es, lesbische Frauen und ihre Sexualität besser zu verstehen und ihnen in Beratungen besser helfen zu können. Frauen, die bereit sind, sich interviewen zu lassen, können sich bei Manuela Torelli, Telefon [...] melden« (Queer, März 2000, S. 4).

1.4 Datenerhebung und Stichprobe

Nach Überlegungen, qualitative Interviews durchzuführen, und der Erstellung mehrerer Leitfäden fiel die Entscheidung, die Gespräche frei und offen zu führen, um aus dem gewonnenen Material möglichst viel über lesbische Frauen und deren sexuelle Schwierigkeiten zu erfahren.

> »Das Erkenntnisprinzip qualitativer Forschung ist auch eher das Verstehen von komplexen Zusammenhängen als die Erklärung durch die Isolierung einer einzelnen (z.B. Ursache-Wirkungs-)Beziehung. Verstehen richtet sich im Sinne des ›methodisch kontrollierten Fremdverstehens‹ auf den Nachvollzug der Perspektive des anderen. Um dieser Perspektive möglichst großen Spielraum zu lassen und ihr so nahe wie möglich zu kommen, ist vor allem die Datenerhebung bei qualitativer Forschung vom Prinzip der Offenheit geprägt: Fragen werden offen formuliert« (Flick et al. 2005, S. 23).

Gleichzeitig hatte mich die Arbeit von Leithäuser über »Die Interpretationsgemeinschaft und der Text – ein Beispiel aus der Praxis« (1988, S. 262–292) ermutigt, einen anderen Zugang zu meinen Probandinnen und mir als Interviewerin folgen zu lassen. Die sehr klare Darstellung der akademischen Praxis des Selbstschutzes und der Versuche der Forscher, sich hinter dem Material zu verbergen und fachlich abstrakt argumentierend zu bleiben, hatte mich sowohl während meines Studiums als auch während meiner jahrelangen psychoanalytischen Ausbildung gestört. Ich wollte mich mit meiner eigenen Betroffenheit nicht verstecken, sondern sie gegebenenfalls in die Interviews einfließen lassen. Dabei erhoffte ich mir das Herstellen von Vertrautheit und größerer Offenheit, sodass die Sprachbarrieren und Hemmungen bzgl. lesbischer Sexualität niedriger werden könnten.

Auf meine oben beschriebenen Bemühungen hin meldeten sich 24 lesbische Frauen. In der ersten Woche führte ich mit zwei Probandinnen jeweils ein Probeinterview durch. Damit gewann ich Sicherheit mit der Aufnahme- wie der Gesprächstechnik und konnte mich auf die weiteren Probandinnen gelassener einstellen. Im Untersuchungszeitraum von Mai bis August 2000 sprach ich mit vier weiteren Frauen persönlich. Mit 18 telefonierte ich und nahm die Gespräche mit Mikrofon und Kassettenrekorder vom Lautsprecher des Telefons auf, weil sich die Mehrheit der Frauen aus dem gesamten Bundesgebiet meldete. Drei weitere Frauen, die nach dem August 2000 anriefen, lehnte ich mit der Begründung ab, die empirische Untersuchung sei abgeschlossen. Von den Tonbandaufnahmen waren zwei Bänder unbrauchbar. Übrig blieben 20 Interviews.

Die so entstandenen und auf Band aufgenommenen Gespräche wurden von einer externen Person transkribiert und anschließend von mir auf die genaue Übereinstimmung mit dem aufgezeichneten Text verglichen.

Das Interview war von folgendem Interview-Konzept getragen, das sich nicht in den immer gleichen, sondern dem Gesprächsverlauf angepassten Fragen ausdrückte:

Begrüßung, dann: »Sie/Du haben/hast den Artikel, die Presseveröffentlichung gelesen und wissen/weißt worum es geht?« Oder: »Möchten Sie/Du mir von Ihren/Deinen sexuellen Schwierigkeiten berichten?«; »Was ist das Wichtigste im Zusammenhang mit Sexualität, was Sie/Du berichten wollen/willst? Differenzierende Zwischenfragen: Erzählen Sie/Du mir bitte eine Szene, woraus ich das besser verstehen kann. Das habe ich nicht verstanden, könnten Sie/Du das noch einmal wiederholen?« Anamnestische Fragen: »Wann haben Sie/Du sich/Dich das erste Mal von Frauen angezogen gefühlt? Wie war Ihre/Deine Beziehung zu Ihren/Deinen Eltern als Sie/Du Kind waren/warst?« Abschließende Frage: »Gibt es irgendetwas, was Sie/Du mir noch gerne sagen möchten/möchtest, was bisher nicht zur Sprache gekommen ist?«

Das freie Gespräch sollte der Übertragung und Gegenübertragung größere Entfaltungsmöglichkeiten geben. Erhoben werden sollten sowohl retrospektive als auch prospektive Daten, um sie mit Hilfe eines psychoanalytischen Theorie- und Deutungshintergrundes zu verstehen und tiefenhermeneutisch auszuwerten. Ähnliches geschieht im psychoanalytischen Setting einer Therapie: »Das analytische Setting ist das klinische Laboratorium, das es uns ermöglicht, die Natur der Liebe in ihren unzähligen Formen zu erforschen. In Verbindung mit der Gegenübertragung ist die Übertragung das Medium, anhand dessen wir diese Formen untersuchen können« (Kernberg 1998, S. 169).

Die freie Form der Interviews und deren Auswertung sollten diesem »Laboratorium« am nächsten kommen. Das szenische Verstehen des zwischen der Probandin und mir entstehenden Übertragungs- und Gegenübertragungsgeschehens und die Analyse des »Enactment« (vgl. Streek et al. 2000) lagen dem Gespräch und der Auswertung als psychoanalytisches Konzept zugrunde. Die Gesprächssituation war damit in Anlehnung an Lorenzer (1986) und Argelander (1970) eine Bühne, auf der die Probandinnen mit mir als ihrer Statistin »Inszenierungen [darstellen können], die auf Verinnerlichung von Interaktionserfahrungen und auf die Fähigkeit [...] zurückzuführen sind, mit Hilfe einer szenischen Funktion des Ich Interaktionsrepräsentanzen in gegenwärtigen Beziehungen wiederzubeleben« (ebd., S. 34).

In psychoanalytischen Behandlungen wird versucht, ähnlich wie in den ausgewählten Interviews, den psychischen Innenraum, den die Patienten (oder hier die Probandinnen) für das Entfalten ihrer unbewussten Inszenierungen nutzen können, zu vergrößern, indem sich die Analytikerin/Interviewerin bemüht, Neutralität zu wahren. Im Gespräch entsteht neben den bewusst ausgesprochenen Worten eine unbewusste Interaktion, die ein Zusammenspiel der Subjektivität der Probandin und der Interviewerin beinhaltet und ein gemeinsames Unbewusstes in der Gesprächssituation entstehen lässt. Ähnlich wie im analytischen Prozess wurde ich also »ständig verwickelt«, sodass in der Auswertung der Interviews mit Kolleginnen und Kollegen im Rückblick auf das Geschehen »erst im Nachhinein verständlich« wurde, was »gemeinsam [...] in Szene gesetzt« wurde. So wurde ich zunächst »unbemerkt von Verhaltensweisen der Patienten [hier Probandinnen] angesteckt und [kam] nicht umhin, nachhaltig Einfluss zu nehmen auf das, was und wie sich der Patient mitteilt und darstellt« (Streek 2000, S. 16).

Im Unterschied zu einem Alltagsdialog wird in der psychoanalytischen Situation das Setting (z. B. die Couch und das Liegen) eingeführt. Die normale Kommunikationssituation wird gebrochen und »eine hochgradig künstliche Situation« (ebd., S. 24) geschaffen. Die körperlich-gestischen Aspekte und die mit ihr einhergehenden Wirkungen auf die Interaktion werden mit Hilfe dieses von Freud geschaffenen Behandlungsarrangements absichtlich in den Hintergrund gedrängt, um den Fokus des Gesprächs möglichst auf den psychischen Binnenraum zu lenken. Dieses Setting konnte und wollte ich nicht herstellen. Ich interviewte meine Probandinnen in einem alltagsnahen Face-to-Face-Gespräch oder am Telefon, wobei die Telefonate eine anonyme und gleichzeitig vertraute Atmosphäre herstellten, ähnlich wie zwischen Patient und Analytiker hinter der Couch (man sieht sich nicht von Angesicht zu Angesicht, spricht aber miteinander).

Rosemary Balsam (2002) legt besonderen Wert auf die Benützung der Sprache beim Geben von Deutungen: »Crucial to an analyst's ability to shift from an anachronistic phallocentric sensitivity to the language used in dynamic formulation.« Ganz im Gegensatz zu manch anderen Falldarstellungen, die eher belastend und deprimierend wirken, bleibt sie lebendig, stellt ihre eigenen Gegenübertragungsgefühle offen und positiv dar, ohne die Traumatisierungen der Patientin und Schwierigkeiten in der Behandlung zu übergehen. Sie verwirklicht damit ihren eigenen Anspruch: »If we are to make headway, greater attention needs to be paid to this in teaching, in editorial work, and in writing papers« (S. 1339).

Weil Sprache in allen Diskursen der Psychoanalyse das herausragende Kommunikationsmittel darstellt, bedarf sie einer besonderen Aufmerksamkeit:

> »The technical language of our field is full of problems because our data are gathered by people about people in an interactive process: opinion becomes theory, yet simultaneously our language aspires to objectivity and generalizability. Language can thus be subject to the effects of gendering« (ebd.).

1.5 Auswahl der Interviews

Die Auswahl der genauer auszuwertenden Interviews folgte der oben dargestellten Komparativen Kasuistik. Infolge des hohen Aufwandes einer psychoanalytischen Auswertung wählte ich nur vier transkribierte Texte aus. Diese Methode versucht im Gegensatz zum experimentellen Vorgehen in einer Differenzierung von Einzelfällen und kleinen Untersuchungsgruppen sowohl Gemeinsamkeiten als auch Unterschiede in der Stichprobe herauszuarbeiten.

Nach genauer Sichtung der Interviews wählte ich vier transkribierte Texte nach folgenden Kriterien aus:
1. Die Probandinnen, die nicht explizit wegen sexueller Schwierigkeiten anriefen, sondern wegen anderer Probleme Hilfe suchten, wurden ausgeschlossen.

2. Neurotische Persönlichkeiten und Lesben mit Persönlichkeitsstörungen auf höherem und mittlerem Strukturniveau wurden ausgewählt. Probandinnen mit perversem sexuellem Interagieren und Persönlichkeitsstörungen auf niedrigerem Strukturniveau wurden ausgeschlossen.
3. Bestimmte Themenbereiche, die in mehreren Gesprächen ebenfalls angesprochen wurden, treten in den ausgewählten Interviews am deutlichsten hervor.
4. Mehrere zentrale Konflikte, die in anderen Gesprächen angedeutet wurden (z. B. der ödipale Konflikt, die Urszene), werden nachvollziehbar entfaltet und entwickelt.
5. Die ausgewählten Gespräche verliefen in einer produktiven Atmosphäre, auch wenn in der Untersuchung des Enactment und der Übertragung und Gegenübertragung im Anschluss auf beiden Seiten Widerstände deutlich werden.
6. Die ausgewählten Gespräche wurden am Telefon geführt. Die körperliche Präsenz der Probandinnen bei den Face-to-Face-Gesprächen, ihre Kleidung und Gestik lösten in mir eine Vielzahl weiterer Gefühle aus, die wegzulassen unmöglich war und auszuwerten den Rahmen dieser Arbeit gesprengt hätte. Nichtsdestotrotz finden bei den ausgewerteten vier Gesprächen der Tonfall, in dem gesprochen wurde, die Auswahl von bestimmten Worten und Begriffen, die Wiederholung und Anzahl von sog. Füllseln, das Sprechtempo ebenso wie Phasen des Schweigens, Versprecher, gemeinsames Lachen oder das Lachen einer der Gesprächspartnerinnen, abrupte Themenwechsel oder inhaltliche Unterbrechungen, die Wiederaufnahme oder inhaltliche Wiederholung von bestimmten Themen und der affektive Tonus, den das gesamte Gespräch trug, besondere Beachtung.

Im Vergleich der vier Einzelfälle und dem Herausheben der Gemeinsamkeiten wie der Unterschiede werden in der Zusammenfassung theoriegenerierende Hypothesen formuliert. Jüttemann (s. o.) hat die Komparative Kasuistik in diesem Sinn verstanden. Sie soll Anregung für weitere Forschung in diesem Bereich sein. Damit reiht sich die Komparative Kasuistik in die qualitative Forschung ein, die »in ihrer Zielsetzung […] immer noch eine entdeckende Wissenschaft (ist)« (Flick et al. 2005, S. 24). Außerdem lässt sich die weiter unten dargestellte tiefenhermeneutische Textinterpretation gut mit dieser Methode kombinieren.

1.6 Enactment

Im psychotherapeutischen, besonders im psychoanalytischen Prozess – darüber sind sich heute Psychoanalytiker einig – ist nicht nur das Sprechen und der einseitige Dialog des sich verbal ausdrückenden Patienten hin zu einem zuhörenden Analytiker relevant, sondern ebenso das gemeinsame Handeln. Streek betont die interaktionelle Ebene zwischen den beiden Gesprächspartnern: »Der Analytiker behandelt den Patienten nicht nur mit Deutungen, sondern mit allem, was er tut und wie er es tut, und auch der Patient behandelt sein Gegenüber. […] Das Sprechen selbst ist manchmal mehr Behandlung des Gegenübers als Mitteilung« (2000, S. 7f.). Und weiter unten: »[D]ie strikte Unterscheidung von Sprechen und Handeln [ist] künstlich; jedes Sprechen in Gegenwart eines anderen ist Handeln.« Die Reinszenierung unbewusster Fantasien in der Übertragung und Gegenübertragung, in der sich sowohl emotional als auch verbal die Erinnerungen des Patienten szenisch aktualisieren, sind als Raum des Verständnisses neben rein symbolisch dargestellten Gedächtnisinhalten für Analytiker und Patient heute nicht mehr wegzudenken. Diese Szenen sind »nicht nur eine Leistung des Patienten allein, sondern ein interaktives Geschehen wie eine von Patient und Psychotherapeut gemeinsam gestaltete Koproduktion: Der Patient bringt sie nicht vor dem Analytiker auf die Bühne, sondern *mit* ihm« (ebd.; Hervorhebung von Streek).

Meines Erachtens spielt unbewusstes Enactment in jedem therapeutischen, aber auch in jedem Alltagsdialog (s. u.) und damit auch in den von mir durchgeführten Interviews eine zentrale Rolle in der unbewussten Kommunikation, die die Gesprächsteilnehmer – so sie dies wollen – erst im Nachhinein reflektieren und verstehen können. Dieser Vorgang kann auch als tiefe Einfühlung verstanden werden, die menschlichen Subjekten, sofern sie sich in einem relativ angstfreien Raum entfalten und ausdrücken dürfen, möglich ist. Das Verständnis der Abwehr von Angst, die zwischen zwei idealiter »gesund« vorgestellten Protagonisten immer eine Rolle spielt, nimmt in der Auswertung einen großen Raum ein. Zum besseren Verständnis der Verwicklung von Probandin und Interviewerin kann Enactment in seiner Verwandtschaft mit dem Abwehrmechanismus der projektiven Identifikation verstanden werden. Mit dieser unbewussten Abwehrmaßnahme soll das Gegenüber dazu veranlasst werden, einen in diesem Moment projizierten Selbst- oder Objektanteil real in Verhalten umzusetzen. Der Begriff »Enactment« betont dabei »den Moment des beiderseitigen, aufeinander bezogenen Handelns oder Agierens und der interaktiven Verschränkung zwischen den Beteiligten« (Streek 2000, S. 29).

1.7 Psychoanalytische Einzelfallstudien

Das einzelanalytische, qualitative Vorgehen hat in der Psychoanalyse im »Junktim von Heilen und Forschen« im Gegensatz zur Untersuchung großer Gruppen Tradition. Auch »[q]ualitative Studien setzen häufig auf die Analyse von (Einzel-)Fällen und gehen erst im zweiten Schritt dazu über, diese Fälle vergleichend und verallgemeinernd zusammenzufassen oder gegenüberzustellen« (Flick et al. 2005, S. 23).

Wie Tress und Fischer 1991 in ihrer Arbeit »Psychoanalytische Erkenntnis am Einzelfall: Möglichkeiten und Grenzen« meinen, sucht diese Studie »nach den je besonderen Konstellationen von allgemeinen Typen der Interaktion, die in je besonderer Abschattung die Welt der inneren Objekte, eine individuelle Psychodynamik und Psychopathologie unbewusst konstituieren« (S. 619).

Die tiefenhermeneutische Untersuchung von vier ausgewählten Gesprächen lehnt sich an die Reflexion des Psychoanalytikers über den unbewussten Prozess in seiner therapeutischen Beziehung zu seinem Analysanden an, das Verschwiegene und das Tabuisierte in dieser Beziehung ans Licht zu bringen. Das Verständnis der interpersonellen Dynamik zwischen Interviewerin und Interviewten kann dann mit der Generierung von Hypothesen Auskunft geben über das gemeinsame, aber auch individuelle Unbewusste beider Protagonisten. Tress und Fischer bemerken, dass »aus vielen kasuistischen Vignetten zwar eine Theorie, aber kein Patient und keine therapeutische Beziehungsgestalt zu erspüren« (1991, S. 620) sei, sodass ich mit den Einzelfallstudien und deren Darstellung möglichst lebendig die entstandene Beziehungsrealität der Untersuchungssituation zeigen möchte.

1.8 Tiefenhermeneutische Textinterpretation

Als sozialwissenschaftliche Methode wurde die Tiefenhermeneutik von Lorenzer (1986) als psychoanalytische Kulturforschung entwickelt, »welche den narrativen Gehalt von Texten und Bildern über die Wirkung auf das Erleben der Interpreten untersucht« (König 2005, S. 556). Lorenzer (1986) stellt den Zusammenhang zwischen psychischer Individualität und Geformtheit im gesellschaftlich-kulturellen Zusammenhang gerade im Hinblick auf das Unsagbare heraus, das in den Interviews im Schweigen oder in spontanen Unterbrechungen und Themenwechseln verborgen sein könnte. In der tiefenhermeneutischen Textinterpretation wurde versucht, das Unaussprechliche in eine neue Sprache zu fassen, um »die Doppelbödigkeit sozialer Handlungsabläufe [...], der entsprechend sich die Bedeutung der Interaktion in der Spannung zwischen einem manifesten und einem latenten Sinn entfaltet« (König 2005, S. 557) verständlich werden zu lassen. Bei dem von Lorenzer entwickelten Konzept des »kollektiven Unbewussten«, das sich scharf vom Konzept C. G. Jungs abgrenzt, sind es nicht vererbte, über Jahrhunderte geformte Archetypen, die im kollektiven Unbewussten zu finden seien, sondern das gesellschaftlich »Verbotene, Tabuisierte« (ebd.). Es enthalte bestimmte Körpererfahrungen, Vorstellungen und Wünsche, die der allgemeine Konsens verpönt habe: Lebensformen, die den Normen und Werten der geltenden Kultur und damit auch jenen Regeln widersprächen, die das Individuum sich habe aufzwängen lassen. Das Unbewusste ist nicht als etwas Statisches, sondern als ein lebendiges System in Bewegung zu verstehen: Es ist den Einwirkungen des Lebens zugänglich, beeinflusst beständig das Vorbewusste und ist umgekehrt Einflüssen vonseiten des Vorbewussten ausgesetzt. Seelische Inhalte, die verboten sind, bleiben in ihrer Gänze unsagbar. Die aus dem kulturellen Konsens ausgeschlossenen Lebensentwürfe sind solche, die keinen Eingang in die Sprache und damit in das sekundärprozesshafte Denken gefunden haben oder die ihr schnell wieder entglitten sind. Sie erhalten sich zwar in Worthülsen, der gesamte mit Affekten bestückte Sinnzusammenhang bleibt jedoch im Verborgenen. Im Unbewussten befinden sich Resultate der kollektiven Unterdrückung sowohl des Handelns als auch des Fantasierens und Denkens.[28]

In den Auswertungsgesprächen mit analytischen Kolleginnen und Kollegen wird distanzierend und gleichzeitig einfühlend nach der tieferen Rationalität der auftauchenden Irrationalität gesucht.

> »Indem die Interpreten in einer Haltung gleichschwebender Aufmerksamkeit den sich einstellenden Assoziationen und Irritationen folgen, gewinnen sie Zugang zu Lesarten, welche das routinierte Textverstehen unterlaufen. Diese sich auf die Entdeckung von Neuem richtenden Lesarten werden in der Gruppe diskutiert« (König 2005, S. 557).

Die in diesem Sinne gestalteten Auswertungsgespräche führte ich mit psychoanalytischen Kolleginnen[29] und Kollegen durch. Die Empathie dieser Interpreten in ihren verschiedenen Perspektiven können sowohl in Überschneidungen als auch in unterschiedlichen Auffassungen verschiedene Deutungszusammenhänge erfassen:

»Sinnrationale Deutungen von Handlungen aufgrund von Wünschen und Meinungen spüren also keine kausalen Ursachen auf und erlauben dennoch regelhaftes Wissen und damit Prognosen. Der endgültige Text für eine sozialwissenschaftliche Interpretation aber besteht in der Sicherheit des Interpreten, besser der Interpretengemeinschaft, man hätte an Stelle des beforschten Handlungssubjektes, erfüllt von dessen Wünschen, Absichten und Kognitionen, genauso wie jenes gehandelt« (Tress/Fischer 1991, S. 617).

Die vorliegende Studie steht in der Tradition psychoanalytischen Forschens und der qualitativen Sozialforschung. Beide Fächer haben sich in vielen Arbeiten »entscheidend befruchtet«, wie Tress und Fischer meinen.

»So begreifen wir einen persönlichen Lebenslauf als die besondere Ausformung von allgemeinen Bedingungen wie Zeitumständen, gesellschaftlichen und psychologischen Verhältnissen, Lebensereignissen usw., an deren potentieller Allgemeinheit der Lebenslaufforscher immer schon teilhat und teilhaben muss, um die Individualität, die Besonderheit seines Gegenstandes überhaupt begreifen zu können. Schon die Wahrnehmung psychischer Konstellationen, ob am eigenen Leib oder an anderen, beruht notwendig auf einem Vorwissen, also auf einer grundsätzlichen Allgemeinheit unserer Erfahrungskonzepte. Der Erkenntnisgewinn idiographischer Studien, wie auch die Psychoanalyse sie betreibt, liegt demnach nicht in einer prinzipiell unmöglichen Beschreibung strikt individueller Sachverhalten, sondern umgekehrt in der Erhellung eines Allgemeinen in seiner individuellen Ausprägung« (ebd., S. 618).

Die gedeuteten Beziehungskonstellationen der Gesprächspartnerinnen, herausdestilliert in der Auswertung der Interviews, können als Hinweise auf ein Allgemeines im sexuellen Leben heutiger lesbischer Frauen verstanden werden. »Das szenische Verstehen vermag verdrängte Lebensentwürfe bewusst zu machen, weil der Analytiker die Mitteilungen des Analysanden über die sich zwischen ihnen szenisch entfaltende Beziehungssituation erschließt, wie sie sich im Zusammenspiel von Übertragung und Gegenübertragung entfaltet« (König 2005, S. 560).

Dabei bedarf es einer präzisen Betrachtung der Abwehrvorgänge beider Gesprächspartnerinnen und die immer wieder erfolgende reflektierende Distanzierung der Beobachterin und Interviewerin vom Geschehen. Die Interpretationsgespräche über die Interviews wurden anhand der Originaltexte der Transkripte durchgeführt. Die Wirkung, die der Dialog auf das Erleben der Interpreten hatte, wurde mit besonderer Beachtung von emotionalen Irritationen notiert und diskutiert, was das »erste Feld eines hermeneutischen Verstehensprozesses« (ebd., S. 565) darstellt. Widersprüche und zunächst mir nicht verständlich erscheinende Deutungen meiner Kolleginnen und Kollegen wurden einerseits korrigiert und als Fehleinschätzungen kenntlich gemacht, andererseits – nach dem Verstreichen einiger Zeit und erneutem Reflektieren – verstanden und als gemeinsame unbewusste Interaktion eingeordnet. Die Distanzierung vom Forschungsgegenstand ermöglichte mir ein kontinuierlich geführtes Forschungstagebuch und Forschungssupervision bei einem erfahrenen Kollegen.

> »Das zweite Feld des hermeneutischen Verstehensprozesses wird durch das theoretische Begreifen der Fallrekonstruktion konstituiert. Wie die dem Forschungsprojekt zugrunde liegende theoretische Fragestellung aufgrund von Erkenntnissen sozialwissenschaftlicher und psychoanalytischer Theoriebildung entwickelt wurde, so wird nun auf diese Einsichten zurückgegriffen, um das Neue, das durch die szenische Fallrekonstruktion entdeckt wurde, zu typisieren und auf einen angemessenen Begriff zu bringen« (ebd.).

In der schriftlichen Auswertung werden die im Theorieteil dargestellten und ausgeführten psychoanalytischen Begriffe und Paradigmen sowie sozialpsychologische Erkenntnisse verwendet, um die Deutungen der Interpreten in einen theoretischen Zusammenhang zu stellen:

> »Das Schreiben lässt sich als das dritte hermeneutische Feld der tiefenhermeneutischen Fallanalyse begreifen. In der Auseinandersetzung mit Text [...], den in der Gruppe produzierten Lesarten [...], dem Tagebuch des Forschers und den im Anschluss daran entworfenen Überlegungen zum theoretischen Begreifen der Fallstruktur wird ein Text erstellt, der Leser zu überzeugen versucht und den Forschungsprozess selbstkritisch reflektiert« (ebd., S. 566).

Zum besseren Verständnis habe ich in den Auswertungen die wichtigsten Original-Textstellen eingefügt. Den Probandinnen wurden Vornamen gegeben, damit sie an anderen Stellen der Auswertung kenntlich gemacht werden können. Die Kombination der oben dargestellten Komparativen Kasuistik mit der tiefenhermeneutischen Textinterpretation erwies sich gewinnbringend. In den dargestellten, miteinander verglichenen und anhand der Theorie zu Hypothesen gefassten Ergebnisse lässt sich erkennen, »wie sich die Tiefenhermeneutik als eine psychoanalytisch orientierte Methode qualitativer Sozialforschung entwickeln und mit anderen sozialwissenschaftlichen Methoden kombinieren lässt« (Flick et al. 2005, S. 568).

2. Auswertung

Zunächst wird jedem Interview eine kurze inhaltliche Zusammenfassung des Gesprächs vorangestellt. Dann folgt die tiefenhermeneutische Auswertung der Interviews, wie ich sie mit Hilfe von psychoanalytischen Kolleginnen und Kollegen durchgeführt habe. Abschließend folgt eine Zusammenfassung der Auswertung aller vier Interviews mit übergreifenden Zusammenhängen, Bezügen zur Theorie und der Darstellung von Ergebnishypothesen.

2.1 Sandra

Die Aussicht, mit einer lesbischen Frau über Sex zu reden, habe Sandra, neben ihrem Interesse an meiner Studie dazu bewegt, sich auf meine Anzeige zu melden. Ebenso wie ihre Partnerin habe sie sexuelle Schwierigkeiten, die sie wie ihre Partnerin auf Erfahrungen sexueller Gewalt zurückführten. Während diese jedoch bei ihr selbst Angst vor Nähe zur Folge hätten – insbesondere vor Zungenküssen, die für sie emotionale Intimität bedeuteten –, sei bei ihrer Partnerin das Gegenteil der Fall: Sie könne triebhafte Sexualität kaum tolerieren (etwa den Koitus von hinten auszuführen). Letztlich habe diese Konstellation nach drei Jahren und trotz großer Bemühungen beiderseits zur Trennung geführt, die Sandra nur mit Hilfe einer neuen Beziehung gelungen sei. Die Konstellation, vor Nähe zu fliehen und gleichzeitig der Partnerin bei zu großer Distanz nachzulaufen, kenne sie aus allen längeren Beziehungen.

Auf meine Frage nach den Erfahrungen sexueller Gewalt antwortet Sandra, sie könne sich nicht an einen konkreten Missbrauch erinnern, sondern sei vielmehr bis zu ihren ersten sexuellen Erfahrungen in der Adoleszenz Jungfrau gewesen. Sie berichtet aber von einer Verfolgung durch einen Mann, der sie von der Straße in ein Gebüsch ziehen wollte. In diese Situation sei sie nur deshalb geraten, weil sie nach einem Erlebnis im öffentlichen Personennahverkehr – ein Kind sei von einer Tür eingeklemmt worden, und die Mutter habe fürchterlich geschrien – nur noch zu Fuß in die Schule gegangen sei. Sie habe sich von dem Mann losreißen können und sei in der Hoffnung nach Hause gerannt, dort Trost zu finden. Da dort aber Chaos geherrscht habe, habe sie nicht mit ihrer Mutter gesprochen. Als ich Sandra darauf anspreche, ob der sexuelle Übergriff nicht eine allzu willkommene Erklärung für ihre Probleme darstelle und womöglich in der Realität gar kein Übergriff stattgefunden habe, räumt sie ein, dass diese Hypothese bereits in einer vorangegangenen Therapie aufgekommen sei. Doch obwohl sie sich in Widersprüche verwickelt, will sie ihre Erklärungsgewohnheiten nicht aufgeben.

Zu ihrer Biografie erzählt Sandra Folgendes: In der Pubertät hätten sich die Eltern aufgrund von Gewaltakten des Vaters gegen die Mutter getrennt. Der Vater, der später an den Folgen seiner Alkoholerkrankung gestorben sei, habe anschließend erneut geheiratet. Sandra habe sich selbst als sein Lieblingskind gesehen und zwischen ihr und ihrer Schwester habe es eine große Rivalität gegeben. Die Mutter habe ganz allein fünf Kinder unter ärmlichen Bedingungen aufgezogen. Der Vater habe versucht, mit den Kindern und auch der Mutter Kontakt zu halten, weswegen Sandra Loyalitätskonflikte habe aushalten müssen. Schließlich habe sie aus materieller Armut heraus zu stehlen begonnen.

Sandra berichtet von einem Theaterbesuch in ihrer Kindheit, der ein schlimmes Ende genommen habe: Weil sie geschrien und getobt habe, sei sie mit dem Vater nach Hause geschickt worden; der habe sie in das Bett der Schwester gelegt, worüber sie sich heute noch ekle. Schließlich kommt Sandra auf ihre sexuellen Schwierigkeiten zurück und erzählt, sie liebe Oralsex, während ihre Freundin das gar nicht möge – wobei sie hinzufügt, ihre aktuelle Freundin erfülle ihr alle ihre sexuellen Wünsche.

2.2 Reden über Sexualität ist fremd

Meine Einleitung »*Schieß doch einfach los!*«, kommt bei fast allen Interviews vor und soll meine freundliche Zuwendung zu Sandra ausdrücken. Dabei werden die Fremdheit, die Distanz und der Umstand, dass Sandra und ich uns nicht kennen, von mir unbewusst verleugnet, um schnell eine Brücke zu schlagen. Bewusst ist mir die Intention, den Probandinnen Angst zu nehmen und beruhigend wirken zu wollen. Man könnte darin einen Versuch sehen, eine sehr frühe Mutter-Kind-Situation herzustellen, nämlich Sandra zur Beruhigung an die Brust zu nehmen und sie zu stillen oder ihr die Flasche zu geben.

Einerseits sind meine Gefühle von der Grundfantasie getragen, auf bedürftige Gesprächspartnerinnen zu treffen, andererseits von der Angst, keine für mein Forschungsvorhaben relevanten Informationen zu erhalten. Eine regressive Abwehr meiner Kastrationsangst findet statt: Kastrationsangst in dem Sinne, dass diese Studie für mich Wachstum bedeutet, Wachstum »nach oben« in eine für mich verbotene Richtung männlich repräsentierter Macht.

Die Auseinandersetzung mit dem Väterlichen, vor allem dem Aggressiv-Väterlich-Männlichen, durchzieht das ganze Gespräch, wobei die unausgesprochene Grundannahme ist, dass Väter/Männer aggressiv-kastrierend sein können und ihr Primat des Phallus gewalttätig verteidigen. Meine chronische Sorge, keine nützlichen Informationen zu bekommen, könnte induziert sein von der Sehnsucht der Probandinnen nach Rückkehr zu der in den Gesprächen immer wieder auftauchenden idealisierten präverbalen und prägenitalen Beziehung. Während des Gesprächs lässt sich diese Tendenz zur Symbiose kaum verändern: Sie repräsentiert die Rückwendung zur Mutter, zum fantasierten femininen, nicht aggressiven Paradies der Mutter-Tochter-Dyade während der frühen Stillsituation.

Auf einer reiferen Ebene besteht hier gleichzeitig ein Über-Ich-Konflikt, der mir vorbewusst zugänglich ist: Den Wunsch, Informationen über Intimes zu bekommen, über Sexualität zu reden, erlebe ich als verboten und beschämend. Ausdruck dieses Konflikts ist der relativ hohe Tonus der Gespräche: Je unpräziser Sandra wird, desto stärker erhöhe ich den Druck auf sie, konkret zu werden; gleichzeitig häufen sich die »Ähs« oder »Mhms« und verwirrte Aussagen und Fragen. Je konkreter Sandra wird, desto mehr ziehe ich mich dann wieder auf ein regressives, alles bejahendes Niveau zurück – im Gegensatz zu meinen Distanzierungswünschen. Die innere Distanz wird durch Regression und Verleugnung der Fremdheit und Befremdung in der aktuellen Gesprächssituation hergestellt, weil ich Sandra über meine wahren Gefühle im Unklaren lasse. Auf der Beziehungsebene bleibt damit eine Art Pseudonähe erhalten, die aber keine ehrliche Nähe und wirkliche Begegnung zweier Menschen darstellt, die sich auch in ihrer Unterschiedlichkeit und in ihren differierenden Meinungen begegnen können.

Das Interview mit Sandra beginnt mit der Aufforderung, »*sich auszutauschen*«, was den Wunsch ausdrückt, den Mann/Vater in der Urszene gegen eine begehrenswerte Frau/Mutter auszutauschen, um eine homosexuelle Beziehung zu etablieren. Ein solches Austauschen scheint für lesbische Frauen notwendig, um sich mit den genital agierenden, potenziell ein Kind zeugenden Eltern identifizieren und reife genitale Liebe leben zu können. Eine andere Möglichkeit bestünde im Betrauern des Umstandes, niemals eine solche im Unbewussten schlummernde Urszene im vollen Gefühl der Leidenschaft erleben zu können: Grund für ein permanentes Gefühl des Defizits und vermutlich auch der Boden für die internalisierte Homophobie von Homosexuellen.

Ich selbst erlebe auf bewusster Ebene den Wunsch nach Austausch, nach einem konstruktiven Gespräch, von dem beide etwas haben, als Sehnsucht nach reifer und gleichwertiger Liebe zwischen Sandra und mir – dies nicht zuletzt vor dem Hintergrund der für mich zum großen Teil problematischen vorangegangenen Interviews. Das bedeutet allerdings auch einen Missbrauch Sandras, die meine schlechten Erfahrungen wiedergutmachen soll: die Verleugnung der Hierarchie, meiner Verantwortung und die Verleugnung der Generationenschranke. Im weiteren Verlauf des Gesprächs dreht sich diese Dynamik plötzlich um, als tauschten beide Protagonistinnen die Rollen: Die Äußerung der Probandin, es sei »verlockend« für sie, über Sexualität zu sprechen, befremdet mich, und ich stelle ihre Erwartungen mit »*Wie bitte, was?*« und später mit »*Aha, verlockend?*« in Frage. Vielleicht sprechen wir deshalb auch über Fremdheit. Ich fühle mich von der Probandin benutzt – als praktizierte sie Telefonsex mit mir. Ihr von mir als hysterisches Agieren empfundener Versuch, schnell und ohne jede Vorankündigung eine meinem Gefühl nach unangemessene Nähe herzustellen, löst ein Gefühl von Ekel in mir aus. Die spontane Zurückweisung Sandras erschreckt mich allerdings, sodass ich »Ja« sage, obwohl ich eigentlich »Nein« meine. Ich mache einen Rückzieher und deute mit einem Lachen an, dass ich die Erwartungen der Probandin nicht erfüllen will: »*Aha, okay. Ja, dann probieren wir aus, ob das dann auch wirklich deine Erwartungen von der Verlockung erfüllt (Lachen).*«

Sandra versteht die Zurückweisung, leugnet, etwas Bestimmtes zu erwarten, und hebt ihre Wünsche, die immer noch »irre« seien, auf ein höheres symbolisches Niveau, das Sprechen: »Ich habe ja keine Erwartungen, ich sage ja nur, dass es irre spannend ist, mal so darüber zu reden.« Eigentlich müsste ich enttäuscht darüber sein, dass Sandra keine Erwartungen oder Wünsche an mich hat, doch empfinde ich angesichts meiner ablehnenden Gefühle eher Erleichterung. Dem Angebot, zu sprechen, kann ich deshalb gut zustimmen, denn meine Intention ist das Reden und nicht das Agieren.

Später weise ich Sandra mit der Äußerung »*Du pustest so rein, und das rauscht hier wahnsinnig raus*«, ein weiteres Mal zurück und ermahne sie mit »*Ja, o. k. Jetzt pass, pass auf*«. Das führt dazu, dass Sandra sich schließlich von mir distanziert und sich auf ihre Beziehungen und ihre oralen Schwierigkeiten bezieht, die im Pusten bereits angedeutet wurden.

Dem Küssen, das sie als Grenzüberschreitung erlebt, stellt Sandra den Sex von hinten als etwas sehr Distanziertes entgegen (siehe unten). Auch diesmal ist meine affektive Reaktion Befremdung und Ablehnung. Deutlich wird das an meinem Stottern, einem Symptom der Aggressionshemmung: »*Also zu nah bedeutet, was, was, was waren da bei dir für Gefühle im Zusammenhang mit …*« Später tritt das gleiche Symptom nochmals auf: »*Also du warst dann, wie, wie, wie, wie war das dann? Bist du heimgegangen, hast du das erzählt? Oder …*« – ebenfalls ein Ausdruck meines gehemmten Ärgers über die Abwehrmaßnahmen Sandras, die sich in Widersprüchlichkeiten und Ungenauigkeiten ausdrückt. Meine vorbewusste Ahnung kommt hier zum Ausdruck, dass die Aussagen Sandras mit Spekulationen und Interpretationen rationalisierend vermischt sind. Als Sandra meine Interpretation des erwähnten sexuellen Missbrauchs als Deckerinnerung nicht aufnehmen will, unterdrücke ich erneut meinen Ärger: »*Ja gut, also das ist praktisch eine Form, wie du das, du, du tust das Ding dann auf die Seite, und damit geht das auch …*«

Gleich zu Beginn des Gesprächs etabliert sich in der Übertragungs-Gegenübertragungsbeziehung die innere Beziehungsdynamik Sandras, die sie mit mir agieren möchte. Im Gesprächsverlauf werden letztlich durch Distanzierung die Realität und mein Forschungsprojekt gestärkt – weswegen wir ja eigentlich zusammengekommen sind.

Verliebt sein und die dabei glückhaft erlebten Verschmelzungsgefühle können im beschriebenen, sehr widersprüchlichen Kontext nicht Schönes und Harmloses sein, sondern bringen im Gegenteil das Gegenüber dazu, zu fliehen. Dem entspricht meine Gegenübertragung zu Beginn des Gesprächs. Kommt eine der anderen nah, entfernt sich diese – und umgekehrt. Die Annahme, dass Sandra in ihrer Sexualität eher gehemmt ist und sich diese Gehemmtheit in ihrer Partnerwahl ausdrückt, scheint hier begründet: Sie hat Freundinnen, die ihr gleichzeitig etwas zumuten und verweigern. Diese unbewusste Dynamik taucht anschließend sofort in der Übertragungs-Gegenübertragungsbeziehung auf. Sie kann nicht bewusst werden, deshalb ist das Reden über Sexualität und über die Wünsche in der Sexualität »fremd«.

An dieser Stelle möchte ich einige Überlegungen zur Psychogenese einschieben.

Die frühe Zärtlichkeit der Mutter in der Pflege und Ernährung des Kindes ist auf höherer symbolischer Ebene sprachlos: Die Mutter versteht die Wünsche des Kindes, das noch nicht sprechen kann, sie gurrt und lautmalt mit dem Kind in seiner Sprache. Deshalb ist es für Sandra leichter, wenn die Partnerin ihre Wünsche ohne Worte versteht, da sie dann an die frühe vorsprachliche Zeit anknüpfen und auf diese Phase regredieren kann. Auf sozialpsychologischer Ebene interpretiert, könnte man die Szene folgendermaßen verstehen: Gesellschaftlich wie auch individuell ist es »fremd« und tabu, als Frau/Tochter genitale Wünsche offen an die Mutter heranzutragen, die man in der Urszene mit dem Vater verbunden fantasiert. Somit ist es Sandra nur möglich, die Nähe zur Mutter im Küssen (als Oralem) und im Sex von hinten (als Analem) auszudrücken – Vorgänge, die ans Stillen und Windeln wechseln erinnern. Mir ist die Symptomatik fremd, da ich es als wesentlich triebhafter und intimer erlebe, von hinten in die Partnerin einzudringen, als sie zu küssen (auch hier spielt der schon erwähnte Zusammenhang zwischen Küssen und Stillen – die als friedliche Mutter-Tochter-Dyade idealisiert wird – eine Rolle). Ich verstehe diese Szene auf genitaler, nicht auf oraler und analer Ebene.

Meines Erachtens bedarf es zur reifen genitalen Sexualität einer vollständigen Integration der gegengeschlechtlichen Geschlechtsidentität, gerade auch bei homosexuellen Paaren. Nach Kernberg 1998 bedeutet reife genitale Liebe unter anderem »eine Identifizierung mit dem anderen, die sowohl eine wechselseitige genitale Identifizierung als auch eine tiefe Einfühlung in die Geschlechtsidentität des anderen umfasst«. Ich würde das für Lesben dahingehend erweitern, dass sie die volle Einfühlung in die männliche Geschlechtsidentität vollzogen haben müssen. Der Probandin ist diese Integration offenbar nicht gelungen, auch wenn ihre Beziehungen zu Männern, aber auch zu Frauen ein dauerndes Ringen darum zu sein scheinen. Wieder wird Nähe und Distanz im Wechsel vermieden.

Mein Befremden, das das homosexuelle Tabu repräsentieren könnte, wird im Verlauf des Gesprächs deutlich, als ich um weitere Erklärung bitte und so versuche, mich Sandra mit Verständnis anzunähern:

»Küssen zum Beispiel.« *»Mhm, hast du das ...«* »Das ist für mich das Allerintimste, was es gibt.« *»Aha, ... mhm.«* »Also ich finde, Sex mit jemandem zu haben, ist leichter, als jemanden zu küssen.« *»Mhm, ... ja, das musst du mir schon erklären.«* (Beide lachen)

»Ähm ... Tja, wie soll ich das erklären? ...« *»Äh, äh, dass du einfach erklärst, was du für Gefühle dabei empfindest?«* »... Ähm, so ein Kuss hat irgendwie schon was zu tun mit Verschmelzung und so. *(Mhm)* Hingabe,

Aufgabe, solche (unverständlich) Dinge. *(Mhm)* Mhm, na sich einen Kuss, jemanden zu küssen und irgendwie dabei distanziert zu sein, das klappt für mich einfach nicht. *(Mhm)* Und beim Sex ist das eben ganz anders. Da kannst du auch irgendwie an andere Dinge denken. *(Mhm)* Kannst dich da innerlich so rausziehen, und beim Kuss geht das nicht.« *(Mhm)*

»Ähm ... Also das war jetzt, wenn wir das ganz pauschal gesagt ..., so, du hast, so et... wie Zärtlichkeiten, was jetzt in, in einem Verständnis von Sexualität sozusagen das Vorspiel bedeutet, verstehe ich das richtig? Das ist für dich schwierig, und bei der, bei der Freundin ... und sozusagen der genitale Sex geht wunderbar, und bei ihr war das genau andersrum, die wollte sozusagen den ganzen anderen, äh, ›Kram‹ (Lachen) ringsrum ...«

Mein Versuch, der Probandin zu einer Klärung und Differenzierung ihrer Gefühle zu verhelfen, stellt eine Rationalisierung und Sublimierung meiner Abwehrempfindungen dar. Ich versuche, das Gespräch aufrechtzuerhalten und nicht zu fliehen, wie es bei der Dynamik des Verführens und Fallenlassens zwischen Probandin und Partnerin vermutet werden könnte. Die Dynamik der Beziehung zur Ex-Freundin bildet sich in der Übertragungs-Gegenübertragungsbeziehung ab: »Wir wollten das Gleiche, wir wollten etwas Anderes« – das kann im Interview ebenso wenig ausgesprochen werden, wie in dieser vergangenen Beziehung. Die Trennung scheint unbewusst bedrohlich, da sich mein Bemühen trotz erheblicher Widerstände darauf richtet, Sandra nicht zu verlassen, wenn sie ihre prägenitalen Erlebnisse und Sehnsüchte ausdrückt und an mich heranträgt. Ich will keine Mutter sein, die ihr homosexuell empfindendes Kind mit seinem negativ ödipalen Begehren zurückweist. Mein Sprechen holpert und ich unterbreche mich selbst mehrmals. Vermutlich hat sich Sandra, als sie ein kleines Mädchen war, von der Mutter verlassen gefühlt, als sie sie mit polymorph-perversen Fantasien und deren kindlicher Umsetzung verführen wollte.

Im Interview wird eine Ganzkörperbesetzung deutlich, bei der der Mund die obere und der After die untere Grenze darstellt (»ringsrum«). Orales und Anales gehen durcheinander bzw. sind mit Intimität und Fremdheit besetzt – als seien diese Phasen nicht vollständig durchlaufen worden und als habe Sandra in der Tiefe die realen Funktionen der Körperöffnungen noch nicht verstanden und psychisch integriert, ebenso als habe ich das Sprechen noch nicht richtig gelernt. Vielleicht konnte man der Mutter mit oralen und analen Wünschen leichter entgegentreten als mit genitalen Impulsen, da es für diese keine liebevoll getönte Antwort gab (»... *und bei ihr war das genau andersrum, die wollte sozusagen den ganzen anderen äh ›Kram‹ [Lachen] ringsrum ...«).* Meine Unsicherheit, wie ich diesen komplexen Vorgang in Worte fassen soll, der mir selbst nur vorbewusst präsent ist und dem ich mit einem Lachen Ausdruck verleihe, scheint Sandra zu kränken: Sie stellt klar, dass sie unter dieser tragischen Kindheitssituation, die sich in ihrer Beziehung zu wiederholen scheint, sehr gelitten hat und noch leidet und zementiert ihre Opferrolle. Wieder dominiert das Nichtverstehen über alle Bemühungen, sich zu verstehen. Im oben wiedergegebenen Dialog kündigt sich dieses Durcheinander bereits in chaotischen Redesequenzen und ratlosen Fragen an (*»soll ich jetzt«, »ich weiß nicht«, »weiß nicht mehr«*), worauf Sandra beruhigt werden soll, indem ich ihr mitteile, dass sie selbst bestimmen könne, was sie erzählen möchte, und dass ich ihr dahin folgen werde. Es bedarf also vieler bejahender und beruhigender Äußerungen meinerseits, um das Gespräch aufrechtzuerhalten. Vermutlich hat die frühe Mutter-Kind-Beziehung der Probandin nicht genügend verinnerlichbare Beruhigungsrituale zur Verfügung gestellt.

Ihre sexuellen Schwierigkeiten stellt Sandra als »die absurdeste Sache« dar. Ihre Freundin und sie hätten beide »Gewalterfahrungen«, was sie einerseits zusammengeschweißt, andererseits sexuellen Austausch verhindert habe: »Ähm ... ja, also ich glaube, die absurdeste Sache war die mit meiner nun mittlerweile Ex-Freundin. Ähm, dass ähm wir beide irgendwie so ähm sexuelle Gewalterfahrungen gemacht haben und deswegen irgendwie kein Sex haben konnten. *(Mhm)* Weil, ähm ... für mich war das dann so, ich konnte halt alles Mögliche. Ich konnte auch mit ihr Sex haben, aber ich konnte einfach nicht, ähm, ihr irgendwie so nah sein. Ich konnte sie nicht küssen zum Beispiel. *(Mhm)* Und bei ihr hat sich das alles genau andersrum ausgewirkt. Sie konnte keinen Sex haben, ähm, der eben äh Distanz beinhaltet. Bei ihr musste das alles ganz nah sein. *(Mhm)* Und deswegen konnten wir ziemlich lange keinen Sex haben (Lachen).«

Obwohl nicht direkt ausgesprochen, scheint klar, dass ein Mann/Vaterrepräsentant diese Gewalt repräsentiert. In der Schilderung der Schwierigkeiten dominiert das Verb »können«: »Wir konnten keinen Sex haben«, »Ich konnte alles Mögliche«, »Ich konnte auch«, »Ich konnte einfach nicht«. Möglicherweise wird hier die unbewusste kindliche Allmachtsfantasie ausgedrückt, das Gleiche tun zu können wie der Vater, nämlich alles mit der Mutter zu tun, was man will, und das ohne Schulderleben. Hier bestehen vermutlich Verbindungen zur in der Fantasie bestehen bleibenden Bisexualität, also der Vorstellung, gleichzeitig Mann und Frau zu sein. Der Neid auf den Vater, der einen Penis hat, der Sandra fehlt, kann aber trotz der hohen Fantasietätigkeit nicht vollständig aufgehoben werden. Verbunden mit meinen oben geschilderten Gegenübertragungsgefühlen könnte man diese Dynamik, Mann und Frau gleichzeitig, aber auch nur Mann zu sein, als Wunsch nach und gleichzeitige Angst vor dem Agieren der unbewussten Identifizierung mit dem Vater sehen. Die Differenzierung der Aggression zwischen konstruktiven und destruktiven Impulsen scheint noch nicht gelungen zu sein. Um den Neid abzuwehren, wird die Aggression externalisiert (auf den Vater/Mann) und pointiert (als Gewalt); sie ist projektiv im Bewusstsein repräsentiert, nämlich als Ablehnung männlicher Gewalt.

Konstruktive Trennungsaggression dagegen scheint es kaum zu geben. Die sexuelle Störung stellt in diesem Zusammenhang einen Kompromiss dar: Keinen Sex miteinander zu haben, schließt sowohl die Konfrontation mit der Mutter – der der Vater ganz nah sein kann, Sandra mangels Penis aber nicht (von hinten einzudringen, könnte man als Versuch verstehen, den Penisneid abzuwehren) – als auch die Konfrontation mit dem Introjekt des zerstörerisch erlebten und/oder fantasierten Vaters/Penis aus. In der Spaltung gibt es einen guten Vater/Penis und einen schlechten.

Verwiesen sei in diesem Zusammenhang auch auf Melanie Klein, die annahm, dass Mädchen genau so wie Jungen aggressiv in den Leib der Mutter eindringen wollen, um ihn leer zu räumen – insbesondere, um die fantasierten Kinder im Leib der Mutter zu rauben. Der Gebärneid und die Wut über die vermuteten Babys im Bauch der Mutter könnten ebenfalls auf den aggressiven Phallus projiziert worden sein.

Im Zusammenhang mit der Schilderung ihrer Gewalterfahrung verweist Sandra darauf, dass sie »wie ein kleiner Junge« (also ein guter Junge) ausgesehen habe, was sie möglicherweise beschützt habe: »... weil ich irgendwie ziemlich überzeugt bin, ähm ... dass ähm ... vielleicht rede ich jetzt auch Unsinn, auf jedem Fall was ich eige..., wo ich mir sicher bin, ist, dass der Typ eigentlich gar nicht wusste, dass ich ein Mädchen bin. *(Aha)* Weil ich sah halt früher aus wie ein kleiner Junge. *(Mhm)* Und, ähm, ich denke schon, dass das irgendwie was macht. *(Mhm)* Ähm, dass mich das in irgendeiner Art und Weise auch beschützt hat. Also ... so in meinem Kopf ist das zumindest.« *(Mhm, mhm)*

Die von Sandra fantasierte Identität als Junge (»Also ... so in meinem Kopf ist das zumindest«) und die Liebe zu den Geschichten des Vaters, seinen »Sprachgeschichten«, bewahrt sie vor der genitalen Verletzung durch den abgespaltenen (bösen) Vater/Mann, der in die Mutter/Probandin eindringen will.

Auch die Vermeidung des Küssens, das als »zu nah« erlebt wird, könnte eine

Vermeidung von Penetration sein. Mit der Zunge aggressiv-unkontrolliert und leidenschaftlich in den Körper der Frau einzudringen, darf nicht passieren: »Ähm, so ein Kuss hat irgendwie schon was zu tun mit Verschmelzung und so … *(Mhm)* Hingabe, Aufgabe, solche (unverständlich) Dinge«; die Beschreibung der »Dinge« muss Sandra verschlucken, sodass das Wort unverständlich bleibt. Im Akt des Küssens könnten unbewusst verschiedene Szenen in Sandra berührt werden: Die Zunge könnte für den Penis stehen, der in den Bauch der Mutter eindringt, wobei der fantasierte Penis hier das Dritte, den Vater repräsentiert. Möglicherweise fürchtet Sandra die Konfrontation mit einer unbewussten Fantasie der Urszene, aus der sie sich ausgeschlossen fühlt.

Auf der oralen Ebene könnte die Zunge der Partnerin ebenso die Brust der Mutter repräsentieren, mit der das Kind beim Stillen verschmilzt; die Verweigerung des Küssens wäre dann im Sinne einer oralen Zurückweisung zu verstehen. Das Ablehnen der Brust/Zunge könnte der Probandin unbewusst als »Rache« für das Abstillen dienen (siehe oben), was die Loslösung von der Mutter progressiv beschleunigte. Dafür könnte auch ihre folgende Äußerung sprechen:

»Da kannst du auch irgendwie an andere Dinge denken. Kannst dich da innerlich so rausziehen, und beim Kuss geht das nicht.« – In einer späteren Phase kann der fantasierte Penis leichter »'rausgezogen« werden, da in der ödipalen Phase bereits die Triangulierung stattgefunden hat und das Kind bereits einen Dritten als autonomes Objekt wahrnehmen kann. In der Progression kann Sandra Symbolisierungsvorgänge wie Denken und Sprechen zur Distanzierung einsetzen, wozu sie als Säugling in der vorsprachlichen Phase nicht fähig war. Die frühe totale orale Abhängigkeit von den ersten Bezugspersonen, die das Kind nähren, könnte im Symptom durch die als bedrohlich empfundene Nähe im Kuss repräsentiert werden, von der sich Sandra nicht zu distanzieren im Stande sieht. Die Äußerung, bei ihrer Partnerin sei alles »genau andersrum«, macht deutlich, dass Sandra genitale Sexualität mehr zur Distanzierung, denn zur Herstellung von Nähe dient. Sie hat sich unbewusst eine Partnerin gesucht, deren Empfindungen ihren eigenen konträr gegenüberstehen: im sexuellen Erleben wird so die maximale emotionale Distanz hergestellt. Insgesamt bedeutet Sexualität für Sandra also letztlich eine Abwehr des Wunsches nach Nähe ihres Gegenübers.

Sieht man die Partnerin als Mutter-Übertragungsobjekt der Probandin, wäre diese Abwehr eine späte und dauernd wiederholte, nicht enden dürfende Rache an der Mutter wegen deren zahlreicher »Vergehen«: Erst hat sie abgestillt, sich dann mit dem Vater eingelassen und die Liebeswünsche der

Tochter nicht erwidert. Nähe zwischen der Probandin und der Mutter/allen Mutterrepräsentanzen scheint nicht mehr möglich zu sein; die Mutter/Freundin wird zurückgewiesen und verlassen. Auch meine Ängste, Sandra könnte mich verlassen (= das Gespräch abbrechen), lassen sich als Furcht vor der Rache einer sich distanzierenden Mutter erklären. Deshalb vermeide ich in einer Reaktionsbildung jede Art von offener Distanzierung oder wage diese nur unter größten Vorsichtsmaßnahmen. Weil sie von der Mutter enttäuscht ist, kann Sandra nur solchen Sex leben, wie sie sich ihn zwischen Vater und Mutter vorstellt. In der Distanz zwischen Probandin und Partnerin könnte auch die in den Vater hinein fantasierte Aggression deponiert sein. Sex von hinten bedeutet ja auch, dass man die Partnerin nicht von vorne sieht, sondern sich vielmehr ihrem Rücken und Gesäß zuwendet. Die Stillsituation, in der die Mutter das Kind in der Armen hält, wird vermieden, der Blick auf das Gesicht und die Brüste ist nicht möglich. Den Blicken entzogen ist so aber auch das unbedeckte weibliche Genitale – so lässt sich die enttäuschende Wahrnehmung vermeiden, dass sich »nur« zwei Frauen im Liebesakt begegnen, es sich also nicht um einen heterosexuellen Liebesakt mit all seinen individuellen und gesellschaftlichen Implikationen handelt. Der Verkehr »von hinten« imitiert den einer »tierischen Paarung« und dem Klischee enthemmter Sexualität am nächsten stehenden heterosexuellen Geschlechtsakt, worin gleichzeitig eine symbolische Erfüllung des Wunsches nach Generativität liegen könnte.

Genau an dieser Stelle unterbreche ich das Interview mit der Begründung, Sandra akustisch nicht richtig verstehen zu können, und weiche mit »technischen« Äußerungen einer weiteren Ausführung dieser inneren Bilder aus. Gleichzeitig könnten die von mir gewählten Wörter »pusten«, »reinpusten«, »rauschen«, »wahnsinnig«, »'rausrauschen« genau die oben genannten unbewussten inneren Themen ausdrücken und die im leidenschaftlichen Orgasmus erfolgende Ejakulation des Spermas in die Vagina der Frau repräsentieren. Die Unterbrechung stellt einen Kompromiss zwischen den unbewusst wahrgenommenen Inhalten und meiner momentanen emotionalen Überforderung dar. Auch Sandra erzählt von Überforderung: »… das konnt' ich einfach nicht aushalten. Das war dann auch nicht mehr schön, das war dann einfach nur noch schrecklich« (2/14f.), und so, wie sie den zärtlichen prägenitalen Beginn eines Liebesaktes mit der Verweigerung des Küssens unterbricht, unterbreche ich den verbalen Dialog und die dabei entstehende Nähe.

Meine bereits erwähnte Warnung »pass auf« – als ginge es um das Erwachen aus dem Rausch des Liebesaktes – schafft weitere Distanz und ist Ausdruck meines Wunsches, mich wieder nüchternen technischen Problemen und

Themen zuzuwenden. Auch in meiner Äußerung »*Ich muss dir jetzt mal kurz noch mal was Technisches sagen ...*«, taucht die Technik auf, im weiteren Sinn verstehen zu wollen und nicht allein das sexuelle Ausleben einer »Liebes-Technik« oder »Stellung« während des Geschlechtsaktes. Innerlich und unbewusst sind Sandra und ich uns an dieser Stelle sehr nah. Anstatt sie aber nach Nähe in der Beziehung zu fragen oder diese Gefühle zu thematisieren, erlebe ich im Bewussten das genaue Gegenteil: ein Entsetzen über die Symptomatik der Probandin, das ich mir allerdings sofort zu empfinden verbiete. Ich identifiziere mich mit ihrer Partnerin, deren sexuelle Wünsche an Sandra ich gut verstehen kann, und scheine mich zugleich unbewusst mit den Distanzwünschen Sandras zu identifizieren: So wie diese in der Sexualität keine wirkliche Nähe zulässt, lasse ich im Gespräch keine Nähe zu und bringe meine Gefühle nicht zum Ausdruck. Das könnte die Hypothese stützen, dass es auch in der Beziehung zwischen Sandra und mir darum geht, eine Form von Beziehung und sublimierter Sexualität zu finden, die auszuhalten ist und keiner von uns beiden zu nahe kommt.

Sexualität und Nähe benennt Sandra in folgender Aussage: »Ja, ich wollte halt schon mit ihr Sex haben, aber irgendwie ohne Distan... äh ohne wirklich ... irgendwie so Nähe.« Das »ohne wirklich« könnte hier für »ohne Penis« stehen, also ohne den Koitus, in dem die Mutter und der Vater Sandra gezeugt haben – möglicherweise kann lesbische Sexualität tief im Unbewussten der Probandin niemals »wirkliche«, also heterosexuelle Sexualität ersetzen. Parallel dazu ist auch unser Gespräch kein wirkliches Gespräch, das ernst zu nehmen wäre und in dem beide sich ehrlich sagen, was sie fühlen (zur Ehrlichkeit der Probandin siehe weiter unten), sondern eine Art Pseudogespräch, aus dem kein Buch (= die sublimierte Repräsentanz eines Kindes) entstehen kann.

Um besser zu verstehen, warum Sexualität für Sandra »einfach nur noch schrecklich« war, wenden wir uns ihrer Beziehung zum Vater zu, den sie der Ausübung sexueller Gewalt ihr gegenüber verdächtigt: »Äh, oh, das ist jetzt ganz schwierig zu sagen. Ähm, weil – ich kann das nicht richtig erklären, aber ich weiß, dass es da einen Zusammenhang gibt. *(Mhm)* Ich weiß also dass, dass ähm ... also ich muss vorausschicken ... ähm, ich weiß also, dass es diese Gewalterfahrung gibt. Ich weiß aber nicht, was passiert ist. Ich weiß auch nicht, wer es war, also ich vermute, es war mein Vater, aber definitiv weiß ich es nicht.« *(Mhm)* In einem starken Widerspruch dazu, dass Sandra ihren Vater als alkoholisierten, »sich totsaufenden« Pädophilen und Gewalttäter darstellt, steht die Äußerung, sie habe sich als sein »Lieblingskind« gesehen, was sie allerdings in dem im Folgenden wiedergegebenen Gesprächsausschnitt relativiert: »Aber vielleicht stimmt das gar nicht. *(Mhm)* Habe mich jedenfalls einfach trotzdem immer für das Lieblingskind meines Vaters gehalten.« *(Mhm)*

»Also du hast das Gefühl gehabt, er liebt dich sehr.«

»Äh ... nein. (beide lachen) So würde ich das nun auch nicht sagen. Mein Vater hatte, glaube ich, gar keine richtige Beziehung zu uns ... *(Ja)* äh ... selbst als er noch da war, ist er morgens aus dem Haus gegangen, *(Mhm)* wenn wir irgendwie noch äh ... irgendwie uns da morgens fertig machten, der kam abends um sieben zurück, wenn wir ins Bett gingen. Den haben wir praktisch nicht gesehen. *(Mhm)* Der war nur am Sonntag da. *(Mhm)* Ich meine, da hat er auch Sachen mit uns gemacht. Dann ist er irgendwie in den Zoo gegangen oder was weiß ich. *(Mhm)* Aber letzten Endes war der einfach irgendwie abwesend.« *(Mhm)*

»Und durch die Alkoholerkrankung war da während der Woche, gab es da irgendwelche Katastrophen?«

»Ja, ständig. *(Mhm)* Ständig. *(Mhm)* Der ist äh irgendwie weggegangen und hat gesagt, er geht jetzt ein paar Zigaretten holen, und wurde dann, kam dann einfach nicht mehr wieder *(Mhm)* und wurde dann von der Polizei wirklich in volltrunkenem Zustand nach Hause gebracht. Also *(Mhm)* Katastrophen gab es wirklich jede Menge. *(Mhm)*.«

»Gab es auch Gewalt? Dass er euch gehauen hat (Nein) *oder eure Mutter?«*

»Nein, uns nicht. Aber er hat versucht, meine Mutter umzubringen, wenn ich das jetzt so mal ganz hart sagen darf.«

Später erzählt Sandra, dass der Vater nach der Trennung der Eltern den Kontakt aufrechterhielt: »Also er hat dann schon noch mal Postkarten geschrieben *(Mhm)* und hat auch Geschenke geschickt und so. Aber ähm ... ich glaube, er wollte dann irgendwie uns auch noch sehen oder treffen oder so.« Liebe, Beziehung und Kontakt müssen zwischen Probandin und Vater ebenso eine Rolle spielen wie Hass: Sie sieht sich als Lieblingskind an der Spitze einer Hierarchie der Liebe; in ihrer Angabe, der Vater sei »Übersetzer« gewesen, könnte die Bedeutung enthalten sein, dass der Vater die Liebe und den Hass, die Sandra ihrer Mutter gegenüber empfand, in aggressive Sexualität mit der Mutter »übersetzt« hat – eine Sexualisierung von Hass und Liebe, in sadomasochistischen Objektbeziehungen eine häufige Abwehrformation.

In den unbewussten Fantasien über die Urszene, die sowohl als verlockend als auch als bedrohlich erlebt worden ist, sind die Positionen devot und dominant ebenso enthalten, wie die Positionen Opfer und Täter. Für die

Aggression in der Urszene könnte der von der Probandin erwähnte Überfall im achten Lebensjahr stehen, und auf meine Frage, ob ihr Vater Gewalt ausgeübt habe, berichtet sie, dass er versucht habe, die Mutter umzubringen (s. o.), was aber nur ihre Schwester mitbekommen habe. Eine Traumatisierung durch den Überfall, hinter dem sie eine Erfahrung väterliche Gewalt vermutet, an die sie sich »einfach nicht mehr erinnern kann«, fühlt Sandra nicht (»Das hatte nicht so schrecklich verheerende Auswirkungen.«) Dass Sexualität für sie irgendwann nur noch »schrecklich« war, könnte in der Tat eher auf lang anhaltende zerstörerische Auswirkungen der Urszenenfantasien zurückgehen als auf reale Traumatisierungen, die vielmehr als Erklärungsmuster im Sinne des »gewählten Traumas« genutzt werden. Die väterliche Gewalt, an die sich Sandra nicht erinnern kann, wird in die Überfallszene verschoben, die eine Deckerinnerung darstellen könnte. In der folgenden mit Gewalt aufgeladenen Szene, in der ein Mann sie in einen Metzgerladen – einen Ort des Tötens – hineinzulocken versucht, um sie mit einer Scheibe Wurst (evtl. auch ein Phallussymbol) zu verführen, verdichtet sich die Ambivalenz zwischen Verführung durch und Angst vor dem aggressiv aufgeladenen Penis: »Und ähm ... ich, an irgendeinem Tag bin ich dann halt, äh, zurückgegangen und kam irgendwie an der Metzgerei vorbei, und da stand dann hinter mir so ein Mann und fragte mich, ob ich mit ihm da reingehen würde, ich bekäme auch eine Scheibe Wurst. *(Mhm)* Völlig absonderlich. Und da habe ich gesagt, nein, ich möchte nach Hause, meine Mutter würde auf mich warten, und habe mir da auch nichts weiter dabei gedacht. *(Mhm)* Und ähm ... ich bin dann, habe einfach meinen Weg weiter fortgesetzt, und vielleicht so 200, 300 Meter weiter ist der dann plötzlich hinter mir und wollt' mich ins Gebüsch reißen. Das war also wirklich so ein richtiger Überfall. *(Mhm, mhm)* Tja, ich habe um mich geschlagen, ich habe gekämpft wie ein Löwe, und dann irgendwie ... ich war wahrscheinlich einfach nur sehr wendig damals, *(Mhm)* und ich habe mich dann ... irgendwie einfach geschafft, mich da loszureißen, und dann bin ich im Dauerlauf nach Hause gelaufen.«

Hinter der Äußerung, zum Zeitpunkt des Überfalls wie ein Junge ausgesehen und wie ein Löwe gekämpft zu haben, könnte Folgendes stehen: Sandra projiziert ihre Aggression, um sich zu entlasten, und identifiziert sich anschließend wieder mit ihr, was vermutlich der Entlastung des Überichs dient. Als ich nachfrage, ob sie das Gefühl gehabt habe, der Mann sei (wenn überhaupt) an ihr als kleinem Jungen interessiert gewesen, zögert sie zunächst, um die Frage dann zu bejahen: »Ja, ich denke schon. Also man hat mir zu dem Zeitpunkt wirklich nicht angesehen, dass ich ein Mädchen war. *(Mhm)*

Das wussten dann nur die Leute, die mich dann halt kannten. *(Mhm)* So im Allgemeinen hat man mich einfach für einen Jungen gehalten. *(Mhm, mhm).«* Die Vermeidung von Nähe in der Sexualität Sandras könnte somit einerseits ein Versuch sein, sich Frauen zu nähern, andererseits soll Nähe vermieden werden, da Sexualität eher mit Missbrauch und Aggression einer passiven Frau gegenüber verbunden wird, die – wie anfangs geschildert – »von hinten« genommen und befruchtet werden könnte (s. o.). In der Fantasie Sandras kann man sich nur als Mann (»Junge«) der aggressiven Sexualität der Männer entziehen. Die fantasierte Umschreibung der Urszene in dieser Geschichte ist deshalb mit der Ablehnung der weiblichen Geschlechtsrolle verbunden.

In diesem Zusammenhang ist eine weitere von Sandra geschilderte Episode aufschlussreich: Sie sei lieber zu Fuß zur Schule gelaufen als mit der Bahn zu fahren, weil einmal ein Kind in der Tür eingeklemmt worden sei und eine Frau »furchtbar geschrien« habe. Ich bin verwirrt und verstehe sie auf der manifesten Ebene zunächst gar nicht: »Ich habe mich so schrecklich vor Schreien gefürchtet.« »*Vor was?*« »Vor Schreien *(Schreien?),* wenn Leute schreien.«

Deutet man das Zu-Fuß-Gehen als Metapher für das Fortschreiten innerer unbewusster Entwicklungsvorgänge zur Frau, könnte hinter dieser Szene eine Verweigerung der Passivität der traditionellen Frauenlaufbahn stehen, insbesondere im Sinne von Empfängnis, Geburt und Mutterschaft. Diese körpernahen Vorgänge verlangen Hingabe und inneres Einverständnis mit gegebenen biologischen Tatsachen und bedeuten gleichzeitig einen Abschied von kindlichen Omnipotenzvorstellungen und der fantasierten eigenen Bisexualität. In der Äußerung Sandras, sie habe sich gefürchtet, »Leute schreien« zu hören – dieses Wort wird dreimal wiederholt, was an das Schreien einer in den Wehen liegenden Frau erinnert –, drückt sich möglicherweise die unbewusste Angst der Probandin vor den Schmerzen beim Gebären aus. Auch aus diesem Grund ist (zeugende) Sexualität nur noch »schrecklich«, und zugleich könnte auch das Fehlen der Möglichkeit einer Zeugung im lesbischen Liebesakt als schrecklich erlebt werden.

Psychische Reifung und das Eintreten in die Generationenfolge, ob nun real oder sublimiert, sind ein Teil der menschlichen Entwicklung. In der ödipalen Phase wünscht sich das vier- bis sechsjährige Kind, für das Sexualität und Zeugung noch ungetrennt sind, mit den Eltern ein Baby zu machen, so wie es selbst von den Eltern gezeugt worden ist. Hier verschmilzt die Urszenenfantasie mit ödipalen Impulsen. Diese Problematik scheint in der Erzählung der Probandin vom Theaterbesuch auf: Zunächst spricht sie über das »klassische Elternschlafzimmer«, aus dem die Kinder ausgeschlossen bleiben, und verschiebt dann die Ehebetten und damit den elterlichen Liebesakt in den nächsten Äußerungen unbewusst ins Kinderzimmer (»ein relativ kleiner Raum, so ein Raum, wo es also nur so Betten gab ...« Im Anschluss erzählt sie von einer Aufführung des Märchens »Der Teufel mit den drei goldenen Haaren«[30], in der sie mit beiden Eltern war (sowohl die drei Haare als auch das Zu-dritt-Sein mit den Eltern beinhalten die Triangulierung):

»Irgendwas, es war nicht wirklich im Märchen *(Aha)*, aber irgendwas in diesem Theaterstück, was also absolut schrecklich war für mich. *(Mhm)* Ich habe also fürchterlich geheult und gezetert und so einen Aufstand gemacht.«

»*Oh, du hast furchtbar Angst bekommen.*«

»Ja ja. Dass äh ... meine Mutter mich dann mit meinem Vater nach Hause geschickt hat. Und ich weiß noch, also äh was irgendwie ganz schrecklich war. Ich wollte nicht mit meinem Vater alleine zu Hause sein. *(Mhm)* Auf gar keinen Fall. Und ich wollte auch nicht in einem, in einem bestimmten Bett liegen. *(Mhm)* In das der mich dann gelegt hat. *(Mhm)* ... Und ich weiß auch, es gibt ein Foto, dieses Bett war eigentlich nicht mein Bett, sondern es gehörte meiner Schwester, die ein Jahr älter war als ich. Es gibt so Fotos, wo sie in diesem Bett liegt, und ich kriege eigentlich immer ein ganz ekliges Gefühl, wenn ich dieses Foto mit dem Bett angucke. *(Mhm).*«

Dass Sandra wirklich Angst vor dem Teufel/Vater gehabt hat, wie sie vielleicht suggerieren möchte, bezweifle ich. Für wahrscheinlicher halte ich die Deutung, dass es sich um eine verdeckte ödipale Szene handelt. Hinter der Tatsache, dass sie bis heute ein »ekliges Gefühl« bekomme, wenn sie ein Foto vom Bett der älteren Schwester betrachte, in das der Vater sie gelegt habe, vermutet Sandra offenbar eine Form von sexuellem Missbrauch – meines Erachtens eine Projektion des eigenen positiven Ödipuskomplexes und ihrer ödipalen Sehnsucht nach dem Vater. Das auf den Vater gerichtete Begehren wird als vom Vater ausgehendes aggressives Begehren umgedeutet. In dieser unterstellten Aggression könnten zugleich die eigenen strafenden Überich-Impulse deponiert sein; ein Vorgang, den wir weiter oben bereits beschrieben haben. Darüber hinaus wird in dieser Szene der ödipale Triumph abgewehrt, die allein im Theater zurückbleibende Mutter »ausgestochen« zu haben, weil dieser Triumph mit Schuldgefühlen verbunden ist. Der Umstand, dass sich Sandra, die sich als Lieblingstochter bezeichnet, dorthin gelegt fühlt, wo eigentlich die Schwester bzw. – verschoben – die Mutter liegen müsste, könnte dafür sprechen, dass es sich um eine Darstellung der ödipalen Szene handelt. Ich scheine die ödipale Situation intuitiv zu erfassen, indem ich die Rivalität mit der Schwester anspreche:

»Ja, da könnte die Rivalität mit deiner Schwester auch eine Rolle spielen. Du hast ja vorhin erzählt, sie war diejenige, die dir das streitig gemacht hat, dass du sein Lieblingskind warst.« »Ach ja, stimmt! (Lachen) […] Ja ja, ich bin jetzt einfach nur so ein bisschen platt, weil, ähm, ich habe mit dieser Schwester tatsächlich ziemlich viele Rivalitätsgeschichten laufen.« Das Lachen könnte ein Erkennungslachen darstellen, dass oft spontan in analytischen Behandlungen auftaucht, wenn eine Deutung ins Unbewusste zutrifft und humorvoll angenommen werden kann.

Aufgrund eines Gegenübertragungswiderstandes wehre ich die inzestuöse Situation und die Verschiebung der Mutterfigur auf die Schwester ab und bleibe bei der Konkurrenz mit der Schwester stehen. Hier handelt es sich um einen Gegenübertragungswiderstand, denn ich bin erleichtert darüber, dass ich endlich eine »richtige Deutung« platziert habe und dass es in der Beziehung zwischen Sandra und mir nun angenehmer wird. Sandra greift die Deutung mit der Schwester begierig auf – möglicherweise konnte sie die Rivalität mit der Schwester leichter leben, als die mit der Mutter: Die Mutter hatte in der Fantasie Sandras viel Sex mit dem Vater, denn sie hat fünf Kinder geboren (»Und wir sind dann gekommen, wie die Orgelpfeifen«). Mit dieser Konkurrentin wagt es Sandra als Frau nicht aufzunehmen und bleibt deshalb an das Bild des aggressiven Vaters, dessen Triebhaftigkeit Schuld an den vielen Kindern ist, gebunden.

Die Empfindung, dass es in der Beziehung zwischen Sandra und mir angenehmer wird, führe ich auf einen gleichgeschalteten, entdifferenzierenden emotionalen Zusammenschluss zurück. Dieser äußert sich auch darin, dass wir uns einig sind, die Aggression eindeutig beim Vater zu suchen und ihre Ursache in dessen Alkoholproblem zu sehen – und dies, obwohl Sandra ja auch andere Seiten des Vaters schildert: Sie ist seine Lieblingstochter (wobei sie übersieht, dass eine andere Schwester – die vermutlich für die Mutter steht – den gleichen Rang beansprucht). Der Vater, der wochentags nicht da ist, geht am Sonntag mit der Probandin in den Zoo, nimmt sie ins Theater mit, schickt Geschenke und Postkarten – und ist doch »nie da«. Der Vater, der einmal die Mutter Sandras umzubringen versucht hat, heiratet später noch einmal, ohne dass seine Kinder davon erfahren. Der Vater bringt die Kinder ins Bett.

Der Zusammenschluss zweier Frauen, in dem Fall Sandra und ich, könnte eine zentrale Dynamik in lesbischen Beziehungen beschreiben: Zwei Frauen schließen sich gegen einen Dritten (Vater/Mann) zusammen, dem ein Tötungspotenzial unterstellt wird. Sandra und ich können uns auf dieses Klischee ohne Worte einigen. Keine meiner Fragen bezieht sich auf positive Aspekte und Erfahrungen mit dem Vater, will diese vertiefen oder erweitern. Klar ist von vorneherein, dass es Gewalterfahrungen gibt. Diese versuche ich im letzten Teil des Interviews mit Nachdruck aus einem fantasierten Verdrängten zu holen:

»*Weißt du von, von dieser Szene, die du da vorher fantasiert hast, er sitzt am Bett und wichst.* (Ja) *Ich glaube, das Letztere kannst du dir schenken. Das ist schon traumatisierend genug, ja? Wenn ein tendenziell äh unkontrollierter Vater, ja[?]* der, *in dem du berechtigterweise ein Tötungspotenzial vermutest,* (Ja), *ja[?], neben dir auf dem Bett sitzt und über dich drüber schnauft,* (Ja) *ja[?], also da braucht er nicht noch wichsen* (Ja); *das reicht schon. Das hast du in dir bis in alle Zeiten, verstehst du?* (Lachen) *Leider sind wir offensichtlich in manchen Situationen empfindlicher, als wir denken.* (Lachen) (Ja) *Und dass dich das, äh, ver... verschockt hat und verängstigt hat und über alle Jahre, also das kann ich mir gut vorstellen. ... Dass er sich da mal über euch gebeugt hat oder irgendwie was, ja?*«

Ich generalisiere, verharmlose und verschärfe gleichzeitig, um die Informationen, die ich im Gespräch erhalten habe, ideologisch zu einer das Aggressionspotenzial externalisierenden Szene zu verdichten. Dabei stehen die Gewalterfahrungen wohl viel eher für die von Sandra unbewusst mit Gewalt verbundene fantasierte Urszene – eine Deutung, mit der ich mich offensichtlich unbewusst identifiziere. Diese Fantasie drängt per Wiederholungszwang nach Konkretisierung in der Realität – einer Realität, die für Sandra nicht kontrollierbar und auch nicht erklärbar ist: »[Ä]h, oh, das ist jetzt ganz schwierig zu sagen. Ähm, weil ich kann das nicht richtig erklären, aber ich weiß, dass es da einen Zusammenhang gibt.« – Sandra und ich stellen einen Zusammenhang her, wo keiner ist. Deshalb antwortet Sandra auf meine Frage, ob es einen Zusammenhang zwischen den sexuellen Schwierigkeiten und der Gewalterfahrung geben könnte (gleichfalls ein feministisches, an der Oberfläche des Bewusstseins haftendes Klischee) unbewusst mit einer Fehlleistung: »Jetzt habe ich den Faden verloren.« Mit dem Begriff »verloren« könnte in diesem Zusammenhang ausgedrückt werden, dass ihr der Vater »verloren gegangen« ist – einmal in der Urszene mit der Mutter, einmal wegen seiner Gewalttätigkeit. Der Begriff »verloren« taucht auch in Verbindung mit dem Verlust der Jungfräulichkeit der Probandin auf und steht dort ebenfalls im Zusammenhang mit der Frage nach den Folgen der väterlichen Gewalttätigkeit. Die Mutter wird in dieser Passage als überforderte Alleinerziehende geschildert, ein Indiz dafür, dass der Vater vermisst wurde und verloren gegangen scheint.

Im Folgenden widmet sich Sandra ihrer Beziehung zu ihrer Mutter: Sie kann nach der angstmachenden Überfallerfahrung keine Geborgenheit bei ihrer Mutter finden. Sandra wünscht sich, eher zufällig, ein bestimmtes Essen, das für sie die unverfängliche mütterlich-orale Liebe repräsentiert, kann aber in dem Chaos, in das sie heimkommt (angesichts dieser Schilderung könnte man vermuten, dass der Vater, der ja »Übersetzer« ist, die mütterliche Gewalt, die sich in Form von Gleichgültigkeit gegenüber den kindlichen Gefühlen äußert, »übersetzt« oder fortgeführt hat), keinen Halt finden: »Nein. *(Mhm)* Nein, das war mir ganz schrecklich. Ich habe ... ähm ... ich bin dann also wirklich im Dauerlauf nach Hause gerannt und habe dann gehofft, dass es zumindest ein bestimmtes Mittagessen gibt, was ich sehr gerne mochte und dass ich da irgendwie ... ähm ... mich da irgendwie so ein bisschen trösten kann. Aber das war irgendwie, ich kam dann nach Hause ... Ich habe noch vier Geschwister, meine Mutter ist sowieso alleinerziehend und so. Und ich kam dann halt nach Hause, und es war das völlige Chaos. Und alle waren unheimlich genervt und so, und dann habe ich mich an den Tisch gesetzt, und ich habe das niemandem erzählt. *(Mhm)* ... Jedenfalls meiner Mutter nicht.« »*Mhm, du hattest das Gefühl, da ist kein Platz oder irgendwie was ...*« »Ja!«

Weil sie von ihr enttäuscht ist, erzählt Sandra der Mutter also nicht, dass sie »als Junge« (der nicht gebären muss und aggressiv sein kann) wie ein Löwe gekämpft und den Mann in die Flucht geschlagen hat: Ein Bündnis mit ihr gibt es nicht, Liebe zwischen Frauen kann mit ihr nicht gelebt werden, der Ausschluss und die Verlagerung der Aggression auf den bösen Mann funktionieren nicht. Dieses Nichterzählen könnte auch als Rache an der Mutter gedeutet werden, die Sandra ja schon früher verlassen hat: Sandra deutet an, dass es andere Vertraute gab, die die Mutter ersetzen konnten (»jedenfalls meiner Mutter nicht«).

Auffällig ist, wie oft Sandra auf die Gewalterfahrungen zu sprechen kommt. Sie könnten heute als Metapher an der Stelle stehen, an der in der Kindheit der Penisneid stand. Das Fehlen des Penis wird auf die omnipotent fantasierte Mutter zurückgeführt, die das Mädchen so geboren hat und schuld daran ist, dass im Leben der Probandin alles viel schlechter lief als bei den Jungen/Männern. Heute sind die Gewalterfahrungen schuld daran, dass sie nicht mehr im Paradies der Omnipotenz und Zweieinigkeit lebt. Das Paradies steht sowohl für die frühkindlich erlebte Bisexualität, in der sich das Kind im Besitz beider Geschlechter wähnt und in Allmachtsfantasien schwelgt (ähnlich wie in der biblischen Erzählung Adam und Eva ohne Sünde und Schuld im Paradies leben), als auch für die idealisierte Mutter-Kind-Dyade, bevor der Vater in der Urszene als Dritter eine Trennung von Mutter und Kind herbeiführt (indem er in der Fantasie der Probandin die Mutter raubt). Diese Zusammenhänge sind mir beim Gespräch mit Sandra präsent, da mir schon bei anderen Interviews und bei Gabi wie Petra das Verschieben der Gewalt auf Männer und Schilderungen sexuellen Missbrauchs, der entweder sehr massiv scheint oder nicht erinnert wird oder wie erfunden wirkt, aufgefallen sind. Nachdem auch Sandra über Gewalterfahrungen spekuliert, entschließe ich mich zu einer Intervention, indem ich – allerdings sehr unsicher und vorsichtig – anspreche, dass manche Frauen sich Gewalterfahrungen »herholen«, um sich damit ihre Probleme zu erklären:

»*Ähm, das ist etwas, ich sage, ... dadurch verändere ich jetzt das Interview mit dir, aber ich mache das jetzt mal absichtlich, damit ich das besser verstehe, um dir das mal zu erklären. Ähm es ist so, dass mehrere Frauen, die ich interviewt habe, ihre sexuellen Schwierigkeiten mit solchen, wie ich jetzt von d... mal es dir sagen würde, diffusen irgendwo,* (Ja) *nicht konkreten Gewalterfahrungen in Verbindung bringen* (Ja), *ja? Ähm, und irgendwie ist mir das schleierhaft, wie das kommt,* (Ja) *ja? Ähm, also es ist, als... also jetzt sage ich dir einfach mal meine Hypothese,* (Ja) *was mir dazu einfällt, ja? Da ist irgendeine Problematik mit der, in der eigenen Sexualität und im eigenen Sich-Hingeben oder im Lieben* (Ja) *und so weiter, ja? Man hat, oder keinen Dunst, was das soll, woher das kommt* (Ja), *und versucht, sich das irgendwie zu erklären* (Ja), *ja? Und dann, aber warum dann genau das aufkommt, ähm, sozusagen danach zu suchen, äh, das ist etwas, es scheint mir, als wäre das, ich habe jetzt allerdings keine heterosexuellen Frauen befragt, ja?* (Ja) *Aber als würde, das war meine Idee, ich sage dir das jetzt mal, was du damit anfangen kannst? In der lesbischen Szene ist doch leichter sein sozusagen ... und wo ja auch aus der Frauen- und Lesbenbewegung ähm da vor 20, 15 Jahren diese Missbrauchs- und Problem... also diese Gewaltproblematik gegen Frauen und Mädchen überhaupt in die öffentliche Diskussion gebracht worden ist in dieser Massivität. Ja, nicht von den Psychotherapeutinnen oder so,* (Ja) *ja? Ähm ... als würde das sich anbieten, verstehst du, in einer irgendwie gearteten Tradition* (Ja) *zu versuchen, sich das damit zu erklären.*«

Bei der Probandin stößt diese Hypothese trotz der umständlichen Formulierung zunächst auf Widerstand, doch gesteht sie dann ein, dass sie »ehrlich gesagt« (als wäre sie vorher nicht ehrlich gewesen) eine Therapie mache und dass auch ihre Therapeutin diesen Gedanken schon geäußert habe: »Nein, das wäre, das wäre ja wirklich spaßig. *(Lachen)* Ich muss ganz ehrlich sagen, ich gehe auch zur Therapie. *(Ja)* Und meine Therapeutin hat irgendwie auch schon mal, irgendwie so ein bisschen so in diese Richtung, ich will nicht sagen, mich gedrängt, aber sie hat mir dann doch irgendwie mal vorgeschlagen, dass es nicht immer daran liegen könnte. *(Mhm)* Weil man ist auch sehr schnell geneigt, irgendwie, irgendwelche Geschichten darauf zu schieben. *(Ja)* Nicht? Und das hat sie mir dann irgendwie auch schon mal so aufgezeigt, dass es nicht unbedingt so sein muss. *(Mhm)* Finde ich durchaus spaßig.«

»*Ja, also es muss auch irgendwie einen Entlastungsfaktor haben, ja? Also sozusagen nicht ich, oder in mir, oder bei mir, oder direkt mit mir ist irgendwie etwas, sondern weil jemand etwas getan hat. Also als würde es ein Schuldgefühl geben,* (Ja) *dass das so was ist, und das ist so schlimm, dass man das irgendeinem Bösewicht aufhängen muss, ja. […].*« *(gemeinsames Lachen)*

Anstatt an dieser Stelle weiterzuarbeiten, sehen wir beide den Konflikt (Sandra hat mir die Therapieerfahrung »vorenthalten« und berichtet erst auf Nachfrage davon) als »spaßig«: Im gemeinsamen Lachen, in dem alle aggressive Differenz untergeht, bestätigen wir unsere Verbundenheit. Man kann meine oben wiedergegebene Äußerung auch so deuten, dass wir mit großem Spaß und Vergnügen gemeinsam den »Bösewicht aufhängen«, als könnten wir damit endlich den konkurrierenden Vater schuldfrei ausschalten. Da sich während der von mir vorgetragenen Deutung eine Distanz einstellt und sich die Paarsituation zwischen Sandra und mir aufzulösen droht, reagiere ich darauf mit dem gehäuften Gebrauch des Wortes »du« – als wollte ich der Probandin immer näher rücken. Als sie meine Bemühungen, ihr die geschilderten Sachverhalte möglichst sanft nahezubringen, mit: »Das ist sehr gewagt. Ja«, kommentiert, bin ich unangenehm überrascht darüber, dass sie meine Bemühungen »sanft zu sein« nicht honoriert; das gemeinsame Lachen wirkt dann für beide entlastend. Mehr vorbewusst als bewusst ist mir die Möglichkeit, dass Sandra selbst Aggressorin sein könnte, dass es sich nicht um die Gewalt des Vaters handelt; die Äußerung »Ich finde das echt« scheint aufzugreifen, dass bisher einiges im Gespräch nicht echt war.

Deutlich zu erkennen ist in diesem Interview auch das Inzestthema in seiner ganzen Komplexität mit der Vermischung von Opfer- und Täterschaft. Sexueller Missbrauch trifft immer auf die ödipalen Wünsche des Kindes und der Eltern; es sind agierte Wünsche, auf die nicht verzichtet werden kann und die nicht abgetrauert werden. Auffällig ist die Wortfolge »rumgekämpft«, »begangen«, »ein paar« (ein Paar?), »eingestanden«. Dahinter könnte die unbewusste Fantasie stehen, Sandra habe eine Schuld (die ödipale Schuld) begangen, sich mit dem Vater als Paar zu sehen, und sich dies später eingestanden. Diese Sequenz ist die einzige Passage des Interviews, die auf realen Missbrauch hindeuten könnte. Man kann sie aber auch auf der Fantasieebene verstehen: Sandra hat gegen den Vater gekämpft, um die Mutter zu gewinnen, muss aber schließlich zur bitteren Einsicht gelangen, dass die Eltern als Paar den Geschlechtsverkehr »begangen« haben. Die Erkenntnis, dass zwei Frauen die Urszene nicht vollziehen können, ohne sie phantasmatisch zu verändern und aufzuladen, ist sehr schmerzhaft. Die Unfähigkeit zur Generativität ist eine heftige narzisstische Kränkung und erfordert den endgültigen Abschied von der fantasierten Bisexualität. Der Versuch, diese schmerzhafte Einsicht zu vermeiden, könnte das Durchlaufen des Ödipuskomplexes erschweren: Hinter der Aussage Sandras, der Vater habe sie »*noch* nicht angefasst«, als er sich neben ihrem Bett »einen abgewichst« habe, könnte auch die Hoffnung stehen, dass dies später geschehen möge und sie noch heute darauf warte.

Die Sandra und mir gemeinsame Absicht, den Vater (symbolisch) zu töten – repräsentiert in der Wendung *»und das ist so schlimm, dass man das irgendeinem Bösewicht aufhängen muss«* –, widerspricht eigentlich meinem bewussten Empfinden dem Vater gegenüber. Ich versuche an dieser Stelle lediglich, der Probandin die Projektion der Aggression auf den Dritten, den Vater, zu verdeutlichen. Wie bereits erwähnt, löst aber jegliches Abweichen von den Meinungen Sandras Ängste bei mir aus, sodass im gemeinsamen Tötungsimpuls eine Verschiebung meiner Kastrationsängste von Sandra auf den Vater liegen könnte. In der Tötungsidee kann die gemeinsame Vorstellung gelebt werden, den Rivalen im Kampf um die Mutter (im negativen Ödipuskomplex) beiseite zu schaffen. Möglicherweise identifiziere ich mich mit Sandra, die die Beziehung des Vaters zu den Kindern leugnet, womit sie allerdings in Widerspruch zu ihren eigenen Schilderungen von Theaterbesuchen und anderen gemeinsamen Unternehmungen gerät. So wird der Vater in der Fantasie aus der Familie ausgeschlossen.

Die gleiche Dynamik spielt sich in der Passage ab, in der Sandra sagt, der Vater habe sich »totgesoffen«: Da ich spontan Trauer über die Tragik der Alkoholerkrankung des Vaters empfinde (ausgedrückt im Begriff »Niedergang«) und mich mit seinem Schicksal identifiziere, erscheint mir diese Äußerung als herzlos und schockierend, und ich habe Hemmungen, den Empfindungen der Probandin, die keine Trauer ausdrückt, zu folgen. Immer wieder erlebe ich spontane Fluchtimpulse weg von ihr und verabschiede mich in analytisches Denken (vgl. oben, wo es um das Küssen als Penetration geht), flüchte mich zu anamnestischen Daten und Fragen (man beachte auch die Warnung an Sandra):

»[A]lso pass auf, jetzt schauen wir mal, machen wir das mal analytisch so?« Lapidar antwortet sie: »Der ist tot.« Meine Flucht führt also nicht zum Erfolg; schockiert stammle ich: »*Und wann, wie, wo, in welchem ...*«

Sandra unterbricht mich kurz: »Der hat sich totgesoffen sozusagen.« »*Oh, wann denn?*« »Ach ähm ... schon vor Ewigkeiten. *(Mhm)* Aber meine Eltern haben sich irgendwie vorher auch scheiden lassen, also ich glaub, er war so weg, seit ich 13 bin oder so.«

In dem Satz »Er kam dann einfach nicht mehr wieder« könnte man einen latenten Ausdruck von Trauer über den nicht bewusst erlebten Verlust des Vaters sehen. Offen drückt Sandra diese Trauer erst aus, als ich sie direkt danach frage: Nach einer langen Schilderung eines Loyalitätskonfliktes zwischen Mutter und Vater sagt sie, sie sei kurz sehr traurig gewesen.

Vermutlich war die Mutter dem Vater gegenüber ebenfalls ambivalent in Bezug auf Nähe- und Distanzwünsche, denn Sandra lässt den Vater nach der Scheidung erneut in die Wohnung, sagt ihrer Mutter aber nach einem inneren Konflikt kurz vorher noch Bescheid. Möglicherweise bildet sich sowohl in der Symptomatik der Probandin als auch in der Übertragungs-Gegenübertragungsbeziehung zwischen uns die Dynamik der elterlichen Ehe ab.

Der Umstand, dass sich Sandra »unter dem Bett versteckt« nachdem sie den Vater in die Wohnung gelassen hat, lässt eine negative ödipale Fantasie vermuten. Seinen Tod interpretiert sie offenbar als Erlösung: »Ich denke einfach, mein Vater war einfach nicht so lebensfähig. *(Mhm)* Und für ihn war das sicher besser. [...] Ich denke, für ihn ist das wirklich besser, dass er gestorben ist. *(Mhm, mhm, mhm)* ... (Schweigen).«

Im Schweigen ist meine Betroffenheit über die verbale Euthanasie deponiert, aus der heraus ich bald erneut auf sicheres Terrain flüchte, indem ich wieder mit anamnestischen Fragen beginne. Im Unbewussten der Probandin könnte die Fantasie jedoch ganz anders lauten: »Da ich nicht mit ihm leben konnte, konnte er auch sterben« – ein positiver ödipaler Triumph.

Im anschließenden Gesprächsabschnitt wird der Konflikt in die Geschwistergruppe verschoben und die Paardynamik nochmals aufgegriffen: Sandra bezeichnet sich als »Zwischenkind« – zwischen zwei Geschwisterpaaren, möglicherweise aber auch zwischen den Eltern stehend, die sie aus Eifersucht trennen will. Dazu würde auch ihre Zufriedenheit über den Tod des Vaters passen, von dem und von dessen Leiden sie sich ganz getrennt sieht: »Ja, also, ähm ... Das ist ganz komisch. Ich äh ... sehe sozusagen das Leiden meines Vaters eigentlich ziemlich getrennt von meinem eigenen. Aber wahrscheinlich ist das irgendwie auch normal.« Hier klingen Schuldgefühle an, die sofort wegrationalisiert werden müssen – ähnlich wie in der im Folgenden wiedergegebenen Passage, in der Eifersucht und Penisneid im Hinblick auf den jüngeren Bruder anklingen:

»Ich bin das Zwischenkind.« »*Das zwischen den zweien. Zwei darüber und zwei darunter. (Genau) Und wie, wie, sind das Mädel, Buben?*« »Vier Mädchen und ein Junge.« »*Und wo ist jetzt der?*« »Der kommt nach mir.« »*Ah ja, mhm. ... Und äh wie hat sie das hingekriegt?*« »Das frage ich mich auch.« (gemeinsames Lachen) »*Du warst ja dabei, nicht?*«

In der kleinen Zwischenfrage: »*Ah ja, mhm. [...] Und äh wie hat sie das hingekriegt?*« mit der Antwort: »Das frage ich mich auch« und dem anschließenden gemeinsamen Lachen ist die gemeinsame Empörung über die Unverschämtheit der Mutter enthalten, dem Bruder einen Penis zu schenken, den Mädchen und Frauen aber nicht. Das anschließende gemeinsame Lachen deutet wieder auf eine unbewusste Übereinkunft zwischen der Probandin und mir, dass die Konfrontation mit dem Penisneid für uns beide eine Zumutung sei. Die Frage »Und äh wie hat sie das hingekriegt?«, die sich auf der bewussten Ebene darauf bezieht, wie es möglich ist, fünf Kinder allein zu erziehen, stellt zugleich die gebärende Potenz der Mutter in Frage – ein Thema, das sich für lesbische Frauen schärfer als für heterosexuelle Frauen stellt, sodass die Identifikation mit der Mutter konflikthafter erlebt wird. Die Nichtakzeptanz der Abwesenheit eines realen, zur Zeugung potenten Penis könnte sich in der Problematik des Stehlens zeigen: Sandra nimmt sich das, was die Mutter ihr nicht schenkt. Auf der manifesten Ebene begründet sie ihr Handeln mit ihrer Armut: Sie habe versucht, für sich zu sorgen »auf so eine gewisse Art und Weise« – nachdem der Vater nicht mehr da war, hat sie versucht, ihn/den Penis zu ersetzen. Die Armut könnte auch ein weiterer Ausdruck des Penisneides sein: Frauen sind ärmer als Männer, werden auch schlechter bezahlt, also nimmt man sich das, was einem in den kindlichen Allmachtsfantasien zusteht. Meine Äußerung, dass das Klauen nicht neurotisch sein könne, ist wieder auf das Harmoniebedürfnis und die gemeinsame Abwehr des Penisneides zurückzuführen. Mir ist zwar bewusst, dass Sandra abermals versucht, innere Konflikte nach außen zu verlagern, doch habe ich das Gefühl, es würde den Rahmen des Gespräches sprengen, ihr das zu sagen. Hinzukommt, dass die Einsamkeit der Probandin – »in die Arme der Mutter zu stürzen« war ihr »einfach nicht möglich«, »war bitter« – in der Gegenübertragung offenbar primär mütterliche Gefühle in mir auslöst. Das könnte die unbewusste Fantasie ausdrücken, dass Sandra mit der Mutter ein

Paar zu bilden wünschte, d. h. ohne den Vater und den Bruder und vermutlich auch ohne die Schwestern.

Die Dreieckssituation scheint einmal in der Äußerung über das »klassische Elternschlafzimmer« und gleich danach in der »Geschichte vom Teufel mit den drei goldenen Haaren« auf. Ich versuche in der Gegenübertragung, die Sehnsucht der Probandin nach Verschmelzung mit der Mutter aufzugreifen (eine Sehnsucht, die ich offensichtlich mit ihr teile), indem ich ihr erzähle, dieses Märchen sei mein Lieblingsmärchen gewesen. Es kommt, wie ganz zu Beginn des Gesprächs, zu einer spontanen Zurückweisung, die sich diesmal allerdings gegen mich richtet – als wäre ich ihr zu nahegetreten – und in der sich auch der Beziehungskonflikt der Probandin mit ihrer Ex-Freundin widerspiegelt. Ich erinnere mich an das Gefühl, eine Grenze überschritten zu haben, verbunden mit Scham- und Schuldgefühl, verschoben auf eine dem Überich verpflichtete Idee von analytischer Abstinenz. Man könnte hier auch an projektive Identifikation auf meiner Seite denken. Sandra, die zwar mit »Ja ja« auf meine empathische Äußerung »*Oh, du hast furchtbar Angst bekommen*« reagiert, hat sich in Wirklichkeit nicht von den Eltern trösten lassen, sondern »einen Aufstand gemacht« (war also im aggressiven Protest), woraufhin der Vater sie heimbrachte und in das Bett der Schwester legte – alles ödipal anmutende Szenen.

Verschmelzungsfantasien durchziehen nicht nur die Beziehung zwischen Interviewerin und Probandin, sondern auch die familiäre Situation der Probandin: In der gesamten Wohnung gibt es keine abschließbare Tür, »die beiden älteren Schwestern waren eine Einheit, wie die beiden Jüngeren«, und auch zwischen Mutter und Sandra dominiert das symbiotische Erleben. Rivalität und Abgrenzung (wie die Rivalität mit der Schwester in der Pubertät) werden als Aggression erlebt. Dem entspricht mein Empfinden, bei der Deutung der Lebensgeschichte in aggressiver Rivalität zur Probandin zu stehen, die sich den sexuellen Missbrauch selbst herbeigedeutet hat; diese Rivalität darf allerdings nicht offen zu Tage treten, da sonst Beziehungsabbruch droht. Man kann vermuten, dass diese Harmonieansprüche stark von der Mutter ausgegangen sind, die für geschlossene Türen zuständig gewesen wäre. Mit der Wendung »... dass du allein standest auf weiter Flur« kleide ich meinen Eindruck in Worte, dass Sandra letztlich ohne gelungene und positiv verinnerlichte Beziehung zu Mutter und/oder Vater in ihre späteren Liebesbeziehungen eintrat, und identifiziere mich mit ihr als Ausgeschlossener. Dahinter könnte wieder eine Urszenenfantasie stehen, bei der der Dritte, das Kind, ausgeschlossen ist und allein bleibt.

Der letzte Abschnitt wiederholt die Anfangssequenz: Sandra bietet der Interviewerin gewissermaßen Oralsex an, den ihr ihre Ex-Freundin verweigert hat. Unbewusst könnte sie erfasst haben, dass ich keinen Sex mit ihr haben möchte: Sie wiederholt ihre Aussage »Ich stehe unheimlich auf Oralsex«, um mich schließlich in enttäuschter Rache fallenzulassen, indem sie mir erklärt, ihre jetzige Freundin befriedige sie vollauf. Offenbar sollte ich im Gespräch die Rolle der neuen Freundin einnehmen, was bedeutet, über nichts zu reden, aber die geheimsten Wünsche zu erfüllen – ganz so, wie eine Mutter dem Säugling seine Wünsche ohne Worte erfüllt. Am Ende des Gesprächs fühle ich mich eher erleichtert, die in vielen Widersprüchen stehende Probandin bei der neuen Freundin aufgehoben zu sehen, was sich an den vielen abschließenden euphorischen Äußerungen zeigt:

»*Das ist ja toll, ha?*« »Ja, das ist einfach genial.« »*Mhm, ja das freut mich für dich.*« »Ja, danke.« (gemeinsames Lachen) »*Ja sehr schön. Und noch ... gibt es noch irgendwas?*« »Nein, also mehr fällt mir sonst glaube ich jetzt erst mal so nicht ein.« »*Mhm. ... Ja, dann hätte ich es.*« »Ja, gut.« »*Ja? Ja gut.*«

2.3 Gabi

Dieses Gespräch kommt schwer in Gang; die Verständigung ist durch Probleme mit dem Aufzeichnungsgerät und Hörschwierigkeiten durch das leise Sprechen Gabis am Telefon behindert. Hinzu kommt, dass Gabi anfangs nicht sehr auskunftsbereit ist. Sie spekuliert zunächst darüber, wer an ihrem sexuellen Problem, der Lustlosigkeit schuld gewesen sei, und entschließt sich dann, zunächst ihre Seite zu betrachten. Ihre Partnerin habe ihr Vorwürfe gemacht, dass sie zu wenig Lust auf gemeinsame Sexualität habe. Das Gespräch darüber sei aber abgebrochen und die Sexualität damit ebenfalls gestorben. Die Beziehung sei zunächst weitergeführt worden, schließlich sei es aber zur Trennung gekommen, da alle Gefühle nur noch oberflächlich empfunden worden seien. Gabi berichtet, die Trennung habe bei ihr zu gesteigerter sexueller Aktivität geführt, was sie genossen habe und deshalb ihre Trauer über den Verlust der Partnerin nicht übermäßig groß war. Das Problem der sexuellen Lustlosigkeit kenne sie im Übrigen von beiden Seiten. Entweder wolle die eine zu viel oder zu wenig Sex oder die andere.

Zu ihrer Biografie berichtet die Probandin, sie habe sich in der Pubertät in eine Pfarrerstochter verliebt, was einen Skandal verursacht und dazu geführt habe, dass sie von ihrer Mutter in die Psychiatrie eingeliefert worden sei. Zu den Krankenschwestern habe sie gute und sichere Beziehungen aufbauen können, die sie jahrelang gestützt hätten. Schließlich habe sie im Rahmen eines Unterhaltsverfahrens ihren Vater kennengelernt, der sich in ihrem ersten Lebensjahr von ihrer Mutter getrennt habe. Gabi erzählt, sie habe aufgrund verschiedener Erkrankungen der neuen Lebensgefährtin des Vaters die Pflege ihres sehr viel jüngeren Halbbruders übernommen. In diesem Zusammenhang sei es immer wieder zu sexuellen Übergriffen des Vaters gekommen, bis hin zum vollzogenen Geschlechtsverkehr. Mit Unterstützung der Krankenschwestern habe sie aber schließlich in einem weiter entfernten Ort eine Arbeitsstelle gefunden und sich sowohl vom Vater als auch von der Mutter und damit von ihrer ganzen Vergangenheit gelöst.

2.4 Jenseits der Konvention

Der schwierige Beginn des Gesprächs – technische Probleme mit dem Aufzeichnungsgerät und Hörschwierigkeiten auf Seiten der Probandin – könnte die Beziehungsdynamik repräsentieren, die der Probandin Schwierigkeiten macht. Nur mit Mühe beginnt das Interview: Sie fragt sich, wer – sie oder ihre Partnerin – »schuld« an der sexuellen Lustlosigkeit ist, wie sich die »richtige« Liebes-»Technik« finden lässt, wie man seine Wünsche mitteilen, aufeinander hören und aufeinander eingehen kann. Schon ganz zu Beginn des Gespräches versuche ich mit dem Herstellen einer gemeinsamen Ebene eine Brücke zu bauen, die eine bessere Kommunikation herstellen soll. Sexuelle Probleme zu haben, scheint für Gabi ein Tabu zu sein. Auf der manifesten Ebene stelle ich die Unsicherheit dar, ob lesbische Liebesbeziehungen mit den gleichen oder anderen, eigenen Begriffen benannt werden können wie heterosexuelle Liebesbeziehungen: *»... wenn Sie mir bei beiden äh Beziehungen oder wie immer das war oder Sie das nennen möchten, ist immer schwierig bei uns, nicht?«*

Auf der latenten Ebene übernehme ich die Sprechschwierigkeiten der Probandin und identifiziere mich unbewusst so weit mit ihr, als würde ich postulieren, es sei normal, wenn Lesben sexuelle Schwierigkeiten hätten, sodass man als Einzelne sich nicht schämen oder schuldig fühlen müsste. Gleichzeitig versuche ich, die Schwierigkeiten der Kommunikation mit Direktheit und der Herstellung von Gemeinsamkeit (»bei uns«) zu lösen, um so zu tun, als müssten wir uns nicht schämen und könnten alles einfach aussprechen:

»Wenn Sie mir erzählen, was da konkret los war bei Ihnen beiden?«

»... Ähm, also die erste ... (unverständlich) ...«
»*Und wissen Sie, was ich Sie noch bitte würde, wenn Sie einen Hauch lauter reden. Weil ich habe das dumpfe Gefühl, sonst höre ich da überhaupt nichts auf dem Band. Ich höre Sie auf dem Hörer relativ gut, ja? Aber hier auf dem Lautsprecher ist es wahnsinnig leise.*«
»Gut, dann werde ich mir mal Mühe geben.«
»*(Lachen) Sie Arme.*«
»Vorlesestimme. *(Genau)* ... sich bemühen, *(Genau)* wieder etwas lauter zu reden.«
»*Das ist gut.*«
»Ja also, wo wollte ich denn jetzt anfangen?«

Meine Bemühungen führen eher zum Gegenteil, nämlich dazu, dass Gabi den Faden verliert. Sie entscheidet sich schließlich, von ihrer Beziehung zu erzählen, in der sich die gleiche Dynamik zeigt, wie zwischen ihr und mir: So wie ich sie auffordere, lauter zu sprechen (und ihr damit implizit vorwerfe, zu leise zu sein), wirft ihre Partnerin ihr »keine Lust, zu wenig Lust« vor. Ihre Äußerungen, sich Mühe zu geben, lösen bei mir sofort Schuldgefühle aus, so als hätte ich an Gabi übermäßig sadistisch konnotierte Forderungen gestellt, und sie würde sich nun masochistisch unterwerfen. Ich versuche diese heftigen Gefühle mit Lachen und humorvollem Bedauern auszugleichen, um mit ihr in besseren Kontakt zu kommen. Das gelingt wieder nicht, sodass ich dann ihre drei Vorschläge, die offensichtlich nicht wirklich ernst gemeint sind, bejahe, und damit so tue, als hätte ich ihre passive Aggression nicht verstanden. Mit anderen Worten könnte man diese in einer Art trotzigen, patzigen Aussage ausdrücken, wie: »Mach ich's so nun richtig, Mama?!« Die imaginäre Mutter – in der Übertragung die Interviewerin – tut dann so, als würde sie aus einem eigentlich »ungezogenen Mädchen« im Nichtverstehen der Aggression ein »braves Mädchen« machen können. Gabi schließt in ihrer nächsten Assoziation dann gleich auch einsichtig wie ein »braves Mädchen« an und gibt zu, dass »die Schuld« bei ihr liegt. Allerdings hatte sie vor dieser Äußerung eine kompliziert formulierte Frage gestellt, »Wer war so... diejenige, welche, die die Probleme einschleppte?«, aus der man schließen könnte, dass Gabi eigentlich ihrer Partnerin die Schuld an den gemeinsamen Problemen zuschreibt. Hier spricht sie aber von ihrer Schuld:

»Dann fange ich jetzt beim Letzten an. *(Mhm)* Und zwar war da also die Schuldzuweisung schon bei mir. *(Mhm)* Nach dem Motto äh ... ja, keine Lust, zu wenig Lust. Nicht die richtige Lust. *(Mhm)* Und das kam sehr massiv in Vorwürfen von ihrer Seite, so, dass ... also tja, hätt' ich mich verteidigen müssen. *(Mhm)* Oder wir klammern es halt aus, um den Rest der Beziehung nicht zu gefährden. Nach irgendeiner Weile hatte sich dann diese Taktik halt eingespielt. Das heißt, es wurde gar nicht mehr darüber gesprochen. *(Mhm)* ... Und wir waren halt offiziell nach wie vor noch zusammen. *(Mhm).*«

Die beiden Partnerinnen gehen nicht bis zum offenen, aggressiven Konflikt; aus dem Dialog wird ein Nicht-mehr-darüber-Reden, um die Partnerin nicht gänzlich zu verlieren, und schließlich verstummt auch der sexuelle Dialog. Das, was zwischen den Partnerinnen ist, wird nicht angesprochen. Die Beziehung bleibt nach außen hin bestehen, obwohl sie innerlich nicht mehr besteht: Der Verlust und die Trennung dürfen nicht offen gelegt werden. Manifest wird über die »richtige Lust« gesprochen, latent könnte die Partnerin gemeint sein, die nicht die Richtige ist.

Es fällt mir schwer, den Gesprächsfluss aufrechtzuerhalten. Gabi schweigt häufig und betont immer wieder, wie wenig sie »gewusst« habe und wie groß ihr »Schuldbewusstsein« sei. Ich fühle mich gezwungen, nachzufragen, und Gabi fühlt sich offenbar von mir unter Druck gesetzt – ähnlich wie von ihrer Freundin in der gemeinsamen Sexualität. In der Übertragungs-Gegenübertragungsbeziehung werde ich zur schuldzuweisenden Partnerin, die nicht bekommt, was sie sich wünscht. Gabi gibt an, dass ihr die Konflikte »gar nicht so bewusst« gewesen sind und beide Partnerinnen sie »verdrängt« hätten. Obwohl ihre Freundin ihr nach einiger Zeit mit »massiven Vorwürfen« zusetzt, »kam mir das in dem Moment auch sehr absurd vor«, sodass sie das – wenn auch aggressive – Gesprächsangebot ihrer Partnerin vermutlich nicht nützen konnte und schließlich die Partnerin einlenkt, sodass eine Beziehung bestehen bleibt, die keine mehr ist.

Das Schweigen, das den Dialog unterbricht, mein Drängen, ihr Gefühl, unter Druck gesetzt zu werden, ihre Schuldgefühle, die Ambivalenz zwischen dem Wunsch, in Ruhe gelassen zu werden, und der Aussicht, dann keine Kommunikationsimpulse mehr zu erhalten und (sowohl sprachlich als auch sexuell) passiv bleiben zu müssen, kommen in der anschließenden ersten längeren Redesequenz (die erst nach einigem Zögern einsetzt) zum Ausdruck:

»... Also die erste Zeit, dass da nicht mehr gedrängt wurde, das fand ich dann schon positiv. *(Ja)* ... Allerdings war es dann auch schwieriger, irgendeinen Neuanfang in der Hinsicht zu finden. *(Mhm)* ... Äh, wir haben dann also nicht mehr darüber gesprochen.«

Die durch Verleugnung und Verneinung der vermutlich ödipalen Konflikte erkaufte Harmonie, die mangelnde Innovation und das Verbleiben in präödipalen Zärtlichkeiten lässt die Liebesbeziehung schließlich sanft einschlafen, ja entschlafen:

»Irgendwann gab es regelmäßig Zärtlichkeiten. *(Mhm)* Ja, aber ... nichts Weiterführendes, sag ich mal. *(Mhm)* ... Und es war dann, ja auch sehr seltsam. *(Mhm)* Das mit der Beziehung hat uns halt ... ja, ohne dass wir da so drüber geredet hätten, dass wir das abgekaspert hätten, und gesagt hätten, wir hören jetzt auf, uns darüber zu streiten oder so ... *(Mhm)* hat sich das dann halt so ergeben. Lief dann auch noch eine ganze Zeit lang so friedlich nebenher. *(Mhm)* ... Ja, bis wir uns dann getrennt haben.« *(Mhm)*

Der dabei entstehende »Frieden« scheint durch Beziehungslosigkeit erkauft; entsprechend abrupt erscheint die Trennung, in der die verdrängte Aggression vermutlich hervorbricht.

In dieser Gesprächsphase steigt mein Ärger über die Gehemmtheit und die Zögerlichkeit der Probandin, und es kostet mich einige Energie, sie diesen Ärger nicht spüren zu lassen. Die passive Aggressivität der Probandin im Verweigern von Auskünften findet in der Gegenübertragung ihre Entsprechung. Besonders störte mich, dass Gabi Sexualität und Liebe als »irgendwelche Aktivitäten« bezeichnet – als wolle sie den Liebesakt jeglicher Gefühle berauben und gänzlich versachlichen. Ich versuche fast, ihr Gefühle unterzuschieben: *»Also es ist so eigentlich eine bedauerliche Geschichte, wenn ich Sie so höre. Als würden Sie das auch jetzt noch, wenn Sie wieder daran denken, bedauern«*, was sie mit einem Seufzer verneint: »Bedauern weiß ich nicht.« In meiner Äußerung könnte auch subtile Verachtung mitschwingen, dass ich Gabi »bedauere«, was sie für ein merkwürdiger Mensch ist und latent meinen Ärger ausdrücken. Entsprechend überrascht bin ich auf bewusster Ebene über die Erleichterung der Probandin, nach der Trennung endlich »in sexueller Hinsicht einfach viel freier [...] und viel aktiver« geworden zu sein: *»Sie jetzt, oder?«*, so als würde ich vermuten, dass eigentlich ihre Partnerin, die über die Lustlosigkeit der Probandin geklagt hat, endlich ihre sexuellen Wünsche erfüllen kann. Diese Überraschung lässt mich nicht nach weiteren Gefühlen fragen, sodass ich mich mit der Äußerung, dass beide nach der Trennung sexuell aktiver und erfüllter gelebt hätten, abfinde und es offensichtlich scheint, dass diese beiden nicht »die Richtigen« (s. o.) füreinander waren. Ich gehe allerdings mit der nächsten Frage auf den damit wie verworfenen Wiederholungszwang ein, indem ich anmerke, dass es *»vor dieser Erfahrung andersrum«* war, also sich nur die Rollen vertauscht hätten, das Problem der Lustlosigkeit aber gleich geblieben sei. Der Anstoß trifft auf unbewussten Widerstand, Gabi holt sich einen Kaffee, unterbricht das Gespräch, spricht wieder leiser, sodass ich nichts mehr verstehe.

In der nächsten Gesprächssequenz wird deutlich, wie schwer es für Gabi ist, ihre Wünsche auszudrücken, was sich besonders im leisen Sprechen darstellt. Es könnte sein, dass aufgrund dieser Hemmung die Partnerin ihre Wünsche auch nicht wahrnehmen konnte, sodass Gabi eigentlich bevor sie überhaupt deutlich ihren Willen ausgedrückt hat, aufgehört hat, »etwas zu fordern«. Ihrer Meinung nach ist Sexualität nur zustande gekommen, wenn sie sie eingefordert hat, allerdings ohne über die Beziehung und damit über die gemeinsamen Ängste und Wünsche zu sprechen. Meine Einschätzung, dass es sich in dieser Schilderung um eine Wiederholung der Problematik, nur mit vertauschten Rollen handelt, scheint sich zu bestätigen. Die Äußerung »dieses nicht über Beziehung reden, höchstens miteinander schlafen ...«, womit Gabi sexuelle Kontakte außerhalb einer gefühlvollen Bindung meint, könnte auch so verstanden werden, dass sie in einer Beziehung real nur neben ihrer Freundin geschlafen habe, aber keine leidenschaftliche Sexualität möglich war.

Anschließend berichtet Gabi über den zunehmenden Verlust an sexueller »Attraktivität«, wenn Beziehungen länger andauern. »Der Reiz des Neuen fehlte.« Die Ursache sieht Gabi in zu großer Nähe, die sie allerdings äußerlich verortet »und das andere war also räumlich sehr, sehr nah«, nicht in einer starken emotionalen Nähe.

Als das Gespräch trotz meiner Nachfragen »sanft zu entschlafen« droht (wie die längeren Beziehungen der Probandin), wende ich mich der mir vertrauten Anamnese zu. Prompt berichtet Gabi über traumatische Erfahrungen der Psychiatrieeinweisung durch ihre Mutter, und im Entsetzen über deren Verhalten finden wir eine gemeinsame Basis. Allerdings muss ich mein Entsetzen überbetonen (*»Oh. Na, das ist ja fürchterlich. »Nein, das glaube ich nicht. Na furchtbar«*), um emotional wieder Zugang zur Probandin zu bekommen – eine hysterische Gegenbewegung zu ihrer Affektisolierung und Rationalisierungstendenz.

Die damals 15-jährige Probandin hat die Einweisung in die Psychiatrie nach eigenen Angaben nämlich gar nicht sehr schlimm empfunden, sondern vielmehr mittels eines Suizidversuchs die endgültige Trennung von der Mutter provoziert. Unterstützt durch stabile Beziehungen zu den mit ihr solidarischen Krankenschwestern konnte sie die Klinikzeit zur Reifung und Stärkung nutzen. Die Beziehungen zu den Krankenschwestern sind dabei, wie sie auf Nachfrage erklärt, platonisch geblieben; Gabi hat es genossen, mit ihnen zu schäkern, ohne dass dies sexuelle Konsequenzen hatte. Sie fand einen »verständnisvollen Arzt«, flirtete mit den Krankenschwestern, weichte damit die Grenzen auf und befand sich in einem geschützten Raum. Sie war damals »sehr, sehr jung, Nesthäckchen«. Im anschließenden Schweigen scheint Gabi der in der Klinik möglich gewesenen Regression, dem Nachholen eines Stücks »heiler Kindheit« und dem damit verbundenen Gefühlen von Geborgenheit und Sicherheit nachzutrauern. Denn »Mein Vater hat sich noch vor meiner Geburt von meiner Mutter getrennt«, sodass Gabi niemals eine »normale Familie« erlebt hat.

Die »neugierigen Krankenschwestern« könnten in der unbewussten Fantasie der Probandin in mir, der fragenden Interviewerin, eine Entsprechung gefunden haben. Sie behandelten Gabi nicht als Kranke, wollten ihr nicht, wie die Mutter in Auftrag gegeben hatte, ihre sexuelle Orientierung »*wegtherapieren*«, sondern haben, wie Gabi bei mir voraussetzt, Homosexualität schließlich als Normalität begriffen. Gabi hat sich verstanden gefühlt, gerade weil die Krankenschwestern sich verunsichern ließen: »Also das waren ... einfach junge, offene, neugierige Krankenschwestern. *(Ja)* Die halt auch nicht so richtig wussten jetzt mal eben, weil ich war keine Kranke in dem Sinne. Das haben sie schon erkannt. *(Ja)*.« Die positive Spiegelung durch die Krankenschwestern wird durch meine Bejahung erneut verfestigt.

Nach der Entlassung aus der Klinik bricht die Mutter-Kind-Beziehung abrupt und endgültig auseinander, sodass die Probandin zu ihrem von der Mutter getrennt lebenden Vater zieht: »Ich bin dann richtig offiziell zu Hause rausgeflogen. *(Mhm)* Und bin dann nach X. zu meinem Vater gezogen.« Weiter unten wird die Beziehung zur Mutter so schwierig empfunden (»... ständigen Zoff«), dass sich Gabi bereits im 12. Lebensjahr an das Jugendamt wendet, um eine Heimeinweisung zu erwirken. Sie schildert ihre Autonomieentwicklung als »eine meiner großen Stärken«, sodass die Psychiatrieeinweisung durch die Mutter auf diesem Hintergrund in ein anderes Licht rückt. Man könnte die Einweisung in eine Klinik als Versuch der überforderten Mutter werten, für ihr Kind angemessene äußere Rahmenbedingungen zu schaffen, was letztendlich ja gelungen ist. Gabi könnte diesen positiven Aspekt im Handeln der Mutter ins Gegenteil verkehren und sich selbst zuschreiben müssen, um sich von dieser leichter und mit Hilfe von heftigerer Trennungsaggression ablösen zu können. Ihre Äußerung, ob unser Gespräch (»alles«) nun »anders« laufe, »als gedacht«, könnte darauf hinweisen, dass Gabi ahnt, dass sie sich die Realität der Beziehung zu ihrer Mutter »anders (ausge-)dacht« haben muss.

Gabi berichtet weiter, dass sie ihren Vater erst anlässlich eines gegen ihn angestrebten Unterhaltsprozesses kennengelernt hat. Die Eltern haben sich kurz nach ihrer Geburt getrennt; aus dieser Ehe stammt eine ältere Schwester. Diese Schwester, die einzige, die keine Halbschwester ist, wurde »am Anfang der Beziehung« der Eltern gezeugt. Mit dieser Schwester könnte Gabi eine

Idealisierung des Anfangs einer Beziehung und dem Funktionieren (von Sexualität) verbinden. »Aber danach kommen noch Geschwister«, und alles wird so kompliziert (s. u.), dass Gabi es mir nicht mehr erzählen möchte. Sowohl ihr Vater als auch ihre Mutter haben mit ihren neuen Partnern insgesamt weitere neun Kinder bekommen. Die vermutlich »komplizierten« Verhältnisse (man könnte Vernachlässigung und schwierige soziale Umstände annehmen), in denen beide Elternteile gelebt haben müssen, möchte Gabi, vermutlich aus Scham, vielleicht aber auch, um sie zu verschleiern, nicht ansprechen. Vielmehr äußert sie: »… aber es wird zu kompliziert, wenn ich Ihnen das jetzt erkläre (auf meine Frage, das wievielte Kind sie in der Geschwisterreihe sei). Also es sind insgesamt mit allen Halb-Geschwistern noch neun Stück, die ich da habe.«

Gabi deutet an, dass die neue Partnerin des Vaters sich nicht angemessen um die gemeinsamen Kinder, insbesondere um ihren kleinen Sohn, kümmern konnte: »Er hatte damals zwar eine Lebensgefährtin, aber die war ständig krank. Die musste ständig ins Krankenhaus.« Angesichts dieser Situation habe sie den Haushalt übernommen, um schließlich ganz (auch in sexueller Hinsicht) an die Stelle der Mutter oder der neuen Partnerin des Vaters zu treten. Die Identifizierung mit der Mutter, der Beginn einer Art von Flitterwochen mit dem Vater (in der harmlosen Formulierung einer schönen »frischen« Möglichkeit: »Gelegenheit«) auf dem Höhepunkt der Pubertät wird in der späteren Äußerung deutlich:

»Ich hatte ihn frisch kennengelernt und zwar war das, als ich 14 geworden war … aufs Gericht gegangen … hatte *meinen* Unterhalt eingeklagt. [Hervorhebung M. T.] *(Mhm)*. Bei der Gelegenheit hatte ich ihn dann also auch kennengelernt.« Während ich den Inzest skandalisiere (ganz in der Tradition der 1980er Jahre Frauenbewegung), schildert Gabi alles recht sachlich und positiv. Dabei wird unversehens aus ihrem Halbbruder ihr Bruder, was die unbewusste Identifizierung mit der Mutter illustriert, sodass sich Gabi in ihrer ödipalen Sehnsucht nach dem Vater, den sie lange entbehren musste, sich dem Vater sexuell hingibt (»da hat er mehr oder weniger gekriegt, was er wollte«):

»Also meinen kleinen Bruder, und von daher war ich relativ viel in seiner Wohnung. *(Mhm)* Und habe mich da dann um den Jungen gekümmert. *(Mhm)* Einfach, dass er regelmäßig Abendbrot kriegt, regelmäßig ins Bett geht. Na ja, und was da halt so dranhängt. *(Mhm)* Ja, und das hat er dann halt ständig ausgenutzt. *(Mhm)* Und das in einer Zeit, wo ich noch nicht volljährig war, kam dann also die Drohung, dass ich wieder zurück nach Z. müsste. *(Mhm)*

Zu meiner Mutter. *(Mhm)* ... Ja. Und eigentlich immer, wenn er viel Starkbier getrunken hatte. Viel, viel getrunken hatte. *(Mhm)* Tja, und eines Nachts hat er dann halt nicht genug aufgepasst. *(Mhm)* ... Tja, da hat er mehr oder weniger gekriegt, was er wollte. *(Mhm)* ... Zumal ich mir nicht sicher bin, ob er mich wirklich meinte, dass das so eine passende Therapie war.« »Das war, so was war nicht ausgesprochen sozusagen, aber Sie haben das so erlebt.« »Ja. *(Mhm)* Auch die Stoßrichtung seiner Kommentare gingen da eigentlich in die Richtung, dass da nun mal ein richtiger Mann im Haushalt fehlt, dann würde sich das alles legen.« »*Das Lesbischsein.*«

»Genau. *(Mhm. Mamma mia, da haben Sie was mitgemacht, nicht?*« »Äh, na ja. Ich hatte halt dann immer dafür zu sorgen, dass ich rauskomme aus solchen Situationen. *(Mhm)* Und daher hatte ich also nicht so viel Zeit, mich um diesen tragischen Moment ... auch gleich noch mit zu kümmern. Und in dieser Situation, also mit meinem Vater, haben mir echt die Krankenschwestern aus dieser Klinik da, wo ich war *(Mhm)*, wunderbar geholfen. Also zu denen hatte ich noch, zu dreien also noch, einen intensiveren Kontakt. *(Mhm)* ... Die haben mich dann immer wieder aufgebaut. *(Mhm)* Bis ich dann halt irgendwann so weit war, dass ich weggehen konnte. *(Mhm)* ... Und das habe ich dann auch getan.«

Gabi spricht in diesem Gesprächsausschnitt wiederholt von Trennung, vor allem von ihrem Wunsch, die Trennung von der Mutter aufrechtzuerhalten. Ich verleugne das, indem ich den Missbrauch als sexuellen Angriff des Mannes ins Zentrum der Betrachtung rücken will. An dieser Stelle taucht auf meiner Seite die Verschiebung der (Trennungs-)Aggression nach außen, auf den Mann/Vater auf. Interessant erscheint mir hier insbesondere die Formulierung »... und eines Nachts hat er dann halt nicht genug aufgepasst. *(Mhm)* ... Tja, da hat er mehr oder weniger gekriegt, was er wollte« (s.o.) – als hätte der Vater regelmäßig Geschlechtsverkehr mit der Probandin gehabt und dabei immer »aufgepasst«, dass er sie nicht schwängert. Die dem Vater unterstellte Motivation, seine Tochter durch heterosexuellen Verkehr von ihrem Lesbischsein zu »heilen«, könnte eine Projektion der Probandin sein, die sich selbst durch den Vollzug des realen Inzests mit dem Vater (den sie erst als Adoleszente kennengelernt hat, sodass die Inzestschranke niedriger ist) von der fantasierten erotischen Beziehung zur Mutter zu heilen hofft, repräsentiert in der sexuellen Orientierung. Diese Fantasie, die positiven ödipalen Wünsche real zu agieren, könnte Gabi sogar dazu motiviert haben, sich dem Vater als Liebesobjekt »anzubieten« bzw. die Verführung geschehen zu lassen. Hinter der lapidaren Formulierung »Tja, da hat er mehr oder weniger gekriegt, was er wollte«, stünde dafür, dass Gabi ihrem Vater (»mehr oder weniger« gerne) seinen Inzestwunsch erfüllt hat. Der Begriff »Stoßrichtung« könnte in diesem Zusammenhang die Fantasie repräsentieren, das Eindringen (Stoßen) des väterlichen Penis in die Vagina der Probandin könne gewissermaßen ruckartig von der engen Verbindung zur Mutter befreien, die manifest in der Homosexualität fantasiert wird.

Meine empathische Äußerung »*Mamma mia, da haben Sie was mitgemacht, nicht?*«, relativiert Gabi (»Äh, na ja«; dieses relativierende »Na ja« taucht an insgesamt sieben Stellen als Reaktion auf die Affekte überbetonende Äußerungen meinerseits auf): Sie habe sich immer selbst darum kümmern müssen, sich »aus solchen Situationen« zu befreien. In dieser Zeit sei sie von drei Krankenschwestern, zu denen sie noch freundschaftlichen Kontakt gehabt habe, unterstützt und wieder aufgebaut worden, und mit ihrer Hilfe sei es ihr schließlich gelungen, sich aus der Bindung an den Vater zu befreien. Der sexuelle Missbrauch durch den Vater scheint sie (wie auch ihre anderen Probleme) nicht sonderlich zu belasten. Auf der anderen Seite muss die Bindung an den Vater aber sehr stark gewesen sein, denn um ihr zu entfliehen, geht Gabi, obwohl ihr nur geringste Mittel zur Verfügung stehen, in einen anderen Teil des Landes, wie ich formuliere »*hinaus in die Welt*«. Die endgültige Trennung gelingt erst, nachdem sie einige Zeit »an der Küste« gelebt und dort den Kontakt zum Vater verloren hat, was ebenfalls die ambivalent erlebte Distanz zum Vater ausdrücken könnte – in einem Bild gesprochen: »Ein Meer war zwischen uns, und wir konnten zueinander nicht kommen, das Wasser war viel zu tief.« Gleichzeitig hat sie sich beim Umzug weg von der Küste von den Krankenschwestern gelöst und den Kontakt »verloren«. In der Schilderung klingt erst Bedauern mit, was ich mit meiner Bejahung spiegeln möchte. Bei einer angemessenen emotionalen Beantwortung inneren Erlebens distanziert sich Gabi sofort wieder und schildert die Trennung recht lapidar und rationalisierend: »… sagen wir mal drei Schwestern waren es, wo ich engeren Kontakt hatte *(Mhm)*, verloren. *(Mhm)* Und das hat sich irgendwann mal erledigt. War ja auch relativ weit zu fahren.«

Damit sind wieder die Distanz zwischen uns und der Bezug zum Außen hergestellt. Die Beziehungsdynamik und die Schwierigkeiten in der Sexualität könnten sich in der Unfähigkeit, emotionales Mitschwingen, sowohl in der Annäherung als auch bei Trennungserlebnissen zuzulassen, darstellen.

Im letzten Abschnitt des Gesprächs sind Gabi und ich uns einig, dass keine der zahlreichen Komplikationen in ihrer Biografie – der sexuelle Missbrauch, die schwierige Beziehung zur Mutter, die Einweisung in die Psychiatrie, der

Suizidversuch und anderes mehr – irgendetwas mit ihren sexuellen Schwierigkeiten zu tun hat. Auf interessante Phänomene und deren Hintergründe, z. B. die bei Gabi nicht gegebene Eifersucht in ihren Liebesbeziehungen oder ihr Wunsch nach sexueller Freizügigkeit, gehen wir nicht vertiefend ein.

Vielmehr »bescheinige« ich der Probandin psychische Gesundheit, d. h. ich verharmlose ihr sexuelles Problem, die Lustlosigkeit, und ihre Unfähigkeit, längere Beziehungen aufrechtzuerhalten. Sie geht abschließend noch einmal auf unsere geteilte Meinung bzgl. ihrer psychischen Gesundheit ein, um mir den Abschied zu erleichtern. Offensichtlich kann ich mich nach meinem Gefühl ohne die so hergestellte Pseudoharmonie nicht von der Probandin verabschieden, ganz wie in ihren Beziehungen müssen wir das Interview sanft versanden lassen. Hintergrund ist, dass das Gespräch wieder ins Stocken gerät – als müsste man das Interview so beenden, wie es begonnen hat, ohne Ergebnis und ohne sich wirklich innerlich berührt zu haben. Dieses erneute Stocken (das ja zu Beginn des Interviews mit Schuldgefühlen assoziiert ist) deutet darauf hin, dass Gabi mit unbewussten Scham- und Schuldgefühlen kämpft, die sie bei der Schilderung der Situation, in der sie die Mutter mit dem Vater betrogen hat, völlig verdrängt hat. Diese Verschiebung der Schuld in die Gegenwart ist der Probandin aber völlig unbewusst. Das Gespräch bleibt an der Oberfläche, weswegen ich meinem eigenen inneren Auftrag gegenüber, nämlich tiefer zu gehen, ein schlechtes Gewissen zu haben scheine: Abschließend frage ich nach, ob Gabi vielleicht noch etwas zu erzählen vergessen habe. Sie verneint dies mit dem Hinweis, das alles liege schon weit zurück in der Vergangenheit – als habe die Vergangenheit heute keine Relevanz mehr: »Na, ich bin gerade am Überlegen. (gemeinsames Lachen) Das ist ja jetzt nun doch schon eine Weile her. Damals mit der Beziehung. ... Nein. *(Mhm)* ...«

Im solidarischen Lachen siegt der gemeinsame Widerstand gegen zu viel Nähe, und der Status quo, dass keine tiefere und längere Beziehung zwischen zwei Frauen zustande kommt, bleibt aufrechterhalten. Letztlich wollen wir uns beide nicht wirklich aufeinander einlassen, da wir dann mit den Verletzungen und biografischen Konflikten der jeweils anderen konfrontiert würden. Gabi möchte an ihren oberflächlich gehaltenen Beziehungen festhalten, in denen es ihr vor allem um den sexuellen Genuss geht, ohne sich auf eine wirkliche Bindung einlassen zu müssen. Die sexuelle Schwierigkeit, die Lustlosigkeit, muss entweder auf der einen oder auf der anderen Seite existieren, damit wirkliche innere Berührung und länger anhaltende Nähe vermieden werden können.

Wir »einigen« uns darauf, dass die sogenannte romantische Liebe eine Erfindung von oberflächlichen Geschichtenschreibern sei (die sind schuld) und nicht das, wonach sich Menschen in der Tiefe sehnen – daher sei es nur logisch, dass die größten Konflikte der Menschen mit den Fragen von Liebe und Hass (»Mord und Totschlag«) verbunden seien. In dieser Szene, in der *»wir Frauen« […] »sehr nah zusammen […] rücken«* geht jegliche *»Spannung verloren«*, so wie in der Sexualität der Probandin in längeren Beziehungen. Wenn die Verschiedenheit, die in einer Beziehung Gabis zur Trennung geführt hat, nicht integriert und ausgehalten werden kann, was sich im Interview widerspiegelt, kann keine produktive und ehrliche Beziehung entstehen. Vielmehr werden (in der Realität der Probandin abwesende) Stereotype wie »ewige Treue« und leidenschaftliche »Eifersucht« fantasiert, die eine Beziehung lebendig halten sollen. »Ein gespanntes Verhältnis«, das Konflikte aushält, gehört nicht zu den fantasierten »Spielregeln« einer Beziehung. Die Spannung zwischen der Alltagsrealität und den Momenten der »romantischen Liebe« in einer Beziehung auszuhalten, die Enttäuschungen am anderen und an sich zu verarbeiten, waren bei dem »jugendlichen Leichtsinn« der Probandin noch nicht möglich. Vielmehr beschäftigt sie sich das ganze Gespräch hindurch damit, wer schuld an den erlebten Enttäuschungen sei, so als wäre nicht die Fantasie einer ideal gehaltenen präödipalen Beziehung für das Scheitern verantwortlich.

Die Vorstellung von reifer Liebe jenseits von Klischees möchte ich der Probandin in meinem Statement: *»…wenn Sie der Konvention nicht entsprechen, was uns die großen Liebesromane zeigen* (Mhm) *dann […] wird es auch schwierig und gibt es Konflikte«* mitgeben. Sie nimmt es auf und antwortet mit »Ja«, sodass ich schließlich doch den Eindruck habe, nun das Gespräch positiv beenden zu können.

2.5 Petra

Petra bringt gleich zu Beginn des Interviews ihre sexuellen Schwierigkeiten mit sexuellem Missbrauch, den sie erlebt habe, in Verbindung. Obwohl sie sonst frei über Sexualität sprechen könne und auch an einem Aufklärungsprojekt über Lesben und Schwule mitarbeite, erlebe sie nach dem sexuellen Verkehr mit ihrer Freundin Ekelgefühle, obwohl sie keinerlei ihr unangenehme Sexualpraktiken miteinander teilten. Die Aufarbeitung ihrer Probleme in einer psychoanalytischen Klinik habe viele kognitive Einsichten, aber keine wirkliche emotionale Veränderung herbeiführen können. Sie leide darüber hinaus bis heute unter phobischen Ängsten, insbesondere vor Kontrollverlust.

Auch hier lägen die Gründe in den Missbrauchserfahrungen, die sich – wie Petra interpretiert – in der Gegenwart aktualisierten und an den vergangenen Missbrauch erinnerten.

Anschließend spricht Petra über ihr Interesse an sadomasochistischen Sexualpraktiken, die sie probiert habe, obwohl sie der SM-Szene und manchen Frauen, denen sie dort begegnet sei, ambivalent gegenüberstehe. Besonders die devote Variante der Sexualpraktiken mache ihr aber Freude. In diesem Zusammenhang habe sie erstmals sexuellen Genuss erleben können. Es folgen Beschreibungen der verschiedenen von der Probandin erprobten Beziehungsformen, von der sogenannten ›offenen Beziehung‹, in der sexuelle Treue keine Rolle gespielt habe, bis zu traditionell strukturierten Partnerschaften. Verbale Offenheit sei für sie in der Beziehung unabdingbar, einen Vertrauensbruch erlebe sie als Verletzung. Sie fühle sich sogar im Stande, eher als ihre Partnerin zu wissen, dass und wann sich diese in eine andere Frau verliebe. Die aktuelle Partnerschaft der Probandin sei noch so jung, dass es noch keine Einigkeit über den Beziehungsmodus gebe. In ihren früheren Liebesbeziehungen, auch wenn diese nur von sehr kurzer Dauer waren, seien Gefühle der Liebe immer vorgekommen, räumt Petra anschließend ein; sie sieht sich deswegen in einer »lesbischen Tradition«, da Lesben im Gegensatz zu schwulen Männern Sexualität von Gefühlen nicht abspalten könnten.

Schwierig sei für sie ihr erlebter Neid angesichts des Orgasmus der Partnerinnen gewesen, da sie selbst den sexuellen Höhepunkt nicht habe erreichen können. Schließlich habe sie Selbstbefriedigung in den Geschlechtsverkehr mit eingebaut. Trotz unbefriedigenden sexuellen Erlebens gibt Petra an, häufigen Sex mit vielen verschiedenen Frauen gehabt zu haben.

Auf meine biografische Frage, wann sie mit der Selbstbefriedigung begonnen habe, berichtet sie, sich an Verbote der Mutter zu erinnern. Anschließend erzählt Petra von dem sexuellen Missbrauch durch ihren Vater, den sie aber als weniger traumatisierend erlebt habe, als das radikale Verbot und die Drohungen ihrer Mutter gegen den Vater, als sie ihr davon berichtet habe. In der Folge, so Petra, sei sie von vier weiteren Männern missbraucht worden. In ihrem zwölften Lebensjahr habe sie dann ihren Vater verführt. Die Missbrauchserfahrungen seien eine Art Prostitution gewesen, interpretiert Petra; sie habe mit Sexualität für Geborgenheit bezahlt.

Als erwachsene Frau habe sie nie mehr mit Männern Sexualität gelebt, obwohl sie sich in der letzten Zeit stärker dafür interessiere und diese Wünsche sofort umsetzen zu können glaube – wenn sie sich nur dazu entschlösse. Im Zusammenhang mit ihrem Coming-out im Alter von 20 Jahren sei es zwar beinahe zu einem sexuellen Kontakt mit einem Mann gekommen, doch habe sie dies gewissermaßen in letzter Minute verhindert.

Petra berichtet, ihr Vater sei eigentlich immer schwer krank gewesen, sodass die Mutter die Familie dominiert habe. Erste Gefühle der Verliebtheit habe sie im Alter von zwölf Jahren im Zusammenhang mit Schwärmereien für Lehrerinnen und andere Autoritätspersonen gehabt; Petra sei zu dieser Zeit zwölf Jahre alt gewesen. Damals sei die Erkenntnis, lesbisch zu sein, für sie sehr überraschend gewesen, trotzdem könne sie es sich bis heute nicht vorstellen, sich jemals in einen Mann zu verlieben.

Das Gespräch endet mit einer kurzen Schilderung meiner Studie, an der sich Petra interessiert zeigt.

2.6 Sexueller Missbrauch

Ähnlich wie bei Sandra scheint es auch hier um die Integration der Aggression zu gehen. Gleich zu Beginn des Gesprächs bringt sie Sexualität mit sexualisierter Gewalt in Verbindung. Auch meine Gegenübertragungsgefühle am Ende des Gesprächs zeigten Ähnlichkeit mit denen bei Sandra. Meine Äußerung nach der Schilderung der Szenen sexuellen Missbrauchs drückt mein inneres Empfinden beim Zuhören aus, nämlich »Horror«.

Es gibt aber auch deutliche Unterschiede zum Interview mit Sandra: Die Neigung zur Symbiose scheint geringer; besonders zu Beginn des Gesprächs sind meine Fragen sachlicher, kürzer und näher an meinen Interessen. Hier zur Veranschaulichung meine ersten drei Fragen nach den einleitenden Worten, die der Klärung und Präzisierung dienen sollen:

»Mhm. Was bedeutet ›nah am Missbrauch sein‹ für dich ganz genau?«
»Mhm. Also wenn ich das richtig verstehe, dann erinnerst Du in den Momenten äh ... (Ja) diese Situationen oder die Situation des Missbrauchs.« *»[...] Kannst du noch mehr darüber sprechen, was jetzt ... über das hinausgeht, was du schon gesagt hast. Also Ekelgefühle, wenn du dich erinnerst an die letzte Liebesnacht, dann Unlustgefühle, wenn ich richtig bin, überhaupt Sex zu haben? (Mhm) Angst. Aber das war jetzt nicht bezogen auf Sexualität ...«*

Klärende Fragen zu stellen, ist mir also – anders als bei Sandra – möglich. Ähnlich schwierig wie mit Sandra hingegen ist es für mich, Ärger zum Ausdruck zu bringen, in diesem Fall über die meinem Eindruck nach gewollt jugendlich-lässige Sprache und den häufigen Einsatz von Füllseln wie »so« oder »irgendwie«, um (so meine Vermutung), konkreten Aussagen aus dem Weg zu gehen. Aufgrund des inneren Kampfes mit meinem unausgesprochenen Ärger bin ich nur eingeschränkt in der Lage, nach weiteren Empfindungen der Probandin zu fragen, was eine Vertiefung des Gesprächs verhindert. Ärger empfinde ich auch, als Petra über ihre Erfahrungen in der analytischen Klinik spricht. Hier erlebe ich ihre Aussagen zunächst als Missbrauch psychoanalytischer Kategorien, um sich von sich selbst und den eigenen Gefühlen zu distanzieren, und schließlich als offene und undifferenzierte Abwertung der Psychoanalyse – und damit auch meiner eigenen Person. Hier scheint ein in der lesbischen Szene wirkender Konformitätsdruck am Werk, der die Unterschiedlichkeit von zwei lesbischen Frauen nicht zulässt, sondern in der Einigkeit über die Ablehnung und Entwertung von Männern (hier in der Psychoanalyse symbolisiert) ideologisch Gleichheit und Zweisamkeit fordert. Trotzdem fällt es mir schwer, die Distanz zu Petra aufrechtzuerhalten.

Zwischen der Probandin und mir findet eine Art unausgesprochene Vorverständigung statt, die eine gemeinsame Ablehnung des sexuellen Missbrauchs beinhaltet, ohne dabei präzise zu differenzieren, wie es schließlich in der Auswertung mit der nötigen Distanz möglich war. Darin wird letztlich eine idealisierte Mutter-Tochter-Beziehung agiert, in der es die durch den Generationenunterschied auftretenden Unterschiede in Privilegien und Pflichten nicht gibt, was eine narzisstische Kränkung für die Tochter/Petra darstellen würde, die so gemeinsam abgewehrt wird. Es entsteht ein Bündnis zwischen Petra und mir, sodass bestimmte Fragen nicht gestellt werden.

Auch in der Bemerkung Petras, ihrer Meinung nach hätten 80 % der Lesben sexuelle Missbrauchserfahrungen, stelle ich eine Generalisierung fest; ich sehe darin den Versuch, eine ganze Gruppe zu Opfern zu stilisieren – letztlich auch sie selbst und mich. Auf dieses »Verschwesterungsangebot« reagiere ich innerlich negativ, drücke aber ähnlich wie bei Sandra aus genannten Gründen im Dialog das Gegenteil an Gefühlen aus.

Die widersprüchlich dargestellten Szenen sexualisierter Gewalt erlebe ich als sadomasochistische Szenarien, welche Petra aktiv aufgesucht hat, um anschließend ihre Aktivität zu leugnen und ihr Verhalten auf die erste sexuelle Missbrauchsszene mit dem Vater zurückzuführen; begrifflich ist dieser Vorgang als »gewähltes Trauma« zu fassen. Petra könnte dabei einen ödipalen Triumph erlebt haben. Den Vater zur Ejakulation gebracht zu haben und dies stolz ihrer Mutter verbal zu präsentieren, könnte der Probandin erlaubt haben, sich mit der Mutter gleichzusetzen – was dem Ausagieren des positiven Ödipuskomplexes gleichkommt (s. u.):

»*War dieser Missbrauch vor dem vierten Lebensjahr oder danach?*« »Das muss ungefähr zeitgleich gewesen sein. *(Aha.)* Vermute ich fast. *(Mhm)* Also die Erinnerung, äh – vor dem vierten Lebensjahr kann man sich eigentlich kaum erinnern. *(Ja.)* Und ich habe meine Mutter noch mal gefragt, die meint, das muss so mit fünf gewesen sein. Weil – sie hat mich mit meinem Vater erwischt, irgendwie, und mein Vater hat sich an mir befriedigt, so.« »*Mhm, wie, wie?*« »Der hat mit mir irgendwie Hoppe-Hoppe-Reiter auf seinem Schwanz gespielt und war nackt. *(Mhm)* Und hat dann abgespritzt, und ich bin dann zu meiner Mutter gegangen und habe gesagt, du hör mal Mama, der hat da so was Komisches auf dem Bauch. Und mein Vater hat irgendwie im Orgasmus, das habe ich auch noch völlig im Ohr, völlig so ganz merkwürdig gelacht. Also so ganz komisch. *(Mmh, mhm)* Aber ich habe nie wieder Männer kommen sehen, ich weiß nicht, ob das bei Männern normal war. Aber das hatte ich jedenfalls, finde ich – bäh *(Mhm)* – immer noch sehr eklig.« »*Schon ein bisschen so eine Horrorszene.*« »Ja, ja, und meine Mutter ist dann eben halt zu ihm hingegangen. Und ich denke heute, wenn ich als Kind nicht diesen Trouble, der danach gelaufen ist, dass meine Mutter ihm mit den Bullen gedroht hat und […] völlig aufgelöst war und so weiter. Vielleicht hätte ich es gar nicht als Trauma empfunden.«

In mehreren Äußerungen wird deutlich, wie aktiv sich Petra an der sexualisierten Gewalt beteiligt erlebt: »[S]ie hat mich mit meinem Vater erwischt« – wie bei Kindern, die gemeinsam etwas Verbotenes getan haben. Das Verbot und die negativen Folgen der sexuellen Gewalt erlebt sie im Innern nicht als verletzend, die Reaktion der Mutter hingegen als übertrieben und zu streng: »[U]nd ich denke heute, wenn ich als Kind nicht diesen Trouble, der danach gelaufen ist, dass meine Mutter ihm mit den Bullen gedroht hat … [v]ielleicht hätte ich es gar nicht als Trauma empfunden.« Petra deutet an, dass sie den Missbrauch nicht als traumatisierend erlebt hat:

»Kann durchaus sein, dass die Reaktion hinterher eher dazu geführt hat, als das selber, was da gelaufen ist. *(Mhm)* Kann ich aber nicht mehr sagen.« Auch Sandra gibt an, nicht die Gewalterfahrung an sich sei traumatisierend gewesen, doch begründet sie diesen Gedanken anders: Ihre Burschikosität habe sie als Mädchen geschützt.

Das Lachen des Vaters im Orgasmus, dass Petra im Ohr habe, könnte die unbewusste frühkindliche Fantasie dokumentieren, das Ejakulat beim Orgasmus des Vaters über das Ohr empfangen zu haben, was eine fantasierte inzestuöse Befruchtungsszene darstellt und den Wunsch Petras ausdrücken könnte, vom Vater ein Kind zu bekommen. Die ganze Szene mutet stark (polymorph-)pervers an.

Anschließend berichtet sie über Missbrauchssituationen, die sie freiwillig aufgesucht haben – womit sie sich explizit über das Verbot der Mutter und ein gesellschaftliches Verbot hinwegsetzte:

»Also, ähm, mein Vater hat dann auch die Finger von mir gelassen, aber ich bin von vier verschiedenen Männern sexuell missbraucht worden. Und das ging, bis ich zwölf war. *(Mhm)* Und der Abschluss war mein Vater. Dann wieder, also, mit zwölf hatte ich dann meinen Vater verführt sozusagen. *(Mhm)* Äh, und das ist auch ... was, wo ich bis heute kaum ... also große Probleme damit habe. *(Mhm)* Die anderen Sachen, die sind einfach so, ich habe mir einfach, ich habe mit Sexualität gezahlt und habe Geborgenheit bekommen. *(Mhm)* Das war so der Pakt. *(Mhm)* Bei allen Männern, die da zwischendurch waren.« *»Mhm. Ähm, waren das Männer der Familie oder außerhalb?«* »Sagen wir mal, das waren im weitesten Sinne Vertrauenspersonen. *(Mhm)* Also der eine, der hat bei uns im Wald mit ein paar Ponys und ein paar Hunden gelebt irgendwie. Und da bin ich immer zu den Tieren hingegangen. *(Mhm)* Und da war immer so dieses, wenn du den Schäferhund eine Stunde ausführen willst, dann holst du mir einen runter. Wenn du den Schäferhund irgendwie streicheln willst, dann gibst du mir einen Zungenkuss und so.« *»Na Wahnsinn.«* »Also, es lief wirklich wie eine Prostitution *(Mhm)* im weitesten Sinne ab, nicht? *(Mhm)* Äh, das Nächste war dann irgendwie ein Bauer in, in B. irgendwie, wo wir Ferien auf dem Bauernhof gemacht haben. Und der also natürlich, durch meine, durch mein Verhalten, das ich mittlerweile drauf hatte, ganz klar gemerkt hat, irgendwie ah, da kann ich landen. *(Mhm)* Und da ging das auch, nicht? Traktorfahren, einen runterholen und so. Und Zungenkuss, Kälber füttern. Und so. *(Mhm)* Und das ist auch ganz klar auf so einer, auf so einer Schiene gelaufen. Und dann war es noch ein Onkel von mir. Das war der Lebensgefährte von meiner Lieblingstante, so. *(Mhm)* Und der war eine Woche bei uns zu Hause zu Besuch. Und immer, wenn niemand da war, hat er sich auf mir befriedigt. *(Mhm)* Und war aber auf der anderen Seite der einzige Erwachsene in meiner Kindheit, der mich als Kind behandelt hat und der mir Märchen vorgelesen hat, mit mir gesungen hat und so. Also, das heißt *(mhm)*, das war eben halt immer miteinander verknüpft *(Mhm)* eigentlich.«

Die Aussage »Ich habe mit Sexualität bezahlt und habe Geborgenheit bekommen«, scheint Prostitutionsfantasien der Probandin zu entspringen, was sie auch ausspricht. In diesen Größenfantasien scheint ein Triumph über die Mutter zu liegen, als Kind die Männer in gleicher Weise wie diese befriedigen zu können und in der Kontrolle über die Erektion des männlichen Penis Macht zu erleben.

Insgesamt scheint sich die Aggression der Probandin gegen die Mutter zu richten, mit der sie heftig rivalisiert und die sie nicht integrieren kann. Vielmehr agiert sie die Aggression in sadomasochistischen Praktiken aus (und kontrolliert sie so gleichzeitig). Kontrollverlust könnte für Petra bedeuten, von der Angst vor Verschmelzung mit der Mutter überschwemmt zu werden – was sie an der passiven Hingabe im sexuellen Erleben hindert: Immer wieder betont sie, ihr Hauptproblem sei die Unfähigkeit zur Hingabe.

Auch die phobischen Ängste sind meines Erachtens eine Verschiebung und ein weiterer Ausdruck der Angst, sich im Liebesakt fallen zu lassen und hinzugeben. Petra selbst hingegen bringt sie mit dem Missbrauch in Verbindung, was in meinen Ohren aufgesetzt klingt und mir eine rationalisierende Erklärung zu sein scheint (s. o.), um gleichzeitig um meine Aufmerksamkeit zu werben. Dieses »Aufgesetzte« ist mir unangenehm, weil es mit einer Abwehr und Abwertung der analytischen Klinik (des Gesprächs mit einer Analytikerin) und damit auch meiner Person einhergeht. Sie scheint ihre Therapieerfahrung zur Abwehr einzusetzen: »[I]ch analysiere dann ganz viel über den Kopf.«

Die Sequenz, in der Petra über das »Kreieren« spricht und damit vermutlich »humorvolle« Selbstkritik ausspricht, um mich zu versöhnen, könnte ein Ausdruck des Impulses sein, von der Mutter/Analytikerin den Wunsch, mit einem Mann zusammenzuleben (und zugleich die Angst davor), bestätigt zu sehen, weil sie eine Ablehnung ihrer heterosexuellen Impulse fürchtet:

»[A]lso ich frage mich manchmal, ob die Schlussfolgerungen, die ich kreiere, wirklich die sind *(lacht)*, die gezogen werden müssten. So, nicht?«

Die weiblichen Größenfantasien (die Macht, alle Männer verführen zu können, sogar den eigenen Vater) könnten der Abwehr dieser Angst vor dem Verbot, Männer zu lieben, dienen: In den Vergewaltigungsträumen der Probandin drückt das Unbewusste aus, dass Petra den Mann zu einer Vergewaltigung herausfordern kann – so verführerisch ist sie. Die Männer können sich nicht mehr zurückhalten und müssen über sie herfallen. Damit tragen die Männer die Schuld, sodass die eigene Verantwortung für den heterosexuell leidenschaftlich und triebhaft gelebten Geschlechtsakt nicht gespürt werden muss. Die Externalisierung der Schuld auf den Vater ist ein zentraler Erklärungsansatz der Probandin für ihr sexuelles Verhalten: Der Vater soll die Schuld tragen (hier bestehen Ähnlichkeiten zu Sandra). Die reale Schuld dieses perversen Vaters und der anderen perversen Männer spielt überraschenderweise bei Petra keine Rolle. Die narzisstischen Größenfantasien erscheinen psychodynamisch zu gewinnbringend.

Die gedemütigte Frau in der Vergewaltigungsszene könnte auf einer weiteren unbewussten Ebene die Mutter darstellen – gedemütigt durch die der erwachsenen Weiblichkeit überlegene Verführungskraft Petras. Überlegen ist sie ihrer Mutter natürlich nur in ihrer kindlichen Allmachtsfantasie, während in der Realität ein Mädchen einer erwachsenen Frau und deren genitaler Sexualität unterlegen ist, weil es sowohl körperlich als auch seelisch noch reifen muss. Der Probandin ist es unmöglich, selbst in der passiven (devot erlebten) Position zu sein, weil sie in der Konkurrenz mit der Mutter stecken bleibt und sich nicht mit deren Weiblichkeit identifizieren kann, die für sie passive Unterwerfung unter den aggressiven Mann bedeutet. Damit würde es sich bei der Probandin um ein permanentes Agieren des positiven Ödipuskomplexes zu Abwehrzwecken handeln – ohne Chance, ihn zu verlassen und reifer zu durchlaufen.

Die Vergewaltigungsträume dürften eine sadomasochistische Fantasie darstellen, da sich Petra nicht an eine Vergewaltigung erinnert, die in Träumen aus der Verdrängung wiederkommen könnte. Die Träume könnten unbewusste Versuche sein, als »Regisseurin« einer Art »innerer Filme«, Kontrolle über beide Interaktionspartner des heterosexuellen Aktes zu behalten. Auch die Freude darüber, dass sie nicht mit der Freundin zusammenlebt, zeigt den Kontroll- und Autonomiewunsch gegenüber unerträglichen Ohnmachtsgefühlen, den sie auf diese Weise in ihrer Beziehungsgegenwart leben kann.

Dass ich mich gleich zu Anfang innerlich von der Probandin abwende, könnte man als Gegenübertragungsagieren sehen. Die Abwendung repräsentierte dann die in der Urszene erfolgte Wegbewegung der Mutter Petras zum Vater hin, indem sie sich sexuell mit diesem verband. Ähnlich wie bei Sandra gelten meine positiven Gefühle dem Vater – ganz im Gegensatz zu Petra: Das Wort »einbricht« könnte für das Einbrechen des Vaters in die Mutter-Kind-Dyade stehen. Der Vater kommt und nimmt die Mutter der Probandin weg, um sie zu körperlich zu lieben, sodass Petra Sexualität als Missbrauch erlebt: Sexualität wird zum Rauben der Mutter benutzt. Die Macht der Verführung und die Potenz des Penis wird an dieser Stelle dem Vater zugeschrieben. Die Formulierung »nah dran sein *am* Missbrauch« könnte die Nähe zur Mutter beschreiben. Die sprachlich enge Assoziation von *M*utter und *M*issbrauch, sowie das Wort: »am« [Hervorhebungen von mir] macht deutlich, dass Sprache über das Hören gelernt, Laute eng miteinander verknüpft und im primärprozesshaften unbewussten Dialog verbunden bleiben und verdichtet werden.

Da ich diesen Satz im Kontext nicht verstehe, frage ich nach und die Probandin antwortet:

»Also das heißt, ich habe schon das Gefühl, ich habe eigentlich viel auch verarbeitet und auch aufgearbeitet, und trotzdem ist es so, dass mich das eigentlich immer wieder ... ja, dass das immer wieder einbricht *(Mhm)* So, nicht? Dass ich nah, wenn ich nah an meinem Missbrauch dran bin, dass ich dann keinen Bock auf Sexualität habe. Das finde ich erst mal normal. *(Mhm)* Und das finde ich auch o. k., ja? Aber es geht wirklich dadrum, dass, wenn ich eben halt, äh, ja erst mal nicht nah am Missbrauch dran bin und das Gefühl habe, dass da erst mal im Moment, ja nichts Neues zu bearbeiten ist, sozusagen. Dass ich dann merke, dass ich auch dann Probleme mit der Sexualität habe.« »*Mhm. Was bedeutet ›nah am Missbrauch sein‹ für dich ganz genau?*« »Ähm, nah am Missbrauch sein heißt ... ich bin zum Beispiel seit drei Jahren auch, ähm, Phobikerin.«

Das Wort »nah« könnte auf einen latenten prägenitalen Wunsch nach Nähe zur Mutter hindeuten, der ödipale Sexualität ausschließt (»... dass ich dann keinen Bock auf Sexualität habe«). Vielmehr meldet sich der Ekel, den Petra vor der Urszene, der Sexualität der Eltern empfindet. Das Aufrichten der Ekelschranke und die damit verbundene Abwendung schützen vor einer zu intensiven Konfrontation mit der (zurückgedachten, unbewusst erinnerten) Urszene und allen Gefühlen des Neides, der Ausgeschlossenheit und der Eifersucht:

»Und trotzdem ist es so, dass, wenn ich zum Beispiel mit meiner Freundin schlafe, dass ich das unheimlich oft habe, dass ich am nächsten Tag denke so ..., also dass ich regelrecht Ekel empfinde, wenn ich da dran zurückdenke, *(Mhm)* zurückerinnere. *(Mhm)* So. *(Mhm)* Obwohl das niemals Sachen sind, wo ich das Gefühl habe, da geht es über meine Grenzen oder so.«

Im Zuge der Autonomieentwicklung und Loslösung des Mädchens von der Mutter wird (ebenso wie beim Jungen) ein Dritter zur Triangulierung benötigt, der zur Beziehung zwischen Mutter und Kind hinzutritt und an den man sich binden kann. Da Petra aber offensichtlich ihren Vater für die Triangulierung nicht nutzen kann – er scheint für sie nicht als gutes Objekt vorhanden – wird der Missbrauch als Drittes eingeführt, um sich abzulösen. Das gelingt indes nur bruchstückhaft, und auch die Lösung von der Mutter mit Hilfe der verschiedenen sexualisierten Gewaltszenen und die Auseinandersetzung mit dem Missbrauch (in Klinik und Therapie) gelingen nicht: All dies bringe »nichts Neues«. So schlüpft Petra in die Rolle derer, die andere benutzen: Um die Mutter respektive Interviewerin wütend zu machen, benutzt sie den Vater bzw. die Männer als Agens. Petra vermeidet selbst Neid und Eifersucht, versucht aber, ihre Eifersucht auf den Vater via projektive Identifizierung auf mich zu verlagern: »[A]lso dieser Typ, der riecht vor allen Dingen auch gut« – als wolle sie mich mit der Aussage eifersüchtig machen, dass ein Mann so gut riechen kann wie die Brust und der Körper einer Frau.

Der Dritte wird einerseits benötigt, um die im fortschreitenden Kindesalter erreichte Individuation zu erreichen und zu festigen und andererseits die Dyade mit der Mutter, die eine Zweieinigkeit darstellt und die erreichte Individualität und autonome Lebenskompetenz des Kindes auszulöschen, zu lockern und zu lösen droht.

Petra teilt ein bei vielen Frauen sowohl in psychoanalytischen Behandlungen als auch im Alltag beobachtetes Phänomen: Während Männer die vorgeburtliche und frühe symbiotische, paradiesisch erlebte und fantasierte Verbindung zwischen Mutter und Sohn in Beziehungen zu Frauen wiederfinden möchten und den Verlust dieser absoluten Harmonie verleugnen, um die männliche Identität, ihre Autonomie und das männliche Rollenverhalten stabilisieren zu können, müssen Frauen das Wissen um den Verlust nicht derart verdrängen und beklagen in ihren Liebesbeziehungen das seelische Unverständnis und die verlorene innere Harmonie des Teilens von gleichen Gefühlen mit ihren Partnern und Partnerinnen.

Das freie Sprechen über Sexualität ändert ebenso wenig wie Klinik und Therapie etwas an den sexuellen Schwierigkeiten Petras, ein weiterer Hinweis für eine nicht gelungene Triangulierung. Als hätte sie eine Ahnung von dieser Problematik, unterbricht sie sich in dem im Folgenden wiedergegebenen Satz und verliert den Faden: »Da habe ich überhaupt keine Probleme mit […] (schweigt kurz) also manchmal denke ich, wenn die Leute mit denen ich (unterbricht sich) – ich mache auch ein Aufklärungsprojekt.« Man könnte den unterbrochenen Satz folgendermaßen weiterführen: (»… wenn die Leute, mit denen ich) rede, wüssten, wie verklemmt ich bin.«

Entspannte Sexualität, die sich spontan auf das Geschehen zwischen den beiden Liebespartnerinnen einlässt, scheint nicht möglich. Petra muss dann in Gedanken die Szene verlassen. Deshalb braucht sie von ihrer Partnerin L. Erlaubnissätze wie z.B. »Bleib da!« Gemeinsam probieren sie viel aus (»den ganzen Gemüsegarten durch«), um sexuelle Erregung zu erleben – so, als müsste eine erfahrene und ernährende Mutterfigur (die Partnerin, die aufgrund ihrer Erfahrung weniger Hemmungen hat und außerdem gut kochen kann) sexuelle Empfindungen erlauben, während Petra als das Mädchen und die kleine Tochter ganz harmlos mit und bei der Mutter, die nebenbei kocht und sowohl seelisch als auch physisch nährende Produkte herstellt, spielt:

»Da haben wir einfach ganz viel ausprobiert. Und da haben wir auch eben

... sie hat das sowieso schon gemacht. Sie hatte da eben halt weniger Hemmungen, und *(Mhm)* da ging das los, dass wir eben da die Selbstbefriedigung eingebaut haben. Dass wir gemerkt haben ... Sie hatte auch Schwierigkeiten zu kommen, dass wir beide gemerkt haben, dass das total Klasse war. Oder wir haben eben halt ganz viel mit Spielzeugen, ne mit Spielzeugen, also wir haben den Gemüsegarten durch ... äh ... praktiziert.« Was sich wie eine lockere Darstellung der Benutzung von Sex-Spielzeugen anhört, kann auf der unbewussten Ebene als Sexualisierung der Mutter-Kind-Interaktion verstanden werden, bei der die Mutter im Raum ist, bereits eine innere Trennung zur Tochter vollzogen wurde, die Interaktionspartner aber trotzdem miteinander verbunden bleiben, indem sie die ruhige, häusliche Atmosphäre in der Küche miteinander teilen.

Im Inneren der Probandin könnte ein negatives, verbietendes Mutter-Introjekt aktiv sein, welches Petra die Mutter als diejenige erleben lässt, die ihr die Sexualität verbietet. Die Sexualisierung kann als agierter Protest gegen dieses erlebte Verbot gesehen werden: L. stellt dann die fantasierte positive Gegen-Mutter dar.

In der Sequenz über das »Hoppe-Hoppe-Reiter-Spiel« mit dem Vater klingt auch die Frage der Probandin an ihre Mutter mit, ob dies erlaubt sei:

»Der hat mit mir irgendwie Hoppe-Hoppe-Reiter auf seinem Schwanz gespielt und war nackt. *(Mhm)* Und hat dann abgespritzt, und ich bin dann zu meiner Mutter gegangen und habe gesagt. ›Du hör mal, Mama, der hat da so was Komisches auf dem Bauch.‹«

Die Antwort der Mutter ist ein völliges Verbot und die Drohung mit der Polizei (»Bullen«), das als das eigentlich Traumatische erlebt wird – und nicht die perverse Entgleisung des Vaters:

»Ja ja, und meine Mutter ist dann eben halt zu ihm hingegangen. Und ich denke heute, wenn ich als Kind nicht diesen Trouble, der danach gelaufen ist, dass meine Mutter ihm mit den Bullen gedroht hat und ... nicht? Völlig aufgelöst war und so weiter. Vielleicht hätte ich es gar nicht als Trauma empfunden.«

Die Mutter verteidigt aktiv die Generationengrenze, ihre sexuelle Beziehung zum Vater, und versucht damit, Petra zu schützen. Diese lehnt diesen Schutz eher ab, müsste sie doch sonst die präödipale Phase verlassen und die ödipale Konstellation und Triangulierung anerkennen, dass die Eltern ein sexuelles Paar sind und nicht Petra und ihr Vater.

Der regressive Wunsch der Probandin, ins Paradies der Zweieinigkeit mit der Mutter zurückzukommen, in die Zeit, bevor sie mit der Urszene, der sexuellen Szene zwischen Vater und Mutter, konfrontiert wurde und in der die Mutter Petra noch nicht mit dem Vater betrogen hatte, lässt sich auch schon früher im Gesprächsverlauf in der Wiederholung des Wortes »zurück« erkennen: Mit der Formulierung »wenn ich da dran zurückdenke, *(Mhm)* zurückerinnere«, könnte Petra zum Ausdruck bringen, dass ihre Hauptverletzung darin liegt, von der Mutter mit dem Vater »betrogen« worden zu sein. Die Mutter hat neben der Probandin noch den Vater; L., die Freundin, neben ihr noch eine weitere Frau, was einer Wiederholung gleichkommen könnte:

»[D]ie hat mich irgendwann verlassen, und das stellte sich später raus, dass sie schon drei Monate mit einer anderen Frau schon zusammen gewesen ist auch.«

Die darin liegende Kränkung scheint mir Petra mit der Größenfantasie abzuwehren, von dem Betrug bereits gewusst zu haben, bevor ihre Partnerin sie davon unterrichtete – als könne sie in die Zukunft sehen:

»[N]ur dummerweise habe ich das oft schon vor denen gewusst. Also, die haben das dann auch irgendwann gewusst, aber es war drei, vier Wochen später, nicht?«

In dieser Aussage, mit mehrmaliger Wiederholung des Wortes »schon« könnte sich auch ausdrücken, dass sie schon vor der Urszene um den »Betrug« der Mutter wusste – auch wenn sie sich nicht mehr bewusst erinnert, besteht die Angst davor in ihr weiter: »… wo Verlustängste wirklich berechtigterweise da waren«. Die idealisierte präödipale Mutter verwandelt sich in dieser Situation in eine ödipale Mutter, die der Tochter den Vater vorzieht – was mit einer Zurückweisung der sexuell getönten Liebesangebote des Mädchens an die Mutter einhergeht.

In den sadomasochistischen Szenen drückt sich die Angst und die Sehnsucht nach Hingabe und Überwältigung aus, wenngleich sich in der Aussage der Probandin eine gewisse Ambivalenz erkennen lässt: Einerseits »sind die Frauen [der SM-Szene, M. T.] nicht mein Ding«, andererseits gehen »meine Vorlieben eigentlich sehr in die passive Richtung. Also devot«. Man könnte in diesen Inszenierungen einen Versuch sehen, die präödipale Mutter mit der ödipalen zu vermischen und ihrer dadurch habhaft zu werden. In der Passivität wird die Nahrungsaufnahme an der Brust und in den Armen der Mutter gesucht, welche gleichzeitig sexualisiert und genitalisiert werden.

In der folgenden Passage könnte im Verweis auf die »Wortspiele« ein Bekenntnis liegen, dass Petra auch mit mir Wortspiele betreibt:

»Und ich bin auch noch nie so richtig in die SM-Szene eingetaucht, um mir da eine neue Freundin zu suchen oder was. *(Mhm)* Ähm, hatte ich auch überhaupt keinen Bock drauf, weil die, ähm, also weil die Frauen, die ich zumindest kennengelernt habe, nicht mein Ding sind. Aber so. Und mmh ... Ja, also, wie gesagt, irgendwie, ich habe angefangen, wir haben geswitched. Also haben Paartausch gemacht, aktiv/passiv. Und ich bin dann, irgendwann habe ich gemerkt, dass meine Vorlieben eigentlich sehr in die passive Richtung gehen. Also devot. *(Mhm)* Das heißt, irgendwie, ähm, in meinen Fantasien, ich habe es, wie gesagt, mit dieser einen Frau auch ausgelebt, ... stehe ich sehr da drauf, irgendwie Wortspiele miteinander zu machen. Wo die eine mich dominiert.«

Petra sucht in den Extremen eine Lösung aus ihren inneren Konflikten, die sie in langsamer Reife und Wachstum und unter Leiden und Anstrengung in der Konfrontation mit der Realität durchlaufen müsste. Sie neigt zur Idealisierung und Überhöhung von Sexualität und ihren sexuellen Erfahrungen und scheint dabei manchmal nicht genau zwischen Fantasie und Realität zu unterscheiden, etwa, wenn sie angibt, mit der Freundin fünf Monate im Bett verbracht zu haben, oder wenn sie Begegnungen mit Männern schildert: »... finden die das total klasse. Und ich könnte von ... da sind vier Männer irgendwie so, die könnte ich alle im Bett haben, wenn ich wollte.« Hier scheinen wieder Größenfantasien und die Idealisierung der eigenen verführerischen Potenz im Spiel, die Mutter wie den Vater in der Sexualität zu übertrumpfen, um den neidvollen und eifersüchtigen Schmerz in Konfrontation mit der Urszene nicht zu spüren.

Die Orgasmusstörung Petras, die mit dem »Einbauen« der Selbstbefriedigung gelöst wird, ist ein weiterer Hinweis auf ihre Hingabeängste. Sie kann sich nicht der »Hand einer anderen Frau« überlassen, sich nicht vertrauensvoll in deren Hände geben. Die gleichzeitige innere Abwertung dieser Lösung wird auf die »Freundinnen« projiziert, von denen sie annimmt, dass diese sich vor Ekel »schütteln«, was diese »glücklicherweise« nicht tun:

»Und, ähm, es hilft mir schon, wenn ich eine Partnerin habe irgendwie, was jetzt mit der jetzigen Geliebten auch so läuft, dass sie, äh, ja, dass sie einfach Erlaubnissätze spricht. Also, dass sie sagt: ›Du darfst dich jetzt fallen lassen!‹ und äh, nicht? *(Mhm)* So. Also, natürlich nicht ganz so förmlich. Also ...« (gemeinsames Lachen). »Aha.« »Du weißt schon, was ich meine, nicht?« *»Sag mal, was du meinst.«* »Na ja, also, es ist eben halt so, also, es kommen schon solche Sachen: ›Lass dich fallen.‹ Oder wenn sie merkt, ich haue ihr ab: ›Hau mir nicht ab.‹ *(Mhm)* Also so, solche Sprüche, die also schon, schon in Richtung, äh, Aufforderung oder also im schl..., in, in, im strengsten Sinne

›Befehl‹ gehen. *(Mhm)* Und, ähm, das hilft mir sehr, dabei zu bleiben und nicht abzuhauen. Und mich dann auch wirklich fallen zu lassen, letztendlich. Seit dieser einen Frau, mit der ich sehr viel SM praktiziert habe, irgendwie, das war vor drei Jahren, kann ich mich überhaupt letztendlich erst fallen lassen. Also, ich habe vorher immer nur durch Selbstbefriedigung, äh, Orgasmus erlebt. Und nie durch die Hand einer anderen Frau sozusagen, oder Mund, oder was auch immer. *(Mhm)* Ähm, und seit dieser Zeit geht das eigentlich erst. Und, äh, oder ich habe zum Beispiel angefangen, zusätzlich Selbstbefriedigung mit einzubauen beim Miteinanderschlafen, irgendwie. Und hatte glücklicherweise Freundinnen, die es nicht geschüttelt hat. Und die das o. k. fanden, irgendwie. *(Mhm)* Und, ähm, ja, wo ich eigentlich, ich habe eigentlich seit der Zeit erst Spaß an der Sexualität gefunden, vorher war das eher so ein, so ein Nähe aufnehmen, und irgendwie will die andere das, und dann mache ich das halt auch mal. Also schon ein Stück weit habe ich auch die Sachen als geil erlebt, aber, ähm, also dass ich so richtig das Gefühl habe, es erfüllt mich auch, das ist eigentlich erst seit diesen drei Jahren.«

Hier stellt sich eine ähnliche Dynamik ein, wie sie weiter oben bei den Vergewaltigungsträumen beschrieben wurde. Es scheinen Schuldgefühle bezüglich des sexuellen Genusses zu bestehen, die abgewehrt und projiziert werden müssen: Es sind die Freundinnen, die »das« plötzlich wollen, und Petra macht »das halt auch mal«. Im weiteren Gesprächsverlauf könnte sich dies in der Übertragungs-Gegenübertragungsbeziehung abspielen: Mit der Frage »Was die wohl denkt?«, könnte ich gemeint sein, da Petra kurz darauf die vermuteten Gedanken ihrer Freundin noch einmal spezifiziert und abschließend fragt: »Völlig in Ordnung, nicht?« – zu verstehen als Bestätigung und Frage an mich.

Man könnte die Passage folgendermaßen interpretieren: Petra sagt mir, dass ich sie nicht befriedigen kann, und fragt, ob ich mich wohl vor ihr ekle, da das nur ihr selbst gelingt. Letztlich steckt darin auch der Wunsch, so angenommen zu werden, wie sie ist, mit allen Fähigkeiten und Defiziten. Da in der Beziehung zwischen der Probandin und ihrer Mutter offenbar wenig Vertrauen und Annahme möglich gewesen sind, bringt Petra diese unerfüllten Wünsche in die Übertragungs-Gegenübertragungsbeziehung ein.

Der »Vertrauensbruch« der Mutter an ihrer Tochter wird wiederholt aufgegriffen – die Interpretation, dass es sich um Eifersucht auf die Mutter handelt, die Petra in der Urszene mit dem Vater »betrogen« hat, scheint berechtigt. Ihr Wunsch, nicht verlassen zu werden, wurde enttäuscht, und sie konnte die Eltern nicht als funktionierendes, sich mehr liebendes als hassendes Paar integrieren. Der Impuls der Probandin, dem Gesprächspartner nachzuweisen, dass sie betrogen wurde, erscheint narzisstisch und als Ausdruck einer Größenfantasie: »Ich will nicht, dass sich jemand außer mir einem anderen zuwendet, und wenn, dann verfolge ich ihn oder nehme ihn dem anderen weg.« In der unbewussten Identifizierung mit einem raubenden Vater, der die Mutter weggenommen hat, leugnet sie, dass sie ihre Existenz der sexuellen Beziehung der Eltern verdankt.

Die Liebe der Eltern füreinander und für ihre Tochter kann der Probandin nicht über ihre Eifersucht und ihren Neid hinweghelfen. Diesen Neid führt sie bereits zu Beginn mit Blick auf schwule Männer ein, die anonymen Sex praktizieren können. Wenig später spricht sie offen den Neid auf sexuell genussfähige Geliebte an:

»Weil, ich habe da, äh, ich weiß nicht, weil man neidisch auf die Frauen [ist], die dann mal gekommen sind, und ich bin ja nun mal nicht gekommen. Und irgendwie war das dann so ...« *»Mmh, enttäuschend, oder?«* »Ja, es war auch enttäuschend. *(Mhm)* Aber ich habe das ziemlich verdrängt. Also, ich habe das nicht als enttäuschend empfunden in dem Moment, sondern eher so als ... ach, na ja, so.«

Sie scheint Neid noch wenig integriert und betrauert zu haben, sodass ich es für nötig halte, ihr ein Gefühl zu vermitteln, das sie selbst noch kaum bewusst erleben konnte. Einige Sätze später steht der Neid und die Konkurrenz zwischen den sich eng verbindenden Frauen, als ginge es hier um einen Vergleich, wer besser ist – was letztlich wieder Bestand einer Dreiecksbeziehung ist, in der Rivalität gelebt wird: Wer hat die bessere Bindung, den besseren Sex im Vergleich zu einem Dritten? Petra beschreibt, dass der Orgasmus ihr anfänglich »nicht wichtig« gewesen sei und sie den sexuellen Höhepunkt in dieser Zeit übergangen habe – als wolle sie in Bezug auf den Orgasmus keine Konkurrenz mit ihrer Partnerin eingehen. Das Triangulierende wäre in diesem Fall die Norm des modernen Überichs, der zufolge zu guter und befriedigender, potenter und gelungener Sexualität ein Orgasmus gehört.

Die Orgasmusstörung könnte, wie oben bemerkt, dem erlebten Verbot der Mutter entsprechen, Sexualität zu genießen. Die Äußerung, wonach es »echt klasse« sei, auch »in Zeiten, wo man den Kopf nicht abgeschaltet kriegt«, Sexualität miteinander haben, könnte man so deuten, dass sie »nicht abschalten« kann, weil sie zu bestimmten Zeiten das verinnerlichte Verbot der Mutter, also ihr eigenes Überich, das den Genuss durch die Hand einer anderen Frau nicht erlaubt, nicht bewältigen kann. Das »Einbauen« der Selbstbefriedigung könnte als Protest gegen dieses Verbot aufgefasst werden, wodurch Petra der Analytikerin/Mutter die Botschaft vermitteln will, dass sie ihr Recht auf Sexualität in die eigene Hand nimmt.

In diesem Zusammenhang kommt es zu einem unbewussten Kontakt Petras und mir: Ich wechsle plötzlich das Themas:

»*Du, wie alt bist denn du?*« »33.« »*33. Ähm, darf ich dich noch was zu deiner Biografie fragen?*« »Ja, klar. Ich wollte noch mal fragen irgendwie so, das ist ja schon so, dass du das anonymisierst, nicht?« »*Ja, ist ja logo.*« »*Nicht so Vor- und Nachnamen schreibst.*« *(Lachen)* »*Nein. [...] Ganz klar.*« »Ja.« »*Ich wollte dich fragen, wann du überhaupt als Kind, ob du dich erinnerst, wann du als Kind das erste Mal dich selbst befriedigt hast?*«

Damit begebe ich mich, ähnlich wie bei Sandra, auf das »sichere Terrain« der Erhebung anamnestischer Daten. Dass ich dabei das Thema »abschalte« – so, wie das Petra kurz vorher erwähnt –, ist mir nicht bewusst. Ich bin in dem Moment mit einer persönlichen Erinnerung konfrontiert, die mich innerlich die Augen schließen und abschalten lässt, weil ich das Gespräch als anstrengend empfinde und Entspannung suche. Diese Erinnerung an eine Situation, in der ich, nach großer Anstrengung Entspannung suchend, »abgeschaltet« hatte, steht indes genau in dem von Petra angesprochenen Zusammenhang des »Entspannung-im-Orgasmus-Findens«.

Ähnliches passiert an der Stelle, an der sich Petra mit ihren Beziehungen zu Männern auseinandersetzt. Ihre Beschreibung der sexuellen Szene mit dem ejakulierenden, schnaufenden Vater kommentiere ich mit: »*Schon ein bisschen eine Horrorszene.*« Ich bin schmerzhaft schockiert von der Lieblosigkeit und Kälte, mit der Petra liebevolle und desexualisierte Eltern-Kind-Spiele erzählt (z. B. »Hoppe-Hoppe-Reiter«). Auch das Hinlaufen zur Mutter, das für Petra gar keine Flucht war, wird geschildert, als handle es sich um eine Alltäglichkeit: »Du hör mal Mama, der hat da so was Komisches am Bauch.« Die Äußerung über das »Lachen« des Vaters im Orgasmus ist für mich kaum auszuhalten. Mein Kommentar »Horror« ist Ausdruck meines Wunsches, Petra möge nie wieder mit dem Vater inzestuös agieren – es wäre für mich ein Horror, wenn das noch einmal geschähe. Ihre Äußerungen: »Aber ich habe nie wieder Männer kommen sehen« – was angesichts ihrer angeblich vielen sexuellen Erfahrungen mit Männern zweifelhaft erscheint – und: »Das hab ich noch völlig im Ohr«, könnten Deckerinnerungen sein, die der im Unbewussten schlummernden Urszene (in der Petra erlebt hat, dass Männer kommen und die Mutter wegnehmen) widerspricht. »Nie wieder« will sie diesen Raub erleben, nie wieder die Mutter an einen potenten Mann verlieren. In der Übertragung könnte Petra mich/die Mutter meinen, als Appell, ich/die

Mutter solle so etwas nie wieder tun. In mir scheint jedoch der Unwille, mit den zerstückelten, pathologisch sexualisierten und gleichzeitig entemotionalisierten Partialobjekten Petras in Kontakt zu kommen stark.

Die Verführung des Vaters – als »Abschluss« der von der Probandin geschilderten sexuellen Erfahrungen mit Männern – scheint auch das Ende, »der Abschluss« der Beziehung zur Mutter gewesen zu sein. Petra kann sich nur in der Rache von der Mutter lösen, indem sie die Generationenschranke durchbricht, sich auf die Stufe der Mutter stellt, mit ihr konkurriert und ihr den Mann wegnimmt, so wie diese ihr in frühester Kindheit den Vater genommen zu haben scheint. Nur so gelingt ihr eine Hinwendung zu den Männern, wobei sie bemerkt, Männer niemals lieben zu können – eine Prophezeiung, von der man nicht weiß, worauf sie sich stützt. Möglicherweise handelt es sich um eine Treuebotschaft an die Mutter/Interviewerin: »Lieben werde ich nur dich, auch wenn ich mit einem Mann Sex haben sollte.« Offenbar gibt es für Petra ein Tabu, Männer sowohl körperlich als auch emotional zu lieben. Bei der Aufzählung ihrer Freunde, so erwähnt sie selbst, sei nie ein Mann dabei, obwohl sie einen – allerdings schwulen – Mann kenne, der aber nie dabei sei und den sie »noch nicht mal« mitdenke – als wäre Liebe zu einem Mann/Vater in ihr, als dürfe sie das aber gar nicht denken und es insbesondere auch nie erwähnen. Der homosexuelle Freund hingegen kann erwähnt werden, weil er als emotionaler Liebhaber nicht in Frage kommt –, Sex ohne Gefühle könnte sie mit schwulen Männern teilen. Gegen Ende des Interviews versichert Petra erneut, dass Männer »ganz herausfallen« aus ihrer »Liebesschiene«. Ich antworte: »*Also, wenn man es geahnt oder gewusst oder hätte denken können*« – »dann wäre etwas anders gewesen«, könnte man meinen Satz fortsetzen, so als wollte ich sagen: »Dann hätte ich dich nicht als Interviewpartnerin akzeptiert, wenn du nicht wirklich lesbisch bist.« Auf der bewussten Ebene meine ich das Lesbischsein und die Klarheit über die sexuelle Orientierung bei der Probandin, als wollte ich Gründe für ihr heterosexuelles Begehren finden, das ich hypothetisch vor das Coming-out lege. Ihre eventuell bestehende Bisexualität oder gar abgewehrte Heterosexualität mag ich mir nicht vorstellen. Auf der unbewussten Ebene spricht Petra aber gerade von ihren Beziehungen zu Männern, die ganz aktuell verdrängt werden müssen: »Ich denke den noch nicht mal mit« – als wollte sie mir sagen: »Ich könnte mir das auch mal anders denken.« Nähme Petra sexuelle Beziehungen mit Männern auf, brächte sie mich damit in ihre eigene Lage: Sie wäre für mich als lesbische Frau an einen Mann verloren, so, wie die Mutter der Probandin für diese als homosexuelle Partnerin im negativen Ödipuskomplex verloren war. Die

Liebe der Probandin gehört aber den sie dominierenden Frauen, vielleicht einer Wiederholung ihrer familiären Situation: Petra bleibt in der Liebe an die dominante Mutter gebunden und kann sich nicht in der Triangulierung an den Vater binden.

2.7 Anne

Anne leitet unser Gespräch ein, indem sie auf einen lesbischen Sexualratgeber hinweist, der parallel zu meinen Anzeigen erschienen sei, und der ihr nicht gefalle, weil seine Inhalte im Gegensatz zu ihrer eigenen Wahrnehmung stehen, dass lesbische Sexualität insgesamt unter dem Problem der Lustlosigkeit und der niedrigen Frequenz sexueller Kontakte leide. Auch zur Beratung junger lesbischer Frauen im Rahmen ihrer Tätigkeit in einer Beratungsstelle könne sie den Ratgeber nicht nutzen, da er ihre Klientel mehr erschrecke als informiere.

Nach ihren eigenen sexuellen Schwierigkeiten gefragt, gibt Anne an, dass sie sich immer wieder in der Rolle wiederfinde, Sexualität mit ihren Partnerinnen herbeizuführen, während diese eher passiv blieben. Insgesamt wünsche sie sich häufiger Sex als ihre Partnerinnen und mehr Gespräche über Sexualität. Während des Liebesaktes würde sie gerne erregende Worte aussprechen, erlebe aber Scham und Hemmungen. Ihre persönlichen Probleme setzt sie in Beziehung zu Erfahrungen bei Informationsveranstaltungen zu lesbischer Pornografie, bei denen das Publikum in der Regel gespalten sei: Die eine Hälfte genieße die entstandene Offenheit, die andere lehne diese Form der Darstellung triebhafter Sexualität zwischen Frauen ab. In der Intimität einer vertrauten Beziehung, so meint Anne, sei Sprechen über die eigenen sexuellen Wünsche leichter möglich als in der Öffentlichkeit.

Erstaunt zeigt sich Anne über das Erleben von Angst, wenn sie von einer Frau direkt gefragt werde, ob sie mit ihr schlafen wolle. Obwohl sie sich eigentlich aktive Partnerinnen wünsche, erlebe sie in der realen Situation den Impuls, zu flüchten. Überfordert sei sie zudem von Wünschen ihrer Partnerin nach sadomasochistischen Sexualpraktiken, denn gegen schmerzhafte körperliche Stimulationen erlebe sie eine starke Abneigung.

Nach einer vertiefenden Frage meinerseits berichtet Anne, früher einmal Sex mit Männern gehabt, aber unter Orgasmusstörungen gelitten zu haben, die beim Sex mit Frauen nicht mehr aufgetreten seien. Allerdings komme sie sehr schnell zum Orgasmus, was sie aber nicht mit der Ejaculatio praecox bei

Männern vergleichen möchte – vielmehr verlaufe ihre Erregungskurve recht steil und kurz, sodass sie schneller wieder Lust auf erneute sexuelle Betätigung bekomme. Selbstbefriedigung habe sie erst spät für sich entdeckt, fühle sich seither aber unabhängiger von realen Liebesbeziehungen.

Abschließend berichtet Anne über sexuelle Fantasien, in denen sie einen Mann, den heterosexuellen Geschlechtsakt und den Penis als stimulierend erlebe. Gerade das leidenschaftlich-triebhafte Eindringen des Penis in die Vagina bzw. das Eindringenlassen des Penis vermisse sie in der Sexualität mit Frauen.

2.8 Der Penis als schönes Instrument

Das Gespräch beginnt mit einer starken Hinwendung meinerseits an die Probandin. In meinen einleitenden und schnell intonierten Worten spreche ich sie mehrmals persönlich und werbend an. Unbewusst scheine ich so meine Hoffnung auszudrücken, dass die Probandin in meiner Anzeige das gefunden hat, was sie suchte.

»Ja, jetzt schieß doch einfach mal los, was dich zu dem Thema interessiert oder bewegt hat oder dich betrifft, was du gelesen hast. Die Anzeige?« Anne antwortet bejahend und mit einem Kompliment zu meiner Anzeige. »Von daher finde ich den Text, also der hat mir einfach auch gefallen«, und löst mit dieser Anerkennung bei mir Freude und Sympathie aus, sodass das Gespräch in emotionalem Einklang beginnt.

Im Gegensatz zu einem »parallel« erschienenen Sexualratgeber für Lesben, der ihrer Ansicht nach bei der Beschreibung lesbischen Sexuallebens übertreibt, sodass die Leserinnen denken könnten, lesbische Frauen hätten ein reges Sexualleben, entspricht der Text meiner Anzeige ihrer wahrgenommenen Realität, so Anne weiter. Sie zitiert dabei den Titel des Ratgebers »Schöner kommen«, der wie meine Anzeige Hoffnung in ihr geweckt haben könnte. Einerseits könnte sie ihre Enttäuschung über ihre eigene Sexualität ausdrücken, andererseits könnte das Zitat des Titels bedeuten, dass sie selbst ihre Sexualität und insbesondere den Orgasmus nicht genießen kann, sondern sich wünscht, dass es in der Zukunft schöner kommen und sie selbst, wie es umgangssprachlich beschrieben wird, »schöner kommen« könnte. Die Vorstellung von schönerer Sexualität, die der Probandin zu kurz kommt (so wie sie später ausführt, dass sie selbst zu schnell kommt), könnte in Teilen des genannten Buches enthalten sein, obwohl die Probandin es manifest kritisiert.

In meinem Anzeigentext könnte sich die Enttäuschung der Probandin über ihre persönlichen sexuellen Erfahrungen gespiegelt haben. Sie könnte damit meinen, dass meine Anzeige bei ihr schöner ankommt, als dieses Buch, das Sexualität so darstellt, als ob bei Lesben Sexualität gelebt wird, die keine Grenzen kennt und alle Schwierigkeiten ausklammert:

»Parallel dazu, da ist gerade dieses Lesbenbuch ›Schöner kommen‹ erschienen.« *»Ja.«* »Und äh wir haben darüber debattiert, weil das so zum einen, das so darstellt, als ob bei den Lesben unheimlich viel los ist. *(Mhm).* Und zum anderen wir aber ja auch dieses, diese äh Sachen kennen. Also, dass die Lesben ja eigentlich am *wenigsten* Sex überhaupt haben *(Mmh)* als die anderen.« *»Ja.«* »Und ich denke, dass das einfach immer mehr auseinander geht. Also dieses, diese... äh *Klammer* dazwischen, was so öffentlich gesagt wird ... das was eigentlich abläuft« [Hervorhebung M. T.].

Lesben kommen in Wirklichkeit schlecht weg, so scheint die Probandin zu denken: »Unsere« Realität ist, dass Sexualität im Leben von Lesben überhaupt keine Rolle spielt. »Wir« haben weniger Sex als die anderen, die Heterosexuellen. Das genaue Gegenteil, als in dem Buch dargestellt, scheint der Fall zu sein, was ich nach Meinung der Probandin zu wissen scheine.

In dem Bezug auf die genannte Publikation könnte eine persönliche Äußerung der Probandin verborgen sein: Ihre Wünsche werden »immer mehr« ignoriert und sie möchte »immer mehr« haben. »Das was eigentlich abläuft«, ist ganz anders, als das, was öffentlich gesagt wird. Mein Text wird wohl als die »Klammer« verstanden. Er stand in einem lesbisch-schwulen Medium und sprach sexuelle Schwierigkeiten an, womit er sich sowohl in der erlebten Realität als auch in der Öffentlichkeit bewegte. Die Probandin unterbricht sich kurz vor dem Begriff »Klammer«, so als suche sie nach dem Wort und unterbricht sich nochmals zwischen ihrer Äußerung über die Öffentlichkeit und das Private. Beide Unterbrechungen könnten eine Hemmung und das Überschreiten eines inneren Verbots ausdrücken, diese harte Kritik auszusprechen, so als würde sie fürchten, eine Nestbeschmutzerin der lesbischen Szene zu sein und die dort entstandenen neuen Normen zu brechen. Die Furcht vor Ausgeschlossenwerden kann an die frühere Furcht wegen des Lesbischseins aus der eigenen Familie und der Kultur ausgeschlossen zu werden, anschließen.

Sie benennt in ihrer negativen Beurteilung des Buches die kollektive Abwehr einer von Homosexuellen gepflegten Meinung, dass sie selbst eine sexuelle Avantgarde darstellten. Die Probandin sieht sich als Teil der lesbischen Gruppe, meint, das Buch betreibe reine Propaganda und fühlt sich nicht repräsentiert. Ich habe ihr offensichtlich mit dieser Anzeige ermöglicht darüber zu sprechen, dass die öffentliche Meinung nicht glaubhaft erscheint. Die Probandin hat ihrem Gefühl nach eine Verbündete gefunden, die ein kollektives Sprechverbot, ein Tabu in der Lesbenszene, über die Realität der Sexualität zu sprechen, brechen möchte. Das Lachen könnte bedeuten, dass »wir« nun eine Gruppe bilden und eine andere Geschichte erzählen als die, zu denen sich die Probandin gerade noch zugehörig gefühlt hat:

»Ich denke, es ist an der Zeit, dass wir aufhören, also immer irgendwelche komischen Dinge über uns zu erzählen.«

Mit dem »Wir« stellt sie Gemeinsamkeit zwischen uns her: »Wir Lesben« und »Wir beide.«

Bewusst erlebe ich den Versuch der Probandin, eine kollegiale Ebene einzuleiten und uns beide von den anderen Lesben, die solche Ratgeber machen und damit auch Engagement für lesbische Frauen dokumentieren, positiv abzuheben. Das freut mich, weil ich den von ihr angesprochenen Ratgeber kenne und selbst in Teilen schwierig und unrealistisch finde.

Ich unterbreche nach dem gemeinsamen Lachen, das manifest in dem Moment die Gemeinsamkeit ausdrückt, gleichzeitig aber auch den unbewussten Wunsch nach Nähe in den Schwierigkeiten ausdrückt, relativ abrupt und spreche sie sechsmal hintereinander direkt auf *ihre* sexuellen Schwierigkeiten an, weil mir ausgehend von meinem analytischen Überich die »therapeutische Distanz« verloren zu gehen droht:

»*(Lachen) Du meinst bei dir ist es anders als in diesem Buch dargestellt oder wie?*«

»Ja das äh, das war es eben *auch nicht*, nach meinem äh *Ermessen*. Aber ich hatte auch *mehr äh mehr* zu mäkeln an dieser Technisierung von dem Ganzen.« »*Mhm. Was meinst denn du da?*« »Mmh. Dass mir das zu äh … Die Fotos waren mir einfach zu äh … sie haben sich meines Erachtens kaum, also kaum unterschieden jetzt von, von irgendwelchen heterosexuellen Pornos. *(Mhm)* So, also da vermisse ich schon irgendwie, weißt also irgendeine Ästhetik oder sonst irgendwie was.« »*Also du fühlst dich da nicht repräsentiert auf jedem Fall mit deinem Erleben? (Nein) Wie, wie ist es denn bei dir?*« »Das hat aber sicher damit zu tun, dass ich einfach bei, bei schlecht erwischten … die Fotos einfach nicht so gut … dass ich da sehr empfindlich bin. So. *(Mhm)* Also da ich Fotos auch mache – so – und die einfach nicht so gut finde. *(Mhm)* »*Ähm. In der Anzeige ging es ja um Schwierigkeiten und Sex bei uns Lesben sozusagen. Kannst Du da bei dir persönlich was dazu sagen?*« [Hervorhebungen M. T.]

»Jetzt gleich?«

Diese Distanzierung irritiert die Probandin. Sie kommt ins Stocken und äußert schließlich einen Wunsch nach »mehr«, wobei unklar bleibt, was das »Mehr« ist. Auf einer tiefer unbewussten Ebene könnte vermutet werden, dass das »auch nicht«, sowohl meinen könnte: »Ich kann es nicht«, als auch: »Wir beide haben es nicht«, nämlich einen Penis. Der Begriff »Ermessen« könnte die unbewusste Fantasie repräsentieren, die Länge des Penis zu messen, der fehlt, das Minus, das auch das Ausmaß des Mangels bedeuten könnte, zu messen. Der latente Text könnte lauten: »Ich will mehr, als du mir geben kannst. Um befriedigende Sexualität zu haben, müsste ich mehr haben, nämlich einen Penis. Sonst bleibt die Sehnsucht nach heterosexuellem Geschlechtsverkehr«, die noch nicht vollständig abgetrauert scheint. Das »Mehr«, das ein Mann hat, würde die Auflösung des Penisneids bedeuten, mit dem die idealisierende Fantasie verbunden scheint: Dann wäre alles gut.

In der Verneinung »auch nicht« könnte eine Verkehrung ins Gegenteil stecken, die eigentlich den Wunsch nach dem Penis ausdrückt. Außerdem verbindet diese Äußerung uns beide, und wir sind uns in der Vorstellung, der Penis würde alles lösen, nah. Dass ich den Penis nicht habe, daran »mäkelt« die Probandin »rum«.

Die erlösende Fantasie, wenn Frauen Männer wären oder einen Penis hätten (der die damit fantasierten Privilegien bedeutet), wären alle Probleme gelöst, scheint auf archaischer wie auf kollektiver Ebene auch bei heterosexuellen Frauen verbreitet zu sein. Mit diesem Gedanken konnte die Frauenbewegung zwar niemanden erlösen, aber am meisten überzeugen und einige reale Ungerechtigkeiten abmildern oder gar abschaffen.

Meine nächste Frage: *»Was meinst denn du da?«*, zeugt von Interesse an der Meinung Annes, womit ich mich aus der von ihr hergestellten Verbindung lösen möchte und die *»Technisierung«*, von der sie spricht, von ihr präzisiert hätte. Latent könnte die Frage beinhalten, ob Frauen das »Mehr« nicht technisch machen können. In dem zweimaligen von Anne davor ausgesprochenen »mehr äh mehr« könnte ihre Sehnsucht nach einem »Mehr« als lesbische Sexualität, nach heterosexuellem Koitus wie nach Generativität enthalten sein. Ein Dildo wird als Ersatz, als Technisierung erlebt, genauso wie es die Reproduktionstechnologie darstellt. Die Fotos werden mit dem heterosexuellen Koitus (»Pornos« mit Penis) gleichgesetzt, womit das angenommene Besondere lesbischer Sexualität wegfällt. Die Trauer, mit einer Frau, die man liebt, kein Kind zeugen zu können, wird hier spürbar.

Auf der manifesten Ebene kämpft die Probandin mit Worten. Das drückt die Angst aus, noch eine Kritik an der öffentlichen Darstellung lesbischer Sexualität zu üben. Sie unterstellt manifest der Darstellung heterosexueller Sexualität den Mangel an Ästhetik, einem gern kolportieren Vorurteil in der lesbischen Szene. Latent könnte dieses Vorurteil vor der Erkenntnis schützen, dass Homosexuelle keine heterosexuelle Sexualität leben können, was leichter zu ertragen ist, wenn man diese entwertet. Anne fühlt sich in den sexuellen Darstellungen in o. g. Buch nicht repräsentiert, so als ob ihre unbewusste Fantasie der Urszene in den Fotos nicht gespiegelt würde, als hätte sie ein anderes »Foto der Urszene« im Kopf, das sie selbst gemacht/fantasiert hat, so wie sie angibt, selbst fotografisch tätig zu sein. Die Entwertung der heterosexuellen Urszene, aus der heraus Anne entstanden ist, hilft, den Schmerz zu verkraften, aus der elterlichen Sexualität individuell wie kollektiv (als Gruppe der Lesben) ausgeschlossen zu sein.

In den kritischen, immer wieder unterbrochenen Äußerungen über die »schlecht erwischten« Fotos, die ja lesbische Sexualität abbilden, könnte die latente Botschaft enthalten sein, dass sich die Probandin selbst nicht so gut findet und sich ihrer selbst schämt, weil sie nicht dem Bild entspricht, das sie sich von sich macht, so als kämen unbewusste homophobe Anteile ans Licht, deren Text so lauten könnte: »Ich bin am Genitale viel zu empfindlich, mein Genitale ›ist nicht so gut‹.« In ihrem Zögern wird spürbar, dass sie mein Nachfragen nicht gut findet, so als befürchte sie, dass ich mir von ihr ebenfalls ein Bild/Foto mache, auf dem sie sich nicht wiederfindet oder sich abgelehnt fühlt.

Ich beantworte die Unsicherheit Annes in einer Überidentifikation unbewusst mit einem sexuellen Angebot, als wolle ich schnell zur Sache kommen, ohne lange Vorrede oder Vorspiel und als könne ich die Brüche im Selbstwert der Probandin durch Sexualität und Liebe heilen. In diesem Enactment wird deutlich, wie plötzlich beide Protagonistinnen im unbewussten Dialog die Fantasie einer Kompensation aufbauen, dass ein »Mehr« an Sexualität sowohl die Probleme der einzelnen Lesbe als auch die Lustlosigkeit lesbischer Frauen als Gruppe lösen könnte. Das gemeinsame Lachen dient wieder der Abwehr der geteilten unbewussten Ahnung, dass Sexualität »bei uns« schwierig ist und dass diese Hoffnung eine Illusion sein könnte.

»Ähm. In der Anzeige ging es ja um Schwierigkeiten und Sex bei uns Lesben sozusagen. Kannst du da bei dir persönlich was dazu sagen?« »*Jetzt gleich?*« »*Ja.* (gemeinsames Lachen) *Du kannst auch in fünf Minuten, nicht?*«

In dem Witz ist einerseits das Angebot von schnellem Sex formuliert, so als lasse ich ihr noch ein paar Minuten Zeit und hätte in diesem Moment die traditionell männliche Rolle übernommen, die die Probandin später als die ihre darstellt. Andererseits könnte ich unbewusst aussprechen, dass wir uns in einer gemeinsamen unbewussten Regression als Fünfjährige, die auf dem Höhepunkt der ödipalen Begierde stehen, befinden. Könnten wir miteinander Sex haben, als Interviewerin und Probandin wie die Mutter mit dem Kind, wäre eine große Sehnsucht erfüllt und das homosexuelle Tabu gebrochen. Es scheint, als würde ich den Wunsch mit der Probandin teilen, dass Sexualität im lesbischen Leben die Nummer eins darstellen sollte und als ob ich diese Sehnsucht sofort in die Tat umsetzen will. Die Gemeinsamkeit in der Enttäuschung über die Lustlosigkeit in lesbischen Betten und in Frauenbeziehungen, im übertragenen Sinn, die Enttäuschung über den Mangel und das Tabu von sexueller Begierde zwischen Mutter und Tochter soll möglichst schnell ausgeglichen werden.

In meinem »*Aha*«, das ich während der Ausführungen der Probandin noch zweimal wiederhole, scheint eine unbewusste Identifikation enthalten zu sein:

»Das was ich zumindest so äh ... Ich habe das, das Erleben, dass ich ähm zum einen immer die Rolle, also das was mir ja auffällt, dass ich immer, immer den Part der Frau habe, die ähm eher für Sex ist *(Aha)* und die Frau gegenüber, die also weniger für Sex ist, wo ich denke, dass da bei mir auch irgendwas hängt. Also in dem Augenblick, wenn das immer so ist. *(Aha, Aha, Mhm)* Und ähm zum anderen, zum anderen denke ich, dass es die meisten, also ich hätte es eigentlich lieber, wenn der Sex ein bisschen weiter vorrücken würde. Ja. Also bei diesen Sachen, die so, das was man so Nummer eins nennt im Leben oder so.«

Hier könnte Anne die unbewusste Sehnsucht ausdrücken, »Nummer eins« bei der Mutter gewesen und geblieben zu sein; ein narzisstischer Wunsch, der sich bei vielen Menschen in der idealisierten Vorstellung von romantischer Liebe äußert und der eine wichtige Kraft darstellt, die vielen Enttäuschungen der alltäglichen Realität der Liebe auszuhalten. Ich verstehe vor allem diesen Teil der Botschaft und antworte spontan: *»Das kapiere ich ...«*

»Ich will die Nummer eins sein«, könnte in dem Gespräch auch bedeuten, dass Anne mit der Verführung meinerseits als erstes beginnen möchte und sich nicht verführen lassen will. Die passive Rolle könnte die Probandin zu sehr einengen, sodass sie die traditionell männliche Rolle als sicherer erlebt. Sie will »mehr«, sie will die aktive männliche Rolle haben. Das »noch nicht« und die Äußerung »in der Hand haben« könnten Hingabeängste Annes ausdrücken, die eine Penetrationsangst durch die weibliche Hand beinhalten. Damit sind die Ambivalenz im negativen Ödipuskomplex, der Wunsch und die gleichzeitige Angst vor der sexuellen Vereinigung mit der Mutter ausgedrückt. In der viermaligen Wiederholung von »dass das« und »dass da« in der folgenden Äußerung könnte sowohl die Angst vor den libidinösen Wünschen an die Frau/Mutter ausdrücken, die sich in einer Art Stottern andeutet, als auch die große Sehnsucht, dieses Tabu zu durchbrechen:

»Und dass das so eine, eben dass das nicht so eine untergeordnete Rolle spielt. *(Ja)* So. Und dass das eben auch in der, in der Beziehung jetzt zwischen Frauen einfach eine größere Rolle spielt. Dass da mehr darüber geredet wird, und dass alles nicht so äh … hinter vorgehaltener Hand passiert.«

Die Probandin könnte mit dem Versuch, das Sprechtabu über lesbische Sexualität aufzulösen und damit wenigstens ein Tabu zu Fall zu bringen, Hoffnung für eine Verbesserung in Verbindung bringen. Sie berichtet ihre Erfahrungen:

»Dabei … eben aufgefallen ist, ist sodass … in den Anfangsjahren wurde ja so gut wie gar nicht über Sex geredet. *(Mhm)* Und in den letzten fünf Jahren war ich auch froh, dass eben auch darüber geredet wurde. Also als Beispiel vielleicht die Laura Meritt oder so, dass halt auch *viele Frauen* angefangen haben. Und dann denke ich eben, dass das aber jetzt irgendwie wieder abbricht, weil man das Gefühl hat, man muss irgendwie schon richtig fit sein. Also so mit diesen technischen Sachen. Dass die meisten, wenn, wenn ich mich mit ihnen unterhalte oder so, dann eher sagen, da läuft eher nichts oder relativ wenig. *(Mhm)* Und dass man sich dann aber auch traut in, in dem Augenblick auch nicht mehr groß traut, dann öffentlich was zu sagen. Wenn eben relativ wenig läuft« [Hervorhebung M. T.].

Sie kontrastiert den o. g. Ratgeber mit einem 1998 von Laura Meritt herausgegebenen Foto- und Prosaband »Mein lesbisches Auge«, der lesbische Erotik und Sexualität anders präsentiert. »Viele Frauen« veröffentlichen in diesem Band die unterschiedlichsten Blickwinkel auf lesbische Sexualität. Heute erlebt die Probandin Leistungsdruck in der lesbischen Szene, so als müsste bis heute alles das, was der Band darstellt, wie eine sportliche Leistung eintrainiert sein (»richtig fit sein«). »Mit diesen technischen Sachen« spricht die Probandin fragwürdige Sexualpraktiken an, ohne diese konkret zu benennen, die in dem genannten Band u. a. vorkommen und in »Schöner kommen« (s. o.) einen breiten Raum einnehmen. Die in den letzten drei Jahrzehnten entstandene Norm der politischen Korrektheit in aufgeklärten Kreisen, auch die bizarrste Sexualpraktik nicht »pervers« nennen zu dürfen, bleibt im Gespräch bestehen. In der folgenden Äußerung der Probandin, dass ihrer Kenntnis nach »nichts oder relativ wenig läuft«, geschweige denn »Perverses«, könnte latent gemeint sein, dass nur eine Minderheit lesbischer Frauen Sexualtechniken, die mit Sadomasochismus verbunden sind, praktiziert. Manifest spricht sie die sowohl in lesbischen Ratgebern als auch in wissenschaftlichen Veröffentlichungen dargestellte verbreitete sexuelle Lustlosigkeit lesbischer Paare an, die in der lesbischen Szene jedoch tabuisiert wird. Meine Erklärung, dass Scham bei der Entstehung dieses Tabus eine große Rolle spiele, bestätigt die Probandin.

Sie erinnert sich an ihre erste Lektüre eines 1980 in den USA und 1981 in der Bundesrepublik erschienenen Buches von Pat Califia: »Wie Frauen es tun. Das Buch der lesbischen Sexualität«, das ihr Angst gemacht hat (»dass ich da ... auch erst mal wahnsinnig schockiert war«) und wünscht sich unsicher, so als ob dieser Wunsch nicht opportun sei, eine Tabuisierung der angstmachenden Inhalte:

»Da denke ich eben, dass man so ein Buch trotzdem eben äh Frauen aus der Coming-out-Gruppe reichen könnte *(Mhm)* und die auch wissen, aha das andere gucke ich mir vielleicht nicht an oder irgendwie sowas. *(Ja)* Also so, dass man das ein bisschen geschickter aufbaut.«

Auf mein Nachfragen, wie sie sich solche Publikationen erklärt, stellt sie die Hypothese auf, dass das jahrelange Verschweigen jeglicher Existenz von lesbischer Sexualität in der Gesellschaft den Wunsch nach einem »Hinknallen« provoziere, so als werde etwas bisher Unsichtbares unter dem Teppich endlich sichtbar auf den Tisch gebracht. Dieser Versuch, die Öffentlichkeit in gewisser Weise zu zwingen, sich mit lesbischer Sexualität auseinanderzusetzen, scheint nur bedingt Erfolg zu haben, denn obwohl Anne und ich uns über das Problem klar sind und in der Einschätzung der Tabus übereinstimmen, gelingt es uns kaum, freier miteinander zu sprechen. Ich versuche aus den Schwierigkeiten über lesbische Sexualität zu kommunizieren, die lange Tradition hat, auszubrechen, was mir jedoch manifest wenig gelingt. Vielmehr bin ich in diesem Moment im Enactment mit Anne befangen, gerade weil ich versuche, konkreter über Sexualität zu sprechen:

»*Mhm. Also jetzt um noch mal zu dir persönlich zurückzukommen. Du ... bei dir ist das schwierig, wenn ich das richtig verstanden habe, dass du gerne mit deinen Freundinnen oder Partnerin oder was immer, öfter schlafen würdest und du erlebst es, dass das wiederholt zurückgewiesen wird. Habe ich das richtig kapiert?*«

Das Sprachtabu, der Mangel an umgangssprachlichen Worten über Liebe und Sexualität, ein Phänomen, das bei der Beschreibung von Heterosexualität genauso auffällt, und unbewusste Homophobie führen zu Verwirrung und

Wiederholungen: Die Geliebte kann nicht als solche benannt werden, sondern ist »Freundin«, »Partnerin« oder »was immer«.

Nachdem die Probandin erzählt hat, dass sich in ihren Beziehungen nach etwa zwei Jahren Rollen einspielen, in der sie den aktiv-fordernden Part (»die Verführende«), die Partnerin den passiv-verweigernden (»die Verführte«) einnimmt, erläutert sie ihren Wunsch, mehr über Sexualität zu reden. Auf mein Nachfragen hin wird deutlich, dass die Probandin nicht nur gerne »über« Sex, sondern während des Liebesaktes erregende oder erregte Worte »reden« möchte, allerdings Angst davor hat:

»Na ja, alles Mögliche, also auch irgendwelchen, irgendwelche Sachen jetzt äh sagen, die irgendwie, die einen anmachen oder sonst irgendwie. (O. k., Mhm) Einfach so eine, so eine Angst davor, jetzt irgendwie äh ja so blöde, blöde daher zu reden. So. (Lachen) »*Aha, also man will irgendwie ... Wir wollen nicht primitiv sein [...]. Man will nicht primitiv sein.*«

Das Tabu, die Sprache im Liebesakt leidenschaftlich und triebhaft einzusetzen, drückt sich im zweimaligen Aussprechen der Wertung »primitiv« aus, die darüber hinaus Angst vor frühen, »primitiven«, archaischen Affekten und Partialtrieben bedeuten könnte, aber auch meine homophoben unverarbeiteten Anteile leidenschaftlicher lesbischer Sexualität gegenüber repräsentieren könnte, die ich offenbar mit Anne teile. Anne wechselt von »man« zu »wir«, dann wieder zu »man«, sodass die unpersönliche Form abschließend stehen bleibt. Das Überich-Verbot, während der Sexualität laut seinen erregten Gefühlen Ausdruck zu geben, die Lust damit bei sich und der anderen zu steigern und diese Leidenschaft miteinander zu teilen, scheint ein noch größeres Verbot darzustellen, als über Sexualität zu sprechen. Der direkte erregte Dialog ist verbotener als der Dialog über Sexualität als Drittes, sodass angenommen werden könnte, dass leidenschaftliche Sexualität in der Dualität mit der Mutter starke Verschmelzungsängste bei ungenügender Subjekt-Objekt-Trennung beinhaltet, während die Triangulierung über etwas zu sprechen, Distanz und damit Sicherheit für die Individualität bringt.

Mittlerweile ist eine vertrauensvolle Gesprächssituation erreicht worden, sodass Anne diese beängstigenden Wünsche zumindest ausdrücken kann und damit eine Triangulierung mit der Interviewerin herbeiführt – ein Versuch einer Entäußerung und neuerlichen Integration ihrer Wünsche. In dem Moment scheint unbewusst mein Überich und meine Ängste zu wirken, weil ich das Thema wechsle und ausgehend von der erregenden Bettszene einen Vergleich zu den Problemen mit meiner Untersuchung ziehe, also einen weiten Schritt weg ins Abstrakte mache.

Ich beantworte ihren Wunsch mit einer Klage über die Mutlosigkeit der Probandinnen und meiner Sorge, keine nützlichen Informationen zu erhalten und gehe selbst auf die kollegiale Ebene. Die Probandin greift das auf (»Ja, ja, das glaube ich«) und berichtet über ähnliche Erfahrungen wie den Einsatz eines bekannten lesbischen Pornos, der eine differenzierte Diskussion in der lesbischen Szene zu eröffnen scheint. Sie führt mit dem Porno noch erregendere Bilder ein, so als wolle sie ihre Wünsche gegen die meinen durchsetzen, ohne das eine Konfrontation entsteht: »Weil na ja, wir machen so seit, seit Jahren immer mal so Abende dann auch, wo irgendwie eine, eine Referentin kommt, dass sie … sagen wir mal diesen, diesen lesbischen Porno wieder mal zeigt von der Manuela Kay.« »*Ist es das mit dem Flughafen?*« »Ja, der »Airport«. »*Ah ja, genau.*«

Manuela Kay ist auch eine der Autorinnen von »Schöner kommen«, dem weiter oben heftig kritisierten Ratgeber, und sie trägt den gleichen Vornamen wie ich. Ich kannte diesen Porno und hatte ihn ambivalent in Erinnerung, genau so, wie die Probandin die Reaktion des Publikums schildert:

»Und da war so beides, so da … das braucht immer so eine Anregung, ist ja auch normal, das kenne ich ja auch, und dann ist man so erstaunt darüber, hoppla, jetzt reden ja doch sehr viele und da haben sich, also viele auch irgendwie gesagt, och das finden sie klasse und so. Und haben, sind auch auf sich eingegangen und dann gab es eben auch mehrere, die gesagt haben, nein, nein das ist jetzt nichts für mich, und das stößt mich eher ab. *(Mhm)* Und was dabei passiert, ist, dass bei solchen Gelegenheiten eben doch angefangen wird, dann doch über sich persönlich zu reden. Also, dass die Frauen auch so miteinander in Austausch geraten. Ansonsten passiert das eigentlich ganz selten. *(Mhm)* Ich denke das gehört ja irgendwie auch so … na ja, eigentlich ganz normal dazu, ha?«

In der Übertragungs-Gegenübertragungsbeziehung versucht die Probandin unbewusst, durch die Einführung dieses Pornos zwischen uns beiden eine äußere Stimulanz einzuführen, die die sexuelle Lustlosigkeit (das Nichtmiteinander-Sprechen) auflöst. Die Probandin möchte mit mir »persönlich reden«.

Die kollegiale Ebene, die von beiden eingeführt wird und die die Hierarchie zwischen Interviewerin und Probandin lockert, scheint es Anne leichter zu machen, sich ausführlicher mitzuteilen – eine Erfahrung, die ich auch aus analytischen Behandlungen kenne. Die Schnittstelle zwischen legitimer und notwendiger Intimität und Öffnung nach außen scheint sehr schwierig, was die Probandin mit einem Hinweis auf die Normalität, also Konvention formuliert: »Also, dass die Frauen auch so miteinander in Austausch geraten. Ansonsten passiert das eigentlich ganz selten. *(Mhm)* Ich denke das gehört ja irgendwie auch so ... na ja, eigentlich ganz normal dazu, ha?«

In diesem Interview wird spürbar, dass das Sprechen über Sexualität sexuelle Gefühle stimuliert. Das Begehren zwischen Frauen löst offenbar Ängste aus: Angst als Frau zu begehren und Angst eine Frau zu begehren. Das Tabu, als Frau sexuelles Verlangen zu spüren und das Tabu, eine Frau als Sexualpartnerin zu ersehnen, scheint im Unbewussten ungebrochen. Es dominiert die Hemmung, lustvolle erregende Sexualität zu haben: »... nein, nein, das ist jetzt nichts für mich und das stößt mich eher ab«, meint Anne. Von Normalität kann keine Rede sein, denn das ganze Gespräch ist bis hierher auf beiden Seiten von verwirrenden, sich unterbrechenden und abbrechenden Sätzen gekennzeichnet.

Auf der anderen Seite könnte das Erwähnen von Normalität bedeuten, dass die Probandin sich langsam vertrauensvoller auf das Gespräch einlassen kann, dass es normaler geworden ist, mit mir zu sprechen. Sie wiederholt in einem ruhigen nachdenklichen Dialog ihr Interesse über Sex zu sprechen, ihr Bedauern, dass dieses Interesse nur selten befriedigt wird und dass sie bei Zurückweisungen den Mut zu sprechen verliert.

»Und das finde ich ein bisschen schade. Und das man selbst, also ich rede halt relativ gern eigentlich über Sex. Aber ich traue mich dann auch irgendwann nicht mehr so richtig. *(Mhm)* Also dieses Gefühl, dass man dann denkt, aha jetzt habe ich äh, bin ich irgendjemand zu nahe getreten so.« *»Mhm, Mhm. Wo glaubst du, dass deine Angst herkommt und diese Scham?«*

»... mmh ...« *»Oder es wäre ja die Furcht vor einer Grenzüberschreitung,* (Ja) *dass du zu weit gehst so. Wie, womit, glaubst du, hängt das zusammen?«* »Na ja, dass ich mit meiner Freundin jetzt, dass wir eben ja auch viel, viel rumulken. Also auch über das Thema. *(Mhm)* Dass man ja so eine Sprache entwickelt, die dann auch so eine ureigene Sprache ist. *(Mhm)* Die vielleicht auch nicht jede abkann, oder verstehen kann oder so. *(Mhm)* Da ist schon die Wortwahl, denke ich, [die] innerhalb der Beziehung schon o.k. ist und man auch darüber [über Sex] lachen kann oder sonst irgendwie was. Und wenn das aber versehentlich dann mal so rausrutscht in so einer Runde, dann merkt man schon, aha das war jetzt hier nicht so das Richtige. (*»Mhm. Also du meinst im Intim... äh im intimen Dialog geht es, weil ihr euch vertraut seid. Und sozusagen öffentlich ist es dann schwieriger.«* »Ja. *(Mhm)* Das ist so, als ob man so eine Übersetzungsarbeit leistet. *(Mhm)* Zumindest habe ich das Gefühl. *(Mhm)* Also ich weiß nicht, ob das so stimmt am Ende. *(Mhm).«*

Sie beendet ihre Erzählung über den intimen, humorvollen erotischen Dialog, der sich mit ihrer Partnerin entwickelt hat, und den offenbar beide genießen mit der unsicheren Frage, »ob das so stimmt.« Auf diese Weise betont sie ihren Zweifel, ob ein solch zärtlich-spielerischer Dialog erlaubt ist. Die Zweifel scheinen auch in der Floskel: »... oder sonst irgendwie was« auf.

Wenn die Spontaneität und Lebendigkeit der Sexualität »versehentlich«, also ungesteuert triebhaft in »einer Runde«, vermutlich der näheren Öffentlichkeit, ausgesprochen wird, muss »Übersetzungsarbeit« geleistet werden, also eine Sprache gefunden werden, die vermutlich die Grenzen des Überichs zwischen lesbischen Frauen überbrückt. Auf einer tieferen Ebene der Übertragung könnte die Probandin auch ansprechen, dass sie sich von mir nicht richtig verstanden fühlt und auch hier »Übersetzungsarbeit« leisten muss und schließlich nicht weiß, ob sie meine Bedürfnisse befriedigen und meine Fragen richtig beantworten kann. In dieser Passage wird ein Es-Überich-Konflikt auf zwei Ebenen deutlich: Ungesteuerte lustvolle Triebhaftigkeit kollidiert mit strukturfordernden Ge- und Verboten. Die Angst, die dabei entsteht, drückt sich in der Übertragung als Frage aus, ob alles »stimmt«, so als ob ich die Definitionsmacht über Falsch oder Richtig, schlechte und gute Sexualität und falsche und richtige Gefühle hätte.

Ich beantworte die Zweifel der Probandin ausschließlich auf der manifesten Ebene und werte in unbewusster Übernahme ihrer Rollenzuschreibung ihre Äußerung als das nicht »Eigentliche« und nicht »Richtige«. In der Wiederholung des Anzeigentextes stehen dicht hintereinander verschiedene Symptome, für die ich mich »richtig« interessiere:

»Also meine Studie sollte ja eigentlich *ähm darüber gehen, was gibt es an Funktionsstörungen, also* richtige *äh Orgasmusstörungen, Schmerzen beim Geschlechtsverkehr, Probleme, feucht zu werden, Schamgefühle, Angst, allerlei, was weiß ich, depressive Gefühle nach dem Geschlechtsverkehr, und so weiter und so fort. Kennst Du von diesen irgendwas oder, oder ist das, ist bei Dir das nicht ...?«*

Die Probandin reagiert ambivalent. Einerseits möchte sie ausholen, andererseits sorgt sie sich, ob sie nicht präzise genug antwortet. Sie weiß also wieder nicht, ob sie es »richtig« oder »falsch« macht: »Na ja, soll ich ein bisschen ausholen oder ... *(Ja, bitte!)* ... geht das zu weit. *(Nein, nein).*«

Auf einer tieferen Ebene könnte mir die Probandin vermitteln wollen, dass ich ihr mit meiner Frage zu weit oder zu weit von ihrer Mitteilung weg gehe. In der Übertragung auf mich/die Mutter könnte sie diese Entfernung und Trennung nutzen, sich innerlich dem Vater/Mann zuzuwenden. Diese Distanz macht es möglich, mir ein Tabu anzuvertrauen, von dem sie fürchtet, dass es mir und einer Norm in der Lesbenszene zu weit geht: Sie hat viel Sexualität mit Männern gelebt. Die Neugierde auf heterosexuelle Erfahrungen mit verschiedenen Männern, so erzählt Anne, ist aber nie mit einem Orgasmus belohnt worden.

»Ich habe mit, mit ... Ich hatte vorher Beziehungen mit Männern und habe mit 24 oder so mich in eine Frau verliebt. *(Ja)* Habe mit Männern, also mit mehreren Männern auch Sex gehabt. *(Ja)* Hatte damals irgendwie schon, also ich war sehr neugierig und habe auch eine Menge Sex gehabt und habe aber nie einen Orgasmus gehabt mit einem Mann. *(Aha)* Und habe das aber damals, dachte nur hoppla, also irgendwie, alles war das wahrscheinlich noch nicht, aber so ganz sicher war ich mir auch nicht. *(Mhm)* So und habe mich äh in der Zeit, ich kann mich auch nicht erinnern, dass ich mich als Kind je angefasst hätte, aber ich habe mich auch nicht selbst befriedigt. *(O. k., aha)* So und habe dann eine Frau kennengelernt und war mit der im Bett und da war es praktisch gleich. Also ich hatte mit ihr also sofort äh also mit ihr sofort einen Orgasmus. Und das war eben sehr, ja es hat mich natürlich ganz schön aus den Angeln gehoben.«

Nachdem Anne ihren Körper kaum kannte und als Kind und Jugendliche nie masturbiert hat, erlebt sie den plötzlichen Orgasmus, den Kontrollverlust und die Hingabe an eine Frau als persönliche Sensation. Ihre männlichen Identifizierungen haben es Anne vermutlich möglich gemacht, mehr Kontrolle und gleichzeitig Hingabe zu erleben. Die körperliche Erfahrung mit dem grundsätzlich gleichen Körper einer Frau ermöglichte die Leidenschaft: »und da war es praktisch gleich«. Die Probandin hat ihre Klitoris, die Schamlippen, ihre Vagina, das ganze weibliche Genitale noch nie in der Hand gehabt, sich selbst noch nie »angefasst«. Das Erleben, aus den Angeln gehoben zu sein, könnte der Schreck darüber sein, dass sie die Mutter und deren Genitale noch nie in sexueller Beziehung zu sich fantasiert hat. In dem Moment wird erstmals unbewusst das Inzesttabu zwischen Mutter und Tochter durchbrochen. Die Probandin scheint schockiert gewesen zu sein, plötzlich ein erregtes weibliches Genitale in der Hand zu haben (ausgedrückt in der Wiederholung des Wortes »sofort« und der deutlichen Überraschung und Scham, die im Gespräch über den erlebten Orgasmus spürbar ist). Mit dem Mann/Vater war neugierige Sexualität möglich, von der die Probandin in je einem Halbsatz immer freizügiger berichtet. Die Trennung verkörpert der andere, männliche Körper, der diese Freiheit vermutlich erleichtert. Trotzdem bleibt die Hingabe- und Verschmelzungsangst in der Orgasmusstörung erhalten. Den eigenen Körper wieder zu entdecken und die eigene Erregung in der Erregung einer anderen Frau gespiegelt zu bekommen, scheint die Hingabeängste aufzuheben, nach dem das weibliche Selbst sich in einer unbewussten männlichen Identifikation stabilisiert.

Nachdem sie mit ihrer Partnerin drei Jahre in einer Beziehung gelebt hat, so berichtet Anne anschließend recht lapidar, war es besonders wichtig, die Selbstbefriedigung zu erlernen. Vermutlich haben sich in diesen Jahren die Grenzen zwischen den Frauen wieder verwischt. Um sich sexueller Autonomie zu versichern und nicht auf eine Partnerin angewiesen zu sein, scheint Selbstbefriedigung notwendig, die eine gelungene Integration der unbewussten und bewussten sexuellen Fantasien der Probandin bedeutet. Die in der folgenden Bemerkung erwähnten Kolleginnen könnten Mutterrepräsentanzen darstellen, so als ob die Sexualität von der Mutter kommen müsste und es langer harter Arbeit bedarf, Autonomie und Loslösung von der Befriedigung durch die Mutter zu finden, um Sexualität für sich zu entdecken. Sexualität mit Männern und Fantasien über diese werden hier nicht erwähnt, so als ob das verboten sei (was sich am Schluss des Gesprächs bestätigt):

»… ich hatte mich nie äh selbst befriedigt und habe dann auch mit Kolleginnen hier (Lachen) gesprochen. *(Mhm)* Die haben mir praktisch Anleitungen dazu gegeben, wie ich mich äh anfassen muss, *(Mhm)* damit das klappt. Und das hat, weiß nicht, ich habe hart gearbeitet ein halbes Jahr und habe das irgendwann geschafft. Also dass ich mich äh selbst befriedigen konnte und fand das sehr erleichternd, weil mich das nicht so in diese Bredouille gebracht hat, dass ich jetzt ständig irgendwas mit einer Frau haben muss. Also irgendwie so eine Art Entspannung auch. *(Aha)* Sex mit mir zu haben.«

Diese »hart erarbeitete« Autonomie scheint sehr wichtig, weil die Probandin sonst fürchtet, mit ihren sexuellen Bedürfnissen die Mutter zu belästigen (»der Frau auf den Keks gehe«), sodass man annehmen könnte, dass sie sich von der Mutter (wie dem Vater) in ihren erotischen Bedürfnissen abgewiesen gefühlt hat. In der Identifikation mit dem Vater, könnte Anne sich mit seinem Abgewiesenwerden von der Mutter in Verbindung bringen, die den Sex mit ihm nicht mochte. In dieser Fantasie könnte die populäre Vorstellung der Urszene enthalten sein, dass die Frauen von den Männern mit Gewalt überwältigt werden und deshalb die Männer hassen. Bei Männern wie bei Frauen, so erzählt Anne, ist sie in der aktiven Rolle derjenigen gewesen, die Sexualität herbeigeführt hat, was für eine Identifikation mit dem Vater und der männlichen Rolle spricht.

»… ich bin relativ lustbetont und das war äh, war damals schon also als ich jetzt mit Männern zusammen war, dass, dass ich da auch schon den Part hatte, dass ich jetzt Lust hatte. *(Mhm)* Und dass da, dass aber ja für mich nicht, nicht so besonders viel gebracht hat, so. *(Ja)* Und das in der Beziehung mit Frauen habe ich ja, wie ich es gesagt habe, auch wieder irgendwie eine ähnlichen Part und versuche das dann immer mal irgendwie zu kompensieren, weil ich denke, ähm das ist ja meine Lust und ich kann das der Frau ja nicht aufdrücken. *(Mhm)* So. Das heißt, dass ich regelmäßig Sport treibe und all solche Geschichten.«

Die Probandin hat Schuldgefühle hinsichtlich ihrer aktiven sexuellen Wünsche und versucht sie mit Sport und anderen motorischen Aktivitäten einzugrenzen, da sie fürchtet, sich aufzudrängen. »Sport treiben« ist wie »kalt duschen« laut einer Anekdote (»all solche Geschichten«) ein bekanntes Mittel für (junge) Männer, die eigene Triebhaftigkeit und Begierde zu kontrollieren. Der Sport hat angeblich auch geholfen, nicht zu merken, dass Anne sexuelle Wünsche hat. Gleichzeitig könnte mit diesen Klischees in der Adoleszenz die eigene Weiblichkeit verleugnet worden sein. Hier findet die mangelnde Selbstbefriedigung eine weitere Erklärung: Die Probandin vermeidet, ihren eigenen Körper zu berühren, damit die Fantasie, ein Junge zu sein, bestehen bleiben kann.

Der Vater sei »verklemmt« gewesen, ganz im Gegensatz zu einer »offenen«, »menschlichen« Mutter, meint die Probandin. Sie könnte einerseits mit den väterlichen Hemmungen unbewusst identifiziert sein, andererseits in der Neugierde und Experimentierfreudigkeit mit Männern *und* Frauen in einer unbewussten Identifikation mit der Mutter stehen:

»… aber immer, immer, ich bin immer davon ausgegangen, dass mich jemand anderer anfassen muss. (Lachen) So also nicht ich.«

Das dreimalige Wiederholen von »immer« hört sich wie das Aussprechen eines Gesetzes oder Gebotes an: »jemand anderer«, aber »nicht ich« hat Macht über meinen Körper, meine Lust und mein Genitale. Unbewusst könnte die Probandin mitteilen, dass von Geburt bis zum Ende der Adoleszenz (bis zum 27. Lebensjahr) in ihrer Fantasie die Mutter das Recht auf ihren kindlichen und jugendlichen Körper hatte. Erotik hat in der Mutter-Tochter-Beziehung vermutlich keine Rolle gespielt. Es muss erst ein anderer kommen, vermutlich der Vater, und lustvolle Erregung bringen, so als dürfe sich das Mädchen in ihrer Entwicklung nicht selbst verpflegen, erkunden und befriedigen, so wie die Mutter das getan hat. Die Orgasmusstörung in der Beziehung zu Männern könnte diese Lücke, das fehlende Kennen des eigenen weiblichen Körpers, repräsentieren, die sich in der ersten sexuellen Beziehung zu einer Frau sofort auflösen konnte.

Weitere sexuelle Schwierigkeiten verneint die Probandin, spricht aber an, dass sie »zu schnell« sei: »... jetzt äh Orgasmusstörungen oder so äh habe ich nicht. *(Mhm)* Also auch nicht, dass ich dann plötzlich trocken wäre oder sonst irgendwie. *(Mhm)* So. Das ist ähm nur, das eben relativ schnell dann, also ich bin relativ schnell. *(Mhm, Mhm)* Also so Schwierigkeiten.« Später beschreibt die Probandin ihre enttäuschten Gefühle noch einmal konkreter: »dass ich mir denke, oh Scheiße, jetzt schon.«

Intuitiv scheine ich die unbewusste Identifikation mit dem Vater und dem Männlichen erfasst zu haben, weil ich der Probandin eine männliche sexuelle Funktionsstörung als »Pendant« anbiete, den *»vorzeitigen Samenerguss«*.

Die Probandin fühlt sich unverstanden, reagiert mit Widerstand und verneint erst, beschreibt dann ihre sexuelle Erregungskurve, die kurz hochsteigt (»Quickies«) und schnell wieder abfällt, sodass sie, wie sie selbst erwähnt, einer männlichen Erregungskurve ähnelt:

»... bin ich aber relativ schnell dann auch wieder unten. Es ist jetzt nicht so, dass ich, dass es ewig nachklingt oder so. *(Mhm, Mhm)* Und dann äh habe ich aber auch wieder Lust so. Ich denke, dass ist vielleicht, geht auch so ein bisschen so ein äh ich stelle mir manchmal vor, dass man eben ja so ein Typ, das ja ähnlich ist, ja?«

Den von mir (»fremde Frau«) gezogenen direkten Vergleich mit einer männlichen Sexualstörung und meine Wortwahl scheinen die Probandin zu kränken, sodass sie indirekt in einer Nebenübertragung meine Sprache kritisiert, mich mit den Autorinnen des am Beginn beanstandeten Ratgebers in Verbindung bringt und den Abbruch des Gespräches latent androht.

»Wenn ich jetzt irgendwie ähm von ... jetzt eine Frau kennenlerne und kenne die nicht gut, und sie sagt irgendwelche Sachen, die, die man, die ich also nicht, die ich irgendwie blöd finde oder sonst irgendwie was. *(Mhm)* Was wir vorher schon gesagt haben mit der Sprache da ist, kann es auch sein, dass ich sofort aufstehen könnte und gehen. *(Mhm, Mhm).*« Ich bemerke, dass die Probandin mit der genannten Frau mich meint und spreche die Übertragung und ihre verletzten Gefühle an: »*Ja vielleicht war Dir das jetzt zu viel, dass ich das jetzt so gesagt habe, ha?*« »Wie?« »*Mit dem vorzeitigen Samenerguss. (Lachen).*« »Das war es gar nicht, äh ...« »*Weil es vielleicht schon ein bisschen peinlich ist, irgendwo auch, nicht?*« »Mmh, na ja, äh aber ich würde das halt nicht so, nicht so beschreiben. Also jetzt mit den Erfahrungen, äh jetzt die ich mit anderen Frauen gemacht habe *(Ja)*, da war es eher so, dass es halt welche gab, wo es so beinahe gleichzeitig war. Also wo es auch schnell war bei anderen. *(Mhm).*«

Die Probandin will sich nicht in die Nähe von Männern und deren Störungen bringen lassen und verkehrt ihre Schwierigkeit ins Gegenteil. Das Ideal gelungener Sexualität, das sie offenbar verinnerlicht hat, ist der gleichzeitige Orgasmus. Ich versuche, den Konflikt zwischen uns zu relativieren und entschuldige meine Direktheit indirekt mit dem Mangel an Begriffen, weibliche Sexualität zu beschreiben (womit ich die Sprache ins Gegenteil verkehre). Anne lässt sich beruhigen; das Gespräch bearbeitet aber unterschwellig unseren Konflikt weiter. Die Probandin spricht sowohl Scham als auch Angst an, die soweit geht, dass sie flüchten möchte. Mit einer anderen Frau ist ihr Ähnliches widerfahren, wie mit mir:

»… Scham, Scham und Angst, ja sicher, auch. *(Mhm)* Also so eine mmh … äh ich hatte mal eine Frau, die … oder einfach eine Frau, die auf mich zukam und die, das was sich auch sicher jede, jeder auch wünscht. Das was ich gesagt habe, ich möchte gern, gern verführt werden. *(Ja)* Und da ist diese Frau, und sagt: ›Oh Klasse, und ich würde dich wirklich gern …‹ und so weiter. *(Mhm)* Und da äh war mir erst mal so wie ausreißen, ich denke, das kennen auch mehrere, das Gefühl, nicht? *(Mhm)* Das man sich das x-mal vorstellt und wenn es dann so weit ist, hat man eben doch Schiss.«

Um nicht noch mal von mir mit einem Symptom konfrontiert zu werden, reiht sich Anne in dieser Passage vermutlich präventiv mit ihren Erfahrungen in »mehrere« (nämlich »jede« und »jeder«, also Frauen und Männer) ein, womit sie vermutlich auch mich meint, um damit die Hierarchie der Deutung und Diagnostik gar nicht erst aufkommen zu lassen.

»Und da ist diese Frau, und sagt: ›Oh Klasse, und ich würde dich wirklich gern …‹«

Den Satz könnte man aus dem Es heraus folgendermaßen weiter formulieren: »Eine große Sehnsucht geht in Erfüllung und da ist plötzlich diese Frau und sagt, toll, du gefällst mir, ich würde dich wirklich gerne ficken und macht das dann auch.« Sofort setzt Angst aus dem Überich ein, das Sprechtabu wirkt und die Angst vor Hingabe und Orgasmus in leidenschaftlich gelebter Sexualität jenseits von gesellschaftlichen Tabus unterbricht den Satz. Die Akzeptanz dieser Leidenschaft und das direkte Aussprechen von Begierde, die von mir konstruktiv aggressiv geäußert wird, löst auf der anderen Seite Bewunderung aus, sodass ich indirekt – trotz der auf der anderen Seite bestehenden Kränkung – ein Kompliment erhalte:

»Und die war aber, die war unheimlich mutig, al…, also mutig und sagte mir dann, wir waren dann in ihrem Zimmer irgendwie so, dass sie eben Lust auf, auf SM hat. *(Aha)* Und das hat mich ähm, also damals hatte ich zum einen keinen richtigen Begriff davon und zum anderen hat mich das ... erst mal sehr erschrocken. *(Mhm)* So. Also, dass sie das so gerade raus sagt.«

Die Probandin ist in »meinem Zimmer«, in meinem Interview und ist erschrocken über das, was ich mir in der Übertragung von ihr zu wünschen scheine. Sie scheint die Aufdeckung und das direkte Ansprechen von scham- und angstbesetzten Inhalten sowohl quälend als auch lustvoll zu erleben (SM). Die Angst scheint jedoch zu überwiegen, denn alles, was über »Blümchensex hinausgeht *mit einer Frau, die ich jetzt nicht kenne*«, »... nein das möchte ich nicht« [Hervorhebung M. T.]. Um diese Angst zu beschwichtigen, dass ich eine Frau bin, die ganz fremd ist und von der Probandin gar nichts versteht und weiß, beziehe ich mich auf den Anfang des Gesprächs. Ich wiederhole und spiegle ihr ihre Ängste vor SM:

»Na ja, das, das hast du ja auch gesagt ähm im Bezug auf das ›Schöner kommen‹, nicht? Am Anfang von unserem Gespräch, dass dir das da ... dass du da Probleme damit hast. Einfach, dass dich das eher abtörnt als antörnt, und dass das ja was ist ... wie soll ich sagen, was einfach auch Schwieriges ist, ja?«

Diesen Versuch einer Annäherung scheint die Probandin abzulehnen. Sie zeigt Offenheit für unkonventionelle Sexualpraktiken mit einer vertrauten Frau, aber nicht mit der Interviewerin, einer fremden Frau, die das offensichtlich anders sieht. Sie distanziert sich und äußert, dass ihre Vorstellung sich von meiner unterscheidet, so als ob sie die Kränkung von weiter oben nicht so schnell verzeihen könnte. In meine Richtung zeigt sich die Probandin »verklemmt« und scheint so beleidigt, dass sie sogar ein Symptom, nämlich eine Hemmung »sicher« angibt, obwohl sie weiter oben so empfindlich auf diagnostische Definitionen reagiert hat.

»Na ja, das ist dann eher so, dass ich so eine Vorstellung habe, dass, dass sicher eine Menge möglich ist in dem Augenblick, wenn man eine Frau ganz gut kennt. Also jetzt nach meiner Vorstellung. *(Mhm)* Andere sehen das anders vielleicht, aber in der, der Richtung bin ich sicher verklemmt. *(Mhm).*« Um diese Distanzierung aufzuheben, versuche ich vermutlich anschließend einen gemeinsamen Nenner in der Ablehnung von schwereren sadomasochistischen Praktiken zu finden und spreche das Problem an, dass in der Lesbenszene Sadomasochismus, auch in seiner schweren Form, die reale Körperverletzungen mit einbezieht, nicht pervers genannt werden darf. Der ganze Dialog über das Stechen von Kanülen unter die Haut und das Befestigen von Klammern an Brustwarzen (was die Probandin erwähnt) ist von Unsicherheit, Satzfetzen, Unterbrechungen mit »Ähs«, »oder so«, Wortwiederholungen und »irgendwie« gekennzeichnet, sodass das Tabu, über solche Sexualpraktiken ablehnend zu sprechen, und die Angst, dann aus der Gruppe der Homosexuellen als »Täter« ausgeschlossen zu werden, deutlich spürbar wird. Einmal benenne ich den Vorgang des Sich-selbst-mit-einer-klaren-Wertung-aus-der-Gruppe-Ausschließens mit dem Begriff »*Rauszutreten*«. Insgesamt bleibt unklar, an welcher Stelle bei lesbischen Frauen die Perversion anfängt. Das Tabu, eine solche pathologisierende Wertung zu formulieren und damit Perverse aus der Gruppe der Homosexuellen auszuschließen, fasst die Probandin in folgende Worte: »Weil wir uns nicht sicher sind, ob wir das sagen dürfen.«

Unbewusst scheine ich so erfreut über diese Äußerung der Probandin zu sein und mich ihr innerlich so verwandt zu fühlen, dass ich in meiner Antwort erneut mit ihr »*in die Kiste*« gehe, ihr also meine Liebe körperlich ausdrücken möchte: »*(Lachen). Warum dürfen wir das nicht sagen? Damit wir nicht in die Kiste kommen derer, die diskriminierend sind, nicht?*«

Ich würde also gerne mit so jemandem wie der Probandin »in die Kiste« gehen, denn von ihr bräuchte ich nichts zu befürchten. In dieser Passage ist die Hierarchie zwischen Probandin und Interviewerin gänzlich aufgehoben, sodass die Abgrenzung zu den anderen »perversen« Lesben und die gleichzeitige Nähe zweier »normaler« Lesben genossen werden kann. Anne erklärt auf Nachfragen »Thesen … über SM«, die in der Lesbenszene kursieren. Wir sind uns einig, dass wir diese Thesen schwierig (»*idiotisch*«) finden. Einerseits führten Lesben in sadomasochistischen Sexualpraktiken die chronische Gewalt- und Diskriminierungserfahrung durch die Gesellschaft ab und gäben diese an andere Lesben weiter, so eine der populären Thesen. Weiter wird angenommen, dass diese Gewalterfahrungen die Persönlichkeit der jeweiligen lesbischen Frau so verändert haben, dass sie nur noch sadomasochistische Sexualität praktizieren könne. Die Gesellschaft habe also sadomasochistisch veranlagte Lesben geschaffen.

Die Probandin scheint nun die Grenze ihres Mutes, ein Tabu zu brechen, und sich von in der Szene kursierenden populären Thesen zu distanzieren, erreicht zu haben, da eine Wende im Gespräch entsteht.

»Ansonsten ein bisschen, ein bisschen schlimmer finde ich ja dann noch das, dass man … äh wenn es so, so auf die Psyche schon geht, dass man sagt, dass also die Frau ist jetzt so und so veranlagt und muss das eben dann so und so ausleben. *(Mhm)* Also dann, wenn das nicht richtig äh ich weiß nicht wie, also in die Psyche irgendwie gerückt wird. Also dieser gesellschaftliche Aspekt, dem ich irgendwie ja noch ein bisschen folgen könnte und dann, wo man eben sagt, also so eine Persönlichkeit, die eben schon so und so verändert, sagen wir mal verändert oder so und so gestaltet ist.« »*Durch den äußeren Druck, oder was? Durch die Diskriminierung oder wie?*« »Ja sicher. *(Mhm)* So könnte man es sicher auch formulieren. *(Mhm)* Und ich denke, das ist so ähnlich, wie mit diesen Thesen, wie man lesbisch wird. Dass man x Bücher darüber schreiben kann und sicher auch alle Thesen irgendwie nachvollziehen kann, aber dass niemand so richtig sagen kann, ob das stimmt. »*Mhm. Wieso, wie wird man lesbisch? Weißt Du darüber was?*« *(gemeinsames Lachen)* »Das ist ein ganz, ganz schöner Text. Der geht auf die Psychoanalyse zurück und den *(Mhm)* also der (unverständlich), also irgendjemand hatte den geschrieben. Ich fand den so schön, dass man eben da, erstens man wird weil: Mutter dominant und der Vater äh … *(Ach so, mhm)* und dann aufgrund dessen wird man so und so, und dann schreibt sie zweitens, man wird lesbisch weil: der Vater dominant, *(Mhm)* die Mutter dominant *(Mhm)*. Sie geht das alles durch und man glaubt alles, und man wird eigentlich immer lesbisch.«

Gänzlich unbewusst scheint sie Laienerklärungen über Sadomasochismus, die viele (kollektive) Abwehraspekte beinhalten, mit psychoanalytischen Theorien in einer witzigen Anekdote in einen Topf zu werfen, um damit wieder eine Verbindung zur Szene herzustellen und mich, die Psychoanalytikerin auszuschließen. Ich bin so überrascht über diese Wendung, dass ich so tue, als teile ich diesen Humor und partizipiere an ihrer Abwehrformation, obwohl mich diese Gleichsetzung verwundert und eigentlich kränken müsste. Vermutlich ist in dieser latenten Entwertung meiner Profession Rache für die obige diagnostische Kränkung durch mich als diagnostizierenden Psychoanalytikerin enthalten. In dem Versuch, der Probandin die Ziele meiner Studie zu erklären, nämlich lesbischen Frauen, die ihr eigenes Sexualleben jedweder Art problematisch finden, überhaupt erst einen Rahmen zu bieten, eine sexuelle Schwierigkeit als solche zu erkennen und verändern zu wollen, versuche ich wohl die Psychoanalyse und meine wissenschaftliche wie therapeutische Arbeit zu retten. Ich spreche von »*aufhören*« und möchte relativ abrupt das Gespräch und damit die Weiterführung des Konflikts beenden: (»*Jetzt sind wir eigentlich so weit …*« »*… uns zu trennen*«, so könnte man den Satz weiterführen. Mir fällt schließlich doch die Abschlussfrage ein, was das Gespräch weitergehen lässt und offensichtlich eine Entschärfung einleitet.

Diese latent aggressive und schließlich doch wieder versöhnliche Interaktion, mit der der obige Konflikt behoben scheint, macht es der Probandin möglich, in ihrem Vertrauen und ihrer Offenheit noch einen Schritt weiterzugehen. Sie berichtet über ihre sexuellen Fantasien während der Selbstbefriedigung:

»Ja, was, was ich sehr spannend finde, ist äh diese Fantasien. Ich hatte am Anfang, hat mich also, als ich am Anfang lesbisch war, ehemals, *(Mhm)* wo ähnlichen sexuellen, also jetzt irgendwie, dass ich mir einen Typ vorstelle oder so *(Mhm)*, wenn ich mich anfasse. Und das hat sich auch verändert. *(Mhm)* Und äh das finde ich sehr, sehr interessant, weil ich denke, dass, also jetzt mit Gesprächen mit anderen Frauen, also anderen Lesben, äh ist das eben so, dass es bei mehreren vorkommt. *(Mhm)* Und dass ich denke, dass darüber aber wirklich unheimlich wenig auch geredet wird.«

Am Ende des Gesprächs darf die latente Bisexualität der Probandin bewusst in den Dialog eingebracht werden, die in den Masturbationsfantasien befriedigt werden kann. Mit der Möglichkeit zur Masturbation hat sich die Probandin vermutlich die innere Autonomie und den inneren Raum geschaffen, den in der Lesbenszene tabuisierten Wunsch, sowohl ein heterosexueller Mann zu sein und wie dieser leidenschaftlich mit dem Penis einzudringen, als auch gleichzeitig eine heterosexuelle Frau zu sein und leidenschaftlich vaginal penetriert zu werden, zu erlauben. Sie spricht das Tabu aus, darüber zu sprechen, obwohl sie offensichtlich andere Lesben mit ähnlichen Sehnsüchten kennt. Die heterosexuelle Urszene, wie das Anfassen des eigenen weiblichen Genitales sind nun nicht mehr mit einem Schreck, sondern mit Genuss verbunden. Die Probandin geht so weit, dass sie die reale Umsetzung ihrer Wünsche durchaus für möglich hält.

»*O. k. Also sozusagen der, der heterosexuelle Liebesakt in der Fantasie einer Lesbe sozu...*« (Ja) »*Das ... Aha. Und wie hat sich das verändert bei Dir?*« »Na ich hatte, früher hatte ich ja, hatte ich solche Fantasien gar nicht. Zumindest kann ich mich nicht erinnern. *(O. k.)* Sobald ich mit Frauen zusammen war. *(Mhm)* Und ist das so, dass ich äh ja dass es manchmal so diesen Wunsch gibt, dass es auch jetzt mit meiner Freundin irgendwie so ausgesprochen, dass wir beide eigentlich auch, auch diesen Wunsch haben zu rammeln. *(Ja)* Also diese Form und dass es da zum einen in beider Vorstellung, so diese Vorstellung gibt, ach wäre ich doch jetzt mal nur ein Typ. Also, so dass man selbst die Rolle annimmt. *(Mhm)* Also diese, ja dieses Besitzenwollen oder dieses, das, das, das was man ja auch so kennt. *(Mhm)* Was auch ein schönes Gefühl ist. Und zum anderen aber auch diesen äh passiveren Part zu haben, also gerammelt zu werden. *(Mhm)* Und was ich schwieriger, nach wie vor schwieriger finde, bei Frauen. In dem Augenblick, wenn es jetzt wirklich schnell gehen soll und sehr heftig sein soll. Und das man da nicht vorher x Sachen auspacken will oder sonst irgendwie was, sondern einfach ... So das finde ich nach wie vor sehr schwierig bei Sex äh zwischen Lesben. »*Mhm. Der fehlende Penis.*

Kann man so sagen?« »Kann man so sagen.« *»Kann man so sagen.«* »Weil das auch ein schöner, ein schönes Instrument ja auch ist *(Richtig)* und was nicht immer da ist. *(Ja, genau. Mhm, mhm)* Und dass das äh zumindest bei mir, glaube ich, inzwischen ja auch solche Fantasien hervorgerufen äh hat. Also und ich denke, es gibt ja auch viele Lesben, die ja auch immer mal Sex ja auch mit Männern haben. *(Mhm)* Wo ich früher gesagt hätte, nein, das will ich nicht und wo ich jetzt sagen würde, das ist äh ... das wäre mir eigentlich, wenn mir das begegnet, dann wäre das auch o. k. *(Mhm, Mhm)* Also das fand ich zumindest interessant, dass sich das verändert.«

In meinen Zustimmungen und Wiederholungen, dass man das so sagen kann, was insgesamt dreimal fällt, wird deutlich, dass ich die Gefühle der Probandin teilen kann und erfreut über ihre Offenheit bin. Am Ende des Gespräches kann die Probandin deutliche Worte für ihre Wünsche finden: »*rammeln*« und »*gerammelt werden*« provozieren sofort ein inneres Bild dieser (fruchtbaren) sexuellen Szene. Sie beschreibt anschaulich, wie der mangelnde Penis die Umsetzung dieses Wunsches behindert und verzögert, sodass der Vollzug dieser Sehnsucht in der Fantasie, in die man alles hineindenken kann und allein – jenseits von Tabu und realer Anatomie – frei seinen Wünschen nachgeben kann. Die Trauer über den Mangel kann so kompensiert werden.

Wie von der Probandin beschenkt, beende ich das Gespräch mit einem weiteren Geschenk der körperlichen Liebe, so wie sich die Probandin das weiter oben gewünscht hat:

»Ja, finde ich wichtig, dass du das sagst. Finde ich sehr gut, dass du das sagst. Finde ich sehr gut. Sehr interessant. Jetzt pass auf, jetzt mache ich das Ding aus.«

»Jetzt machen wir das Licht aus, es ist sehr schön, was du gesagt hast. Ich bin neugierig, auf das, was jetzt kommt, welches Ding da auf mich zukommt, eine Frau mit einem Penis, eine Frau mit einer Klitoris und einer Vagina – ich bin zu allem bereit ...«, so könnte der Text unbewusst lauten.

Nachdem ich abschließend noch einmal mit Anne »ins Bett gehen will«, muss ich mich wohl fragen, ob es nicht etwas »typisch Weibliches« ist, aus Dankbarkeit mit Sex »bezahlen« zu müssen oder auch zu dürfen.

3. Ergebnisse

Dieses Kapitel fasst die wichtigsten Ergebnisse der tiefenhermeneutischen Auswertung der vier ausgewählten Interviews zusammen und setzt sie – soweit möglich – in Beziehung zu Gedanken über die lesbische Subkultur. Die Themen der jeweiligen Ergebnisse erscheinen als Zwischenüberschriften.

3.1 Bisexualität und Größenfantasien

Das Aufgebenkönnen bisexueller Wünsche und Einstellungen (Freud 1905; Fast 1991; Mertens 1992a; McDougall 1997; Stoller 1998) und das Betrauern infantiler Größenfantasien scheinen bei Sandra unzureichend gelungen. Unbewusst erlebt sie sich im Besitz des Penis, aber auch der Vagina und bleibt in ihrer Fantasie Frau und Mann gleichzeitig. Sie bleibt unbewusst an die prägenitale Zeit gebunden, in der Kinder davon ausgehen, sowohl Babys zeugen als auch gebären zu können. Nach dieser Zeit werden die Beschränkungen der Eingeschlechtlichkeit als narzisstisch kränkend erlebt und müssen schmerzhaft betrauert werden. Sandra versucht auf diese Weise, mit dem Verlust der Mutter an den Vater in der ödipalen Szene fertig zu werden.

Auch Petra setzt Größenfantasien ein, die sich in der Vorstellung ausdrücken, Gefühle von anderen zu kennen, bevor diese sie fühlen. Den unvorhersehbaren Verlust der Mutter an den Vater erlebte Petra, ähnlich wie Sandra, als solch eine schwere Kränkung, dass sie versucht, Kontrolle über die Liebesobjekte zu gewinnen. Sie tut so, als könnte sie in die Zukunft und die individuelle Gefühlslage ihres Gegenübers sehen. Poluda vertritt die These, die Hauptkränkung des kleinen Mädchens liege darin, dass sich die präödipale, versorgende Mutter in eine ödipale, den Vater begehrende verwandelt (Poluda 2000), was für ein Mädchen, das die Position des gleichgeschlechtlichen Ödipuskomplexes betritt?? Ist das Wort in dem Zusammenhang korrekt?, besonders schmerzhaft ist (vgl. auch Grossmann 2002). In Petras Vorstellung, fünf Monate mit ihrer Freundin nur Sex gehabt zu haben und mit vier Männern sofort ins Bett gehen zu können, werden Größenfantasien eingesetzt, um die Idealisierung der eigenen verführerischen Potenz zu agieren, die Mutter wie den Vater in der Sexualität zu übertrumpfen und den Schmerz des Neides und der Eifersucht in Konfrontation mit der Urszene (Poluda 2000; McDougall 2001; Rohde-Dachser 2001), der immer wiederkehren würde, nicht zu spüren.

Im Vermeiden der Berührung des eigenen weiblichen Genitales kann die Fantasie, beide Geschlechter zu haben, leichter aufrechterhalten werden. Darum hat Anne in ihrer Kindheit und Jugend keine Selbstbefriedigung praktiziert, da sie die unbewusste Fantasie von der eigenen Bisexualität, also beide Geschlechter, einen Penis und eine Vagina zu besitzen noch nicht aufgeben konnte. Für Anne ist es im Gegensatz zu Sandra wichtiger, die Fantasie erhalten zu können, den Penis als anatomisches Organ, mit dem sie z.B. im Stehen pinkeln könnte und/oder mit dem sie in eine andere Frau eindringen könnte, zu besitzen. Diese Fantasien sind stärker an der Oberfläche des Unbewussten, also vorbewusst, sodass Anne im weiteren Verlauf des Gesprächs ihre psychische Weiterentwicklung dokumentieren kann, indem sie den Verlust dieser Fantasie beschreibt, den sie bedauert. Sie vermisst den Penis in der lesbischen Sexualität und dokumentiert damit eine klare weibliche Geschlechtsidentität, obwohl sie andererseits im lesbischen Liebesspiel sich in der traditionell männlichen Rolle wohler fühlt und leicht zu voller Befriedigung kommen kann.

An dieser Stelle wird deutlich, dass niemand die Bisexualität grundsätzlich abtrauern kann, sondern dass bisexuelle Fantasien auch bei der psychischen Festlegung auf eine Geschlechtsposition grundsätzlich bestehen bleiben und die Vielgestaltigkeit der menschlichen Sexualität ausmachen. Auf einer tieferen unbewussten Ebene bleiben also unter der Überzeugung, eine Frau oder ein Mann, heterosexuell oder homosexuell zu sein, bisexuelle Fantasien weiter bestehen.

Angesichts des gesellschaftlichen Wandels der Uniformität und Begrenztheit der Geschlechtsrollen, was in der Tendenz zu Unisex und Androgynität zum Ausdruck kommt, wird in einem Teil der lesbischen Subkultur das männliche Rollenstereotyp im Phänotyp und Outfit idealisiert. Heute ist es sowohl in der heterosexuellen Jugend als auch in der homosexuellen Szene möglich, bisexuelle Impulse offener auszuleben. Madonna verkörpert die Anarchie der Sexualität und wird von Lesben hoch verehrt. David Beckham kleidet und pflegt sich wie früher nur schwule Männer und wird dadurch zum Idol für neue Männlichkeit.

3.2 Trauer und Penisneid

Wegen der Lockerung der gesellschaftlichen Geschlechterordnung und der höheren Akzeptanz lesbischen und schwulen Lebens war es möglich, eine Anzeige zu schalten, aus der hervorging, dass Lesben Schwierigkeiten in der Sexualität haben können, ohne sofort in den Verruf zu geraten, diskriminierend zu sein. Die gesellschaftliche Liberalisierung wirkt weit hinein in die lesbische Subkultur, die ihre eigenen Normierungen nun ebenso lockern kann. Trotzdem sind diese gesellschaftlichen Vorgänge noch sehr neu und unsicher, sodass ich in den Interviews dazu neigte, übergroße Vorsicht walten zu lassen.

Anne kann als einzige Gesprächspartnerin am Ende des Interviews ansprechen, dass sie Heterosexualität und den Penis als »schönes Instrument« in der lesbischen Sexualität vermisst. Sie scheint sich sowohl mit dem Umstand auseinandergesetzt zu haben, dass sie selbst keinen Penis hat, was sie bedauert, als auch dass Frauen als Partnerinnen nicht in Besitz eines Penis sind. Sie vermisst also sowohl den Penis am eigenen Körper, mit dem sie in Frauen eindringen könnte, was sie aber mit unbewussten Fantasien und eher traditionell männlichem Rollenverhalten im Liebesakt kompensieren kann. Die libidinöse Besetzung des männlichen Penis in visueller und taktiler Hinsicht kann aber nicht kompensiert werden und wird vermisst und betrauert. Damit hat Anne meines Erachtens den Penisneid durchgearbeitet und überwunden. Deshalb ist sie in der Lage, diese Gefühle auszusprechen. Sie verletzt mit dem Ansprechen dieser Bedürfnisse ein Tabu der Lesbenszene, so wie ich mit meiner Anzeige ein ebensolches Tabu verletzt habe. Anne gelingt es in ihrer lesbischen Identität einen wichtigen Reifungsschritt zu tun, nämlich Teile heterosexueller Sexualität abzutrauern:

»... it is necessary for heterosexuals to mourn aspects of their homosexuality as part of the normal developmental process, it is necessary for lesbians to mourn aspects of heterosexuality in order to allow for a more integrated self and to establish a positive lesbian identity« (Crespi 1995, S. 20).

Die Äußerung Annes am Ende des Gesprächs, den Penis eines Mannes im sexuellen Akt zu vermissen, beweist Ich-Stärke und Selbstbewusstsein.

Die Trauer (Crespi 1995) über diesen Verlust scheint ihr ebenfalls gelungen zu sein, sodass sie frei ihren Wünschen nachgeben kann. Einerseits versucht sie das Sprechtabu zu durchbrechen, andererseits ist ihre Hemmschwelle zu hoch, sodass sich mich instrumentalisiert, das Wort »ficken« für sie auszusprechen. Danach kann sie das Wort »rammeln« formulieren, ein umgangssprachlicher Ausdruck für große Fruchtbarkeit. Anne bleibt dabei ein wenig in der unreflektierten Identifizierung mit männlichem Adoleszenten-Jargon unter Jugendlichen stecken, die einerseits voreinander prahlen müssen und die in einer Sexualisierung der Sprache ein größeres Ausdrucksspektrum und Variabilität abwehren müssen. Andererseits schwingt die schmerzhafte Tatsache mit, dass Lesben die mangelnde Generativität mit ihren Partnerinnen betrauern müssen, was eine Entwicklungsaufgabe der Adoleszenten darstellt. Crespi, die lesbische Paare behandelt, schreibt: »With each of these couples, we pursued questions of mourning and, more specifically, to their mourning of their inability to make a baby together through their lovemaking« (S. 27).

Im Gegensatz dazu ergab sich aus dem Interview mit Sandra kein Anhaltspunkt für das Betrauern eines Penisneides (Mertens 1992a, 2000). Sie versucht ihn durch starkes bisexuelles Fantasieren zu verdrängen. In der Übertragungs- und Gegenübertragungsbeziehung wird besonders anhand des Neides auf den Bruder, dem die Mutter einen Penis geschenkt hat, die Entwertung des Männlichen in einer gemeinsamen Verkehrung ins Gegenteil bewältigt. Meine Äußerung, dass ihr Stehlen, mit dem sie versucht, sich das ihr Vorenthaltene einfach zu nehmen, nicht neurotisch sein könne, ist auf die gemeinsame Abwehr des Penisneides zurückzuführen. Petra erlebt Neid angesichts des Orgasmus ihrer Partnerinnen, da sie selbst den sexuellen Höhepunkt nicht erreichen konnte. Das könnte eine Verschiebung des Penisneides im Sinne des Neides auf sexuelle Potenz, die v. a. den Männern zugeschrieben wird, darstellen.

Der Neid und die damit einhergehende Aggression, die eigentlich der Mutter gelten, die Sandra in ihrer Fantasie unvollständig und ohne Penis ausgestattet hat, werden externalisiert und verstärkt auf den Vater/Mann projiziert, der sexuell gewalttätig fantasiert wird. An der Stelle des Penisneids stehen die Bilder des gewalttätigen Vater/Mannes. Der Vater ist damit entwertet und somit auch sein Penis, der nun nicht mehr so attraktiv und beneidenswert erscheinen muss. Die Mutter-Tochter-Beziehung wird durch die Ablehnung des Vaters zusammengeschweißt, da trennende Aggression auf den Dritten projiziert wird. Der Dritte, der Vater/Mann erhält andererseits durch diese Zuschreibungen, die sich am Penis festmachen, eine machtvolle

Qualität der Stärke und Autonomie, die sich als Gewalt verkleiden. Stärke und Autonomie, die Unabhängigkeit von der Mutter bedeuten, werden in einer Weiterführung dieser unbewussten Dynamik wiederum beneidet. Es entsteht ein Kreislauf, der psychische Weiterentwicklung hemmt.

3.3 Die Mutter-Kind-Dyade

Bereits bei Sandra wird die Regression in die frühe Mutter-Kind-Dyade als Abwehrstrategie deutlich (Becker 1996; Bohleber 2000; King 2000). Die Rückwendung zur Mutter stellt eine Erlösungsfantasie aus den realen alltäglichen sexuellen Konflikten nach erfolgter ödipaler Triangulierung dar. Jessica Benjamin (1995) arbeitet in ihrem Buch »Like subjects, love objects: essays on recognition and sexual difference« heraus, dass der Ödipuskomplex unbestimmte Grenzen habe und es eine lebenslange Aufgabe sei, sich mit diesem auseinanderzusetzen.

Nach der schmerzhaften Ablösung von der Mutter und der Konfrontation mit den Eltern als Liebespaar, was demütigende Gefühle von Neid, Rivalität und Ausgeschlossensein beinhaltet, versucht Sandra sich in das nicht-aggressive Paradies der Mutter-Tochter-Dyade während der frühen Stillsituation zurückzuziehen. Die eigene Aggression auf die Mutter, die Sandra verlassen hat, um sich dem Vater zuzuwenden, wird in den Vater projiziert, der nunmehr als böse und gewalttätig fantasiert wird. Die ihm unbewusst zugeschriebene Aggression dient nun dazu, sich von ihm abzuwenden und zur Mutter zurückzukehren, die, von der Aggression bereinigt, nur noch als gut erlebt wird.

In der Übertragungs-Gegenübertragungsbeziehung der ersten drei Interviews repräsentiert sich die Tendenz zweier Frauen, eine Mutter-Kind-Situation herzustellen, in einer vor allem von mir gestalteten Pseudo-Nähe, die mich differierende Meinungen nicht aussprechen lässt. Die frühe Zweisamkeit zwischen Mutter und Tochter soll erhalten bleiben, um die prägenitale Trennung wie die genitale Nähe zu vermeiden, bei der sich zwei voneinander differierende Objekte in der sexuellen Begegnung treffen und wieder auseinandergehen würden. Darin sind auch homophobe Anteile von Scham und Schuld meinerseits enthalten, genitale Nähe zwischen mir und den Probandinnen aufkommen zu lassen. Ich versuche auch bei Gabi, über den Abbau der Hierarchie und der Generationengrenze Nähe herzustellen, so als würde ich Gabi die Befriedigung ihrer unerfüllten prägenitalen Wünsche bzgl. der

Mutter versprechen wollen. Gabis Sprachlosigkeit könnte die prägenitalen vorsprachlichen Beziehungsaspekte zwischen Mutter und Kind ausdrücken, die ich bei ihr mit symbiotischen Angeboten zu lösen suche (»bei uns«), so als wollte ich ihr noch einmal die Brust geben, damit sie satt wird, um anschließend genährt die infantilen sexuellen Phasen stabil durchlaufen zu können. Insgesamt scheint der Wunsch in mir wirksam, eine bessere Mutter der ersten drei Probandinnen zu sein und mit ihnen gemeinsam ihre Vergangenheit zu korrigieren.

Das Gespräch mit Anne (eines der letzten und gewinnbringendsten Gespräche, die ich insgesamt geführt habe) beginnt auch mit einem starken Annäherungsversuch meinerseits, der auf Erwiderung trifft: Meine Anzeige hat bei Anne Hoffnungen geweckt, alte Enttäuschungen in der Liebe überwinden und in Zukunft »schöner kommen« zu können, ganz wie der Titel des kritisierten lesbischen Sexualratgebers (Kay/Müller 2000), der neben pervers anmutenden sexuellen Praktiken eben auch über gelungene Sexualität zwischen Frauen spricht. Meine Anzeige scheint für Anne eine Verbindung zwischen der sexuellen Realität in den Schlafzimmern von Lesben und der in der Öffentlichkeit dargestellten Sexualität schaffen zu können, die ihrer Meinung nach stark auseinanderdriften. Ich fühle mich von Anne in meiner Motivation und in meinem Engagement verstanden, lesbische Sexualität auf den Boden der Realität zu stellen, sowohl in all ihrer Potenz als auch mit all ihren Schwierigkeiten; letztlich genauso wie die heterosexuelle Sexualität.

Die Spaltung »guter« lesbischer Sexualität und »schlechter« heterosexueller Sexualität, was lange Jahre ein positives Vorurteil von vielen lesbischen Frauen war, kann heute mehr und mehr zugunsten größerer Differenzierung aufgegeben werden. Mit dem Nachlassen der gesellschaftlichen Ausgrenzung und Entwertung müssen als Gegengewicht weniger entdifferenzierende und positiv konnotierte Meinungen über lesbische Sexualität in der Subkultur geschaffen werden. Das Betrachten der verschiedenen Realitäten gewinnt mehr Raum. Dieses Buch ist für diesen Prozess ein Beispiel.

3.4 Differenzierung und Aggression

Die Übertragungs-Gegenübertragungsbeziehung mit Petra ist meinerseits ebenfalls durch Unterdrückung von Ärger gekennzeichnet, der mich von Petra differenzieren und Objektliebe erst möglich machen würde. Ich verlasse damit Petra wie deren Mutter, die die im negativen Ödipuskomplex aufkommenden genitalen Wünsche Petras zurückgewiesen hat und sie so in der prägentialen Position festhält. Anschließend wendet sich die Mutter dem Vater zu. Bei Petra wird in dem Wort »einbricht« das Einbrechen des Vaters in die Mutter-Kind-Dyade thematisiert. Der Vater kommt und nimmt ihre Mutter weg, um sie körperlich zu lieben. Anstatt das Verlassenwerden von der Mutter mit Enttäuschung und Wut verbunden zu erleben, verschiebt sie die Aggression auf den Vater. Petra interpretiert die väterliche Sexualität als Missbrauch: Er missbraucht und benutzt Sexualität, um die Mutter der Tochter zu rauben. Die Macht der Verführung und die Potenz des Penis wird an dieser Stelle dem Vater zugeschrieben. Die Formulierung »nah dran sein am Missbrauch« könnte die Nähe zur Mutter symbolisieren, die sich mit dem Vater in der Sexualität verbindet. Petras sexuelles Agieren mit verschiedenen Männern und mit dem eigenen Vater könnte in ihrem negativen Verständnis der elterlichen Sexualität begründet sein. Einerseits identifiziert sie sich mit der negativ interpretierten elterlichen Sexualität. Andererseits wiederholt sie ihre persönliche Interpretation der väterlichen und elterlichen Sexualität (siehe auch später zum »gewählten Trauma«).

Sandra scheint im Telefonieren mit mir soviel Distanz zu erleben, dass sie mit einigen Verführungsversuchen übergroße Nähe herstellen will. Das scheint ihre Strategie zu sein, um sich nicht mit ihren inneren Konflikten auseinanderzusetzen. Der in mir ausgelöste Ärger, der eigentlich für eine Differenzierung produktiv in Trennungsaggression und die Triangulierung umgesetzt werden könnte, und den ich lange Zeit unterdrücke, kann im Laufe des Gesprächs mehr und mehr thematisiert werden, sodass das Dritte, die Auseinandersetzung über Sandras sexuelle Konflikte in Gang kommt. Die dosiert formulierte Aggression meinerseits kann die zu große Nähe, die Sandra herstellen möchte, beenden und das Gespräch auf sie selbst und ihre Sexualität lenken.

Die Vermeidung von Differenz und Aggression zwischen allen Probandinnen und mir könnte auch mit einer Überidentifikation als lesbischer Analytikerin zusammenhängen, wie sie Crespi beschreibt: »Overidentification with the patient can lead to a stance that avoids genuine confrontation of identity issues that remain unresolved for the analyst« (S. 30).

Annes Unsicherheit beantworte ich unbewusst in solch einer Überidentifikation mit einem sexuellen Angebot, so als könne ich ihren Mangel an Selbstakzeptanz durch Sexualität und Liebe heilen und als würden das homosexuelle Tabu und das Inzesttabu zwischen uns, einer guten Mutter und einer in ihrem Sosein akzeptierten Tochter jetzt aufgehoben werden können.

Einerseits könnten diese Angebote für eigene ungelöste Identitätsprobleme in dem Gespräch stehen und eine Unsicherheit in meiner Rolle als Interviewerin und/oder als lesbischer Frau dokumentieren. Andererseits könnte es ein Angebot sein, im sicheren Rahmen der Interviewsituation lesbisches Begehren verbal und sublimiert zu erproben.

Feministische Therapeutinnen forderten für lesbische Frauen, die betontermaßen sowohl als Opfer strukturell gesellschaftlicher Gewalt als auch individueller Diskriminierung verstanden wurden, parteiliche und betont solidarische Arbeit, die sich von der sonstigen Neutralität psychotherapeutischer Behandlungstechnik unterschied. Die Täterschaft und damit die Aggression wurde den politischen männlichen Repräsentanten und dem Patriarchat allein zugeschrieben. Dem psychoanalytischen Diskurs, dass die Ursachen von Psychopathologie bei der Mutter, »dem Ort der Schuld« zu suchen seien, wurde ein radikaler Gegendiskurs entgegengestellt. Besonders heftig wurde von feministischer Seite Freuds Paradigmenwechsel kritisiert, der zunächst Inzest als häufige reale Traumatisierungen von Mädchen erstmals in der Geschichte der Psychologie herausstellte, einige Zeit später Inzestberichte als Fantasien im Rahmen der ödipalen Wünsche von Mädchen an ihre Väter konzeptionierte. Heute sind diesen Polarisierungen differenzierte Konzepte eines Sowohl-als-auch gewichen.

Für den zu behandelnden Einzelfall wird jede Option in einer sowohl zugewandten und empathischen als auch neutralen und distanzierten Behandlungstechnik überprüft und durchgearbeitet, auf analytischer wie auf feministischer (ebenso auf juristischer) Seite.

3.5 Das homosexuelle Tabu

Das homosexuelle Tabu zwischen Mutter und Tochter (Poluda 2000) wirkt so weit, dass genitale Liebe zwischen Frauen in der psychoanalytischen Literatur vorwiegend prägenital beschrieben wird, so als könnte man sich reife, ödipale Liebe zwischen Frauen nicht vorstellen. Auf einer allgemeinen Ebene könnte man sagen, dass das innerpsychisch wie auch äußerlich etablierte Tabu, die Mutter genital zu begehren, dazu führen könnte, dass in lesbischer Sexualität prägenitale Anteile, die an die frühe mütterliche Pflege erinnern, dominieren und genossen werden können, während triebhafte Genitalität mit stärkeren Konflikten einhergeht.

In die theoretischen Arbeiten auf psychoanalytischem Hintergrund, in

Supervisionen wie in Fallbesprechungen wird der gleichgeschlechtliche Teil des Ödipuskomplexes weitgehend ausgespart und verleugnet. Auf diese Weise wird von jeder Psychoanalytikergeneration zur nächsten das homosexuelle Tabu weitergegeben. Die frühkindliche polymorph-perverse Sexualität ist grundsätzlicher Bestand der Lehrmeinung, der homosexuelle Teil des Ödipuskomplexes wird aber in seiner besonderen Bedeutung für Jungen wie für Mädchen kaum behandelt. In dieser Tradition geistig groß geworden wirkte es auch auf mich schockierend, als ich in einer Supervision, in der ich den Fall eines heterosexuellen Analysanden einbrachte, mit der Theorie konfrontiert wurde, dass jeder Mann den Wunsch in sich trage, vom Vater anal penetriert zu werden.

Die ödipalen Wünsche der Eltern den Kindern gegenüber könnten auch deswegen in den Ausbildungen tabuisiert sein, weil dann die erotischen Wünsche zwischen Lehrenden und Lernenden in den jeweiligen Macht-, aber auch Übertragungs- und Gegenübertragungsbeziehungen thematisiert würden.

Ähnlich wie es zwischen Dozenten und Kandidaten psychoanalytischer Institute Verständnisschwierigkeiten und Zurückweisungen zu geben scheint, fand ich bei Petra Hinweise, dass sie von ihrer Mutter in ihren frühkindlichen, polymorph-perversen Wünschen, also auch in ihren homosexuellen Impulsen nicht verstanden und zurückgewiesen wurde. Deshalb muss Petra jede sexuelle Bewegung kontrollieren, aus Angst, mit verbotenen sexuellen Triebanteilen in Berührung zu kommen.

Zwischen Sandra und mir entwickelt sich ein gemeinsames unbewusstes Agieren des homosexuellen Tabus, das mir besonders im Nachhinein in dem Verbot spürbar war, die Probandinnen sexuell attraktiv zu finden. Auch zwischen Sandra und mir darf es keine geteilten sexuellen Wünsche geben, so wie die Sexualität zwischen Mutter und Tochter verboten ist. Deshalb wird Nähe und Distanz widersprüchlich agiert: Kommt Sandra mir zu nahe, ziehe ich mich zurück, bewege ich mich auf sie zu, entfernt sie sich. Die Regulation von Nähe und Distanz in der Beziehung von Gabi wird in gleicher Weise interpersonell mit ihrer Partnerin gelebt: Wenn eine will, will die andere nicht und umgekehrt.

Bei Anne wird das sexuelle Zusammenkommen dadurch verhindert, dass ihre Partnerin ihre aktiven, eher männlich getönten sexuellen Versuche, um sie zu werben, nicht beantworten kann, sondern sie als »machohaft« entwertet. Anne hatte bereits befürchtet, dass die von ihr selbst als männlich beschriebenen sexuellen Impulse abgewiesen werden könnten. Das Ablehnen ihrer männlichen Identifikationen könnte ein Ausdruck des homosexuellen Tabus sein, das es als eine Anmaßung definiert, eine Frau könne eine andere Frau wie ein Mann sexuell begehren und körperlich lieben.

In der lesbischen Subkultur hatten sich in den 1980er Jahren – möglicherweise als Gegenbewegung (und unbewusst gleichzeitig in dessen Agieren) zum homosexuellen Tabu – eigene sexuelle Normen entwickelt. Sexuelle Praktiken, die an den Vollzug des heterosexuellen Geschlechtsverkehrs erinnerten, waren tabuisiert. Gleichzeitig wurde das männliche Rollenstereotyp idealisiert und männliche Macht stilisiert. In der lesbischen Mode finden sich Anlehnungen an den Soldaten, den starken Ledermann, den Cowboy, den harten, den Tod verachtenden Motorradfahrer. Die Frisuren mussten lange sehr kurz gehalten sein, sonst war man keine Lesbe. Die Körperhaltung und das Verhalten zeigten stereotyp männlich proletarische Züge, wie breite Beine beim Sitzen und Stehen oder das Biertrinken aus der Flasche und in großen Mengen. Der Trend, sich zu tätowieren und zu piercen, der nun auch auf Frauen übergreift und zur allgemeinen Modeerscheinung der Jugend wurde, stammt ursprünglich aus der lesbischen und homosexuellen Szene. Heute sind diese Normen in der Szene flexibler geworden, sodass die Abgrenzung Subkultur und Jugendkultur zusehends verwischt.

3.6 Einfühlung in das Gegengeschlecht

Die volle Einfühlung in das Gegengeschlecht (Kernberg 1998), bei Frauen also in Männer, kann nur bei stabiler und gleichzeitig flexibler eigener Geschlechtsidentität (Mertens 1992a; Bilden 1999; King 2000) und integriertem Körper-Selbst gelingen. Entgegen der Annahme, lesbische Frauen suchten in einer anderen Frau das gleiche Geschlecht, vermute ich, dass ebenso wie bei heterosexuellen Frauen, Lesben die männlichen Identifizierungen bei sich und bei ihrer Partnerin akzeptieren und sich in diese einfühlen können müssen. Entwertungen des Männlichen wie des Weiblichen können die sexuelle Genussfähigkeit behindern, da die unbewusste Identifizierung mit der gleichgeschlechtlichen wie der gegengeschlechtlichen Identifizierung der Partnerin nötig ist, um an deren sexuellen Genuss freudvoll teilhaben zu können.

Bei Sandra scheint dies nicht gelungen zu sein. Sie kann den Koitus, den ihre Partnerin an ihr von hinten vollziehen wollte, nicht tolerieren. Die Schwierigkeit von Frauen, die analen, urethralen und genitalen Öffnungen in ihren einzelnen Funktionen zu differenzieren und zu integrieren, werden bei ihr deutlich. Analität und Genitalität scheinen zu wenig differenziert.

Die gegengeschlechtlichen Identifizierungen, mit der sie von ihrer Partnerin konfrontiert wird, die wie ein Mann von hinten in sie eindringen will, rufen bei Sandra vermutlich zu große Angst hervor, sodass sie sexuell gehemmt bleibt. Sie musste die polymorph-perversen Fantasien aus der Kindheit radikal verdrängen und kann deshalb im späteren Leben nicht auf sie zurückgreifen und etwas davon in ihre heranreifende Sexualität integrieren.

Anne kann am Ende des Gesprächs, das so wirkt, als habe sie ihre persönliche sexuelle Reifung noch einmal im Laufe des Interviews erzählerisch mit mir nachvollzogen, sowohl die Einfühlung als auch die Identifizierung mit dem Gegengeschlecht klar formulieren. Sie liebt das männliche und weibliche Genitale gleichzeitig und kann diese Gefühle ohne zu großen Neid ertragen und formulieren. Sie scheint ihre heterosexuellen wie homosexuellen Triebanteile integriert zu haben und spricht von ihrem Genuss am weiblichen wie am männlichen Genitale, wobei sie Letzteres, wie oben berichtet, in der lesbischen Liebe vermisst.

3.7 Umgang mit Aggression

Die Einfühlung in das Gegengeschlecht und in dessen konflikthafte aggressive Triebanteile ist notwendig, um eine sexuelle Beziehung lebendig zu halten. Die Schwierigkeit bei Gabi, mit Aggression in der Beziehung offen umzugehen, hat zur Folge, dass der Ausdruck von Ärger und Unzufriedenheit vermieden wird. Die Differenz zwischen den Frauen geht verloren, und ihre Sexualität verliert an Attraktivität, bis sie völlig abstirbt. Subtil wird die Aggression, die in schmerzhaften, aber vitalen Konflikten ausgetragen und in die Beziehung integriert werden könnte, destruktiv verarbeitet. Die Liebe der beiden Frauen wird mangels der Integrationsfähigkeit von enttäuschenden Erlebnissen aneinander überstrapaziert. Weil beide nicht imstande sind, Ärger, Frustrationen, Neid und Rivalität, die in der Nähe einer Liebesbeziehung stimuliert werden, einen Raum zu geben, muss die Beziehung enden. Auseinandersetzungen mit ödipalen Themen wie Genitalität, Konkurrenz, Getrenntheit der Geschlechter, Urszene und Penisneid finden bei Gabi kaum statt. Sie wechselt häufig die Partnerinnen, ein Phänomen, das laut Crespi (1995) auch zeigen kann, dass die eigene Homosexualität noch nicht vollständig akzeptiert ist:

> »Most lesbians, like most heterosexual women, seek committed long-term relationships. In addition to the issues usually associated with commitment

problems, some lesbians, while seeking a monogamous relationship, resist committing themselves to one because to do so would mean committing to homosexuality« (S. 28).

Gabi scheint bei der Integration ihrer sexuellen Orientierung auch Konflikte mit ihrer Geschlechtsidentität zu haben: Sie entwertet Aggression als negativ-männlich und greift das kulturelle Stereotyp von Aggression als nur negativ in übertriebener Weise auf. Aggression lehnt sie für sich in geradezu tabuisierender Weise ab, um weiblich zu sein.

In Gabis Beziehung zur ihrer Mutter hat hingegen soviel Aggression Platz, dass nach einem von der Mutter eingeleiteten Aufenthalt in einer psychiatrischen Klinik und einer häuslichen Trennung von dieser, soviel Ich-Stärke und Stabilisierung bei Gabi nachreifen kann, dass sie danach die nötige Trennungsaggression aufbringt, um sich von ihrer Mutter endgültig zu lösen.

Wie in allen Interviews repräsentiert sich die Beziehungsproblematik der Probandinnen stark in der Übertragungs-Gegenübertragungsbeziehung und im Enactment (Streek 2000), sodass z. B. bei Gabi angesichts der gemeinsamen Abwehr von differenzierender Aggression beinahe der Dialog »einschläft«, so wie ihre Beziehung mit ihrer Partnerin eingeschlafen ist. In allen Interviews bewege ich mich in einer solchen Situation weg von den Probandinnen in ein vertrautes Terrain der analytischen Anamnese, frage nach und zeige mich aktiv. In der Übertragung übernehme ich als Mutterrepräsentanz die verantwortliche und strukturierende Führung des Gesprächs. In dieser Trennung stelle ich eine aktive Distanzierung zwischen Interviewerin und Probandin her, sodass sowohl in der Beziehungsdynamik als auch inhaltlich eine Veränderung und Weiterentwicklung möglich wird.

In der sadomasochistischen lesbischen Subkultur wird die Tabuisierung der Aggression zwischen Frauen aufgebrochen. Einerseits wird sie dort rituell kultiviert und könnte den Lesben, die sich davon stark distanzieren müssen, ein fantasiertes Depot der eigenen destruktiven Impulse bieten. Andererseits kontrollieren die sadomasochistischen Rituale vermutlich in einem Wiederholungszwang verstellt und sexualisiert frühe gewaltsame Traumatisierungen der Protagonistinnen, die auf diese Weise nicht erinnert und konstruktiv integriert werden können.

3.8 Sexueller Missbrauch als »gewähltes Trauma«

Auffallend viele meiner Gesprächspartnerinnen brachten ihre Beziehungen und sexuellen Schwierigkeiten mit sexuellem Missbrauch in Zusammenhang. Ich selbst reagierte in der Gegenübertragung recht widersprüchlich. Einerseits überbetonte ich eine schwere emotionale Verletzung, die so von den Probandinnen gar nicht geteilt wurde. Andererseits empfand ich die Unterstellung eines sexuellen Missbrauchs als Ursache der Probleme als eine schützende, aber unwahre Selbsterklärung.

Daraufhin kam mir die Idee, ein Konzept von Volkan (1999) auf den Diskurs über den sexuellen Missbrauch anzuwenden. Ein von einer Gruppe gemeinsam erlittener Verlust, der nicht verarbeitet werden konnte und anschließend an die nachfolgende Generation weitergegeben wird, die sich unbewusst mit diesem Trauma identifiziert, nennt Volkan das »gewählte Trauma«. Bei Lesben könnte die Diskriminierung als sexuelle Minderheit einen Verlust narzisstischer Gratifikation als vollwertige Menschen bedeuten.

Wir wissen heute wenig darüber, wie sich Frauen beispielsweise im 18. Jahrhundert gefühlt haben mögen. Der subjektive Blick zurück und die Fantasien über die Jahrhunderte der weiblichen Unterdrückung und der Unsichtbarkeit lesbischer Frauen stellt eine weitere kollektive narzisstische Kränkung für die heutige Frau und Lesbe dar. Die Selbstthematisierung als Opfer könnte Frauen als psychisches Depot der erlebten Ohnmacht und der geringen Aussicht dienen, in absehbarer Zeit maßgeblich etwas an dieser langen diskriminierenden Tradition zu verändern. Das Eingebundensein in eine Generationenfolge von Frauen, die sich ihre Rechte erkämpfen mussten und Demütigungen in Kauf zu nehmen hatten, verstärkt die Wirkung der Kränkung.

Der sexuelle Missbrauch könnte auch als Metapher der Frauenbewegung der 1970er und -80er Jahre verstanden werden, all das erfahrene Unrecht von Frauen in einer sexualisierten Zuspitzung zu formulieren. Er kann als solch ein »gewähltes Trauma« verstanden werden. Das »gewählte Trauma« bezeichnet einerseits bewusst reales Unrecht sexueller Gewalt gegen Frauen und Mädchen über Generationen hinweg. Andererseits dient die Rede vom sexuellen Missbrauch als Metapher, welche die sexuelle Ausbeutung von Frauen über Generationen hinweg symbolisiert. Gleichzeitig könnte er als Überbegriff und Erklärungsansatz für die verschiedensten Probleme, die Frauen und Lesben haben, benützt werden.

In der bewussten Skandalisierung männlicher Gewalt und deren Bekämpfung ist also einerseits eine notwendige gesellschaftliche Debatte zum Schutz von Frauen und Mädchen entstanden. Gleichzeitig haben sich lesbische Frauen dieser Bewegung angeschlossen, um ihre Diskriminierungserfahrungen gesellschaftlich zu deponieren, die letztlich auch mit einer ungerechten Verleumdung der Männer als Ganzes einherging. Für viele gesellschaftlichen wie individuellen Konflikte zwischen Frauen und Männern ist es bis heute opportun, die Männer allein in einem Vorgang der Entdifferenzierung als »Sündenbock« und zu Tätern zu stilisieren, um die ohnmächtige Wut über kränkende individuelle wie gesellschaftliche Strukturen und Zustände, denen Menschen ausgeliefert sind, zu deponieren.

Sandra erklärt sich deshalb und im Anhängen an diese populären und gängigen Meinungsäußerungen und Urteilen ihre sexuellen Probleme mit sexuellem Missbrauch, der vermutlich gar nicht stattgefunden hat. Die Unterstellung, dass die Männer schuld daran sind, dass lesbische Frauen sie nicht lieben können, dient zur Abwehr der Akzeptanz des eigenen homosexuellen Triebschicksals. Die eigene Ohnmacht der homosexuellen Orientierung gegenüber kann in der negativen Bewertung von Männern abgewehrt werden. In einer Identifikation mit gesellschaftlichen Forderungen, dass Frauen Männer lieben müssen, können so auch Schuldgefühle, dieser Forderung nicht entsprechen zu können, vermieden und auf die Männer projiziert werden, die damit schuldig werden.

Mein Versuch, diesen Erklärungsmechanismus in Sandras Interview anzusprechen, hinterlässt in mir den Eindruck, dass Sandra im Gespräch nicht immer ehrlich gewesen sein kann. Die Widersprüche in ihren Erzählungen über ihren Vater haben Zweifel an einem real stattgefundenen sexuellen Missbrauch aufkommen lassen. Außerdem gibt sie zu, dass ihre Therapeutin die gleiche Vermutung geäußert habe. Sogar sie selbst habe Zweifel über die reale Täterschaft ihres Vaters. Diese Konfrontation löst aber so große Scham und Schuld aus, dass Sandra im Interview die Hypothese, von einem nur schlechten Vater sexuell missbraucht worden zu sein, aufrechterhält, obwohl sie keine Erinnerungen an sexuellen Missbrauch hat. Sie verwickelt sich in Widersprüche, und aus dem »bösen Vater«, der nie präsent war, wird derjenige, der sich trotz der Trennung von der Mutter immer wieder um die Kinder bemüht hat.

Bei Gabi reagiere ich ganz gegenteilig auf ihre Berichte vom sexuellen Missbrauch. Ganz in der Tradition der Frauenbewegung der 1980er Jahre antworte ich auf ihre Erzählung der Inzesterfahrung mit ihrem Vater übermäßig betroffen. Gabi selbst erlebte die sexuelle Beziehung zu ihrem Vater jedoch gar nicht als ein Trauma. Ich versuche stattdessen, mit Gabi eine enge

Zweierbeziehung zu schaffen und die trennende Triangulierung mit einer Entwertung des Vaters zu vermeiden, um mit ihr in einer aggressionsfreien Dyade aufzugehen. Gabi geht jedoch ganz in der Identifizierung mit ihrer Mutter auf: Aus ihrem Halbbruder wird erst ihr Bruder, dann ihr »Junge«, und sie genießt als dessen fantasierte Mutter und Liebhaberin des Vaters den ödipalen Triumph. Ich bleibe die ausgeschlossene Dritte und übernehme in der Identifizierung mit der Projektion der ödipalen Kränkung Gabis deren enttäuschte Gefühle. Wir sind kein sich liebendes Frauenpaar, das den Dritten, den »bösen Vater« ausschließt.

Auch Petra bringt gleich zu Beginn des Interviews ihre sexuellen Schwierigkeiten mit sexuellem Missbrauch, den sie erlebt habe, in Verbindung. Sie schafft in mir als ihrer Zuhörerin ein schreckliches Bild ihrer Sexualität, das von Gewalt und Hass durchzogen ist und in dem keine Liebe mehr Platz hat. Darin könnten homophobe (Magee/Miller 1995; Wiesendanger 2002) Anteile per projektiver Identifikation in mich verlagert werden, da die Sexualität Petras für mich sofort in ein extrem negatives Licht gerückt wird:

> »The patient presents aspects of her relationships and lifestyle in such a cynical and negatively tinged manner as to induce in the analyst a distorted sense of the reality of the patient's relationships. This is done by the patient as a defence against resolving her own feelings about her homosexuality« (Crespi 1995, S. 30).

In Petras Interview wird die Benutzung von sexuellem Missbrauch als gewähltes Trauma am prägnantesten. Petra berichtet vom sexuellen Missbrauch durch ihren Vater, den sie ebenso wie Gabi nicht als traumatisierend erlebt hat. Das radikale Verbot und die Drohungen ihrer Mutter gegen den Vater waren nach dem Bekanntwerden der sexuellen Kontakte zum Vater viel schlimmer. Petra gibt an, von vier weiteren Männern missbraucht worden zu sein. In ihrem zwölften Lebensjahr hat sie den Vater verführt, ganz ähnlich wie Gabi, die in der Pubertät den Vater kennenlernt, um in der Adoleszenz mit ihm den Inzest zu vollziehen. Petra interpretiert ihre Missbrauchserfahrungen schließlich selbst als eine Art Prostitution, um mit Sexualität für Geborgenheit zu zahlen. Im Interview wird aber eher deutlich, dass der Inzest eine versuchte Abwehrbewegung der aufkommenden lesbischen Impulse in der Pubertät war, vermutlich wiederum deshalb, um sich von der Mutter zu trennen, da im pubertären lesbischen Liebesakt die Verschmelzung mit der Mutter zu bedrohlich fantasiert worden wäre und die instabilen Ich-Grenzen Petras hätten einreißen können.

Es scheint, als könnten sich beide Frauen nicht anders aus den Beziehungen zu beiden Eltern lösen, als durch das reale Agieren des positiven ödipalen Komplexes. Sie benutzen eine als Trauma definierte sexuelle Dynamik, die ein starkes Tabu einreißt. Unbewusst könnten sie sich in die Tradition der Frauen stellen, die Opfer bleiben und die Verantwortung für die »Täterschaft« für ein eigenes, autonomes lesbisches sexuelles Leben nicht übernehmen müssen.

An der Stelle ist es mir wichtig anzumerken, dass Petra in meinen Gegenübertragungsgefühlen sowohl Überich- als auch vorbewusste homophobe Anteile in mir selbst stimulierte. Ich fühlte mich im Gespräch mit Petra durchweg positiv, trotzdem liest sich die Auswertung so, als wäre ich ihr gegenüber vorwiegend negativ eingestellt gewesen. Im Sinne von Crespi könnten bei der Auswertung ihres Interviews die kritischen Aspekte und die Pathologisierung überbetont worden sein. Unter der Überschrift »Countertransference in the Lesbian Analyst« beschreibt o. g. Autorin diese Vorgänge: »… the lesbians own unresolved internalized homophobia and superego problems may manifest in a tendency to be hypercritical and to overpathologize in an effort to defend against possible identifications with her lesbian patients« (S. 30).

Die Bemerkung Petras, ihrer Meinung nach hätten 80 % der Lesben sexuelle Missbrauchserfahrungen, stellt eine grobe Generalisierung dar, sodass darin der Versuch, eine ganze Gruppe zu Opfern zu stilisieren, letztlich auch sie selbst und mich, gesehen werden kann. Hier wird ein gewähltes Trauma dafür eingesetzt, negative, vermutlich homophobe Introjekte auf Täter oder vermeintliche Täter zu projizieren. So muss die Instabilität der eigenen lesbischen Identität nicht wahrgenommen werden. Dieser Mechanismus, der kollektiv in der Frauen- und Lesbenbewegung zur Verstärkung einer noch nicht genügend stabilen Gruppenkohäsion wie auch individuell zur Stabilisierung der eigenen Identität nötig war, hat sich mit der Integration von Lesben und Schwulen in die Gesellschaft zusehends gelockert und aufgelöst. Manche Personen benutzen ihn im Rahmen der persönlichen Abwehr immer noch zur Identitätsstabilisierung.

3.9 Coming-out

Darüber hinaus könnte man an dieser Stelle meines Erachtens spekulieren, ob für manche lesbische Frauen das Pflegen heterosexueller Beziehungen und die Verschiebung des Coming-outs (Magee/Miller 1995; Wiesendanger 2002; Zuehlke 2004) weit in oder hinter die Adoleszenz und zu einer weiteren Separation von der Mutter dient, um dann mit einem gereifteren Ich und einer eigenen stabilen weiblichen Identität, die im männlichen Objekt erfahrene Identifikationsanteile enthält, eine Beziehung zu einer Frau eingehen zu können.

Das Coming-out hat widersprüchliche Potenziale. Es kann starke innere Kräfte mobilisieren,

> »but at the same time, enormous damage to family ties, friendships, employment, professional advancement, and group membership may result from such desclosure. Such rejections are more difficult for those already psychologically vulnerable, including adolescents. A woman's ability to develop a positive female self-image, to find and maintain a satisfying relationship, to disclose her lesbian identity and introduce her lesbian partner, and to manage the social and psychological consequences of such desclosures are capacities which in other circumstances psychoanalysts would call ›ego-strengths‹« (Magee/Miller 1995, S. 100).

Umso wichtiger können die in der Peergroup erlebten Spiegelungen positiver Selbst- und Objektrepräsentanzen sein, was vorübergehend zu einem projektiven Ausschluss des Negativen aus der Gruppe führt.

Die Szene-Norm, dass lesbische Frauen wie Knaben (bei Sandra: »kleiner, also guter Junge«) auszusehen hätten, dient zur Spaltung: guter Mann versus böser Mann. Adoleszente oder in ihrer lesbischen Geschlechtsidentität noch instabile Lesben könnten mit dieser Spaltung abwehren, dass sie selbst böse, aggressive männliche Objektrepräsentanzen in sich tragen. Der Vater (in der Frauen- und Lesbenbewegung das Patriarchale an sich) wird zum Träger von Gewalt, sodass ein imaginierter äußerer Feind die Gruppe zusammenhält. In den 1980er Jahren wurde dieses Klischee bei feministischen Therapeutinnen zu einer Behandlungstechnik der Parteilichkeit für Opfer gegenüber Tätern umgesetzt, was der Neutralität klassischer psychoanalytischer Behandlungstechnik entgegenstand. Diese Zeit diente einerseits der Skandalisierung von realem Inzest und dem notwendigen Schutz der Opfer und andererseits der Identitätsfindung von frauenbewegten und lesbischen Frauen und wird heute in mittlerweile gegründeten Frauentherapiezentren wieder relativiert. Für Psychoanalytiker ist es mittlerweile klar, dass sie Traumata ihrer Patientinnen und Patienten ernst nehmen müssen und in diesem Kontext auf ihrer Seite stehen. Für Psychoanalytiker scheint es heute leichter möglich, Diskriminierungserfahrungen familiärer wie gesellschaftlicher Art auch bei lesbischen Frauen, aber auch innerpsychische Konflikte der Homophobie und der Schwierigkeiten mit der Integration der Homosexualität wahrzunehmen und lesbische Frauen auf ihrem schwierigen Weg zu sich selbst zu ermutigen und zu stärken. Den Mangel an Beschreibungen positiver analytischer Behandlungsverläufe mit lesbischen Frauen vermuten Magee und Miller in einem Coming-out-Problem der Analytiker:

> »We do not think that many analysts whose patients' lesbian relationships improve neglect to report this development because they find it such an unremarkable occurrence. On the contrary. We believe that much analysts may be in the same position as their lesbian patients – ambivalent about whether to reveal or to hide, fearing that if they do come out, their work will, at best, not be appreciated and worst, attacked« (Magee/Miller 1995, S. 109).

Gerade diese identifikatorischen Prozesse bei den behandelnden Analytikern, werden sie denn verstanden, können tiefes Verständnis für die Ängste und die Scham homosexueller Frauen ermöglichen. Die Arbeit stellte während der Interviews einen Versuch dar, Psychoanalyse positiv für lesbische Frauen nutzbar zu machen.

Petra wurde psychoanalytisch in einer Klinik behandelt und benützt analytische Kategorien, allerdings, um sich von sich selbst und den eigenen Gefühlen zu distanzieren. In ihrer Kritik der Psychoanalyse und damit auch meiner Person reagierte ich empfindlich, denn ich fühlte mich in meinem Bemühen, die Psychoanalyse positiv für lesbische Belange zu nutzen, unverstanden. Trotzdem gehorchte ich einem in der lesbischen Szene wirkenden Konformitätsdruck, der Konflikte zwischen zwei lesbischen Frauen nicht zulässt, sondern in der Einigkeit über die Ablehnung und Entwertung von Männern (hier in der Psychoanalyse symbolisiert) ideologisch Gleichheit und Zweisamkeit schaffen soll.

Der genannte Konformitätsdruck hat in der Frauen- und Lesbenbewegung bis vor ca. zehn Jahren auch dazu geführt, die Mutterschaft und den Kinderwunsch zu entwerten und auszugrenzen.

3.10 Kinderwunsch und Urszene

Der Kinderwunsch bei lesbischen Frauen hat in den letzten zehn Jahren innerhalb der Subkultur eine kontroverse Debatte ausgelöst. Einerseits suchten lesbische Frauen eine eigene Identität ohne Kinder, andererseits wollten sie die Rechte aller Frauen für sich in Anspruch nehmen. Die Skepsis gegenüber

Entwicklungsvorgängen bei heterosexuellen Frauen und die Verweigerung der (passageren) Passivität im traditionellen Frauenlebenslauf waren nötig, um mit der schwierigen Situation fertig zu werden, dass homosexuelle Frauen miteinander keine Kinder zeugen können. Heute erleben 40 % lesbischer Frauen bewusst einen Kinderwunsch, der wohl mit der gesellschaftlichen Integration möglich geworden ist und vermutlich deshalb in den nächsten Jahren noch ansteigen wird. Die körpernahen Vorgänge der Empfängnis und Geburt verlangen Hingabe und inneres Einverständnis mit gegebenen biologischen Tatsachen und bedeuten gleichzeitig einen Abschied von der im Unbewussten erhalten gebliebenen Bisexualität, der vermutlich bei stark androgynen und männlich identifizierten Lesben nicht vollzogen wurde. Auf der anderen Seite haben lesbische Frauen aufgrund ihrer Distanz zu traditionellen gesellschaftlichen Werten auch mehr Freiheit errungen, andere Lebensformen zu leben und traditionelle Zwänge der Frauen- und Mutterrolle hinter sich zu lassen. Sie sind laut Berger et al. (2000) und Jansen/Steffens (2006) in ihren Beziehungen mit oder ohne Kinder bezüglich der Arbeitsteilung zufriedener als heterosexuelle Frauen. Die Kinder entwickeln sich genauso gut und genauso schlecht wie in heterosexuellen Beziehungen.

Der konflikthafte Kinderwunsch bei Lesben kann zur Umschreibung der Urszene führen, ähnlich wie bei Sandra: Der Mann soll durch eine Frau ausgetauscht werden, mit der entgegen der Realität ein Kind gezeugt werden könnte. Die Phobie, eine Frau zu küssen, könnte für Sandra die Vermeidung mit der Konfrontation der Urszene sein. Die Zunge steht für den in die Mutter eindringenden Penis des Vaters. Gleichzeitig werden das Bewusstwerden der eigenen Entstehung und der Kinderwunsch abgewehrt. Die fantasierte Umschreibung der Urszene ist mit der Ablehnung der weiblichen Fortpflanzungsfunktion und damit dem weiblichen Körper verbunden. Einige lesbische Frauen, die ihr weibliches Genitale wie einen Penis besetzen, erleben bei der Vorstellung von Empfängnis und Geburt Kastrationsängste, sodass ihr Kinderwunsch nur verwirklicht werden kann, indem deren Partnerin schwanger wird. Die Fantasie über die Entstehung der eigenen Kinder wird dann, wie in zwei mir bekannten Filmen[31] dargestellt, so in Szene gesetzt, als liebe sich ein heterosexuelles Paar und zeuge ein Kind. In beiden Filmen ist jedoch die Tatsache, dass zwei Frauen keine Kinder zeugen können mit integriert: Beide Paare in den jeweiligen Filmen landen nach erfolglosen privat romantisch im Kerzenschein inszenierten Befruchtungsversuchen logischerweise bei der Gynäkologin. Erst dann wird eine der beiden lesbischen Frauen schwanger.

Der Kinderwunsch kann aber auch völlig verdrängt werden. Petra vermeidet mit prägenitalen Wünschen nach der Nähe zur Mutter die Konfrontation mit der Urszene, sodass ödipale Fantasien ausgeschlossen werden. Die unbewusste Fantasie der Urszene erzeugt Ekel, den sie vor der Sexualität der Eltern empfindet. Dieser Ekel und die damit verbundene Abwendung schützen vor einer zu intensiven Konfrontation mit der elterlichen Sexualität und allen Gefühlen des Neides, des Ausgeschlossenseins, des gekränkten Narzissmus' und der Eifersucht.

In der lesbischen Szene gibt es heute eine kontroverse und differenzierte Debatte über den Kinderwunsch in den eigenen Reihen. Einige schwule und lesbische Interessensvertretungen fordern die völlige Gleichstellung mit heterosexuellen Paaren bzgl. künstlicher Befruchtung und Adoption, was eine breite gesellschaftliche Debatte angestoßen hat. Homosexuelle Paare sind mit ihrem Kinderwunsch heute nicht mehr alleine, sondern können mit ihren Zweifeln und Sorgen auf Studien zurückgreifen, die eine gesunde Entwicklung von Kindern in homosexuellen Beziehungen belegen (s. o.) und sogar staatlicherseits finanziert werden. Die sogenannte »Regenbogenfamilie« beginnt sich zu etablieren.

3.11 Masturbation

Die Vermeidung von Gefühlen führt bei Petra zu sexueller Lustlosigkeit und zu Orgasmusschwierigkeiten. Sie hat deshalb Masturbation in den Geschlechtsverkehr mit eingebaut, um den Orgasmus kontrolliert autonom durch die eigene Hand zu erreichen. Selbstbefriedigung konnte Petra allerdings erst als Erwachsene ausüben, weil die Mutter ihr die Masturbation verboten hat. Die für die Eroberung des weiblichen Körpers so notwendige Masturbation, die gleichzeitig eine Ablösung von der Mutter bedeutet, wurde von Petra lange selbst tabuisiert. Vermutlich hat die Mutter die Entwertung ihres eigenen weiblichen Körpers und ihrer Sexualität an die Tochter weitergegeben. Im häufigen Sex, den Petra hat, ohne dass sie zu voller sexueller Entspannung kommt, könnte man eine Wiederholung der vermutlich unbefriedigten mütterlichen Sexualität sehen. Petra kann sich aus diesem Wiederholungszwang nicht befreien. Das Einbeziehen der Masturbation ist ein Entwicklungsversuch, Hingabe an eine andere Frau erreichen zu können, gleichzeitig bleibt die Kontrolle aber in Petras eigenen Händen. Sie lehnt sich selbst ab, so wie vermutlich ihre Mutter sich und den weiblichen Körper der Tochter abgelehnt hat. Die Akzeptanz der eigenen Körperlichkeit der Töchter hängt maßgeblich von der Liebe der Mutter zu ihrem eigenen Körper ab. Von mir, einer Mutterrepräsentanz, fürchtet Petra in der Übertragung Ablehnung und sucht Anerkennung, indem sie mich subtil fragt, ob ich mich vor ihr ekle. Da in der Beziehung zwischen Petra und ihrer Mutter offenbar wenig Vertrauen und Akzeptanz möglich gewesen sind, bringt Petra diese unerfüllten Wünsche in die Übertragungs-Gegenübertragungsbeziehung ein. Das »Einbauen« der Selbstbefriedigung könnte auch als Protest gegen das Verbot der Mutter aufgefasst werden, wodurch Petra der Analytikerin/Mutter die Botschaft vermitteln will, dass sie ihr Recht auf Sexualität (und auf einen Orgasmus) in die eigene Hand nimmt und autonom ihre Entwicklung zu befriedigender Sexualität sucht.

Auch Anne hat ihren Körper als Kind kaum gekannt. Sie masturbierte als Kind und Jugendliche nie. Nachdem sie in der Sexualität mit Männern keinen Orgasmus erleben konnte, empfindet sie den plötzlichen Orgasmus, den Kontrollverlust und die Hingabe an eine andere Frau als persönliche Sensation. Ihre vorangegangenen zahlreichen heterosexuellen Erfahrungen waren nie mit einem Orgasmus belohnt worden. Wahrscheinlich konnte Anne in ihrer ersten lesbischen Beziehung wagen, ihre männlich-väterlichen Identifikationen ins Liebesspiel mit einer Frau einzubauen und damit ihre lesbische Identität zu stärken. Ihre Orgasmusprobleme wandeln sich in passive Penetrationsängste durch eine andere weibliche Hand. Sie fühlt sich in der aktiven traditionellen Männerrolle wohler, in der sie penetriert, aber nicht penetriert wird, und erreicht in der Identifikation mit dem Vater/Mann den sexuellen Höhepunkt. In ihrer unbewussten Fantasie scheint wieder das homosexuelle Tabu aufzuscheinen. Die Angst, als Tochter Sexualität mit der Mutter zu haben, lässt bei ihr keinen Wechsel zwischen den Rollen als Frau und als Mann zu. Sie muss mit dem Mann/Vater identifiziert bleiben. Einerseits kann also »nur« »heterosexuelle« Sexualität gelebt werden. Andererseits kann man bei Anne die Stabilisierung des weiblichen Selbst durch eine unbewusste männliche Identifikation beobachten, sodass sie einen Orgasmus mit einer Frau erleben kann. »The male line can become complementary and even enhancing to aspects of the female line«, meint dazu Rosemary Balsam (2000).

Nachdem Anne mit ihrer Partnerin drei Jahre in einer Beziehung gelebt hat, scheinen sich die Grenzen zwischen den Frauen verwischt zu haben, denn Anne ist es plötzlich wichtig, die Selbstbefriedigung zu erlernen. Um sich sexueller Autonomie zu versichern, ist die Masturbation notwendig (Torok 1974; Waldeck 2000), die eine gelungene Integration der unbewussten und bewussten sexuellen weiblich wie männlich identifizierten Fantasien Annes bedeutet. Die trennende Autonomie scheint als Aggressionsbewältigung wichtig, weil Anne fürchtet, mit ihren sexuellen Bedürfnissen Frauen zu belästigen, was wiederum darauf hindeutet, dass sie sich von der Mutter in ihren erotischen Bedürfnissen abgewiesen und enttäuscht gefühlt hat.

In der Sexualwissenschaft ist bekannt, dass Frauen sowohl als Kinder als auch als Erwachsene weniger masturbieren als Männer. In der lesbischen Subkultur wird das Thema Selbstbefriedigung vermieden, um das diskriminierende Vorurteil, dass sich zwei Frauen, die miteinander schlafen, nur gegenseitig masturbieren können, zu umgehen. Das Schweigen über Masturbation auch in der lesbischen Szene stellt allerdings auch eine Fortführung der weiblichen Hemmung zur Masturbation dar.

3.12 Sadomasochistische Abwehr

Im Gegensatz dazu benützt Petra sadomasochistische Abwehrkonstellationen, um die Wut auf die Mutter dem Vater zuzueignen, der als fantasierter Aggressor gegen die Mutter die Aggression stellvertretend für Sandra ausübt. In sadomasochistischen Sexualpraktiken kann Petra die Aggression in ihrer Sexualität soweit kontrollieren, dass sie einen Orgasmus erleben kann. Die durch Rituale von der Aggression »gereinigte« Sexualität wird im Gegensatz dazu zu einem infantilen (Rollen-)Spiel, fantasiert zwischen Mutter und Kind. Im Genuss von masochistischer Passivität werden Hingabesehnsüchte befriedigt, ohne dass reale Hingabe im Liebesakt stattfindet und die Kontrolle verloren geht. Petras Sehnsucht nach dem Vater/Mann wird im Inzest agiert. Die gleichzeitige Verinnerlichung des mütterlichen Überichs bleibt erhalten, sodass Petra an die Mutter gebunden ist und Sexualität mit Männern nur ohne Gefühle und im Rahmen von sadomasochistischen Ritualen fantasiert. Die Aggression wird in einem perversen Szenario agiert. Der Inzest mit dem Vater, der sich gegen die Mutter richtet, mit der sie heftig in inzestuösem Agieren rivalisiert, dient dem Ausagieren der Aggression gegen die Mutter.

In der lesbischen Szene ist wegen der gesellschaftlichen Diskriminierung ein Tabu entstanden, andere Lesben auszugrenzen. Das Tabu, eine pathologisierende Wertung zu formulieren und damit pervers agierende Frauen aus der Gruppe dieser Minderheit auszuschließen, fasst Anne ganz konkret in die Worte: »Weil wir uns nicht sicher sind, ob wir das sagen dürfen.« Dieser Mechanismus zeigt sich auch in der Übertragungs-Gegenübertragungsbeziehung, in der unbewusst zwar eine Abgrenzung zu anderen »perversen«

Lesben und die gleichzeitige Nähe zweier »normaler« Lesben genossen werden kann, dies aber nicht ausgesprochen wird. Hier wirkt das Sprechtabu auch als Schutz vor der inneren Berührung mit homophoben Anteilen und der eigenen Unsicherheit, normal oder pervers zu sein.

Bei Petra spielen nonverbale Lautäußerungen eine Rolle, die die Vermutung zulassen, dass Petra in einer Verschiebung von unten nach oben im Hören väterlicher Laute beim Orgasmus die eigene Befruchtung durch ihn und damit ihren ödipalen Kinderwunsch ausdrückt.

Diese Lautäußerungen oder auch das Schweigen und leise Sprechen könnten beide Male mit der Urszene zu tun haben: Einmal »pustet« Sandra zu laut in das Telefon hinein, ein anderes Mal mache ich Gabi darauf aufmerksam, dass sie zu leise spricht. In der weit verbreiteten Vorstellung, dass der Vater die Mutter gewalttätig zum Geschlechtsverkehr zwingt, wird versucht, in der unbewussten Vorstellung die Mutter von triebhafter Sexualität frei, als prägenitale Mutter, zu halten. Die Fantasie, dass der Vater die Mutter vergewaltigt, kann nun in sadomasochistischen Praktiken wiederholt und aufrechterhalten werden.

Sandra durchbricht mit ihren Lauten, die sie zitiert und die lustvolle Laute beim Geschlechtsverkehr darstellen könnten, diese Vorstellung und präsentiert einen leidenschaftlichen Sexualakt zwischen Mutter und Vater, bei dem ein Kind gezeugt wird.

Gabi verleugnet die Sexualität zwischen den Eltern und spricht so leise, dass gar keine Sexualität mehr vorgestellt werden kann.

Es scheint also sowohl eine Über- als auch eine Unterstimulierung bzgl. der unbewussten Urszenenfantasie zu geben: Wird sie zu deutlich, destabilisiert sie die Sexualität der Kinder, wird sie zu stark verleugnet, gibt es in der folgenden Generation keine eigene Sexualität mehr. Die Integration der Urszene bedeutet sich bewusst zu werden, dass man dem Liebesakt der Eltern die eigene Existenz zu verdanken hat, was ein Trost für Neid, Eifersucht und Ohnmacht im Ödipuskomplex (Mertens 1992a, 2000) wird.

3.13 Ödipuskomplex

Bei Männern wie bei Frauen, so erzählt Anne, ist sie in der aktiven Rolle derjenigen gewesen, die Sexualität herbeigeführt hat und immer wieder abgewiesen wurde. Sie hat sich unbewusst mit dem von der Mutter abgewiesenen Vater identifiziert, einer Fantasie, die die übliche Vorstellung der Urszene darstellt, dass die Frauen von den Männern mit Gewalt überwältigt werden und deshalb die Männer hassen.

Die ödipale Problematik, der komplette Ödipuskomplex in seiner positiven wie negativen Ausformung wird ebenfalls wie das homosexuelle Tabu in Sandras Interview entfaltet. Im gemeinsamen unbewusst fantasierten Erhängen des Vaters können der negative Ödipuskomplex und die Liebe zur Mutter agiert werden. Die dabei entstehende Schuld wird dahingehend abgewehrt, dass der Vater so böse und aggressiv fantasiert wird und all seine guten Anteile, die an anderer Stelle erwähnt werden, verleugnet werden, dass man die Frauen vor ihm schützen und die Welt von ihm erlösen muss. Die ambivalente Beziehung zur Mutter wie zum Vater wird regressiv gespalten und der Loyalitätskonflikt entschärft. Jetzt kann der frühen Mutter-Kind-Dyade noch die genitale Sexualität hinzugefügt werden, was eine allumfassende Befriedigung des Kindes in all seinen Phasen, letztlich also eine polymorph-perverse Fantasie darstellt, die das Paradies in ein schuldfreies Sodom und Gomorrha ohne anschließende Strafe umwandelt.

Petra projiziert ihr auf den Vater gerichtetes ödipales Begehren in den Vater, sodass es als vom Vater ausgehendes aggressives Begehren auf die Tochter umgedeutet wird. Den Vater/Männer zu lieben, stellt für Petra ein Tabu dar und wird von ihr als unmöglich beschrieben. Dem Männlichen die Aggression zu unterschieben und heterosexuelle Liebe nur negativ zu besetzen – von beiden Gesprächspartnerinnen in der Übertragungs-Gegenübertragungsbeziehung agiert – dient möglicherweise auch dazu, Trauer über das eigene Lesbischsein und den Kinderwunsch abzuwehren: »The decision to have a child is encouraged to varying degrees by the social climate […]. In general, however, it is always viewed positive in the context of a heterosexual marriage. It is, after all, all the purpose of heterosexuality itself« (Crespi 1995, S. 26).

Auf der anderen Seite spielt in den Interviews von Gabi, Petra und Sandra das Inzestthema (Hirsch 1999, 2000) mit dem Vater eine herausragende Rolle. Bei Sandra wird es in seiner ganzen Komplexität mit der Vermischung von Opfer- und Täterschaft präsentiert. Sexueller Missbrauch – und das macht die Folgen des Traumas so kompliziert – trifft immer auf die ödipalen Wünsche des Kindes und der Eltern, auf die sie nicht verzichten können und die nicht abgetrauert werden. Alles Trennende und der Reifung Förderliche, die Generationenschranke, der Verlust der engen Eltern-Kind-Beziehung durch die Separation und das Zurückbleiben der Eltern als Paar, werden vermieden. Bei einer nicht gelungenen Ablösung von der Mutter und nicht gelungener Triangulierung kann der Missbrauch als Drittes eingeführt werden, um sich abzulösen, wie dies von Petra versucht wird. Da ihr dies nicht gelingt, versucht sie mit einer projektiven Identifizierung des Neides und der Eifersucht, die Interviewerin auf gut riechende Männer eifersüchtig zu machen.

Mit Petra findet in der unausgesprochenen Einigkeit darüber, dass sexueller Missbrauch immer ein Trauma sein muss, der gleiche Mechanismus, nur mit der Mutter agiert, statt: Eine idealisierte Mutter-Tochter-Beziehung wird agiert, in der es die durch den Generationenunterschied auftretende Differenz in Privilegien und Pflichten nicht gibt. Die narzisstische Kränkung für die Tochter/Petra wird gemeinsam abgewehrt. Es entsteht ein Bündnis zwischen Petra und mir, sodass bestimmte Fragen nicht gestellt werden.

Bis vor ca. zehn Jahren war es für lesbische (Beratungs-)Organisationen und Unternehmungen unmöglich, mit schwulen Männern im politischen Kampf um gemeinsame Rechte zusammenzuarbeiten.[32] Die schwulen Männer konnten in der Zuschreibung der Täterschaft auf Männer an sich nicht als ebensolche Opfer von Diskriminierung und struktureller Gewalt gesehen werden. Im übertragenen Sinne auf diese kollektiven Mechanismen könnte das Verharren in der Mutter-Tochter-Zweisamkeit und dem Ausschluss auch schwuler Männer die Vermeidung der Triangulierung und das Fortschreiten einer kollektiven ödipalen Entwicklung bedeuten, die sowohl das Erkennen von Gemeinsamkeiten, aber auch Unterschieden in Diskriminierung wie in Privilegien nicht vermeidet, sondern integriert. Heterosexuelle Frauen und Lesben blieben lange unter sich. Heute arbeiten immer mehr lesbische und schwule Zentren (»and friends« – also Heterosexuelle) zusammen, sodass unterschiedliche und gemeinsame Interessen verfolgt werden können.

3.14 Die Rolle des Vaters

Der Vater spielt für die lesbische Entwicklung eine herausragende Rolle: als Identifikationsobjekt, als Triangulierungsobjekt und als Liebesobjekt, ganz wie bei heterosexuellen Frauen nur mit unterschiedlich und individuell verschobenen Besetzungen.

Petra kann sich nur in der Rache von der Mutter lösen, indem sie die Generationenschranke durchbricht, sich auf die Stufe der Mutter stellt, mit ihr konkurriert und ihr den Mann wegnimmt, so wie diese ihr in frühester Kindheit den Vater genommen zu haben scheint. Nur so gelingt ihr eine Hinwendung zu den Männern, wobei sie bemerkt, Männer niemals lieben zu können. Die gesamte Aggression dem Vater/Mann zu unterstellen, dient dazu, die Mutter zu idealisieren und den Hass auf die Mutter (im Zuge einer Verschiebung) bei den Männern zu deponieren. Damit kann die Trauer über den Verlust des Vaters abgewehrt werden.

Bei Gabi ist der Inzest mit dem Vater die verdichtete Erfüllung all ihrer ödipalen Sehnsüchte. Sie musste auf ihren Vater bis zur Pubertät verzichten, sodass die sexuelle Verbindung als Entschädigung und nicht als Trauma wirkt. Vielmehr scheint die unbewusste Fantasie eine Rolle zu spielen, dass das Lesbischsein die Verbindung mit der Mutter repräsentiert, die die intensivste Beziehung mit dem Vater, nämlich die Sexualität mit ihm, ihre Homosexualität »heilen« könnte und sie zu einer heterosexuellen Frau wie die Mutter zu machen. Unbewusst könnte hier ein homophobes Introjekt am Werk sein, das äußerlich in die diskriminierende Äußerung gewandet ist, dass eine lesbische Frau nur noch nicht den richtigen Mann gefunden hat, der vielleicht der idealisierte eigene Vater sein könnte. Innerlich könnte diese Hoffnung gemeinsam mit ihrer heftigen Sehnsucht nach Triangulierung den Inzest in der Adoleszenz mit herbeigeführt haben. Gabi kann sich vom Vater, an den sie trotz seiner Alkoholerkrankung stark positiv gebunden ist, nur durch einen Umzug weit weg von ihm lösen und verabschiedet sich gleichzeitig von ihren Ersatzmüttern, den Krankenschwestern.

Anne hat bis weit in die Adoleszenz hinein die unbewusste Überzeugung, dass ihr Körper der Mutter gehört und von ihr gepflegt, aber nicht sexuell berührt wird. Deshalb kann sie, obwohl sie viele heterosexuelle Kontakte hat, aber ihren eigenen Körper nicht genital besetzt kennt, keinen Orgasmus erleben. Erst der Dritte, ein Mann, kann Erregung bringen, aber wieder nicht als Objekt, sondern in der Identifizierung mit ihm. Unbewusst wird hier lesbische Liebe eigentlich vermieden und Heterosexualität gelebt, nur mit äußerlich ausgetauschten Geschlechtern.

3.15 Homophobie, Sprachlosigkeit und Überich

Die Akzeptanz der Homosexualität durch Mutterrepräsentanzen, Vorbilder und Identifikationsfiguren (Rauchfleisch 2000), wie bei Gabi die Krankenschwestern oder mich, eine Interviewerin, die mit ihrem Lesbischsein selbstbewusst umgeht, spielen als Spiegelung eines zentralen Teils des Selbst eine wichtige Rolle für die narzisstische Stabilität und die Weiterentwicklung der lesbischen Identität.

Anne scheint diese Spiegelung in meiner Anzeige gefunden zu haben, die ihrem Gefühl nach Aspekte lesbischer Sexualität richtig beschreibt. Die Kritik der schlechten Fotos in dem lesbischen Sexualratgeber, die u. a. die Schattenseiten lesbischer Sexualität abbilden, könnten unbewusste homophobe Anteile stimulieren, da die unbewusste Sehnsucht nach idealisierter Spiegelung lesbischer Sexualität groß ist.

Das Sprechtabu, der Mangel an umgangssprachlichen Worten über Liebe und Sexualität gerade auch in der Lesbenszene kann ebenfalls als Ausdruck unbewusster Homophobie (Magee/Miller 1995) gedeutet werden. Im Gespräch mit Anne führt die Sprachlosigkeit zu Verwirrungen und Wiederholungen: Die Geliebte kann nicht als solche benannt werden, sondern ist »Freundin«, »Partnerin« oder »was immer«.

Das Tabu, über lesbische Sexualität zu sprechen, war mir vor der Untersuchung aus meiner analytischen Praxis bewusst, sodass meine Vertraulichkeit den Probandinnen gegenüber daraus erklärbar wird: Jede Form von Distanz, ob als Hierarchie in einer therapeutischen oder wissenschaftlichen Arbeit, scheint Ängste vor Diskriminierung und Marginalisierung zu wecken und stimuliert intrapsychische und interpsychische Hemmungen, die einen offenen Dialog über lesbische Sexualität gänzlich verunmöglichen. Das in allen Interviews auftauchende Problem, dass die Probandinnen mir alles Mögliche, nur wenig über ihre reale Sexualität berichteten, scheint ein Phänomen, das auf allen Beziehungsebenen vorkommt: in den lesbischen Paarbeziehungen, in Beratungs- und Therapiegesprächen von lesbischen Frauen mit lesbischen Frauen, zwischen lesbischen Freundinnen und Bekannten, ebenso in der lesbischen Szene und Öffentlichkeit und so auch in den Interviews. Im Gegensatz zu der Annahme, dass lesbische Frauen voreinander keine Angst haben müssten, scheint die Angst besonders groß; es könnte ja zwischen zwei Frauen, die die gleiche sexuelle Orientierung haben, schnell zu Sex kommen, was ersehnt, aber genauso auch gefürchtet wird.

Gerade im Interview mit Anne wird diese Angst auf beiden Seiten deutlich spürbar, da das Sprechen über Sexualität im Rahmen dieser guten Beziehung zwischen zwei lesbischen Frauen auch sexuelles Begehren auslöst – was einem Brechen sowohl des homosexuellen Tabus als auch der Inzestschranke (zwischen Mutter und Tochter als auch Interviewerin und Probandin) gleichkommt. Anne unterbricht sogar aus Überich-Angst einen Satz, der leidenschaftliche Hingabe und Befriedigung jenseits von gesellschaftlichen Tabus beschreiben würde – wieder der Ausdruck eines homophoben Introjekts.

Wenn die Spontaneität und Lebendigkeit der Sexualität ungesteuert triebhaft in der näheren Öffentlichkeit ausgesprochen wird, muss »Übersetzungsarbeit« geleistet werden, also eine Sprache gefunden werden, die vermutlich die Grenzen des Überichs zwischen den lesbischen Frauen überbrückt.

Sprechen über Sexualität und sexuell erregtes Sprechen ist bei Anne der intimen Beziehung vorbehalten. Anne delegiert das strenge Überich an mich: Der Es-Überich-Konflikt wird in diesem Interview auf zwei Ebenen deutlich: Ungesteuerte lustvolle Triebhaftigkeit kollidiert mit strukturfordernden Ge- und Verboten, sodass bei Anne Angst aufkommt, und sie mich fragt, ob alles stimmt, so als ob ich die Definitionsmacht über Falsch oder Richtig, schlechte und gute Sexualität und falsche und richtige Gefühle hätte. Um Struktur und Sicherheit zu geben, übernehme ich diese Delegation, als könnte ich Anne damit aus ihrer Unsicherheit herausführen.

4. Ausblick

»[…] the hairs on the back of my neck standing up, rage boiling within me and feelings of impotence making me alternately want to scream or to sleep«, beschrieb Erica Schoenberg 1995 ihre Reaktion, als sie die psychoanalytische Literatur zur lesbischen Sexualität für einen Artikel durcharbeitete. So sympathisch ich diese Äußerung anfangs fand, so erleichtert war ich, dass ich zehn Jahre später mit einem anderen Blickwinkel an das Thema herangehen konnte. Trotz der vormals pathologisierenden Theorien war es mir angesichts der gesellschaftlichen Entwicklung, an der die Psychoanalyse teilgenommen hat, möglich, dieses Thema zu wählen und dabei alle Theorieansätze, auch die pathologisierenden, als Erklärungsversuche lesbischer Psychodynamik in Einzelfällen einzubeziehen. Es war nicht mehr nötig, eine grundsätzliche und pauschale Psychoanalysekritik durchzuführen. Diese war vielerorts bereits getan.

Der Feminismus hat auch die Psychoanalyse nicht unberührt gelassen, sodass z. B. deutschsprachige Autorinnen wie Christa Rohde-Dachser und Eva S. Poluda sich intensiv und wohlwollend mit lesbischen Frauen auseinandergesetzt und die herkömmliche Psychoanalyse selbst einer Kritik unterzogen haben. Trotzdem haben mich die Lockerheit und der positive offene Impetus der amerikanischen psychoanalytischen Autorinnen und Autoren in ihren Aufsätzen, die vor allem in den vorangegangenen Ergebnissen zitiert werden, beeindruckt.

Die detaillierte Betrachtung vier lesbischer Frauen und deren unbewusste Interaktion mit mir als lesbischer Analytikerin in den geführten Interviews spiegelte in der Übertragung und Gegenübertragung die sexuelle Psychodynamik lesbischer Frauen wider. Entgegen vieler Ängste und Hemmungen meinerseits, einiger bis dato noch unbewusster homophober Anteile in mir, ließ ich mich von den Probandinnen in ihre unbewusste sexuelle Psychodynamik verwickeln. Nicht ohne Scham und Schuldgefühle, die sich in Arbeitsstörungen und allerlei Ängsten und Schreibhemmungen ausdrückten, durchlief ich im Prozess der Auswertung und Korrektur der Arbeit eine tiefgreifenden persönliche Entwicklung, die aus mir eine offenere und weniger mit schützenden positiven wie negativen Vorurteilen belastete Psychoanalytikerin gemacht hat.

Die Auswahl der Interviews sollte schließlich einige überindividuelle Konfliktfelder aufzeigen und Hypothesen anbieten, die Dynamik lesbischer Sexualität besser zu verstehen. Die Auswertung und die Ergebnisse sollten eine Verknüpfung zu vorangestellten relevanten psychoanalytischen Begriffen und Erklärungsansätzen und gesellschaftlichen Bezügen darstellen.

Eines der wichtigsten Ergebnisse der explorativen Empirie dieser Arbeit ist, dass sich die weibliche Homosexualität von der weiblichen Heterosexualität mehr in Details, denn in ihren Grundzügen unterscheidet.

Alle Menschen haben ein Recht auf genussvolle Sexualität mit all ihren Schwankungen und Brüchen, die die menschliche Sexualität durchzieht: Männer, heterosexuelle und homosexuelle Frauen. Diesen Anspruch als Selbstverständlichkeit anzuerkennen und alles Notwendige dafür zu tun, würde in der Intimität der menschlichen Zweierbeziehung und damit auch im Makrokosmos der Gesellschaft die volle Gleichstellung bedeuten.

Auch das Problem der Lustlosigkeit im Rahmen einer länger dauernden Beziehung, wie eine lesbische Probandin das annimmt, stellt keine sexuelle Störung dar, sondern eine Schwierigkeit aller – auch heterosexueller – Beziehungen, die von längerer Dauer sind. Dieses Erleben der Probandin scheint ein Resultat der Idealisierung einer unbewussten Fantasie zu sein, dass »am Anfang alles in Ordnung war« (wie bei Adam und Eva vor dem Sündenfall). Die Probandin hofft deshalb, dass sie ihr ganzes Beziehungsleben so glücklich und rauschhaft wie zu Beginn gestalten könne. Diese Gedanken sind eine kollektive Fantasie und ein kollektiver Wunsch aller Menschen der westlichen Industrienationen. Die Realität, die Rauchfleisch (2000) treffend schildert, dass Freundschaft, Vertrautheit und das alltägliche Zusammenleben in lang andauernden Beziehungen in den Vordergrund rücken, ist offensichtlich für viele schwer zu ertragen. Die reife Liebe und die dauernde Integration der Ambivalenz zwischen Liebe und Hass (Kernberg 1998) benötigen offensichtlich einen lebenslangen Lernprozess. Die Spannung zwischen der Alltagsrealität und den Momenten der »romantischen Liebe« in einer Beziehung auszuhalten, die Enttäuschungen am anderen und an sich zu verarbeiten, waren bei dem »jugendlichen Leichtsinn« dieser Probandin noch nicht möglich. Auch die unbewusste Sehnsucht einer anderen Probandin, die »Nummer eins« zu sein, ist ein Wunsch, der sich bei vielen Menschen in der idealisierten Vorstellung von romantischer Liebe äußert und der auf der anderen Seite eine wichtige Kraft darstellt, die vielen Enttäuschungen der alltäglichen Realität der Liebe auszuhalten und mit neuen, auf früheren Erinnerungen aufbauenden gefühlvollen Anregungen lebendig zu halten, die Trennung, Ärger und Auseinandersetzung nicht ausschließen.

Es scheint in (manchen) lesbischen Liebesbeziehungen die progressive Kraft enthalten zu sein, homophobe Anteile zu verstehen und zu überwinden und einander Akzeptanz und Anerkennung in der (genitalen) Liebe zu schenken, die gesellschaftlich wie familiär vermisst wurde. Der negative ödipale Konflikt kann integriert und das homosexuelle Tabu überwunden werden. Es wäre interessant zu verstehen, wie diese Integration in all ihrer Komplexität gelingen kann.

Den narzisstischen Zugewinn, als (weibliche) Homosexuelle etwas Besonderes, z. B. ein marginalisiertes Opfer zu sein, das besonderer Fürsorge bedarf, was letztlich eine regressive Abwehr der eigenen Verantwortlichkeit darstellt, möchte ich in Frage stellen, sodass die volle Gleichstellung und Normalisierung weiblicher Homosexualität auch einen Verlust von aufgebauten Privilegien hinsichtlich eines besonderen gesellschaftlichen Schutzes bedeuten wird.

Lesbische Frauen sind dabei, in der Mitte der Gesellschaft anzukommen und im Rahmen der Liberalisierung der gesellschaftlichen Strukturen werden auch sie – wie es schwulen Männern bereits mehrfach gelungen ist – mehr und mehr gesellschaftliche Führungspositionen übernehmen und ein Coming-out wagen. Obwohl auch in der westlichen Welt die volle Gleichstellung erst in einigen Ländern verwirklicht wurde und die jahrhundertelange Marginalisierung der Homosexualität in der unbewussten Weitergabe an die nächste Generation noch viele schmerzhafte Konflikte in der heutigen Generation Homosexueller hinterlassen hat, sind bedeutende Fortschritte zu verzeichnen. Ein breites Beratungsangebot für alle Belange lesbischen Lebens ist geschaffen worden, sodass es bei der weiteren Integration die Frage und eine Aufgabe sein wird, in anderen Ländern, die weit hinter der Entwicklung der westlichen Industrienationen zurückliegen, das in weiten Teilen unserer Gesellschaft gesicherte Bewusstsein weiterzugeben und für die hier erreichten Privilegien den Weg zu bahnen.

Homo- wie heterosexuelle Objektwahl, auf einem Kontinuum libidinösen

Begehrens verstanden, unterliegt kulturellen Verformungen, die letztlich alle sexuellen Orientierungen als konstruktiven Bewältigungsversuch der eigenen individuellen Biografie verstehen lassen. Es scheint keinen prinzipiellen Unterschied zwischen lesbischer und heterosexueller Sexualität zu geben, außer der Bewältigung und dem Verstehen der Wirkung des homosexuellen Tabus, das an lesbische Frauen besondere Anforderungen stellt und Integrationsleistungen fordert. Diese Untersuchung hat versucht, auf dem Hintergrund der Vorstellung eines Kontinuums sexueller Orientierungen und eines ebensolchen Kontinuums von »gesund« und »krank«, sowohl die Bedeutsamkeit der Urszene, des Penisneides, des Vaters, des ödipalen Konfliktes und des Kinderwunsches als auch die Funktionen von Aggression und Perversion für lesbisches sexuelles Leben verständlich zu machen. Im Abschnitt über das »gewählte Trauma« soll der Blick in der Arbeit mit lesbischen Frauen erweitert werden, sodass alle Perspektiven der Täter-Opfer-Dynamik wie deren Umkehrung und die innerpsychischen Verstrickungen mit all den tabuisierten und schmerzhaften Gefühlen beleuchtet und verstanden werden können.

Besseres Verstehen von und mehr Verständnis für weibliche Homosexualität ermöglicht überhaupt erst, Konflikte und Schwierigkeiten mit der sexuellen Orientierung zu erkennen und zu lösen. Meines Erachtens fördert eine konstruktiv-kritische Auseinandersetzung das Selbstwertgefühl und die Möglichkeit, selbstverständlich und ohne Scham als lesbische Frau zu leben, nicht aber Wegschauen und der Versuch, für das eigene Selbst schmerzhafte Erkenntnisse zu vermeiden.

Anmerkungen

1 Der Hodensack.
2 Widersprüchliche Ergebnisse bezüglich der Frage, ob sich Homosexuelle somatisch in irgendeiner Form von Heterosexuellen unterscheiden, lassen darauf schließen, dass es sowohl hormonelle als auch genetische Dispositionen geben kann, die komplex mit Umwelteinflüssen interagieren (vgl. Rohde-Dachser 1994, S. 833f.). Alle Untersuchungen beziehen sich allerdings auf die männliche Homosexualität; bei lesbischen Frauen ist nach Rohde-Dachser »ein solcher genetischer Einfluss [...] bis jetzt nicht nachgewiesen« (ebd.) – und meiner Kenntnis nach gar nicht erforscht worden.
3 Freud war Naturwissenschaftler und bezog seine Terminologie z.T. aus der Physik und Mathematik. Die Bedeutung von »positiv« und »negativ« ist deshalb nicht wertend, sondern als Pointierung der Gegensätzlichkeit der Strebungen gemeint, ähnlich wie die beiden Seiten eines Magneten.
4 »Der Ausgang der Ödipussituation in Vater- oder in Mutteridentifizierung scheint also bei beiden Geschlechtern von der relativen Stärke der beiden Geschlechtsanlagen abzuhängen. Dies ist die Art, wie sich die Bisexualität in die Schicksale des Ödipuskomplexes einmengt« (Freud 1923).
5 Lesbische Frauen haben mit der Integration von Mann zu Frau Transsexuellen in die lesbische Szene noch Schwierigkeiten, vermutlich weil dabei die (in weiten Teilen noch unbewusste) Entwertung der Männer als »die Bösen« innerpsychisch angegriffen würde. Der als feindlich erlebte Mann, der das Weibliche entwertet, will plötzlich eine Frau werden und zwar in ihrer ganzen – stark am Rollensterotyp orientierten – Femininität. Dieser Vorgang bringt Ideologiebildungen und Abwehrvorgänge in feministischen Kreisen durcheinander.
6 Hier wirkt vermutlich bereits das homosexuelle Tabu zwischen Männern.
7 Das »Lustprinzip« muss zusehends dem »Realitätsprinzip« weichen und stellt bereits Säuglinge wie auch Kleinkinder und Vorschulkinder vor enorme Entwicklungsaufgaben im Durchlaufen ihrer sog. »frühkindlichen Sexualität« und der von Freud so treffend beschriebenen Phasen. Sind o.g. »Enttäuschungen« an der fantasierten Allmacht der Mutter »optimal frustrierend«, stimulieren diese die Autonomieentwicklung der Kinder und machen eine gesunde Entwicklung zum Erwachsenen hier erst möglich. Sowohl mütterliche, oder besser elterliche Überfürsorge, als auch Deprivation können hier empfindliche Störungen verursachen, wie wir heute wissen.
8 Die Ausdehnung der Klitoris entlang der Vagina in zwei Strängen tief hinein ins weibliche Körperinnere bis hin zum Gebärmutterhals ist eine anatomische Tatsache, die erst heute der interessierten Öffentlichkeit in Fachzeitschriften, aber auch populärwissenschaftlicher Literatur zur Kenntnis gebracht wird.

9 »Müssen wir hassen?« (1972); »Das Ende der Vorbilder« (1978); »Die friedfertige Frau« (1985); »Über die Mühsal der Emanzipation« (1990); »Die Zukunft ist weiblich« (1987); »Erinnerungsarbeit« (1987) u.v.m.
10 Der Begriff wurde bereits von Karen Horney geprägt und bedeutet das Erleben von Weiblichkeit als primär (wertvoll) ohne ein Gefühl des Mangels (eines Penis).
11 von lat. restitutio: Wiederherstellung, Rückgabe
12 Mit dem Fremden meint Morgenthaler die Differenz der Körper von Frau und Mann, ebenso wie die Unterschiede im geschlechtsspezifischen Rollenverhalten. Beim Mädchen wäre demzufolge die Mutter und die weibliche Rolle vertraut und der Vater und seine männliche Rolle »fremd«.
13 Wenn ich diese Sätze lese, vermute ich beim Autor die Fantasien, dass Homosexuelle gemeinsam masturbieren und narzisstische Persönlichkeitsstrukturen haben – beides Fantasien, die sich, wie bereits erwähnt, immer wieder in Theorien über Homosexualität finden und homosexuellen Menschen die seelische Fähigkeit zum Geschlechtsverkehr absprechen, da dieser nur mit einer realen Vagina und einem realen Penis vorgestellt werden kann.
14 Welche Frau denkt schon daran, was für ein Wunderwerk sie in ihrem Inneren trägt?! Ich rate an dieser Stelle allen Leserinnen, sich einen Film über ein Ei, das aus den Eierstöcken hinein in die Tuben springt, zu besorgen. Die Wanderschaft der Follikel, ihr Herausplatzen und der Sprung auf der Reise in die Gebärmutter ist ein wunderschönes Schauspiel das alle vier Wochen in einer geschlechtsreifen Frau stattfindet!
15 In der traditionellen Psychoanalyse der »analen« oder auch »autoerotischen« Phase.
16 Transsexuelle Menschen scheinen in dieser Entwicklung schweren Belastungen ausgesetzt, die noch nicht abschließend verstanden worden sind, aber zu einer unterschiedlich schweren Instabilität der Kern-Geschlechtsidentität führen.
17 »Wenn jedoch Kastration umfassend als Verdichtung aller im Verlauf der Kindheit verlorenen Objekte (Brust – Kotstange – Mutter – Penis) definiert wird und Penisneid als Verdichtung aller Reaktionen auf die wirklichen und vermeintlichen Benachteiligungen, die Mädchen und Jungen während der Kindheit erfahren, gehören Kastrationsangst und Penisneid nicht mehr nur einem Geschlecht, und der Blick richtet sich auf die präödipale Entwicklung« (Becker 1996, S. 171).
18 Manche Lesben scheinen mir hier fixiert, oder sie regredieren immer wieder auf diese Fantasien – allerdings im Dienste des Ichs und nicht in jedem Fall im Rahmen eines pathologischen Abwehrvorgangs.
19 Grossmann (2002) befragte für seine Dissertationsschrift 151 homosexuelle Männer zwischen 20 und 40 Jahren im Hinblick auf ihr Geschlechtsrollenverhalten in der Kindheit. Er differenzierte fünf verschiedene Typen heraus: die »weichen«, femininen, sanften »Jungen« (34 % der Stichprobe), die auch dem in der Wissenschaft weitergegebenen Bild des feminisierten Schwulen entsprechen, die »unsportlichen Außenseiter« (16 %), die zwar völlig jungenuntypisch spielen, aber gleichzeitig Mädchen meiden, die »wilden Außenseiter« (10 %), die Gruppenspiele mit Jungen meiden, sich aber sonst jungentypisch verhalten, die »harten Jungen« (11 %), die sich als »normale Jungen« empfinden, und die »sensiblen Sportler« (24 %), die sich zwischen den »normalen Jungen« und den Mädchenfreunden einordnen. Für Mädchen, die sich später zu lesbischen Frauen entwickeln, liegt keine solche Studie vor – abgesehen von Dürings Buch »Wilde und andere Mädchen. Die Pubertät« (1993), in dem sie jedoch lediglich die Kategorie »wilde Mädchen« einführt.
20 Den Begriff »Neosexualitäten« hat McDougall eingeführt, um zu einem besseren Verständnis von Perversionen zu gelangen.
21 Mit dieser Dynamik könnte man den Fall einer homosexuellen männlichen Entwicklung beschreiben.

22 www.aok.de/bund/rd/91231.htm (aktualisiert im März 2007)
23 Verfassung (Wahrig 2002, Fremdwörterlexikon, S. 215)
24 Eingang der Scheide (Wahrig 2002, Fremdwörterlexikon, S. 416)
25 In dieser Zeit ging man noch von einer geschlossenen Gruppe Homosexueller aus.
26 http://www.uni-saarland.de/fak5/krause/gradkol/diss/fal.htm
27 Mit »Gewählte Ruhmesblätter« meint Volkan idealisierte und das Gruppengefühl stärkende Geschichten oder Erzählungen historischer Ereignisse, die derart verklärt und entstellt werden, dass sie kaum mehr etwas mit der historischen Realität gemein haben (vgl. Volkan 1999, S. 60ff.).
28 Als Beispiel für diese unbewussten Prozesse bietet sich die Homophobie an. Homophobie bedeutet dem Wortsinn nach die Angst vor Homosexualität und die Scheu davor sowie deren Ablehnung. Psychoanalytisch gesehen beschreibt dieser Vorgang eine Projektion: Die Person trägt im Unbewussten homosexuelle Impulse und muss sie bei anderen bekämpfen (siehe oben). Die Heterophobie entspricht dem gleichen Vorgang bei homosexuellen Menschen.
29 Frau Prof. Dr. Christa Rohde-Dachser, die mich bei allen Interviewauswertungen eng begleitet hat, sei an dieser Stelle besonderer Dank ausgesprochen.
30 Der Teufel mit den drei goldenen Haaren, Märchen der Gebrüder Grimm, 1819
Zusammenfassung: Einem mit einer Glückshaut geborenen Kind wird geweissagt, einst die Königstocher zu heiraten. Der König erfährt davon, bietet den Eltern Gold und nimmt das Kind mit (angeblich, um es zu versorgen), steckt es in eine Schachtel und wirft es in einen Fluss. Die Schachtel bleibt am Wehr einer Mühle hängen und wird dort von einem Mahlburschen gefunden, der den unversehrten Knaben zu den kinderlosen Müllersleuten bringt, die ihn aufziehen. Als der König 14 Jahre später bei einem Gewitter in die Mühle tritt und die Müllersleute fragt, ob der Knabe ihr Sohn sei, verneinen diese und erzählen, er sei einst in einer Schachtel gefunden worden. Der König erkennt, dass es sich um das Glückskind handelt, und schickt ihn mit einem versiegelten Brief zur Königin; darin ordnet er an, dass der Knabe sofort getötet und begraben werden soll. Auf dem Weg zum Schloss verläuft sich der Knabe im Wald und kommt an ein Haus, in dem er auf eine alte Frau stößt. Die schickt ihn sofort weiter, weil das Haus Räubern gehört, die ihn töten könnten. Der Knabe ist aber so müde, dass er bleibt. Als die Räuber kommen, lesen sie den Brief und lassen den Knaben aus Mitleid am Leben. Sie schreiben einen neuen Brief, wonach der Knabe sofort mit der Königstochter verheiratet werden soll. Die Königin tut, wie ihr geheißen, und so erfüllt sich die Weissagung. Als der König ins Schloss zurückkommt und sieht, was da vor sich gegangen ist, gibt er dem Knaben die Aufgabe, drei goldene Haare vom Kopf des Teufels zu holen – dann könne er seine Tochter behalten. Der Knabe zieht aus, um den Teufel zu finden. Auf dem Weg werden ihm drei Rätsel aufgegeben: Ein Brunnen, aus dem früher Wein quoll, spendet heute nicht mal mehr Wasser. Ein Baum, der goldene Äpfel getragen hat, trägt nicht mal mehr Blätter. Und ein Fährmann muss immer hin- und herfahren und wird nicht abgelöst. Als er am Haus des Teufels ankommt, trifft er dort nur dessen Großmutter an, der er seine Geschichte erzählt. Sie hat Mitleid mit ihm, verwandelt ihn in eine Ameise und versteckt ihn in ihren Rockfalten. Der Teufel kommt, riecht sofort das Menschenfleisch, kann aber von der Großmutter beruhigt werden. Nachdem er zu Abend gegessen hat, will er von ihr gelaust werden, worüber er einschläft. Dreimal reißt ihm die Großmutter ein goldenes Haar aus und besänftigt den aus dem Schlaf aufgeschreckten Teufel, indem sie von Alpträumen erzählt, in die sie die Rätsel des Knaben gießt. Der Teufel verrät so unwissend die Lösung der Rätsel: Eine Kröte sitzt im Brunnen unter einem Stein, wird sie getötet, fließt der Brunnen wieder; eine Maus nagt an der Wurzel des Baumes, auch sie muss getötet werden; der Fährmann ist frei, wenn er jemandem, den er übersetzen soll, seine Stange in die Hand gibt. Am nächsten

Tag zieht der Knabe mit den drei goldenen Haaren von dannen und kehrt mit vier goldbepackten Eseln als Belohnung für die Lösung der Rätsel zurück. Der König fragt ihn in seiner Gier, woher er das Gold habe. Der Knabe schickt ihn zum Fluss mit dem Fährmann und sagt, er möge sich auf die andere Seite fahren lassen, dort könne er seine Säcke füllen. So fährt der König die Fähre bis heute.

Bedeutung für Sandra:

Alte weise Frauen (die idealisierten präödipalen Mutterfiguren, mit denen es keine Rivalität gibt) helfen dem Knaben (der knabenhaften mit dem idealisierten Vater identifizierte Lesbe), die Königstochter zu freien und die bösen Männer (Teufel und König, die den abgespaltenen »verteufelten« bösen Vater verkörpern) zu überlisten. In der Überlistung des Königs und dessen symbolischer Tötung findet der ödipale Triumph des negativen Ödipuskomplexes statt. Das Märchen erinnert an die biblische Geschichte von Moses, der ebenfalls getötet werden soll, weil er einen König entmachten könnte und schließlich selbst König wird, weil ihn – ebenfalls ausgesetzt – ein Elternpaar findet, aufzieht und fördert.

31 »If These Walls Could Talk 2 – Women Love Women«, USA 2000 und »The L-Word«, USA 2004

32 Auf einem Frauen-Segeltörn, wo nur Frauen und Lesben an Bord waren, erlebte ich vor 15 Jahren, dass das Boot »clean« zu bleiben habe, also keine Männer an Bord dürften. Der Begriff »clean« beinhaltet die Vorstellung, dass Männer an sich »Gift« und »vergiftend also tödlich« seien, gleichzeitig wird die Abhängigkeit von dem Giftstoff verleugnet.

Literatur

Alves, Eva Maria (1993). Stumme Liebe. Der »lesbische Komplex« in der Psychoanalyse. Freiburg: Kore.
Argelander, Hermann (1970). Die szenische Funktion des Ichs und ihr Anteil an der Symptom- und Charakterbildung. In: Psyche – Z psychoanal 21, 325–345.
Balsam, Rosemary (2002). Integrating male and female Elements in a Woman's Gender Identity. In: Journal of the American Psychoanalytic Association, Vol. 49. No. 4. 1337–1360.
Bassin, Donna (1996): Beyond the He and She. Toward the Reconciliation of Masculinity and Femininity in the Postoedipal Female Mind. In: JAPA 44, 157–190.
Becker, Nikolaus (1996). Psychogenese und psychoanalytische Therapie sexueller Störungen. In: Sigusch, Volkmar (Hg.) (1996). Sexuelle Störungen und ihre Behandlung. Stuttgart: Thieme, S. 166–170.
Benjamin, Jessica (1990). Die Fesseln der Liebe. Psychoanalyse, Feminismus und das Problem der Macht. Basel, Frankfurt: Stroemfeld.
Benjamin, Jessica (1992). Vater und Tochter: Identifizierung mit der Differenz. Ein Beitrag zur Geschlechter-Heterodoxie. In: Psyche – Z psychoanal 46, 821–846.
Benjamin, Jessica (1995). Like subjects, love objects: essays on recognition and sexual difference. New Haven, CT: Yale Univ. Press.
Berger, Walter; Reisbeck, Günter; Schwer, Petra (2000). Lesben – Schwule – Kinder. Eine Analyse zum Forschungsstand. Schwul-lesbische Forschungsgruppe München, Institut für Psychologie, LMU-München (Hg.). Ministerium für Frauen, Jugend, Familie und Gesundheit des Landes Nordrhein-Westfalen, Düsseldorf.
Bergmann, Martin S. (1994). Eine Geschichte der Liebe. Vom Umgang des Menschen mit einem rätselhaften Gefühl. Frankfurt a. M.: Fischer.
Bernstein, Doris (1990): Weibliche genitale Ängste und Konflikte und die typischen Formen ihrer Bewältigung. In: Psyche – Z psychoanal 47, 530–559.
Bohleber, Werner (2000). Adoleszenz. In: Mertens, Wolfgang; Waldvogel, Bernd (Hg.) (2000): Handbuch psychoanalytischer Grundbegriffe, Stuttgart: Kohlhammer, S. 24–30.
Buddeberg, Claus; Bass, Barbara; Gnirss-Bormet, Ruth (1994). Die lustlose Frau, der impotente Mann. In: Familiendynamik 19, 266–280.
Burch, Beverly (1992). Hindernisse auf dem Weg zur Intimität. Konflikte um Macht, Abhängigkeit und Fürsorge. In: Loulan, JoAnn; Nicols, Margaret; Streit, Monica et al. (Hg.) (1992). Lesben. Liebe. Leidenschaft. Berlin: Orlanda Frauenverlag, S. 33–50.
Butler, Judith (1990): Gender Trouble. Feminism and the Subversion of Identity. New York, London: Routledge. Dt.: Das Unbehagen der Geschlechter. Aus dem Amerikanischen von Kathrina Menke. Frankfurt a. M.: Suhrkamp, 1991.

Braun, Joachim; Martin, Beate (2000). Gemischte Gefühle. Ein Lesebuch zur sexuellen Orientierung. Reinbek: Rowohlt.
Brockhaus (2001). Band 10. F. A. Brockhaus GmbH. Leipzig. Mannheim.
Califia, Pat (1998). Wie Frauen es tun. Das Buch der lesbischen Sexualität. Berlin: Orlanda Frauenverlag.
Clement, Ulrich (1990). Empirische Studien zu heterosexuellem Verhalten. In: Zeitschrift für Sexualforschung 3, 289–319.
Crespi, Lee (1995). Some Thoughts on the Role of Mourning in the Development for a Positive Lesbian Identity. In: Domenici, Thomas; Lesser, Ronnie (Hg.) (1995). Disorienting Sexuality – Psychoanalytic Reappraisals of Sexual Identities. New York, London: Routledge, S. 19–33.
De Lauretis, Teresa (1996). Die andere Szene: Psychoanalyse und lesbische Sexualität. Berlin: Berlin Verlag.
Dornes, Martin (1993). Der kompetente Säugling. Frankfurt a. M.: Fischer.
Dornes, Martin (1997). Die frühe Kindheit. Frankfurt a. M.: Fischer.
Dornes, Martin (2000). Die emotionale Welt des Kindes. Frankfurt a. M.: Fischer.
Dornes, Martin (2008). Die Seele des Kindes. Frankfurt a. M.: Fischer.
Domenici, Thomas; Lesser, Ronnie (Hg.) (1995). Disorienting Sexuality – Psychoanalytic Reappraisals of Sexual Identities. New York, London: Routledge.
Düring, Sonja (1996). »Probleme der weiblichen sexuellen Entwicklung«. In: Sigusch, Volkmar (Hg.) (1996). Sexuelle Störungen und ihre Behandlung. Stuttgart: Thieme, S. 32–44.
Fast, Irene (1991). Von der Einheit zur Differenz. Berlin: Springer.
Fthenakis, Wassilios E.; Ladwig, Arndt (2002). Homosexuelle Väter. In: Fthenakis, Wassilios; Textor, Martin (Hg.): Mutterschaft, Vaterschaft. Weinheim, Basel: Beltz, S. 129–154.
Flick, Uwe; Kardoff, Ernst; von Steinke, Ines (Hg.) (2005). Qualitative Forschung. Ein Handbuch. Hamburg: Rowohlts Enzyklopädie.
Föderation der Feministischen Frauen Gesundheits-Zentren (USA) (Hg.) (1997). Frauenkörper – neu gesehen. Ein illustriertes Handbuch. Berlin: Orlanda Frauenverlag.
Foucault, Michel (1983). Der Wille zum Wissen. Sexualität und Wahrheit 1. Frankfurt a. M.: suhrkamp tb wissenschaft.
Foucault, Michel (1989a). Der Gebrauch der Lüste. Sexualität und Wahrheit 2. Frankfurt a. M.: suhrkamp tb wissenschaft.
Foucault, Michel (1989b). Die Sorge um sich. Sexualität und Wahrheit 3, Frankfurt a. M.: suhrkamp tb wissenschaft.
Freud, Sigmund (1905). Drei Abhandlungen zur Sexualtheorie. In: Mitscherlich, Alexander; Richards, Angela; Strachey, James (Hg.) (1982). Sigmund Freud Studienausgabe Band V: Sexualleben. Frankfurt a. M.: Fischer.
Freud, Sigmund (1910). Eine Kindheitserinnerung des Leonardo da Vinci. In: Mitscherlich, Alexander; Richards, Angela; Strachey, James (Hg.) (1982). Sigmund Freud Studienausgabe Band X. Frankfurt a. M.: Fischer, S. 87–195.
Freud, Sigmund (1923). Das Ich und das Es. In: Mitscherlich, Alexander; Richards, Angela; Strachey, James (Hg.) (1982). Sigmund Freud Studienausgabe Band V: Sexualleben. Frankfurt a. M.: Fischer, S. 37–145.
Freud, Sigmund (1925). Einige psychische Folgen des anatomischen Geschlechtsunterschieds. In: Mitscherlich, Alexander; Richards, Angela; Strachey, James (Hg.) (1982). Sigmund Freud Studienausgabe Band V: Sexualleben. Frankfurt a. M.: Fischer, S. 257–266.
Freud, Sigmund (1930). Das Unbehagen in der Kultur. In: Mitscherlich, Alexander; Richards, Angela; Strachey, James (Hg.) (1982). Sigmund Freud Studienausgabe Band IX: Fragen der Gesellschaft – Ursprünge der Religion. Frankfurt a. M.: Fischer, S. 191–270.

Freud, Sigmund (1968). Briefe 1873–1939. Hg. v. Ernst u. Lucie Freud, Frankfurt a. M.: Fischer.
Frossard, Jacqueline (2002). Grundlagen der Psychotherapie und Beratung bei lesbischen und bisexuellen Frauen. In: Rauchfleisch, Udo; Frossard, Jacqueline; Waser, Gottfried; Wiesendanger, Kurt; Roth, Wolfgang (2002). Gleich und doch anders. Psychotherapie und Beratung von Lesben, Schwulen, Bisexuellen und ihren Angehörigen. Stuttgart: Klett-Cotta, S. 73–102.
Gehrke, Claudia; Schmidt Ute (1985). Das Jahrbuch der Erotik II. Mein heimliches Auge. Tübingen: konkursbuch verlag.
Gissrau, Barbara (1993). Die Sehnsucht der Frau nach der Frau. Zürich: Kreuz-Verlag.
Gleich, Michael; Maxeiner, Dirk; Miersch, Michael; Nicolay, Fabian (2000). Life Counts – Eine globale Bilanz des Lebens. Berlin: Berlin Verlag.
Gromus, Beatrix (2002). Sexualstörungen der Frau. Göttingen: Hogrefe-Verlag.
Grossmann, Thomas (2002). Prähomosexuelle Kindheiten. Eine empirische Untersuchung über Geschlechtsrollenkonformität und -nonkonformität bei homosexuellen Männern. In: Zeitschrift für Sexualforschung 15, 98–119.
Hark, Sabine (1999). Deviante Subjekte. Die paradoxe Politik der Identität. Opladen: Leske & Budrich.
Hertoft, Preben (1989). Klinische Sexologie. Köln: Deutscher Ärzteverlag.
Hitzler, Ronald; Honer, Anne (Hg.) (1997). Sozialwissenschaftliche Hermeneutik. Opladen: Leske & Budrich.
Hirsch, Mathias (1999). Realer Inzest. Psychodynamik des sexuellen Mißbrauchs in der Familie. Gießen: Psychosozial-Verlag.
Hirsch, Mathias (2000). Inzest. In: Mertens, Wolfgang; Waldvogel, Bernd (Hg.) (2000): Handbuch psychoanalytischer Grundbegriffe. Stuttgart: Kohlhammer.
Horney, Karen (1923). Zur Genese des weiblichen Kastrationskomplexes. In: dies. Die Psychologie der Frau. München: Kindler, S. 11–23.
Jacobson, Edith (1937). Wege der weiblichen Über-Ich-Bildung. In: Mitscherlich, Margarete; Rohde-Dachser, Christa (1996): Psychoanalytische Diskurse über die Weiblichkeit von Freud bis heute, Stuttgart: Verlag Internationale Psychoanalyse, S. 58–71.
Jansen, Elite; Steffens, Melanie Caroline. (2006). Lesbische Mütter, schwule Väter und ihre Kinder im Spiegel psychosozialer Forschung. Verhaltenstherapie und Psychosoziale Praxis (Sonderheft Psychotherapie mit Lesben, Schwulen und Bisexuellen), 38, 643–656.
Jüttemann, Gerd (1981). Komparative Kasuistik als Strategie psychologischer Forschung. In: Jüttemann, Gerd (Hg.) (1990). Komparative Kasuistik. Heidelberg: Asanger Verlag.
Kaplan, Louise J. (1991). Weibliche Perversionen. Von befleckter Unschuld und verweigerter Unterwerfung. Hamburg: Hoffmann & Campe.
Kay, Manuela; Müller, Anja (2000). Schöner kommen. Das Sexbuch für Lesben. Berlin: Querverlag.
King, Vera (2000). Narzissmus und Objektbindung in der weiblichen Adoleszenz: Wandlungen der Autonomie. In: Zeitschrift für psychoanalytische Theorie und Praxis, Jahrgang XV, 4/2000, S. 386–409.
Kinsey, Alfred C.; Pomeroy, Wardell B.; Martin, Clyde E.; Gebhard, Paul H. (1948). »Sexual Behavior of the Human Male«; deutsche Übersetzung (1963). Das sexuelle Verhalten des Mannes. Berlin: Fischer.
Kinsey, A. C.; Pomeroy, Wardell B.; Martin, Clyde E.; Gebhard, Paul H. (1953). »Sexual Behavior of the Human Female«; deutsche Übersetzung (1964). Das sexuelle Verhalten der Frau. Berlin: Fischer.
Kernberg, Otto (1997). Wut und Hass. Über die Bedeutung von Aggression bei Persönlichkeitsstörungen und sexuellen Perversionen. Stuttgart: Klett-Cotta.

Kernberg, Otto (1998). Liebesbeziehungen. Normalität und Pathologie. Stuttgart: Klett-Cotta.
Kestenberg, Judith S. (1993). Außen und Innen: Männlich und Weiblich. In: Jahrbuch der Psychoanalyse, Bd. 31. Stuttgart: frommann-holzboog, S. 151–181.
Klußmann, Rudolf (1993). Psychotherapie. Berlin: Springer.
König, Hans-Dieter (2005). Tiefenhermeneutik. In: Flick, Uwe, Kardoff, Ernst. v., Steinke, Ines (Hg.) (2005). Qualitative Forschung. Ein Handbuch. Hamburg: Rowohlts Enzyklopädie, S. 556–569.
Laplanche, Jean; Pontalis, Jean-Bertrand (1980). Das Vokabular der Analyse, Bd. I u. II. Frankfurt a. M.: Suhrkamp.
Leicht, Rainer (2004). Unterscheiden, ohne zu diskriminieren. In: DIE ZEIT Nr. 25 vom 09.06.2004, S. 7.
Leithäuser, Thomas; Volmerg, Birgit (1988). Psychoanalyse in der Sozialforschung. Opladen: Westdeutscher Verlag.
Lemmen, Karl; Schepers, Jutta; Sweers, Holger; Tillmann, Klaus (Hg.) (2005). Sexualität wohin? Hinblicke. Einblicke. Ausblicke. Berlin: Deutsche AIDS-Hilfe e. V.
Lerner, Harriet E. (1976). Elterliche Fehlbenennung der weiblichen Genitalien als Faktor bei der Erzeugung von »Penisneid« und Lernhemmung. In: Mitscherlich, Margarete; Rohde-Dachser, Christa (1996). Psychoanalytische Diskurse über die Weiblichkeit von Freud bis heute, Stuttgart: Verlag Internationale Psychoanalyse, S. 101–115.
Loulan, JoAnn; Nicols, Margaret; Streit, Monica et al. (1992). Lesben. Liebe. Leidenschaft. Berlin: Orlanda Frauenverlag.
Loulan, JoAnn (1992). Das Feuer schüren. Wie das Sexleben lesbischer Paare lustvoll bleibt. In: Loulan, JoAnn; Nicols, Margaret; Streit, Monica et al. (1992). Lesben. Liebe. Leidenschaft. Berlin: Orlanda Frauenverlag, S. 135–156.
Lorenzer, Alfred (1986). Tiefenhermeneutische Kulturanalyse. In: König, Hans-Dieter et al. (Hg.). Kultur-Analysen. Psychoanalytische Studien zur Kultur. Frankfurt a. M.: Fischer, S. 11–98.
Lorenzer, Alfred (1970). Sprachzerstörung und Rekonstruktion. Frankfurt a. M.: Fischer.
Mahler, Margret S. (1972). Symbiose und Individuation. Stuttgart: Klett.
Mann, David (1999). Psychotherapie: Eine erotische Beziehung. Stuttgart: Klett-Cotta.
Mayer, Elisabeth L. (1985). »Everybody must be just like me«: Observations on female castration anxiety. International Journal of Psychoanalysis 66, 331–347. In: Mertens, Wolfgang; Waldvogel, Bernd (Hg.) (2000): Handbuch psychoanalytischer Grundbegriffe. Stuttgart: Kohlhammer.
McDougall, Joyce (1978). Das homosexuelle Dilemma. Eine Untersuchung zur weiblichen Homosexualität. In: dies. (1985). Plädoyer für eine gewisse Anormalität. Frankfurt a. M.: Suhrkamp, S. 86–138.
McDougall, Joyce (1997). Die Couch ist kein Prokrustesbett. Zur Psychoanalyse der menschlichen Sexualität. Stuttgart: Verlag Internationale Psychoanalyse.
McDougall, Joyce (1985). Plädoyer für eine gewisse Anormalität. Gießen: Psychosozial-Verlag, 2001.
Méritt, Laura (1998). Das Jahrbuch der Erotik XIIIa. Mein lesbisches Auge. Tübingen: konkursbuch verlag.
Mertens, Wolfgang (1992a). Entwicklung der Psychosexualität und der Geschlechtsidentität, Bd. 1: Geburt bis 4. Lebensjahr. Stuttgart: Kohlhammer.
Mertens, Wolfgang (1992b). Entwicklung der Psychosexualität und der Geschlechtsidentität, Bd. 2: Kindheit und Adoleszenz. Stuttgart: Kohlhammer.
Mertens, Wolfgang; Waldvogel, Bernd (Hg.) (2000): Handbuch psychoanalytischer Grundbegriffe. Stuttgart: Kohlhammer.

Meyenburg, Bernd (1996). Geschlechtsidentitätsstörungen im Kindes- und Jugendalter. In: Sigusch, Volkmar (Hg.) (1996). Sexuelle Störungen und ihre Behandlung. Stuttgart: Thieme, S. 312–327.
Meyer, Adele (1994). Lila Nächte. Die Damenklubs im Berlin der Zwanziger Jahre. Berlin: Edition Lit.europe.
Miersch, Michael (1999). Das bizarre Sexualleben der Tiere. Frankfurt a. M.: Eichborn.
Mitscherlich, Margarete; Rohde-Dachser, Christa (1996): Psychoanalytische Diskurse über die Weiblichkeit von Freud bis heute. Stuttgart: Verlag Internationale Psychoanalyse.
Money, John; Erhardt, Anke (1972). Männlich-weiblich: Die Entstehung der Geschlechtsunterschiede. Reinbek: Rowohlt.
Morgenthaler, Fritz (1987). Homosexualität, Heterosexualität, Perversion. Frankfurt a. M.: Fischer.
Neubauer, Jürgen (1996). Sigmund Freund und Hans Blüher in bisher un-veröffentlichten Briefen. In: Psyche Z – psychoanal, 50. Jg., Heft 2, 123–148.
Newman, Felice (2000). Sie liebt sie. Das Lesbensexbuch. Berlin: Orlanda Frauenverlag.
Nichols, Margaret (1992). Lesbische Sexualität. Themen und Theoriebildung. In: Loulan, JoAnn; Nicols, Margaret; Streit, Monica et al. (1992). Lesben. Liebe. Leidenschaft. Berlin: Orlanda Frauenverlag, S. 72–111.
Ohms, Constance (1993). Mehr als das Herz gebrochen: Gewalt in lesbischen Beziehungen. Berlin: Orlanda Frauenverlag.
Olivier, Christiane (1987). Jokastes Kinder. Die Psyche der Frau im Schatten der Mutter. Düsseldorf: Claassen.
Oveysey, Lionel; Person, Ethel S. (1973). »Gender identity and sexual psychopathology in men: A psychodynamic analysis of homosexuality, transsexualism and transvestism.« In: Journal of the American Academy of Psychoanalysis 1, 54–72.
Oveysey, Lionel; Person, Ethel S. (1976). »Transvestism: A disorder of the sense of self«. In: International Journal of Psychoanalytic Therapy 5, 219–236.
Petri, Horst (2007). »Psychosoziale Folgen des Vaterverlusts. Vergleichbares Trauma wie beim Verlust der Mutter«. In: Deutsches Ärzteblatt für Psychologische Psychotherapeuten und Kinder- und Jugendlichenpsychotherapeuten 9, 412–413.
Poluda, Eva S. (1993). Der »lesbische Komplex« – Die Bedeutung des homosexuellen Tabus für die weibliche Entwicklung. In: Alves, Eva Maria (1993), S. 73–132.
Poluda, Eva S. (1996). Probleme der weiblichen homosexuellen Entwicklung. In: Sigusch (1996), S. 57–76.
Poluda, Eva S. (2000). Das Bild der lesbischen Frau in der Psychoanalyse. In: Psyche Z – psychoanal, 54. Jg., Heft 4, 340–372.
Pschyrembel – Wörterbuch Sexualität (2003). Berlin, New York: de Gruyter.
Rank, Otto (1924). Das Trauma der Geburt und seine Bedeutung für die Psychoanalyse. Frankfurt a. M.: Fischer, 1988.
Rauchfleisch, Udo (1996). Schwule. Lesben. Bisexuelle. Lebensweisen. Vorurteile. Einsichten. Göttingen: Sammlung Vandenhoeck.
Rauchfleisch, Udo (2000). Aggression. In: Mertens, Wolfgang; Waldvogel, Bernd (Hg.). Handbuch psychoanalytischer Grundbegriffe. Stuttgart: Kohlhammer.
Rauchfleisch, Udo; Frossard, Jacqueline; Waser, Gottfried; Wiesendanger, Kurt; Roth, Wolfgang (2002). Gleich und doch anders. Psychotherapie und Beratung von Lesben, Schwulen, Bisexuellen und ihren Angehörigen. Stuttgart: Klett-Cotta.
Reiche, Reimut (1990). Geschlechterspannung. Frankfurt a. M.: Fischer.
Rich, Adrienne (1983). Zwangsheterosexualität und lesbische Existenz. In: List, Elisabeth; Studer, Herlinde (Hg.). Denkverhältnisse. Feminismus und Kritik. Frankfurt a. M.: Suhrkamp, 1989, S. 244–278.

Rohde-Dachser, Christa (1991). Expedition in den dunklen Kontinent. Weiblichkeit im Diskurs der Psychoanalyse. Berlin: Springer.
Rohde-Dachser, Christa (1994). Männliche und weibliche Homosexualität. In: Psyche – Z psychoanal, 48. Jg., Heft 9/10, 827–841.
Rohde-Dachser, Christa (2001). Aggression, Zerstörung und Wiedergutmachung in Urszenenphantasien. Eine textanalytische Studie. In: Psyche – Z psychoanal, 55. Jg., Heft 9/10, 1051–1085.
Rohde-Dachser, Christa (2003). Das verlorene Goldstück – Über Weiblichkeit im Spannungsfeld von Identifikation und Begehren, Vortrag vor dem Psychoanalytischen Institut in Mainz, unveröffentlichtes Manuskript.
Roth, Wolfgang (2002): Gleich und doch anders. Psychotherapie und Beratung von Lesben, Schwulen, Bisexuellen und ihren Angehörigen, Stuttgart: Klett-Cotta. In: Rauchfleisch et al. (2002), S. 53–67.
Rupprecht-Schampera, Ute (1997). Frühe Triangulierung in der Hysterie. In: Psyche – Z psychoanal, 51. Jg., Heft 7, 637ff.
Sappho (1978). Strophen und Verse, übers. u. hrsg. v. J. Schickel, Frankfurt a.M.: Insel TB.
Schäfer, Siegried (1976). Sexuelle und soziale Probleme von Lesbierinnen in der BRD. In: Schorsch Eberhard; Schmidt Gunter (Hg.). Ergebnisse zur Sexualforschung. Frankfurt a.M.: Ullstein, S. 299–325.
Schmidt, Gunter (1996). Das Verschwinden der Sexualmoral. Hamburg: Klein Verlag.
Schmidt-Honsberg, Louise (1989). Gedanken zur weiblichen Homosexualität. In: Psyche – Z psychoanal, 18. Jg., Heft 3, 238–255.
Schoppmann, Claudia (1999). Verbotene Verhältnisse. Berlin: Querverlag.
Schoenberg, Erica (1995). Psychoanalytic Theories of Lesbian Desire: A Social Constructionist Critique. In: Domenici, Thomas; Lesser, Ronnie (Hg.) (1995). Disorienting Sexuality – Psychoanalytic Reappraisals of Sexual Identities. New York, London: Routledge, S. 203–227.
Schwarzer Alice (1976). Der »kleine Unterschied« und seine großen Folgen. Frankfurt a.M.: Fischer.
Siegel, Elaine (1992). Weibliche Homosexualität. Psychoanalyse und therapeutische Praxis. München: Reinhardt.
Sigusch, Volkmar (Hg.) (1996). Sexuelle Störungen und ihre Behandlung. Stuttgart: Thieme.
Sigusch, Volkmar (2005a). Strukturwandel der Sexualität in den letzten Jahrzehnten. In: Lemmen, Karl; Schepers, Jutta; Sweers, Holger; Tillmann, Klaus (Hg.) (2005). Sexualität wohin? Hinblicke. Einblicke. Ausblicke. Berlin: Deutsche AIDS-Hilfe e.V., S. 7–29.
Sigusch, Volkmar (2005b). Neosexualitäten. Über den kulturellen Wandel von Liebe und Perversion. Frankfurt a.M.: Campus Verlag.
Socarides, Charles W. (1971). Der offen Homosexuelle. Frankfurt a.M.: Suhrkamp.
Steffens, Melanie; Ise, Margret (Hg.) (2003). Jahrbuch Lesben-Schwule-Psychologie. Lengerich: Papst.
Stern, Daniel (1985). Die Lebenserfarhung des Säuglings. Stuttgart: Klett-Cotta, 1992.
Stoller, Robert J. (1985). Presentations of Gender. Mew Haven: Yale University Press.
Stoller, Robert J. (1998). Perversion. Die erotische Form von Hass. Gießen: Psychosozial-Verlag.
Spiewak, Martin (2003).»Spermabestellung per E-Mail«. In: Die Zeit-Dossier-online; http://www.zeit.de/2004/02/Regenbogen-Kasten (letzter Zugriff am 05.07.2005).
Streeck, Ulrich (Hg.) (2000). Erinnern, Agieren und Inszenieren. Enactments und szenische Darstellungen im therapeutischen Prozess. Göttingen: Vandenhoeck & Ruprecht.

Torok, Maria (1974). Die Bedeutung des Penisneid bei der Frau. In: Chasseguet-Smirgel, Janine (Hg.). Psychoanalyse der weiblichen Sexualität. Frankfurt a. M.: Suhrkamp, S. 192–233.
Tress, Wolfgang; Fischer, Gottfried (1991). Psychoanalytische Erkenntnis am Einzelfall: Möglichkeiten und Grenzen. In: Psyche – Z psychoanal, 45. Jg., Heft 7, 612–628.
Volkan, Vamik, D. (1999). Das Versagen der Diplomatie. Zur Psychoanalyse nationaler, ethnischer und religiöser Konflikte. Gießen: Psychosozial-Verlag.
Wagner, Christof; Steffens Melanie (2004). Attitudes toward lesbians, gay men, bisexual women, and bisexual men in Germany. In: Journal of Sex Research 41 (2), 137–49. Publication of The Society for the Scientific Study of Sexuality. USA. www.sexscience.org
Wahrig-Burfeind, Renate (2002). Fremdwörterlexikon. München: dtv.
Waldeck, Ruth (2000). Masturbation(sphantasie) In: Mertens, Wolfgang; Waldvogel, Bernd (Hg.) (2000). Handbuch psychoanalytischer Grundbegriffe. Stuttgart: Kohlhammer.
West, Celeste (1992). Lesben-Knigge. Ein Ratgeber für alle Liebeslagen. Frankfurt a. M.: Fischer.
Wiesendanger, Kurt (2002). Wo liegt das Problem? Heterosexismus, Homophobie und internalisierte Homophobie. In: Rauchfleisch, Udo et al. (2002), S. 53–67.
www.aok.de/bund/rd/91231.htm (letzter Zugriff am 23.04.2006).
www.uni-saarland.de/fak5/krause/gradkol/diss/fal.htm (letzter Zugriff am 12.03.2006)

2006 · 330 Seiten · Broschur
ISBN 978-3-89806-470-5

2005 · 267 Seiten · Broschur
ISBN 978-3-89806-482-8

Norbert Elb dokumentiert die Selbstorganisation und Emanzipation der SM-Bewegung in den letzten fünfzehn Jahren sowie die sozialen Vorgänge innerhalb der Szene, die mit jener der Schwulen und Lesben vergleichbar ist. Die SM-Bewegung ordnet sich selbst den Neuen Sozialen Bewegungen zu und versteht sich als zivilgesellschaftliches Projekt. Im Zentrum steht dabei der Einsatz für eine selbstbestimmte Sexualität verbunden mit der Kritik repressiver gesellschaftlicher Strukturen. Da der Autor selbst Mitglied der SM-Szene ist, verfolgt er einen nicht-objektivistischen Forschungsansatz und beschäftigt sich damit, wie SM beschrieben und verstanden werden kann, welche soziale Rolle diese Subkultur für die in ihr involvierten SMlerInnen spielt und welche Rückwirkungen die SM-Subkultur auf die Entwicklung der Sexualität und Identität erzeugt.

Volkmar Sigusch, einer der angesehensten Sexualforscher der Gegenwart, gewährt mit dieser Sammlung seiner besten und bisher nur verstreut publizierten Essays Einblicke in die Fragen, mit denen sich die Sexualwissenschaft befasst – vom Strukturwandel der Sexualität über die Frage, ob Säuglinge einen Orgasmus haben können, bis hin zum Wechsel des Geschlechts.

Besonders reizvoll an diesem Buch ist die Spannung, die dadurch erzeugt wird, dass Sigusch neben leicht lesbaren Traktaten, wie »Von der Kostbarkeit Liebe«, theoretisch anspruchsvolle Beiträge, wie den »Satz vom ausgeschlossenen Geschlecht«, präsentiert. Ein lustvolles Lesevergnügen.

Psychosozial-Verlag

Goethestr. 29 · 35390 Gießen · Tel. 0641/9716903 · Fax 77742
bestellung@psychosozial-verlag.de
www.psychosozial-verlag.de

2006 · 174 Seiten · Broschur
ISBN 978-3-89806-518-4

2006 · 211 Seiten · Broschur
ISBN 978-3-89806-518-0

Die psychoanalytische Selbstpsychologie bietet einen unmittelbaren Zugang zu einem praxisnahen Verständnis dessen, was sich im therapeutischen Prozess zwischen Patient und Analytiker abspielt.

Neben den Grundbegriffen der Selbstpsychologie ist ein Schwerpunkt das Verhältnis zwischen Theorie und Methode im selbstpsychologischen Verständnis. Dies bietet eine neue patientennahe Sicht des therapeutischen Prozesses. Durch international renommierte Autoren werden spezielle Fragen zur Funktion der Theorie im Deutungsprozess, zu besonderen Selbst-Störungen und zu Selbsthass und Suizid beleuchtet. In einem abschließenden Interview gibt Anna Ornstein Einblick in Besonderheiten der Behandlung Holocaust-Überlebender und deren Nachkommen.

Obwohl Therapieabschlüsse zu der alltäglichen psychotherapeutischen Praxis gehören, ist die Bedeutung der Beendigung von Behandlungen bisher in theoretischer und behandlungstechnischer Sicht weder für den Analytiker selbst noch für seine Patienten oder Analysanden ausreichend metapsychologisch reflektiert worden. Dieser Band versucht diese Lücke zu füllen. Psychoanalytiker verschiedener Fachgesellschaften und Therapierichtungen diskutieren eigene Erfahrungen mit der Abschlussphase ihrer Therapien. Dabei wird auch der jeweilige implizite fachgesellschaftliche Konsens berücksichtigt. Peter Diederichs führt kenntnisreich in die Thematik ein und liefert abschließend einen Überblick über die zentralen Fragen.

Psychosozial-Verlag

Goethestr. 29 · 35390 Gießen · Tel. 0641/9716903 · Fax 77742
bestellung@psychosozial-verlag.de
www.psychosozial-verlag.de

2005 · 173 Seiten · Broschur
ISBN 978-3-89806-494-8

2005 · 243 Seiten · Broschur
ISBN 978-3-89806-463-8

26 Psychoanalytiker, Sexualforscher und Kulturwissenschaftler aus dem In- und Ausland schreiben 100 Jahre nach dem Erscheinen der »Drei Abhandlungen zur Sexualtheorie« von Sigmund Freud darüber, was ihnen dieses epochale Werk heute noch bedeutet. Ergänzt werden diese Anmerkungen durch einen bislang unveröffentlichten Text von Otto Fenichel mit 175 Fragen zu den »Drei Abhandlungen zur Sexualtheorie«.

Herrn stellt den wissenschafts- und sozialgeschichtlichen Diskurs um die Transvestiten und Transsexuellen im ersten Drittel des 20. Jahrhunderts dar. Die heute nahezu vergessene Rolle des Sexualwissenschaftlers und -reformers Magnus Hirschfeld und seines Instituts für Sexualwissenschaft stehen dabei im Mittelpunkt.

Anhand von weitgehend unbekanntem Archivmaterial beschreibt Herrn den Kampf um juristische und gesellschaftliche Anerkennung, um Abgrenzung zu den Homosexuellen und die Selbstorganisation. Herrn dokumentiert auch die ab 1912 bzw. 1920 aufkommenden Frau-zu-Mann- und Mann-zu-Frau-Umwandlungen: Transvestiten (heute: ›Transsexuelle‹) versuchten, sowohl im Selbstversuch als auch mit ärztlicher Hilfe ihre physische Erscheinung mit der empfundenen Geschlechtszugehörigkeit in Einklang zu bringen.

P☺V
Psychosozial-Verlag

Goethestr. 29 · 35390 Gießen · Tel. 0641/9716903 · Fax 77742
bestellung@psychosozial-verlag.de
www.psychosozial-verlag.de

www.ingramcontent.com/pod-product-compliance
Lightning Source LLC
LaVergne TN
LVHW041656060526
838201LV00043B/454